国学大观丛书

主　编◎陈志良　徐兆仁

中国兵家

姜继为　程农　尹灿◎著

中国人民大学出版社

· 北京 ·

出版者言

中国正在奔向现代化，奔向文明和富裕。

不管我们是否能够清晰地意识到这一点，事实是，中国的现代化模式不同于世界其他国家的一个显著的特点，就是中国悠久而灿烂、源远而流长的传统思想文化，始终是中国现代化进程的强大推动力。

作为华夏子孙，传统思想文化始终奔流在我们的血液里，脉脉融汇于我们的骨髓之中。我们中国人，小至黎民百姓的日常思维方式、行为举止、价值追求，大到国家的治国安邦策略，外交军事战略的选择、制定，等等，都深深地打着中华传统思想文化的烙印。

由于历史和时代的原因，今天的我们，对于和自我生命已经融于一体的传统思想文化，从感情到意识层面，都变得疏离和陌生了。对于中华传统文化的认识，大部分人都是停留在饮食男女的物质层面，道听途说、人云亦云的多，真正沉下心来认真学习、深刻了解的少，那些真实体会到其内在价值意蕴并从中受益良多的人更是少之又少。这是令人非常遗憾的。

中华文化的一个重要特点就是强调兼容并包，对于世界多元文化保持开明开放的心态，似滔滔江河不弃涓流，博采众长，为我所用。这个特点使中华民族和中华文化穿越五千多年的时空阻隔，历尽艰险，保存至今。中华文明是世界四大文明中唯一延续至今而未曾中断的，这一点也是中华传统思想文化强劲生命力和巨大社会整合作用的明证。

对于中华文化，无论我们是赞美还是诋毁它，它始终沉淀在我们的社会意识底层，成为中国人的集体无意识，影响甚至决定着我们做出的所有选择。

看待中华传统思想文化，既要看到其超越时空价值的精华内容，也要看到其中不合时宜、僵化落后的部分。事实上，中华传统思想文化始终处于不断变化发展、不断突破时代局限、不断汇集涓流而滚滚向前的动态发展过程中。对于我们来说，传统思想文化既不是梦魇，也不是光环，把我们今天的成败得失归罪或者归功于传统文化，给它差评抑或点赞，都不是学习和认识传统文化的正确态度。

传统思想文化是祖宗创造的，它代表的是逝去的一代代中国人的智慧和创造力，而我们的价值在于我们自己的智慧和创造，我们不必妄自菲薄，更不应狂妄自大。

我们需要了解中华传统思想文化，是因为我们需要了解自己。

“认识你自己”，这句镌刻在古希腊神庙上的箴言，揭示了我们寻找所有人生问题答案的途径，小到一个人，大到一个民族、国家，只要足够真诚勇敢，当经历过重重风雨磨难后，痛定思痛，一定会反观自身，从自己身上寻找力量和出路。

马克思曾经说“反思”，也就是反身而思，这是一道“普照的光”，它是唯一把人类从混沌的畜群意识中超拔出来的力量。在今天的中国，人们的物质文化日渐发达，对精神文化生活也日渐提出更高的要求。富而不贵的痛苦在全社会弥漫的时候，我们更需要“反思”，需要“认识你自己”，从中华传统思想文化中寻找智慧，从中西思想文化融合中发掘力量，从而建设出属于时代精华的有着高远意境和价值追求的中华新文化。

今天，随着中国国力和影响力的增强，随着国家“一带一路”倡议的逐步实施，世界各国越来越关注中国，它们在关注中国、惊叹于中国奇迹的同时，也一定会对产生和创造中国奇迹的中国传统思想文化产生兴趣。而我们作为中国人，为了认识自己，认识我们生于斯长于斯的这片土地，更应该了解自己的传统文化，尤其是蕴藏在我们日常饮食起居之中同时又超乎其外的传统文化的内核系统，即文化价值观念系统。在传统文化热重新兴起的今天，这套书的出版应该说适逢其时。

目前传统文化类的书籍出版正热，但是大部分内容局限于饮食男女等物质层面，其次就是诗歌文学类的图书居多。这比较容易理解，因为古文和我们今天使用的语言文字差别太大，单是古文阅读这一关，除了大学中文、历史系的学生，一般人都已经很费劲了。市面上流行的一些对传统文化仅作心灵鸡汤式解读的图书，对传统文化普及有一定益处，但是已经大大降低了传统文化历史意蕴和价值水准，如果让人们误以为这就是传统文化的全部内容，反而不利于人们认识和了解传统文化。所以，我们需要出版一套既有较高学术水准又能让普通读者看得懂的传统思想文化丛书，全面展现中国传统文化的内核系统即文化价值观念系统。要用通俗的笔法、优美的文体，向寻常百姓人家系统、通俗、酣畅地展现中国传统文化的绚丽多彩和博大精深。

这套丛书体现出了对中国传统思想文化的自信，写出了各家思想的亮点，可以与现实共参，启发现代。历史走到今天，多年中西文化交流交融的结果，使我们对于很多问题都看得比较清楚了，对于东方和西方思想文化的优缺点和未来世界文化发展走向，都大体有了新的理解，所以这套丛书体现出了我们对中华文化的自信，这种自信不是说我们老祖宗的一切都好，而是说它可以而且应该成为我们时代新的思想文化建设的起点。

本套丛书共计十本，包括《中国儒家》《中国道家》《中国佛家》《中国墨家》《中国法家》《中国名家》《中国阴阳家》《中国纵横家》《中国农家》《中国兵家》，可以说是对中华传统思想文化的全景式展示。

本套丛书作者在撰写书稿之时，大多还是在读或者刚毕业不久的博士，如今，他们均为各自专业领域的知名专家、学者。高水准的专业作者队伍，保证了丛书的学术质量。

读者诸君，藉此以往，因枝以振叶，沿波以讨源，必能深入国学堂奥，获取真知灼见，锻造无量智慧。

中国人民大学出版社

2019 年 3 月

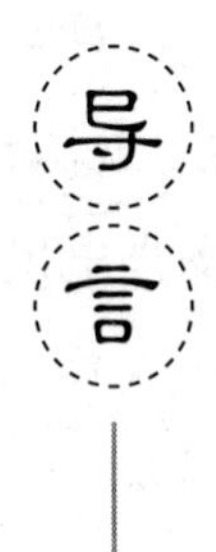

中国兵家鸟瞰

说到“兵家”，势必要与战争扯到一起。西方人翻译中国兵家的著作，几乎都要用“战争艺术”（Art of War）这个词，直白之中又透出几分羡慕。

中国人向称是爱好和平的，但战争也堪称我们的一种传统。也难怪，据称是我们人文始祖的黄帝、炎帝就是一对打仗的冤家。几千年“上疆场彼此弯弓月”，居然打出个“战争艺术”。

西方人会很诧异，当他们大多数祖先还没有走出森林的时候，中国人居然有了总结战争经验的著作。即使他们视为文明之源的古希腊罗马能产生出足与中国哲人孔子、老子相比的苏格拉底、柏拉图，却无论如何也觅不出白皮肤的孙武与吴起。被勉强奉为西方兵学之祖的色诺芬，按中国人的观点，充其量不过是位“太史公”，毫无稀罕之处。

正像“四大发明”是一些西方中心主义者不愿承认又不得不承认的“奇迹”一样，中国兵家也是这样一种奇迹，是一种尽管人们心怀偏见，但只要正视战争的客观现实就不得不鞠躬致礼的奇迹。

当然，不是仗打得比别人多，中国人才有了这种奇迹，实践固然出真知，但也需要有人总结积累才行。中国的兵家述祖上去，不是武人却是文官，是中国最早的知识分子巫师卜祝，是他们有意无意当了国王的“军师”。发展下去，专门司掌军队，分管军事的官员出现了，他们是武官，却依然有文人记述总结的传统。亦文亦武兼通阴阳的姜太公，成为兵家的一种模式。《汉书·艺文志》上说兵家出于古之武官，而《史记·齐世家》称言兵者皆以姜太公为宗。看来兵家从源头上就呈现出文人、武将、智者三位一体的形象。

但是，如果仅仅有这样一泓源水，而没有春秋战国这样一种特殊的时间和空间，兵家之溪流也许不会形成令人叹为观止的江河。

生活在那个时代的老百姓可能并不比以前此后的时代多出多少快意，但那个时代的确给知识分子提供了施展才华的舞台，只要有点真才实学，就不难封爵拜相，谋取富贵。如果无意于功名利禄，也自可以著书立说，放言无忌，没有人会来管你的闲事。

知识分子突然发现世界或许真的可以为他们所改变。儒家要回到西周，述仁讲礼，孔子带着弟子乘着牛车，风尘仆仆，栖栖遑遑。墨家要回到大禹，主张兼相爱，交相利，同样风尘仆仆，奔走于列国，摩顶放踵。法家、纵横家更是一副急于将所学发售脱手的样子，四处奔走，孜孜求利。

兵家就是在这样一种文化环境中，由各国武职官员的后裔家授私传的小打小闹，演变成足以与儒、墨、道、法诸显学相匹敌的学科。中经子鱼、曹刿的阵前论战，管仲、熊侣的用兵实践，一跃成为孙武、司马穰苴、吴起、孙膑等人千古绝伦的理论著述和完美无缺的用兵艺术，兵家的涓涓细流，汇集了民族积累千年的智慧，形成一道巨流，浩浩向前。

当然，严格来说，作为诸子百家之一的学派意义的兵家，在先秦之后基本上是不存在了。但是，作为一种学科，兵学却依然繁盛。具有兵学造诣的人虽然有时可能同时也是儒者、政治家甚至诗人，但从宽泛的意义上说仍然可称得上是兵家，因为他们继承了先秦兵学开创的学科。至于那些既是战将，又有理论贡献的人，与先秦兵家的形象就更加接近，所以更有理由被称为兵家。

我们不是将所有的赳赳武夫都列为兵家，因为他们的大多数只是战争的工具和载体，近乎近代所谓的“炮灰”。也不是将所有写过兵书的文人都列为兵家，因为他们中的多数也不过是吹南郭先生之竽的人物，除了抄袭改窜就是书生腐论，更有甚者，直是书贾坊家的枪手，铜臭熏天的逐潮客。

我们所谓的兵家，首先考虑那些文武兼备，既有战争实践又有理论造诣者；其次选择那些具有战争史上转折意义的战争指导者；最后对个别在特殊战争中表现突出的人物，也作为一种特例选入。所以，我们的兵家定义，基本上以先秦兵家为标准，将兵家定为具有兵学造诣并有战争实践的人群及著述。兵家不是简单指兵学家，而是指继承了先秦兵家传统的人和他们的著作。

我们将兵家的源头定在商周之际。虽然许多人述祖兵家，往往归到姜太公，但是我们却宁愿放弃这个名声显赫的祖先，而将功劳记在那些默默无闻的巫师卜祝身上。不过像姜太公这样的人，无疑也可算作萌芽期兵家的一分子。

春秋战国是兵家的鼎盛期，严格意义上作为学派的兵家，就是特指这一时期的诸位先哲及著作。如果说兵家是由智慧堆积起来的山峰，那么先秦兵家就是峰顶璀璨的明珠。先秦兵家对于整个兵家的长河具有大本大源的意义，正像号称“兵学百科”的茅元仪评论孙子时所说的，在孙子之前的思想，孙子都能概括了，而在孙子之后的兵家思想，无一不追述孙子。所以，我们在先秦兵家身上花了最多的笔墨。

兵家在秦汉经过一个相对的沉寂期。大约先秦兵家的思想创造力在这个相邻阶段仍旧发出逼人的光焰，兵家在此阶段只限于应用其原理，整理注释其典籍，较少创新之制。三国时期，兵家出现一段短暂的活跃，兵艺权谋相对发达，由此引发的古典韬略之学，大放异彩。韬略名家辈出，著名的如诸葛亮、曹操。曹操兵法新制失传，只遗下他注释的《孙子兵法》，可以星点地看出他的睿智。

唐宋是兵家的中兴期，具有开拓气质的盛唐兵家炮制出一些有别于先秦的新论。李世民、李靖的长途奔袭的骑兵战略，以及初唐行之有效的府兵制也的确让人耳目一新。一开始就受制于异族军事压力的宋朝士大夫特别忧国忧民，文人竞相言兵，虽不乏真知灼见，但却无助于北宋的兵事，直到金兵南下，掳走徽钦二帝，宋室南迁，这才出了几个能够活用兵法的将帅，撑住了朝廷的半壁江山。宋代另一值得一提的事是开科武举，列兵家典籍为“经”，兵学从此成了科举考试的内容。

明清时期中国人的文化创造力已经开始衰竭，在高度发达的文化专制主义的淫威下，知识分子的精力都耗在科举考试和朴学考据之上，写兵书的人虽多，但有分量的却少见，明代还有戚继光、茅元仪这样的兵家余绪，可清代连戚继光那种粗糙的练兵实录也没有。清末曾国藩、胡林翼等人的努力，成了整个封建时代兵家的最后一抹余晖，从此中国兵家的发展被西方列强入侵打断，西方体系的兵学理论取代了传统兵学，占据了中国军界。此后，中国近代军事家虽对西方军事学与传统兵学的结合进行了尝试，不过这已经超出了本书讨论的内容，不再赘述。

兵家著述是中国传统典籍文化中除去儒家著述外，数量最多的一类。人们常用浩如烟海、汗牛充栋之类的词来形容，一点都不过分。据《中国兵书知见录》统计，目前尚知其名的兵书共计 3 380 部，23 503 卷。《中国兵书通览》的作者许保林曾绘制过历代兵书发展变化曲线，我们略引说明如下：

从中，我们可以一窥兵家著述的发展概貌。兵家著述的增幅，不仅与战争的理论需求有关，也与印刷业的发展、社会政治气候的变化息息相关。

虽然大多数兵书均为注释先秦兵籍之作，几同于后世儒者之注经。但是兵家在漫长的历史发展中确也走向细部化、技术操作的具体化，从先秦那种宏观的战略思想、作战原则的论述走向具体军事学门类的探讨。

兵家著述有专门讲军事训练和阵法布列的，如《练兵实纪》《车营叩答合编》，以及《握奇经》等。

还有专讲战争战例的，如《阃外春秋》《廿一史战略考》《读史兵略》等等。

有谈论将帅标准品格的，如《将苑》《将将纪》等等。

有专讲使用间谍的，如《间书》。

有通过名将传记讨论用兵的，如《十七史百将传》《广百将传》等。

有探讨军事制度和军事法规的，如《历代兵制》《补汉兵志》《太平军目》等。

有关于兵器军械的，冷兵器有《耕余剩技》、火器有《火攻挈要》等。

还有关于军事地理的，最著名的是《读史方舆纪要》。

还有一些综合的百科全书式的著作，如《武备志》《武经总要》等等，内容几乎无所不包，既有上边提到的诸项，又有天文、占候、马政、军医、后勤等一般人想不到的内容。

兵家著述就像一座庞大的智慧与知识的宝库，而历代兵家就是那些知道“芝麻开门”咒语，却只往里添宝的人。

有人在讨论唐代诗歌时，常有“诗圣”“诗仙”“诗佛”“诗鬼”的说法，来比喻各大家的诗风。其实，我们谈论中国兵家也同样可以照此办理。孙武与吴起双峰并峙，堪称“兵圣”；孙膑用兵鬼神莫测、飘逸潇洒，堪称“兵仙”；司马穰苴古朴忠厚，可称“兵佛”；韩信用兵古怪刁钻，可称“兵鬼”。用他们来对应杜甫、李白、王维、李贺，委实一点也不辱没诗人的清誉。

中国诗歌是中国人独擅的审美式思维的产物，其登峰造极、完美无瑕，令人击节三叹；而中国兵学则是中国独擅的慧观式思维的产物，同样登峰造极，为天下人赞叹不已。用兵只有在中国人手里才可以称之为“艺术”，而兵家就是创造这种独特艺术的大师与巨匠。

中国兵学是中国四大实学之首，是中国文化贡献给世界文明的智慧的礼物。千百年来，它以它那慧观的哲理与平易的技术，为人类智慧增添了无尽的养料。正如一位日本学者所说的那样，只要人类还存在，中国兵学的价值就不会消失，战争被消灭了，它的智慧却仍可帮助和平的人类更好地生活。

古人称人生有三不朽：立德、立功、立言，中国兵家之德，中国兵家之功，中国兵家之言，将永远为后世垂范！

目录

源流篇——中国兵家纵观

第一章　萌芽初动——中国兵家缘卜祝

第二章　星火燎原——先秦兵家出齐鲁

第三章　因陈相续——两汉兵家著述少

第四章　继往开来——魏晋兵家多智略

第五章　推陈出新——唐宋兵家兴武学

第六章　余波三折——明清兵家多失落

分野篇——中国兵家横论

第七章　论兵道——不战而屈人之兵

第八章　论兵艺——围魏救赵

第九章　论兵训——当收儒将之功

第十章　论兵制——精兵简政

第十一章　论兵器——冷热兵器并用

战例篇——中国兵家与战例

第十二章　巧战例——四两拨千斤

第十三章　力战例——大军压境拔山举鼎

第十四章　愚战例——失败的教训

源流篇

——中国兵家纵观

第一章 萌芽初动——中国兵家缘卜祝

- 早期的兵家思想缘起于卜筮祝词。
- 以“打冤家”为例，三次占卜的结果，出现了如下八种情形：

偶偶偶——不分胜负（中平）

奇奇奇——胜负分明，胜则大胜，败则大败（中平）

奇奇偶——可战可不战（中平）

偶奇奇——不大顺利（下）

奇偶偶——必败，损失大（下下）

偶奇偶——无大不利（中平）

偶偶奇——有胜的希望（上）

奇偶奇——战必胜，获虏必多（上上）

战争是政治的另一种表现形式，有组织的正规战争与国家的发展相伴而行。早期中国王朝更迭，政治演进，战争的规模、烈度也后浪推前浪，兵学家的先驱递次在战争舞台上亮相。

巫师卜祝问兵机

自有人类社会，就有战争存在。尽管原始部落内部相亲相善，熙熙融融，但氏族间和部落间却争战不已。或为婚姻，或为食物，或为领地，或仅仅为显示一下部落战士的勇武。像采集、狩猎、种植等初民行为一样，战争行为也会有它的经验积累和总结。在最初可能只是感性的、直觉的和片断的，随着文字的出现，就会出现真正意义上的战争经验的积淀和升华，呈现理性化的色彩。

正像战争的规模和烈度受着生产力条件和人类社会组织形式的双重制约一样，战争经验的总结也受制于战争的频率、规模和人类符号系统的演化。中国早期的文明史，恰在器物文明、制度文明和文字演进方面走在人类的前列。而这种文明的进步最直接的后果就是极大地激化了战争这一人类社会的怪物。青铜器和铁器的使用首先是用于铸造兵器，像一句先秦的俗语说的那样，好的金属用作刀剑，而次的金属才用作锄犁。发育较早的国家组织，一个基本功能就是发动战争，仅《甲骨文合集》收录的卜辞，就有商代君主武丁与上百个方国、部落多次进行战争的记录，战争的时间可长达一年，区域可及千里。中国现存最早的文字甲骨文记载事项比较集中的就是战争，目前收集的甲骨卜辞，这样的记载有上万条之多。由此观之，中国兵学的早熟与发达是不足为怪的。

不过，兵家的先驱并非那些孔武有力、叱咤风云的带兵人。倒是不操兵戈的巫师卜祝，才使早期的兵略露出萌芽。

从形式上看，中国早年历史上的巫觋们与现代农村的巫婆神汉并无二致。同样是居于神（鬼）人之间的中介地位，传递消息。但在本质上他们是有区别的，其尊卑高下更是不可以道里计。早年的巫师是人类社会中专门的知识分子，拥有旁人无法企及的特权和地位。他们是帝王的顾问和参谋，也是帝王的师友和决策裁决人。那时的巫师远比领兵打仗的将帅还要威风和霸道，即便帝王满门心思想打一仗，或讨伐某方国，只要巫师们烧烧甲骨，弄弄蓍草棍，如是三番地装神弄鬼一通，然后说不行，那么帝王纵有一肚子不情愿，也只好作罢。巫师们对战争的参与程度之高，远非今人所能想象。从出土甲骨卜辞来看，帝王的战争准备，包括对象选择、发动战争的时机和地点、战争部署，乃至处理战俘，都要进行占卜，以占卜的结果来决定行止取予。凡事参与多了，就自然会有关于其事的经验或教训积淀于其中，从而见诸巫师卜祝的卜辞。卜辞从单纯地问战争吉凶、天佑与否，逐渐渗入了有关军队名称和编制、战斗队形、战争规模和使用的兵器等项内容。应该说，这些卜辞在某些方面已具有兵书的一些特性。巫师们有意无意地扮演了军事参谋和兵学先驱的角色，尽管，很不称职，但毕竟要算目前有文字可考的最可靠的兵家之源。

随着文明的演进和战争本身的进化，由巫师们兼代的“军事学家”逐渐不能适应情势的需要，两种人物渐次应运而生，取代了巫师这种粗糙的军事学家的位置：一种是伴随知识及文字应用面的扩大而出现的智谋之士；一种是由“巫”中分化出来的“史”。“史”成为专门的典籍编撰整理、收藏人员，有关军事的记述与总结自然也由他们来承当。在前者，出现了伊尹和吕尚这样的贤相兼统帅；在后者，则有西周的《军政》《军志》一类的军事典籍。这两部书虽然已经亡佚了，但是从《左传》《孙子》中保存的一些佚文片段来看，已经达到了相当高的水平。比如在战略上，已经提出得人心与否是战争胜败的重要条件，提出作战士气的重要性，认为打仗要知难而退、强而避之，在战术上强调地利的重要，行军打仗队形呼应，旌旗金鼓的使用，等等。

中国古代的军事学就是这样从巫觋的卜辞中走了出来，由神秘化走向理性化。

伊尹、吕尚传兵略

根据史籍记载，伊尹是成汤灭夏的关键人物，吕尚是周文王、周武王灭商的关键人物。关于他们二人的身世，历史传说中各有说法。据说伊尹原是一名筑墙的奴隶，还懂烹饪，而吕尚则曾当过屠夫，卖过水。成汤和周文王不拘一格地将他们从社会底层选拔出来，委以军国大任。二人得简拔之前都有梦兆示于君王，且都“善卜”，尤其是吕尚，更是有一种神秘色彩，小说《封神榜》将他演义成一位能呼风唤雨，调神遣鬼，亦巫亦将亦相的人物。这说明他们与早期的知识阶层巫卜是有关系的，所以行为上依然带有巫卜的痕迹。

伊尹的最大功业是助汤伐桀。当商汤得到伊尹之时，夏朝之君桀昏乱残暴，不修内政，连年征伐，以致国力大损。商当时还是向夏纳贡的属国，商要想取夏而代之，还不是那么容易。更何况，夏桀也是个善于征战之人，治国虽然不行，打仗却有一套。

针对这样一种敌强我弱、敌大我小的势态，伊尹为成汤制定了一套修德自强、由远及近、剪除羽翼、夺心夺力直至最后决战的战略。

根据这套战略，商汤在伊尹的辅佐下，首先内修德政、轻刑薄敛，奖励生产以强干固本，对外交结各国，争取联络那些对夏有怨气的诸侯，一时形成了众望所归的局面。传说成汤出征，东征而西边的人不满意，南征而北面的人不满意，人民盼望成汤，就像大旱之时企盼甘霖的到来。

其次，对那些仍然依附夏桀的诸侯，伊尹创造性地运用“用间”谋略，亲自化装由商去夏，探知了解夏王朝的内情，巧妙地离间了夏与各诸侯之国的关系，造成了夏王朝内部的分裂，最大限度地孤立了夏桀。这种不入虎穴焉得虎子的气概和胆识，以及巧妙的行间术，使得后人将伊尹尊为用间之祖。孙武子在《孙子·用间篇》中就专门提到伊尹和吕尚入敌国行间的事迹。

当商逐步强大到足以与夏抗衡时，仍然采取避免与夏正面交锋的战术，而是率先从两翼下手，逐一征伐葛、韦、顾、昆吾四方国，以剪除夏桀的羽翼。这四方国一向与夏关系密切，尤其是昆吾号称“夏伯”，是夏桀最亲近的助手和在黄河上游地区的支柱。商拿这四方国开刀，奏响了灭夏战争的序曲。在伊尹的调度下，商找借口先从实力最差的葛下手，依次攻灭了韦、顾、昆吾，全部占领了兖、豫大平原，实力大增，而夏则处于近乎孤家寡人之境地。

一连串的胜利使得成汤欣喜如狂，一时失去了必要的冷静，在逐个击灭四方国后，遂下令停止了对夏的纳贡。夏桀大怒，下令征调“九夷之师”进攻商汤。当看到九夷还听命于夏的时候，伊尹感到决战的时机尚不成熟，于是力劝成汤暂时隐忍，商遂向夏谢罪请服，恢复了对夏的纳贡。

次年，当伊尹发现连九夷也对夏阴蓄叛志的时候，觉得十年生聚、十年教训已经到了瓜熟蒂落的境地，于是立即号召诸侯，兴兵伐夏。成汤、夏桀的最后决战——夏商鸣条之战终于打响了。

成汤在战前发表了慷慨激昂的誓师词，声讨夏桀的残暴无道，宣称自己是奉天吊民伐罪，以正天讨。成汤还要求部下忠实于自己，英勇作战，他保证赏罚严明，决不食言。誓师已毕，成汤和伊尹精选“良车”70乘和敢死之士6 000人，联合各方国军队，向夏都进发。战车在当时是比较先进的作战工具，有70乘已足以摧枯拉朽、冲锋陷阵了。

商军绕道从西方出其不意进逼夏都。由于夏桀已成为孤家寡人，消息闭塞，以致商师兵临城下，方才知晓。夏桀仓促之间率师迎战，不敌而退走鸣条（今河南封丘东部），商军追击，双方在鸣条决战，直杀得昏天黑地，夏军大败亏输。夏桀逃到一个属国，立足未稳，商军不旋踵即至，桀仅率少数亲随落荒而走，不久病死。随后，成汤和伊尹率师征服了原属夏朝的所有地方，建立商朝。

吕尚助周伐商的故事与伊尹有着惊人的相似。成汤开创的基业经四百余年传到纣王（帝辛），历史又开玩笑似的出现了与前朝相似的情况。商纣与夏桀一样，有着足以自负的才智与勇武。史书上说他可以赤手空拳与猛兽相搏，而且见多识广，思维敏捷。正因为如此，他即位以后，好大喜功，不恤民力，四处征伐，尤其是对东夷的连年征战耗费了大量民力物力，虽说征战为他开创了新疆土和掠夺了大量金玉财宝，却使国内矛盾空前激化，人民不堪重负暴乱不已，统治阶级内部派系纷争日趋白热化，四方诸侯各怀异志。但是被百战百胜假象蒙住了眼睛的商纣却看不到自身大厦的裂痕，在一次次的凯旋声中他越发刚愎自用，不听忠谏，骄奢荒淫，纵欲无度，史书上说他做酒池肉林，夜夜欢宴，又发明炮烙之刑对付那些反抗他的人。就是在这种情形下，周文王遇到了吕尚，遂用其谋，花了两代人的工夫灭商自代。

吕尚的灭商筹划在整体上与伊尹灭夏之计并无不同，但在某些方面却有特色。首先是行韬晦之计，以恭顺效忠的面貌麻痹商纣。吕尚曾对周文王说，雄鹰出击之时要收拢双翼，猛兽将要扑搏之际也会伏缩身躯，圣人要想有所为，必示无为以麻痹对方。周文王采纳了吕尚的建议，处处表现出对商纣王的恭顺。商纣王曾囚禁周文王于羑里（今河南汤阴北部），但文王不仅没有露出丝毫的怨色，反而令手下贡奉商纣王美女和珍玩。结果周文王反祸为福，出来后不仅得以保留“西伯”即一方诸侯之长的称号，而且还被赐以弓、矢、斧、剑，使其得专征伐之权。后来，吕尚利用这个“合法”权力大做文章，一方面扩展自己势力，一方面剪除商纣王的羽翼，使伐商的前半部征战均在商纣的大旗下进行。文王摆脱了羑里之囚，对纣王越发恭谨，不断地送上美女、奇珍异宝，并献上洛西之地，还屡次率西部诸侯朝觐纣王，曲意结交纣王左右，让他们在纣王面前为其多进美言。同时他又摆出一副沉溺声色的样子，大筑舞榭楼台，流连歌姬舞女，终日撞钟击鼓，花天酒地，并有意让纣王知晓。果然，吕尚的韬晦术大获成功，商纣王从此对文王放松了警惕，认为这个人已经变得昏庸无度，不足为虑，从此一意专心对东夷用兵，将主力调往东方，从而使周迅速壮大。

其次，用间用得更巧妙更有效。吕尚使人收买了商纣王的近臣费仲，不仅使其转送各色礼物贡品于王前，而且还能为文王说情游说，从而使吕尚的韬晦之计得以实现。最重要的是，费仲等人实际上充当了周人的间谍和内应，从而有效地离间和瓦解了殷商统治集团。本来就刚愎自用的商纣王，在这些充当周人“内间”的佞臣蒙骗下，变本加厉地倒行逆施，拒谏饰非，残害忠良。数年之间，重臣比干被杀，箕子被囚，而商纣的哥哥微子在屡谏不听的情况下，经过周人的劝说，竟降了周。非但如此，由于用间之功，殷商王朝的一举一动周人全都了如指掌，而商纣王却如盲人骑瞎马，整日沉湎于自己江山永固的幻觉之中，直到周军兵临城下，方知大事不好，可此时主力远在东夷，只好发囚徒俘虏为兵，仓促上阵，结果兵败身死。

决定周商命运的牧野之战是一场空前规模的大厮杀。周武王率兵车三百乘，虎贲（近卫军）三千人，甲士四万五千人。而商纣王由于主力部队尚远在东夷，不及回援，遂以商都卫戍部队另加奴隶和夷人战俘临时组合，也拼凑了十七万人。双方在距离商都朝歌 70 里的牧野（今河南淇县西南）大战一场。商纣王临时武装起来的刑徒和俘虏，不是四散逃命就是临阵倒戈，不过剩下的商军还是进行了垂死的抵抗，双方直杀得血流漂杵。最后商军大败，绝望的商纣王逃回朝歌，自焚身死。

第二章 星火燎原——先秦兵家出齐鲁

● 春秋时代齐人田穰苴、孙武；战国时代齐人孙膑（孙武后裔）、卫国左氏（今山东曹县北）人吴起，都是杰出的军事家。

● 田穰苴的《司马兵法》、孙武的《孙子兵法》、孙膑的《孙膑兵法》和吴起的《吴子兵法》，都是我国古代军事的重要著作。

● 先秦时期的兵家已成燎原之势，而中原兵家遍起之际，其军中之英杰、兵圣则多出齐鲁。

春秋战国是中国历史上一个无比奇妙的时期。生产力在战车的呼啸中进步，文化在刀光剑影的间歇中繁荣。历史在这里为各色奇人、异人、怪人乃至圣人提供了一段特别的时空，于是人们创造了中国历史上前人未能企及、后人又无从超越的绚烂文化。中国兵家也就是在这一阶段正式诞生，以它傲视群伦、超越时空的姿态，发出夺目的光彩。

乱世怪杰起春秋

西周自武王立国，经二百多年传至幽王，一个不经意的玩笑——烽火戏诸侯，遂至国破身亡。他的儿子周平王不得不迁都洛邑，从此开始了姬姓王国另一个四百年屈辱的生涯：王室衰微，不复有号令诸侯、统驭天下的能力与权威。平王之孙恒王好不容易下决心讨伐郑国，却落得损兵折将，自己也中了一箭。从此以后，周王室变成了诸侯争战的尊贵看客，只有在争斗者春风得意，需要借王室的招牌显摆炫耀时，才会被人想起。稀稀落落的朝贡让受贡者反倒感到受宠若惊。

一百多个诸侯开始捉对厮杀，相互吞并。争战中，有的大国反倒破败乃至国灭，比如郑、卫、许、纪诸国。不仅国之间争战不已，诸侯国内部的纷争也是好戏连台，国君的脑袋忽然之间就变得轻贱起来。孔子作《春秋》从未能让乱臣贼子惧，春秋弑君如割鸡。这期间，五位诸侯有令人炫目的表现，这就是齐桓公、宋襄公、晋文公、秦穆公和楚庄王，史称“春秋五霸”。其实，他们之中的宋襄公不过是贻笑后世的小丑，倒是吴王夫差和越王勾践有过短时期的风光。

经过春秋二百余年的大鱼吃小鱼的吞掠兼并，原来一百四五十个诸侯国只剩下晋、楚、齐、秦、越、燕等几个大国和鲁、宋、郑、卫等几个苟延残喘的小国。不久，三家分晋，中国大地上齐、楚、燕、韩、赵、魏、秦七雄并立，春秋时的侏儒混争终于演变为巨人相峙。

在诸侯兼并同时，诸侯国内的卿大夫之间也在明争暗斗，鲸夺厮并。鲁国诸大夫相争的结果，只剩下了三家，季孙、孟孙、叔孙。晋国原来的望族栾氏、原氏、狐氏等，不旋踵就由中行氏、范氏、智氏、赵氏等取而代之。后来晋的中行、范、智氏又被赵、魏、韩三家吃掉。大夫间的争斗有时比国与国的兼并还要残酷，战败者不是逃往他国就是身死族灭。很有名的曾经惊动了法国文豪伏尔泰的戏剧故事《赵氏孤儿》，实际上就是这时期卿大夫倾轧的写真。那个被门人用自己孩子的生命保下来的赵氏孤儿，在后来却又让别人尝到了斩草除根的滋味。

春秋争霸明显的后果就是西周封建宗法制度和秩序的破坏。周朝属于统治阶层的有诸侯、大夫、士这三个爵次。诸侯虽也有公侯伯子男的等级差别，但都是由周天子包茅分封的国主，属于天子脚下的第一档次的贵族；而大夫是诸侯之臣，也有自己的封地（采邑）；士则是大夫的陪臣，有自己的食田。在西周，诸侯有多少大夫，大夫有多少士，大体上是固定的。每个宗族的嫡长子一支算作是大宗，其余的庶子是小宗，小宗从属于大宗。爵位的袭承，先由大宗，如果大宗无人方由小宗按长幼顺序袭代。所以在一般情况下，小宗只能降一格得爵位，如诸侯之庶子为大夫，大夫之庶子为士。所谓“君子之泽五世而斩”讲的就是这个道理，纵然贵为国君，数代之后他的后裔也有可能变为庶人。然而，春秋之世，这样一个社会阶序被打乱了。首先，在以下犯上、唯利是从的政治氛围中，原有的继承次序屡屡被扰乱，同一层次的庶子各怀觊觎之心，嫡长子已经无法保障其继承的特权。其次，权柄倒移也成为普遍现象，周天子之事要五霸说了算，而诸侯之事往往要大夫当家，陪臣执政的情况也屡见不鲜。无疑，这样一种混乱对那些原本没有机会的庶子尤其是位于士阶层的庶子是某种福音。对于他们来说，有着同样的祖先，受同等的教育，只因为错投了娘胎或晚生几时就只能忝列人下，本来就怀了一肚子不平之气，这一下统统有机会宣泄出来。而且，在战争中你死我活的竞争压力，促使诸侯及至一些强宗大夫均把延揽人才视为第一要务。士阶层由于长期处理日常政务富有经验，同时受的教育并不亚于上层贵族，因而在这一时期尤其活跃，成为各方竞相招揽的对象。一些士甚至主动投到有希望成为国君的公子门下，以待时机。比如管仲和鲍叔牙就分投齐僖公的二子——公子纠和公子小白门下，约好异日得志，互相荐举。晋文公重耳未得国时，也有狐毛、狐偃、赵衰、壶叔、魏犨一干士人患难相随。这些人如果按西周封建宗法秩序是无论如何也没有机会上升的，可是他们最后都成为国之显贵。

一个个因才华学识而不是因身份而成功上位的榜样，极大地激励了士人阶层，使之成为春秋及至战国舞台上最为活跃的演员。这些人大体上分为三类：一种是纯粹的武士，凭勇力和武技为人效劳，如上面提到的晋之魏犨，还有被晏婴用两个桃子设计杀掉的“三士”：田开疆、古冶子、公孙接，均属这类一勇之夫。一种是文士，以论礼讲道取功名，最典型的是孔子及其门徒三千。最后一种是侠士，他们亦文亦武，不为功名为苍生，不为诸侯为天下，人数最少而献身精神最浓，墨子及其门徒巨子集团属之。

士阶层一旦活跃起来，历史的面目由此改观。在治国、征战、平天下的现实需要下，原来那种御射诗书的贵族官学教育越发显得陈腐不敷用。士林中的杰出之士开始从不同的路径创立新学，有的从治国平天下之道论及人生自然哲理者，儒家、墨家、道家属之；有的则重视现实立效的治国、治民、致强之术，法家、刑名家属之；还有些人把眼睛盯在实用的干禄游说之术上，这就是纵横家；当然也有人不太理睬人间的纷扰，只关注抽象的概念逻辑命题，这即为名家。其中，讲求实用也最能体现士人智慧的学说是我们这里要谈的兵家。

没有春秋争霸的政治环境，就没有兵学；没有士阶层崛起形成的文化氛围，也没有兵家。在西周时还只是萌芽的兵学，能在春秋大放异彩，恰是因为历史积淀了几代的人才，又提供了合适的空间和舞台。

长勺阵前论奇兵

大约与春秋时期出道最早也最有名的政治家管仲同时，鲁国出现了一位兵家奇才，虽然他的出现在历史上如流星般地一闪即逝，却留下了令人至今难忘的光彩，这个人就是曹刿。

曹刿的身世乃至生卒年月均无可考，只能推测他大概也属于“士”，因为他虽然乡居，却了解国家大事，而且还能较容易地见到鲁侯，应该有一定的身份地位，但肯定不是上层贵族，因他一来没有官职，二来蔑视“肉食者”（贵族老爷）。

公元前 685 年，鲁国的邻邦齐国发生君位之争，受鲁国扶助的齐国公子纠慢了一步，被公子小白（即齐桓公）抢了先。鲁国为了支持公子纠，这年夏天由鲁庄公亲率三百战车，出征齐国，结果大败。齐桓公派鲍叔牙率军进逼鲁国，逼鲁人杀死了公子纠，并用囚车载回了管仲拜为相。这场继承权战争，使得齐鲁两国从此交恶。

齐桓公打赢了一仗觉得还不过瘾，感觉没捞到什么便宜，遂不顾管仲的劝阻，于他即位的次年（公元前 684 年），命鲍叔牙率兵直犯鲁国长勺。

挺身而出

得知齐兵进犯的消息，鲁庄公一脸愁容，但没有办法，只能整顿兵马迎战。鲁国是周公旦的封地，西周时号称大国，但这时早没了往昔的荣光，一向忍气吞声示弱于其强邻齐国，换得两家和平。此时鲁军以新败之余，士气不振，对手又恰是齐国之智士鲍叔牙，敌强我弱之势，不问自明。生活在乡间的曹刿也知道了齐军来犯之事，他感到事态严重，遂准备动身去见鲁庄公，助其一臂之力，从而保住父母之邦和家乡父老的安全。乡亲们对曹刿的做法感到不解，他们劝曹刿说：

“国家的事儿，自有那些吃肉喝酒的贵族老爷操心，你又何必出头呢？”

曹刿说：“那些食酒肉的老爷行为鄙俗、鼠目寸光，怎么会有深谋远虑？我不能坐视国家陷于危难而不救。”

就这样，曹刿辞别了乡亲们来见鲁庄公。鲁庄公这会儿正在为齐兵犯界的事犯愁，听说有人要来献策，便召见了曹刿。

曹刿一见庄公，开门见山地问：

“听说您要跟齐兵对阵，您有什么凭仗呢？”

鲁庄公说：“我待我的臣子们不错，凡有美衣美食，我总要分赐于他们，从不敢独自享用。”

曹刿说：“这属于小恩小惠，而且沾光的仅仅是一小部分人，老百姓没有得到实惠，是不会为您出力的。”

鲁庄公又说："我很虔诚，祭祀鬼神时，在祝词中从来不敢虚报多报祭品牺牲。"

曹刿说："作为一国之君，对神讲求信用，算不了什么，神鬼不会因此而保佑您打胜仗的。"

鲁庄公最后说："对于所有诉讼，不论案情大小，我虽不能做到百分百明察秋毫，但总是小心翼翼，慎重处理。"

听到这里，曹刿才松了一口气，说："您能这样慎重于讼案，还算是尽到了责任。基于此，我们就有资本与齐军抗衡了。作战时请让我与您一同前去，好吗？"

鲁庄公同意了曹刿的请求。通过这一番对话，曹刿了解到鲁国的民心士气尚有可战之余地，从而在心里定好了作战的策略。

阵前论战

鲁庄公与曹刿同乘一辆战车上了前线。齐鲁两军在长勺摆开阵势，眼见得一场厮杀就要开始。齐将鲍叔牙由于去年刚刚打了胜仗，有点轻敌，没把对手放在眼里，一上来就擂鼓率军向鲁军阵中杀来。鲁庄公见状大惊，也要擂鼓迎战，曹刿急忙制止，说：

"齐军锐气方盛，我军最好以静制动。"于是传令军中不许喧哗，多备弓箭，严阵以待。齐军来往冲突，无奈鲁军阵如铁桶一般，根本冲不动，只好退去。过了一些时候，齐军又开始擂鼓出击，看到齐军将士张爪舞牙不可一世的骄态，鲁军个个义愤填膺，怒火中烧，可曹刿仍然要庄公按兵不动。齐军鼓噪冲击了一通，冲不动鲁阵，只好又退回去了。鲍叔牙见两番无功，不由心急，不待兵卒休息，又擂响第三通鼓，齐兵又累又乏，勉强打起精神，冲将过来。这时，曹刿对庄公说："可以反攻了。"于是鲁军鼓声大作，将士们个个如猛虎出山一般扑向敌军，齐兵招架不住，被冲得七零八落，弃甲曳兵而走。此时庄公要乘胜追击，曹刿说："别忙，待我仔细观察一番再说。"遂下车看了看齐兵战车的车辙，又登车轼望了一会儿，然后告诉庄公可以追了。庄公于是挥兵追杀，一直把齐军撵出了边境，俘虏了大批辎重、马匹。强大的齐国，就这样败给了贫弱的鲁国。鲁庄公打了胜仗心中自然高兴，但却搞不清曹刿的战术意图。打完仗凯旋回宫，他迫不及待地问曹刿：

"这仗我们一鼓胜了他们三鼓，有什么说法吗？"

曹刿回答道："打仗嘛，主要凭的是一股勇气，气足则战勇，战勇则胜；气衰则战怯，战怯则败。当士卒听到第一次冲锋的鼓声时，士气最盛，第二次则气衰，第三次就变得精疲力竭了，斗志既衰士气也无。当齐军三鼓气竭时，我军方一鼓士气正盛，所以能一鼓作气，战胜齐军。"

鲁庄公又问为什么齐军已败还不让马上乘胜追击。曹刿答道：

"齐国是大国，兵强而将能，虽然败退，但我怕他们是假装的，意在诱敌，鲁国兵微将寡不得不慎。当我看到他们旗帜东倒西歪，车辙也乱七八糟时，知道他们真的是败退，所以才请您下令追击。"

曹刿这番阵前论兵，道出了两个制胜之道，使后世长久得益。一是指出了战争中士气的因素，士气的高低首先取决于民心与兵心向背，能得民心与兵心，士气才有基础；其次士气还取决于阵前的布置操作以及相关的士卒疲劳程度。二是在具体作战方针上主张后发制人，敌疲我打。这两大制胜之道在现代战争的许多优秀战例中，我们仍然能看到它们的作用。

长勺之战后，曹刿便不知所终，杳如黄鹤。有人考证说，曹刿可能被鲁庄公用为大将，而见于史记的鲁国将军曹沫与曹刿是一个人。我们认为，这种说法实际上是不足为训的，虽然"沫"与"刿"在古代可能是通假字，但史书上记载的曹沫的事迹与曹刿论战时的形象实在大相径庭，一个是审慎的智士，另一个则是凭借勇力的莽夫，两个人无论如何也捏不到一起去。事实上，春秋兵家很多人都有这种功成身退、飘然隐逸的行事风格，后来的孙武和孙膑也是如此，他们研究兵学时就是隐士身份，亲身应用验证自己的兵法理论后，仍然归隐做隐士，并不贪恋人间的富贵荣华。

知兵善战　身先士卒

在春秋五霸之中，楚庄王熊侣一向以知兵善战闻世。他是领兵的统帅，也是运筹帷幄的谋士，还是一员冲锋陷阵的猛将。他既韬机深藏、含而不露，又叱咤风云、敢作敢为，在中国历史上最早显示出楚文化的刚健雄浑。

在西周时，楚国还是一个地位低微的附属小国，诸侯会盟时，只配为人看火。而周天子要求于它的贡品也仅仅是包茅（一种用在分封仪式上包一块土的茅草）而已。楚和秦一样，是被中原诸国看不起的蛮夷之邦。

到了楚庄王时代，楚国经过上百年的经营和征战，已经成为江汉间的一个大国，但其备受排挤的“蛮夷”地位并没有改变。一个强大的晋国率领着中原诸侯，尽一切可能实行遏制、削弱楚国的政策，从北面虎视眈眈。而楚国的西南，真正的“蛮夷”部落也不断地骚扰攻击，时刻威胁着楚国的生存。

三年不鸣　一鸣惊人

楚庄王继位之头三年，给人的印象是一个昏庸无道、沉溺于酒色的昏君。当时国内一些地方连年饥荒，他不闻不问；一些贵族兴兵作乱，割据地方，他不理不睬；楚国的边境接连被人骚扰侵犯，丢城失地，面对边境接连而至的告急文书，他仍然故我，像没事人一样饮酒作乐，似乎醇酒美人已经占据了他的全部心思。

其实，就在国人对他大失所望的时候，楚庄王已经暗中了解和掌握了楚国的全部情况。他不动声色地了解了大臣们的贤愚智庸，也窥出了楚国内部问题症结所在，甚至对楚国之外的风云变幻他也了如指掌。在第四年头，他三年不飞，一飞冲天，三年不鸣，一鸣惊人，以快刀斩乱麻之势对楚国上下进行了改革整顿，迅速地削平内乱，刷新内政，除去宵小，选任贤能，楚国面目为之一新。

从此，楚庄王开始了他的内讨外征生涯。首先，他举兵灭庸，把长期威胁楚国西北疆界的庸人诸部落彻底征服。在强悍的庸人屈服之后，楚国名声大振，南方附属的诸侯的反叛活动随之平息。

其次，他抓住宋国一次内乱的机会，以声讨宋人弑君之罪为名，兴师伐宋，一战而胜之，缴获战车五百乘，从而在中原名声大振。

接着，他又亲率大军北伐陆浑之戎，屯兵周都洛邑附近，居然大胆地问周朝权威的象征物九鼎之轻重，显示出他欲取而代之的野心。在北伐过程中，楚国令尹（即宰相）斗越椒起兵反叛，楚庄王当机立断，回师平叛，在皋浒一战中，楚庄王击败了叛军，进而借机消灭了诸多隐患，为日后的霸业奠定了坚实的基础。

在平息内乱之后，楚庄王又把兵锋移向楚国东南的百越部落，出兵灭了舒、蓼两国，将楚境直推到吴、越两国的边上。这时的楚国在疆域上已经变成春秋第一大国，沃土千里，物皁民丰。

紧接着一连串逐鹿中原的战役打响了。公元前598年，他首征陈国，使之降为楚之附庸。次年，他兵围郑国，随后又与赶来增援的晋国大军在邲决战，一举败之，报了城濮之战楚师败绩之仇。第二年，他又一次兵围宋都，迫使宋人臣服于楚，而晋国竟慑于楚军威势不敢来救。至此，楚庄王终于饮马黄河，雄视中原，登上了春秋霸主宝座。

楚庄王的军事成就不是从天上掉下来的，更不是像齐桓公那样，主要靠贤人辅佐，尽管楚庄王也有一位出名的贤相孙叔敖。楚庄王自己就是一位很出色的兵学理论和实践家。他的兵学造诣首先表现为他那宏大深远的战略眼光。楚庄王深知，战争仅仅是政治的手段，绝不是目的。动用战争手段时要有政治家的深谋远虑，否则纵然像商纣王那样百战百胜，也终有灭亡之日。楚庄王曾提出成就霸业的七项原则：一是禁暴，即制止暴行；二是戢兵，即不穷兵黩武；三是保大，即确保强大地位；四是定功，即奠定功业之基；五是安民，即使老百姓安居乐业；六是和众，即维护内部的团结；七是丰财，即增加物质财富。这七项原则充分体现这样一条真理：自古知兵非好战。晋楚邲之战战火甫熄，有人劝楚庄王集晋兵尸体，筑成高台以为“京观”，从而炫耀武力。楚庄王严厉地驳斥了这种提议，在他看来，这种残暴的行为不仅毫无益处，反而易于招致不必要的怨恨，有损他的“霸业”。

为了成就中原霸业，楚庄王显示了高超的政治深略，一方面在运用战争手段时以“德”服人，收拢人心；另一方面又尽可能地拓展疆土，以张国力。楚庄王应该说在这方面都交了令人满意的答卷。首先他对于周边的少数民族邦国采用战胜、削弱、降服但却保存其国的方针，以示没有领土野心，从而使诸小国放心地奉他为盟主。他几次征讨陈国、郑国、宋国，都采取了灭而后存的方针。特别是最后一次伐宋，已经将宋国逼到矢尽粮绝之境，最后还是答应了宋大夫华元的请求，主动撤兵三十里，从而彻底降服了宋国。

在战术上，楚庄王也有过人之处。在征伐庸人的战争中，他把曹刿的后发制人的战术运用到了极致。楚军七次与庸人接仗，七次佯败，庸人由此骄心陡涨，不再以楚师为意。当庸人得意忘形、粗心大意之时，楚军突然集中兵力，分两路夹击庸军，庸人猝不及防，彻底溃败，一下子连老本都丢光了。

在晋楚邲之战中，楚庄王了解到晋军将领内部不和、号令不一的情况，不为气势汹汹的晋军来势所吓倒，采取比晋军更快的动作，更主动的进攻姿态，先声夺人，集中全部力量冲击晋军，结果晋军面对铺天盖地而来的楚军，战守不定，遂至大败。这种乘虚蹈隙、先机灭敌的战法，为后来两军狭路相逢时如何取胜创造了一个光辉的战例。

改革先驱

作为一个军事家，楚庄王的过人之处不仅在于他的兵机谋略，更难能可贵的是他在春秋诸国中率先进行了军制的改革，增强了楚军的战斗力。从某种意义上说，这比作战时筹划得当更具有深远的意义。因为两军将帅智谋相当时，军制的优越合理与否就会成为决定性的因素，正是楚庄王首先推动了西周兵制的改革，在中国兵制史上留下了难忘的一笔。

楚庄王通过对西周军事典籍的研究和总结，并依据他自身的作战经验，改进了楚国兵制。首先是健全亲军。把亲军分为左右两广（两部），共 30 乘，一广 15 乘。他亲自挑选精壮甲士与兵卒充任，给予严格的训练。两个广不论昼夜轮流驾车警备以防不虞。这样，无论发生什么紧急情况，他的指挥中枢部都可以做到有备无患，可以从容布置应对措施。其次他将整个楚军分为左、右、前、中、后五部，各有统属，务必使作战时如常山之蛇，击首则尾应，击尾则首应，击腰首尾俱应。各军有机配合，有条不紊，统一指挥，依次行动。同时，楚庄王大胆地对战车制度进行了改革。首先根据当时战车之弊，进行了改进。那时的战车只适应于平原作战，越野性能较差，碰到陡坡和沟壑就只好望“障”兴叹。楚庄王根据实战的需要，改装了一种新型战车，这种战车上部小，底部大，坚固且轻捷，一般的沟坎一驰即过，不易翻倾，人称“楚车”，在当时的威力，不亚于现在一种新型坦克的问世。更进一步，楚庄王发现步兵的威力比预想的要大，而且装备简单，费用较廉。于是他把每辆战车附属的步卒人数从72人增加到100人，分为2编，每编50人，每编又分为2两，每两25人。作战时步卒以战车为中心和依托，以两为单位冲杀，相互照应和配合。相较之下，中原各国的战车每辆仅配步卒50～75人不等，且完全傍依于战车，自身没有组织，只要战车上的甲士一有伤亡，步卒辄作鸟兽散。楚庄王强调车上的甲士与车下步卒之间的密切配合，甲士不能把步卒当成低人一等的下等兵甚至奴隶（如中原各国那样），务必要协同作战，有机配合。

春秋之前的很长一段历史时间，车战是最主要的作战形式。战车一般分为轻车和重车。轻车是作战用车，又称驰车，一般较为轻便，但较宽，上立甲士3人，1人驾车，1人执戈，一人张弓；重车即辎重车，一般比较笨重、多载。车战一般是双方讲好地点和时间，摆开阵仗，相互冲杀，如果一方不想作战，也可以把车一辆辆衔接排列，组成营阵，士兵据以发矢，阻止敌车冲击，像曹刿指挥的鲁军一样。但是到了春秋中晚期，原先车战的条件已经被破坏，井田制瓦解，原来纵横交错的道路被破坏了，渐渐不利于战车的纵横驰骋。而且各国君主越来越不讲信义，原来那种准决斗式的战法越来越让位于夹击、突袭乃至偷袭。这样就要求有更机动、更灵活的兵种出现。楚庄王的军制改革，实际上代表了由车战向步战乃至骑战转换的变革趋势，是一种中间的过渡状态。这种改革的先驱意义是不言而喻的。

最后，我们还应该指出的是，在个人气质禀赋上，楚庄王同时具有统帅的气度和战将的勇敢与镇定。在平定楚国令尹斗越椒的战斗中，楚庄王身先士卒，挥戈上阵。战斗激烈异常，楚庄王的战车接连被斗越椒射中两箭，楚军心有怯意，纷纷后撤。这时，楚庄王镇定自若向队伍大呼：过去楚国祖先文王在灭息国时，曾得到三支绝好的箭，其中两支被斗越椒窃去，现在他已经把两支箭全用了，并没有伤我一根毫毛，他再也无计可施了！接着楚庄王亲自擂鼓督战，楚军士气大振，遂一鼓作气，击败了斗越椒。还有一次打了胜仗之后，楚庄王与群臣众将饮酒庆功，喝得尽兴时，楚庄王遂令他的爱姬许夫人出来为大家把盏。许夫人天姿国色，一时令众醉汉忘乎所以。突然，灯灭了，不知哪个色胆包天的家伙暗中摸了一下许夫人的手，许夫人也很机敏，顺手扯下那人帽子上的缨穗，然后到楚庄王身边耳语了几句，让他治那个人的罪。不想庄王闻此，遂大声说道：大家喝酒，戴着帽子没意思，把帽缨统统取下，方才尽兴。这样一来，偷腥的人就看不出来了。楚庄王畅饮自若，像什么事都没发生一样。三年之后，在晋楚激战中，楚庄王遇险，只见一壮士冒死犯险，冲将过来，救了庄王一命，此人就是当年酒宴上的绝缨人。此事传为千古美谈，楚庄王的气度和胸襟可见一斑。

诸子百家出兵圣

春秋是个人才辈出的时代，可以称得上是军事家的人如过江之鲫。

然而，兵家之所以称得上是先秦诸子百家中的一家，主要是由于有孙武其人。

孙武被后世誉为“兵圣”，他的著作《孙子兵法》十三篇被称为“兵家圣典”或“兵经”。千百年中外战争的经验证明，这种称誉一点也不过分，从战争哲学的意义上讲，孙武及其学说已经登上了前无古人后无来者的顶峰之境。中国兵家饮誉于世界，孙武子居功当首。

孙武能够成为“兵圣”，现在看来还有几分谜在内。因为从他的出身看，他既没有战功显赫的祖先，也看不出有多少行伍的经历。看来他的成就只能归结于他杰出的才能与认真的观察和学习。春秋百战的大环境，恰恰给了他一个观察和学习的绝好舞台。

孙武其人

孙武的先祖据说出自陈国的公子陈完。公元前 672 年，陈国发生内乱，陈太子被杀，陈完受到牵连，遂出奔齐国。齐桓公见陈完颇有才干，授予他“工正”，即管理手工业事务的长官之职。由此可见，孙武祖上与兵事风马牛不相及。后来陈完改称田完，田氏子孙遂在齐国蓬勃地发展起来，直到最后喧宾夺主，把姜姓的齐国改成了田氏的江山。不过这已经是后话，孙武在世的时候，这种事情尚未发生。田氏的子孙不断地涌现出一些大人物，使其能在大夫争斗中站稳脚跟，不断扩张，孙武的祖父田书也是其中一个，他因功被封在乐安，并由齐景公赐姓“孙氏”，从此田氏的这一支就改姓孙。

孙武在历史上的事迹主要发生在吴国。至于他怎样从齐国去吴国，已经于史无征了。只知道公元前 532 年，田氏联合鲍氏攻灭齐国另外两个强族栾氏和高氏，史称“四姓之乱”时，他离开了齐国。按道理田氏得势，他应该留在齐国发展才是，可是具有隐士之风的他可能看不惯这种尔虞我诈、争名逐利的争斗，遂毅然离开了父母之邦。

教战宫姬

孙武到达吴国之时，吴国正值多事之秋。楚国自楚庄王以来，兵威直指吴、越，吴、越已经变成事实上的楚之属国。但是吴国并不甘心，自吴王寿梦始，吴国就不断向中原学习，汲取中原文明的养料，以求富国强兵，摆脱楚国控制。晋国也有意看到吴国的兴起以牵制楚国，减少对中原的压力，所以派人入吴传授中原文化，尤其是帮助吴国按中原兵制进行改革，以增强军事实力。吴国也对中原文明表示出了极大的兴趣，吴王寿梦的儿子季札，就受到过孔子的赞扬，认为他“懂礼”。大概与孙武到达吴国的差不多时间，受到楚平王迫害而全家被杀的伍子胥也来到了吴国，立意借兵报仇。通过伍子胥的帮助，公子光刺杀了吴王僚和公子庆忌，自立为王，是为吴王阖闾。

吴王阖闾是位胸有大志，意欲有所作为的君主。他想使吴国崛起，首要的打击目标就是近邻也是强邻楚国。只有打击了楚国，吴国才有出头之日。就这样，阖闾的意图与一心要报家仇的伍子胥不谋而合，遂决意对楚一战。面对强大的楚国，伍子胥也没有必胜把握，于是他找到了隐居于吴的孙武，认为有了他的帮助，灭楚报仇不成问题。

就这样，伍子胥先后七次向吴王阖闾推荐孙武，盛赞孙武之文韬武略，认为若不平楚便罢；若要兴师灭楚，孙武首当其选。

就这样，吴王决定召见孙武，晤谈之下，孙武将他的兵法十三篇与吴王娓娓道来，吴王阖闾一闻之下连声道好。两人越谈越投机，不知不觉十三篇兵法都讲完了，吴王还意犹未尽，他忽发奇想，想试试孙武的治军的实际本领如何，于是对孙武说：

“先生能不能将您的兵法演习一下呢？”

“当然。”孙武不假思索地回答。

“那么，用女人当兵也行吗？”吴王见孙武回答得这样干脆，不免生出恶作剧之心，想难为一下他。

“当然。”孙武又是一声干脆的回答。

于是吴王从宫中选出宫姬 180 人，让孙武操练演兵，自己坐在高台上看热闹，心想看看你这高手怎样把这些嘻嘻哈哈的弱质女流训练成兵。

只见孙武不慌不忙，把 180 个宫娥分成两队，选取相貌最美，也最受吴王宠爱的两个妃子分任队长，让她们身着士兵服，手执兵器，向她们宣布战场纪律，说：

“你们知道各自的心之所在和左右手背吗？”

宫女们答道：“知道。”

孙武认真地告诉她们：

“我下令前进，你们则视心之所在，向前。下令向左，则看你们的左手，向左。下令向右则看你们的右手，向右。”

宫娥们平日娇生惯养，生平第一次穿上戎装还发了兵器，一时间觉得又滑稽又好玩又新奇，还以为这又是吴王逗自己开心的什么把戏，所以谁也没把眼前这位将军的话当回事。她们乱七八糟地站着，有的盔甲歪斜，有的还用手拄着戟。俗话说仨女一台戏，这么多宫女到了一块，大家说说笑笑，好不热闹。

孙武不急不恼，不动声色。请出军中执法的斧钺，令执法官旁立一边。申令已毕，遂下令击鼓向右，宫女们闻之大笑，谁也不动。又下令击鼓向左，宫女们笑得更厉害了，队伍前仰后合，乱成一团。

孙武仍旧不动声色，脸上看不出任何表情，说：

“纪律没讲清楚，训练科目内容交代不明，乃是将之罪过。”于是再次重申纪律，交代训练要领，然后重新下令击鼓向左、向右。但是，这些娇惯的宫女仍旧嬉皮笑脸，视同儿戏，有的甚至觉得这位将军跟她们做游戏挺好玩，不妨捉弄他一下。这时，只听孙武用平静而威严的声音说道：

“纪律交代不清，训练要旨讲不明白，是将军之罪过。但上项既已三令五申，你们也都清楚，却不执行军令，这就是领兵吏士之罪过了。”接着，他问执法官：

“按照军法，不服从军令该判何罪？”

“斩！”执法官吐出一个字。

孙武于是下令将两个队长斩首。这时，一直在看台上看热闹的吴王阖闾慌了手脚，忙派人下令给孙武说：

“寡人已经知道先生能用兵了。这两个宫姬是我最宠爱的，没有她们我连吃饭都不香，饶了她们吧。”

孙子正色道：“我已受命为将，将在军中，君主的命令可以有不接受的。”二话没说，一挥手，两个美人的头颅就落入尘埃。然后，他又任命两个长相差一点儿的美人为队长。

这一下，宫女们吓得战战兢兢，不敢仰视，她们死也没想到会有这等结果。当孙武再一次发号施令时，两列队伍向前向后，向左向右，队形变换都循规蹈矩，不敢有半点走样。在操练中，只闻兵器声、整齐的脚步声，刚才的嬉闹喧哗一点也不见了。操练已毕，孙武还是不动声色地来到看台，向吴王禀报说：

“训练已毕，请大王检阅。现在让她们赴汤蹈火也是可以的。”

吴王心痛得差点没掉下眼泪来，闻道挥挥手说：

“算了算了。将军回去休息吧，我不想再看了。”

孙武毫不客气地说：“原来大王只是喜欢谈论兵法而已，并不乐意将其付诸实用。”

五战入郢

吴王阖闾还算是个明白人，听孙武这般说，马上忍住心痛，改容礼敬，下决心用孙武为将，筹备伐楚。

就这样，孙武和伍子胥一道主持吴国军事。吴王称霸心切，孙武一上任他就要兴兵伐楚。但是孙武认为，吴楚已经连年交战，士卒和百姓都很疲惫，需要休息，况且楚国尚十分强大，时机未成熟。同时他和伍子胥还建议把军队分成三支，每次派一支去袭扰楚国边境，打了就跑，只要把楚军调动出来就行，达到疲敌劳敌之目的。经过数年的休养生息，吴国日渐强大起来，军队被孙武训练得如铁军一般能攻善守。孙武还扩充和完善了吴国水军，设有大翼（后勤船）、小翼（战舰）、突冒（冲撞敌船的突击艇）、楼船等各色水面战船，既可运兵，又可水面作战。这就使吴军在水网纵横的江汉地区如虎添翼。

反观楚国，这时却是一团糟。昏聩的楚平王死了，继位的楚昭王懦弱无力，一任奸佞小人胡作非为，对内横征暴敛，对外穷兵黩武。统治阶级内部也离心离德。公元前 506 年，楚军派兵包围了蔡国都城上蔡，蔡人拼命抵抗，并联合唐国，向吴国求救。

起先，蔡、唐两国一向臣服于楚，只因两国国君至楚都郢朝贡，未纳贿于楚令尹囊瓦，遂被囚禁，后虽纳贿得免，却由此深恨楚人。回国后遂上诉晋国，联合十七路诸侯共伐楚国。可惜晋国也是外强中干，兵出未用，就借口雨水不利传令班师。这下就把蔡、唐两国晾了起来，遂有此次楚兵之围。

面对求救的蔡、唐使臣，吴王阖闾请孙武和伍子胥裁夺。孙武说："楚国之所以难攻，恰是因为它的属国众多，现在晋国一号召，竟有十七国响应，内中不少是楚的属国，说明它已经众叛亲离了，这正是攻楚的时机。"伍子胥也同意孙武的说法，建议吴王从蔡、唐之请，出兵伐楚。

于是，这年冬天，吴王以孙武、伍子胥为将，其弟夫概为先锋，亲率大军进攻楚国。按照孙武早已筹划好的布置，大军 6 万乘船从水路直抵蔡都，楚将囊瓦见吴军势大，不敢迎敌，慌忙退守汉水之南岸，蔡围遂解。蔡、唐遂与吴军合兵一处，向楚国进发。

临行孙武忽传令让军队舍舟登岸，将全部战舰尽留于淮水之曲。伍子胥不解，问其中缘故，孙武告诉他说：

“现在楚人已经知晓这次进军，若假以时日，从容布防，则楚不可袭破了。舟行逆水太迟，不若乘其以为我们必从水路而来，只盯着水路，而我们却出其不意，从陆路直趋汉水。”

就这样，吴军迅速地通过大隧、直辕、冥阨这三个险要的关隘，如神兵自天而降，突然出现在汉水之北岸。楚军统帅囊瓦乱成一团，攻守不定。先听人献计分兵去烧吴师舟楫，主力坚守不出，后又下令渡江决战。于是率三军渡过汉水，于大别山列阵以待吴军。孙武令夫概率先锋勇士 300 余人，用坚木做成的大棒装备起来，一声令下，先锋队杀入楚阵挥棒乱打，这种非常规的战法一下子打得楚军措手不迭，阵势大乱，吴军大队乘机掩杀过来，楚军大败。

初战得胜，众将皆来道贺。孙武却说：

“囊瓦乃斗屑小人，一向贪功侥幸，今日受小挫，可能会来劫营。”乃令吴军一部埋伏于大别山楚军进军必经之路，又令伍子胥引兵 5 千，反劫囊瓦营寨，并令蔡、唐军队分两路接应。

再说囊瓦那边，果然派出精兵万人，人衔枚，马去铃，从间道杀出大别山，来劫吴军大营。不用说，楚军此番劫营反遭了孙武的道，被杀得丢盔弃甲，三停人马去了两停。好容易脱难逃回，营寨又让吴军劫了，只好引着败兵一路狂奔到柏举，方才松了一口气。这时楚王又派来援兵，可援兵将领与囊瓦不和，两人各怀异心，结果被吴军先锋夫概一阵冲杀，囊瓦军四散逃命，囊瓦本人也逃到郑国去了。

这时，吴军已进逼楚都郢城，楚昭王倾全城之兵来战。两军最后决战，又被孙武设计用奇兵打败，吴军直捣郢都。郢都经过楚国多年营建，城高沟深，易守难攻，又有纪南和麦城成掎角之势，要想占领楚都，夺取最后胜利，并不是一件容易的事。孙武也深知攻城之难，在他的兵法里将之归为下之下策，搞得不好，旷日持久曝兵于坚城之下，纵使有天大的本领也难逃覆灭的下场。但是孙武毕竟是孙武，他艺高人胆大，居然把全军一分为三,一部引兵攻麦城，一部攻郢都，自领一军攻纪南。伍子胥不负众望，率先使计让吴军混在楚败军之中，混入麦城，赚开城门，破了麦城。而孙武在攻城之前先看了看地形，见漳江水势颇大，而纪南城地势较低，于是令军士开掘漳水，引漳水入赤湖，又筑起长堤围住江水，使江水从赤湖直灌纪南城。水势浩大，直接郢都，纪南不攻自破，孙武率军乘筏直薄郢下，楚昭王领着妹妹连夜登舟弃城逃命去了。文武百官一霎时如鸟兽散，连家眷都顾不得了。孙武伐楚至此大获全胜。

后来，由于伍子胥有意要报家仇，不仅把楚平王掘墓鞭尸，而且对士卒也不加约束，以致吴军纪律败坏。加之吴王阖闾入郢之后，日夜拥楚宫娇娃，纵欲无度，所以吴军的存在，引起了楚国上下的敌意。后来楚臣申包胥借兵于秦国，秦楚联军反攻，吴军不利。这时吴王阖闾之弟夫概又率自家部队潜回吴，企图夺取王位。在这种情况下，吴王听从了孙武的建议，班师回国。

此次伐楚，虽然没能最终灭掉楚国，但强大的、一直令中原诸国寝食不安的楚国，居然让向来被人看不起的蛮夷之邦吴国攻破国都，这件事本身就够震惊天下的了。从此，楚国一蹶不振，吴国则开始了它的霸主生涯。

破楚凯旋，论功当然孙武第一，但是孙武非但不愿受赏，而且执意不肯再在吴国掌兵为将，下决心归隐山林。吴王心有不甘，再三挽留，孙武仍然执意要走。吴王于是派伍子胥去劝说。孙武见子胥来了，遂屏退左右，推心置腹地告诉伍子胥说：

“你知道自然规律吗？夏天去了则冬天要来的，吴王从此会仗着吴国之强盛，四处攻伐，当然会战无不利，不过从此骄奢淫逸之心也就冒出来了。要知道功成身不退，将来会后患无穷。现在我不但要自己隐退，还要劝你也一道归隐。”

可惜伍子胥并不以孙武之言为然。孙武见话不投机，遂告退，从此飘然隐去，不知所终。史书上再也寻不出他的踪迹，只留下他手著的兵法十三篇，影响了后世一代一代的战争进程。

后来，果如孙武所料，吴王阖闾与夫差两代穷兵黩武，不恤国力，最后养虎遗患，栽在越王勾践手下，身死国灭。而那个不听孙武劝告的伍子胥早在吴国灭亡之前就被吴王夫差摘下头颅，挂在了城门上。

司马立威著兵书

齐国之田氏，即陈完之后代，多出豪俊之士。孙武是其一，司马穰苴也是一个。孙武在吴国小试牛刀，使弱小的吴国一举打败了强大的楚国。而司马穰苴则在他的父母之邦大展宏图，与晏婴一道，一文一武，辅助齐景公扬名于世，并著兵书《司马法》，使田氏的齐国获益匪浅。司马穰苴虽是田氏之后，不过属于庶出，不是嫡支，因而地位卑贱，身列庶民；世居齐之临菑这个繁华的大都市，从而得以接触各色学者名流，学成一身文武艺，只是没有机会，因而混迹于街巷，与一般市井之徒为伍。

立威

公元前531年，司马穰苴的机会终于来了。在这之前齐国是武人当权，晏婴为相后，设计除掉了几个，就是有名的二桃杀三士的故事。为了两个桃子三个争功好强的武夫一瞬间纷纷赌气自刎了。从这以后，晏婴就向齐景公推荐田穰苴，说他一个能顶三个，而且文武兼备，足智多谋，远非田开疆、古冶子、公孙接等一勇匹夫可比。但齐景公还在犹豫。直到晋国入侵阿、鄄两地，而燕国又攻入河上地区，齐军屡战不利，齐景公才派晏婴具礼延聘穰苴入朝。初次见面，穰苴尽生平所学，与景公娓娓道来，景公听得非常入迷，遂当场拜穰苴为将军，令其率五百乘战车，驱逐晋燕之兵于国门之外。

田穰苴受命之后，担心自己出身微贱，唯恐威名不著，难以统驭下属。于是心生一计，遂向景公请求派一个有权有势深得宠信的大臣当监军，也好壮壮威势。齐景公答应了他的请求，派他的宠臣庄贾为监军，与穰苴一道出征。两人领命后，辞出朝门，庄贾问穰苴出征之期，穰苴约明日午时，并郑重地重申，他届时将在军门专候，万勿误了时辰。

庄贾少年得志，十分骄纵，加上平日有景公之宠，就是相国晏婴也要让他三分，所以根本没把这个刚从市井里提拔上来的将军看在眼里。第二天中午出征的时辰到了，庄贾却仍旧与亲戚朋友们饮酒话别，拍他马屁的亲朋好友又特别多，走了一拨又来一拨。穰苴派人来催，庄贾全不以为意，宴饮如故。穰苴直等到日影西斜，也不见庄贾的身影。他遂径自登坛誓师，宣布纪律，委派军吏。直到诸事已毕，监军庄贾才醉醺醺地姗姗来迟。一到军门，他由左右扶下车，趾高气扬地登上将台。穰苴面色如铁，端坐不动，问道：

“监军为什么迟到？”

庄贾满不在乎地拱拱手：“今天远行，亲朋好友携酒相送，一时脱不开身，所以迟了。”

穰苴正色道：“大凡为将之人，受命之日，即须公而忘家，到了军中，就得忘其亲旧，闻战鼓声响，在枪林箭雨中挺进，则必须忘其身。今日敌国侵犯国境，举国不宁，君主寝食不安，以三军托付我们二人，指望我们早日立功凯旋，以解百姓倒悬之苦，你怎么还能有心思去饮酒取乐呢？”庄贾闻说，仍然厚着脸皮说：

“还好没有耽误行期，将军不必过责。”

穰苴拍案大怒：“你仗着君主的宠信，怠慢军情，倘若临敌如此，岂不坏了大事！军政司（即军法官）何在？”军法官应声而前。穰苴问道：

“军法规定，迟到该当何罪？”

“依法当斩！”军法官早就恨透了这个恃宠而骄的家伙。

庄贾虽然半醉状态，但一听个“斩”字，酒醒了大半，转身就要走。穰苴哪里容他逃走，喝令手下：

“给我绑起来，辕门斩首！”

几个彪形大汉过来，把庄贾五花大绑，刚才还一脸骄色的庄贾这会儿酒劲全没了，吓得一个劲地哀叫求饶。庄贾的左右从人有机灵的，这时溜出了军门，跑到齐景公那里报信。景公闻讯后也大吃一惊，连忙派使者执节下谕，特免庄贾一死。并要使者乘车疾进，免得来不及。但是等使者赶到辕门，庄贾的人头已经被砍下来悬在杆子上了。使者全然不知，仍旧驰车捧节向中军奔去。穰苴看见急忙喝住，转身问军法官：

“军中不许驰车，使者该当何罪？”

“依法当斩！”军法官答道。这一来，把使者也吓得面色如土，惶惶战战，口中连说：

“我是奉君命而来的，别杀我，不干我事！”

穰苴说：“既然是奉君命而来，不好杀你，但军法却不能儿戏。来人，把他的车砸了，马给杀了，代他一死。”车马原是齐景公的坐乘，人称轺车，这回居然毁在穰苴手里。使者抱头鼠窜而去。全军将士看到这个情景，既振奋又害怕。振奋的是一般士卒，穰苴惩罚了这些平日作威作福的权贵，让他们出了口恶气；害怕的是有些领兵之将，从此不敢偷奸耍滑，耽误军令。

建功

斩了庄贾，穰苴一声令下，三军开出都门，威风凛凛开赴边关。晋国的军队消息灵通，一听穰苴这番作为，连忙收兵，未及齐国兵到，已逃得连影都不见了。燕国军队也要后撤，但动作慢了一点，被齐军掩杀过去，穷追猛打，死伤万余，齐军收复了全部失地，凯旋班师还朝。齐景公亲率文武百官到郊外迎接，并封穰苴为大司马（即掌兵的总司令），后人由此称穰苴为司马穰苴。

司马穰苴带兵，与士卒同寝并食，同甘共苦，对伤病员经常嘘寒问暖，特别关照，并把自己的俸禄给养拿出来分给他们。胜仗之后，穰苴把景公赏给自己的金帛分给士卒，故齐军上下一心，坚如铁军。司马穰苴是个刚直不阿的硬汉子，从小的平民生活，使他很厌恶那些钟鸣鼎食的权贵。虽然杀庄贾目的是借此立威治军，但也不乏对这些权贵的怨恨在内。穰苴这种刚直不阿的脾气有时甚至让齐景公也很难堪。据说有一次齐景公在宫中与姬妾饮酒，忽然间想起了司马穰苴，于是夜半驾车前往穰苴府上造访。按说这是一种君主对臣子的恩荣，可穰苴却不这么看。他闻知景公驾到，旋即顶盔戴甲，披挂齐全，执戟恭立于大门之外，景公下车见状大惊，正在狐疑之间，只见穰苴躬身请问：

“诸侯有兵来犯吗？诸臣有反叛的吗？”

“没有。”景公答道。

“那么您半夜到臣家来干什么呢？”

景公说：“没什么事儿，只是我顾念将军一向劳苦，今有美酒和美乐，想请将军一同分享。”

穰苴正色道：“如果是抵御外寇，平息叛乱，臣等理当效劳，但陪同饮酒作乐这等事，大王左右有的是人，何必找我这个老兵呢？”

景公碰了一鼻子灰，十分晦气。从此以后就对司马穰苴有点不待见。加上高氏、国氏等齐国旧臣们出于嫉妒屡进谗言，景公遂找借口解除了穰苴的司马职务。不久，穰苴病死。一代英豪，最终毁于小人之手。

穰苴死后，田氏最终还是铲除了高氏和国氏，最后连姜齐也落入田氏之手。百多年后，田氏齐国的国君齐威王采用了司马穰苴的《司马法》，使齐国大治，兵威震于诸侯。

司马穰苴活着的时候，陆续写过一些兵法，齐威王后来命人整理兵法，将穰苴的著作也整理进去，并用司马穰苴的名字命名，从而流传下来，人称《司马法》。《司马法》传到北宋时，仅余残本五篇，但仍被列入皇帝钦定的《武经七书》之中，成为中国兵书经典。

弃车从步胜山戎

魏献子名魏舒，是春秋后期三晋著名的政治家、军事家。他在军事史上最重要的贡献是完成了由车战到步战的转移，仅此一桩，就足以使他名垂青史。

魏舒的先人是追随晋文公重耳的贤士之一魏犨，以勇力闻世，曾跟随重耳在外奔波了十几年，重耳即位后，魏犨遂成为晋文公的主要将领。魏犨以后，魏家又出过一位贤能之人魏绛，主持晋国军务。在他的坚持下，晋军吸收了大量的戎人为兵，实力大增。后来，魏绛因功由大夫升为上卿，魏氏从此成为晋国主要的世族。

春秋后期，晋国政权落到几个主要世族豪姓之手，他们时而相互火并，时而联合执政。在晋国内部的世族火并中，中行氏、范氏、智氏先后败灭，而魏舒主持下的魏氏，却太太平平地存活了过来，不但没有损伤，反而每次火并都还能占些便宜。

公元前 514 年，执政的韩宣子年老，遂让位于魏舒。魏舒把持晋国政柄六年，尽情施展了他的才华，不仅奠定了日后三家分晋魏国的基础，也使魏军成为当年一时无敌的劲旅。

魏舒在历史上最出色的作为，就是公元前 541 年的抵御山戎之役，史称大原之役。这一仗，宣告了持续数百年的车战历史的终结，从此中国战争史上，步战成为主导作战方式，而魏舒也由此在军事史上留下了一笔浓墨重彩。

公元前 541 年夏天，山戎部落大举进犯晋国，晋国主帅荀吴与副帅魏舒率军迎战，双方在大原相遇。当晋国的战车艰难地沿山路向前开进时，魏舒登高远眺，见前方山道崎岖，战车根本无法展开，列阵更无从谈起。而不用兵车的山戎却凭着轻捷的身手，舞戈挥盾，做好了围攻晋军的准备。只要晋军的战车开上去，就必然会陷于进退两难，被动挨打的境地。见此情形，魏舒立即向主帅提议马上弃车步战，让车上的甲士下车，充作步卒，然后先敌一步抢占险要，再居高临下，突袭破敌。当主帅还在犹豫时，魏舒已经下令全军弃车从步，晋军顿成步兵之师。只有一个受宠于主帅的贵族甲士深恐有失身份，执意不肯下车为卒，被魏舒当即下令斩首示众。由此全军震动，改革顺利进行。接着，魏舒又以伍为单位，改组车兵。由于每辆车上有三名甲士，五乘车的甲士恰好组成三个伍的步兵。接着，魏舒又将每五个伍排成一个小方阵，而全军递进排成五块方阵。一块在前，两块在中，两块压后，形成犄角之势。五阵中最前边的方阵，多为老弱残兵，以为诱敌之用。

晋军调度布阵完毕，并不急于进攻，而是静候山戎上钩。果然，一心专候晋军战车陷于山道的山戎见晋军半天没有动静，只是把战车推到一边，有些沉不住气了，鼓噪着杀下山来。等看清楚晋军是把车兵改成了步兵，就更放心了。因为山戎一贯擅长步战，以为这下晋军更不是对手了，遂乱糟糟地裹成一团向晋军方阵扑来。晋军第一个方阵一战即溃，更滋长了山戎轻敌之心，遂不成行列，毫无章法地向晋阵中杀去。这时魏舒下令方阵进攻，只见晋军小方阵联成大方阵，如一把利剑向乌合之众的山戎砍去。前面的士兵倒下，后面的马上补上位置，卒与卒之间并肩配合，伍与伍之间如齿轮般衔接，一环扣一环，如波浪似海潮般，一浪高过一浪地向山戎发起冲击。山戎从未见过这种组织严密、梯队行进的阵势，很快就招架不住，四散逃命。晋军大获全胜。

大原之战在军事史上的意义，也是魏舒在军事理论上的主要贡献有两点：

其一，他首次实现了由车战向步战的转变。我们前面说过，车战是西周到春秋时期的主要作战形式。但是，随着战争的发展，原来那种鸣鼓成列，决斗式的作战方式越来越不合乎实战需要。而且，随着井田制的瓦解，各国人为地修改道路，掘壕挖沟，极大地限制了战车功效的发挥。战车再也不能像从前那样任意驰骋。不仅如此，车战制度中甲士与步卒之间的矛盾越来越突出。原来甲士与步卒之间不仅存在身份的差异，而且还有勇力与武技的高下之分，以往战争的主力是甲士，步卒只是辅助力量。但是，战争发展的结果使步卒的作用越来越大，每辆车配属的步卒也越来越多，渐渐地，甲士与步卒的作用主客易位了，步卒成为战争的主力。这样一来，甲士与步卒之间的主仆地位就难以维持了。原来甲士对步卒有支配权，战时步卒为车前驱，平时军中的各种劳役如喂马、修车、煮饭、筑垒等都落到步卒头上。最初在战争中对其重要性的差别认识还能使步卒忍受这种不公平，现在甲士的地位下降了，步卒也就无法继续心安理得地忍受压迫。从另一个角度说，在整个社会中，原来甲士所拥有的贵族身份愈来愈不值钱，而新兴的地主与农民阶级逐渐成为主角，所以甲士只能愈来愈为人们所看轻。因此在魏舒下令甲士下车为步卒时，几乎没招致多大的反抗。

有越来越多人意识到战车制度不利于实战，车战终究要被其他作战形式所取代。但是，总需要有个人站出来捅破这层窗户纸，而魏舒恰是这样一个人。大原之战，彻彻底底地把车兵化为步兵，而且还能一举战胜一向很难对付、平日擅长步战、剽悍凶残的山戎。这件事极大地刺激了中原各国，军制的改革由此铺开。此后，车战就永远地让位于步战和而后由赵武灵王发展起来的骑战了。

其二，魏舒发明的五五式步兵方阵是当时居于世界前列的实用作战阵列。它把车战的组织性、有序性和步战的灵活性有机地结合起来，虽然是仓促结阵，彼此缺乏配合训练，但仍能很容易地击败擅长步战的戎兵。这显示了“组织”本身的威力。

魏舒的“五阵”具体怎样排列作战，军事史家已难得其详了。但它与春秋时期的“荆阵”“雁行阵”“角阵”“盂阵”等车战阵势有本质的区别。因为它是一种纯粹的步兵方阵，具有更多的灵活性和机动性。方阵的任何方向的破坏都极易被补救，伤亡增加只意味着方阵的缩小而非缺损。在世界战争史上，步兵方阵在两军正面交锋时用处是很大的，日后战争的经验证明了这一点。从斯巴达到古罗马，步兵方阵几乎成为他们作战的最主要形式。在冷兵器时代，甚至在初级火器时代，这种步兵方阵都是有生命力的。只要有了方阵，就自然会有长短兵器及弓弩的配合协调，进可攻，退可守。后来的战争进程表明，在相当长的时间内，步兵方阵都是两军正面交锋的最有利形势。后人应该因此感谢魏舒。

执掌三国帅印的吴起

吴起是继孙武之后，先秦兵家的又一座山峰。后世论兵，莫不称“孙吴”，由此可见吴起在军事史上的地位。

吴起是孙武之后最善用兵之人，也是功名心最强的一位兵学大家。前者使他与孙武齐名，后者则使他招人诟病。吴起一生在鲁、魏、楚三国出将入相。在此之前，从来没有人能在这么广的天地里运筹帷幄、排兵布阵乃至变革政治。可以说，吴起在其军政生涯的每一阶段和领域，都取得了旁人难以企及的显赫战绩和政绩。一方面，他可为士卒吮痈，待兵如父母；另一方面，他又能狠着心肠一剑将有碍于他仕途发展的妻子杀掉。在他身上，鲜明而典型地反映出那个激昂踔厉的时代特色。

求仕与游学

吴起是卫国人，出身贵族世家，不过到了他长大成人时，吴家已没落。从少年时代起吴起就热衷于求闻达，他四处游历，耗尽家财，由于没有真才实学，到处碰壁，最后灰溜溜地还乡，招致乡邻的讥笑，不少家庭居然教子女以吴起为诫。吴起一怒杀掉了几个嘲讪他最厉害的人，击剑而誓：不得为卿相，誓不返回乡里。从此不顾年迈老母的苦苦挽留，踏上了游学求仕之途。

吴起生活的那个时代，儒、墨并称显学，影响甚大。吴起首先到了鲁国，师从孔门高弟曾参研习儒术。一年下来，曾参知道了吴起有老母在堂，便问他为什么从不回家省亲，吴起告诉老师他当年的誓言。由此吴起失去了曾参的欢心。不久，卫国有人捎信来，告诉吴起他母亲死了。吴起仰天长号三声，旋即收泪，依旧诵读如故。曾参见状大怒，遂将他逐出门墙，永绝师徒之义。

以后吴起又改学兵法，苦读三年学成下山，求仕于鲁。当时的鲁国宰相公仪休，曾与吴起谈过兵法，知道吴起有才能，遂推荐吴起于鲁穆公，用为大夫。这时，齐相田和隐隐然有代齐自立之势，因一向欺负鲁国贫弱，想伐鲁为自己立威。田和发兵数万，亲自率领大军杀奔鲁国，攻城略地深入鲁境，告急文书如雪片一般飞至鲁国宫廷。相国公仪休建议起用吴起为将，抵御齐师，可鲁穆公认为吴起之妻即出自齐国田氏，因而踌躇不决。吴起闻知这个消息之后，二话没说，回家挥剑斩了妻子，以帛包裹其颅，来见穆公，说：

“我有志于报国，而您因我妻子的缘故怀疑我，现在献上我妻子之头，以明示我是一心为鲁国的。”

鲁穆公见状不觉大惊失色，感到吴起未免太残忍，但大敌当前，计无可施，只能起用吴起为将，将兵万余以却齐兵。

吴起受命之后，即放下将军架子，搬到军中与士卒同食同住，打成一片。睡觉铺的是士兵的被褥，行军也不骑马或坐车；看见士兵带的粮食行李多了，他就抢来自己扛着；有士兵发疽，他亲自为其调药，并用嘴为其吮出脓血，感动得士兵们待他像父亲，个个摩拳擦掌，愿为他效死战场。

却说齐将田和引兵一路杀至鲁之南鄙，风闻鲁国拜吴起为将，很不以为然。在他看来，吴起不过是个好色好功的轻薄之徒。及两军对垒，吴起只是坚守不出。田和派人偷偷去鲁营中看动静，只见吴起与鲁军士卒中的最低贱者席地而坐，一起分食粗茶淡饭。田和闻报，更加看不起吴起，认为将军有尊严才能让士卒敬畏，像吴起这样的人是无法统率士卒的。这么想过之后，他还是有点不放心，又派其爱将张丑充作使者前来鲁营假称愿意讲和，实则打探虚实。吴起当然知其来意，遂将精锐士卒藏于后军，明面里只搁些老弱残兵在齐使面前晃来晃去。吴起以牛酒款待齐使，有意卑躬屈膝，低声下气。齐使回报田和后，田和大放其心，全不为备，准备全军大吃一顿，然后进军。正在齐军上下忘乎所以之时，突然鲁兵分三路杀到，齐兵马不及鞍，车不及驾，乱成一团。鲁军士兵为报吴起的知遇之恩，士气正锐，人人奋勇当先，直杀得齐军尸横遍野，田和率残兵败逃。鲁军直追至齐境方回。

展才于魏邦

吴起的成功震惊了诸侯，以一个小小的鲁国，居然能打败当时头号强国齐国，这几乎是一件不可思议的事。但是，鲁国的臣僚们却另怀心思，他们四处散布流言，攻击吴起残忍贪货。鲁君本来就不是个能成大业之人，听信谗言辞退了吴起。

吴起决心去魏国。这时的吴起，已经小有名气了。魏文侯得知吴起欲抵魏的消息后，就问他的相国李克：

“吴起这个人怎么样？”

李克回答说：“这个人贪恋功名，为人不怎么样，但用兵打仗连司马穰苴也比不过他。”

吴起来到魏国，魏文侯一见到他就说自己讲仁义，不喜欢谈兵革之事。吴起一眼就看出魏君的伪善，毫不客气地指出，既然君王无意于兵事，为什么举国大造兵器？而造好了兵器却得不到善用之人，就如母鸡为保护雏鸡去和狸猫搏斗一样，不过是以卵击石。吴起的一番话揭去了魏文侯的矫饰，他连忙降座表示愿听教诲。吴起于是又讲了为君者应该文德与武备兼修的道理，他说对内修德以安众，对外治兵以防寇，如果让人民受到侵害，人死家破，那才是最大的不仁不义。

吴起的话令魏文侯心悦诚服。于是，魏文侯郑重其事地告祭于祖庙，设坛当众拜吴起为大将，并赐宴款待吴起，文侯夫人亲自为吴起把盏。

吴起为魏将，仍然如在鲁时一样，深入士卒，与士卒同甘共苦，负粮吮痈，而且行军宿营从不践踏农田。他的所作所为深得士兵的拥戴，以至于士兵的母亲一听说吴起为其儿子吮痈，就会痛哭流涕，认为她儿子肯定要为吴起战死了。吴起为魏将不经年，先后夺取强秦的城池五座。

魏文侯遂派吴起担任西河郡守，以重点防御秦国。由于西河是魏之门户，西河的存亡直接关系到魏的安危，所以魏侯在西河布置了重兵，凡任西河守将者，权重一时，责重于群臣。

吴起初到西河，发现秦人常从边境上的一个亭（堡垒）出发，进攻侵扰魏境，及至魏兵出击，秦人却又退了回去，如此反复骚扰，对西河安全威胁极大。而这个亭又易守难攻，也无法用重兵长期围困，成为插在西河守将的眼中钉，历届西河守将为此大伤脑筋。吴起在对秦亭进行反复侦察之后回到驻地，多少天闭口不谈攻亭之事，反而让人放一车辕于北门外，说：有人能将此车辕从北门移至南门，就赐给他良田美宅。开始大家都不信，纷纷围观看热闹，后来有个实心眼的人真的将车辕移到了南门，果然得到了良田美宅。紧接着，吴起又置一石墩于东门外，宣布谁能搬它到西门外，还赐给良田美宅。这一下，大家争着来搬石墩。吴起见老百姓相信他的话了，遂下令谁能先登上秦亭，封为国大夫，赐给良田美宅。不久，秦亭就被攻下了。因为秦亭上守军不多，地势险要，不利于展开兵力，如果用正规军去攻，不易讨好，用重赏激励百姓，他们会自己想办法，而且秦军又难以防备，这正是吴起的用兵过人之处。

吴起任西河郡守近 20 年，与诸侯大战 76 次，其中全胜之役 64 次，其余 12 次不分胜负，为魏国辟土拓疆千里，纵然孙武再生也不过如此。但是，吴起始终受到魏国统治集团的猜忌，虽然政绩卓著，战功赫赫，整个魏国几乎全靠他一力支撑，他却进不了领导中枢，最后还在魏侯宠臣的排挤陷害下，离魏他适，投奔楚国。

高潮与落幕

楚国自昭王时败于吴之后，就一直萎靡不振。当别的国家都在锐意改革、选贤任能的时候，楚国却是腐败糜烂的王族一手遮天。楚悼王熊疑公元前401年即位时，国政糟到了不能再糟的地步，大臣钩心斗角，贿赂公行，小人当政，国势日衰，军队不堪一战，秦国和三晋（魏、赵、韩）都欺负楚国，侵夺了楚国大片国土。楚悼王是一位想有所作为的君主，不甘心当年威震中原的楚国就这么沉沦下去，因而急于寻找一个能使楚国变法图强的人来主持国政。吴起的到来使楚悼王大喜过望，如久旱之盼甘霖。这时的吴起已经名满天下，楚悼王对之钦敬不已。吴起一到，楚悼王就要委以重任，但吴起要求先过渡一下，于是先担任了宛地的郡守，未及一年宛地大治。楚悼王迫不及待地任命吴起为令尹（即楚之宰相）。

经过一年的实践和观察，吴起已经看出了楚国软弱积贫的症结所在。他对楚悼王说："楚国地方数千里，可以养兵上百万，按理应当力压诸侯，世世代代为霸主，其所以不能威加诸侯的原因，在于缺乏养兵之道。养兵需先富国，国富才能强兵。现在楚国冗官满朝，大量的贵族光拿着公家钱粮不干事，士兵却仅能勉强糊口，这种情况下指望他们为国奋战岂不是一句空话。如果大王听我的话，当务之急莫如淘汰冗官，整顿王族，增加储备以厚待敢战之士卒。如果这样做了而国威不振，请大王取下我的头颅以谢天下。"

就这样，吴起开始了变法。他取消了楚国世卿世禄制度，凡是受封已传五代者取消爵位，疏远的王族一律除籍，所有冗官一概裁撤。在经济方面，他把国都失去爵禄和官职的贵族填充到边鄙人稀之地，让他们垦荒生产。在军事上，吴起整顿军队，精简机构，增加士卒给养，严格训练，使楚军重振雄风，又成了一支劲旅。同时，他还加宽加高了郢都城墙，使之易守难攻。就这样，楚国迅速强大起来，兵威四加，南平百越，北并陈蔡，却强秦，败三晋。公元前381年，楚国在吴起指挥下救赵攻魏，大破魏军，再一次饮马黄河，重振楚庄王的雄风。

吴起在楚国的政治军事生涯，是他整个一生最辉煌的时光。他大刀阔斧、急风暴雨似的改革，极大地满足和实现了他的政治抱负。然而，戏剧的高潮后紧接着就是落幕。正在他春风得意的时候，楚悼王去世了。被吴起变法打击过的旧贵族马上掀起暴乱，攻杀吴起。事起仓促，吴起抵敌不过，跑进王宫，伏在楚悼王的尸体上，旧贵族们齐射吴起，也有不少箭射在王尸上，吴起临死时大叫：

“你们射我不要紧，可是你们射中王尸，就不怕触犯楚国法律吗？”

暴乱的旧贵族闻言四散逃命。后来，楚肃王继位，果然以射王尸之罪把那些十余家暴乱者族灭。吴起临死还设计为自己报了仇。

余声

孙吴并称于世，而且都有战绩和兵书传世，但吴起却最大可能地参与了政治。无论在魏在楚，他事实上都是军政一把抓，治军也治民。从某种意义上说，他也具有浓厚的法家色彩。他在楚国进行的改革，从效果上看无疑是非常好的，可惜操之太急，打击面过广，所恃者仅仅一个楚悼王，没能培养起一个支持变法的统治阶层，最终悼王一死，变法遂成一现之昙花。

有人认为吴起在从政处事方面有急功近利的毛病，缺乏长远的战略眼光。事实上，这种看法是失之偏颇的。吴起在政治上是主张修德养民的。比如他在魏国时，一次魏武侯与诸大夫泛舟黄河，至中流，武侯看着险峻的山河，不禁赞道：

“美哉！山河之固，这就是魏国之瑰宝啊！”

有人马上附和，说山河之险才是成就霸业的根本。吴起马上驳斥这种论调，认为成就霸业，在修德而不在地势的险峻。他说从前三苗氏、夏桀、殷纣处地都很险要，但由于德业不修，民怨沸腾，结果都身死国灭。他直截了当地说：

“若我君不修德安民，尽管有山河之固，今天舟中的国君和大夫，就会为他人所俘虏。”

显然，吴起并没有白白跟从曾参一回，儒家学说对他的影响还是很大的。不同于商鞅的严刑峻法式的改革，吴起对老百姓和士卒行的是仁政，只对那些吃饭不干事的“肉食者”才不客气。应该说，虽然吴起有杀妻求将的污点，但基本上还是位富有人道主义精神的政治家和军事家，他的改革从长远看也是符合民族利益的。

吴起走了，不仅在历史上留下了丰功伟业，还留下了一部兵书为后人传诵。

师兄弟沙场斗智

广为民间传诵的孙庞斗智故事的背后，耸立着一个足智多谋的军事家孙膑的形象。他身被残疾却以兵胜天下，充分体现了中国兵家以智胜力的优秀传统。

出道

孙膑据说是孙武的后人，生于齐国。按《史记》上的说法，他大概与孟轲和商鞅是同时代的人。孙膑原名不叫膑，因被施了膑刑，去掉了膝盖骨成了瘫子，所以人称孙膑。

传说孙膑和庞涓同时学道于鬼谷子，但不一定确切，因鬼谷子其人于史无征，神话色彩太浓。不过他们二人曾是同学可能是真事。据说在学习期间庞涓就不如孙膑，因而心怀嫉妒。庞涓下山较早，以兵法受知于魏惠王，任为将军。他怕孙膑下山后成为他的障碍，遂秘密派人招孙膑下山入魏。孙膑赴魏之后，庞涓利用孙膑的忠厚无备，寻机对他施以酷刑，使之成为“刑余”的残疾人。

在古代，刑余之人是最为人所看不起的，处境十分悲惨。但孙膑经此一难并未灰心泯志，他在墨子弟子们的帮助下，往见齐国使臣，说动了齐使将之偷偷载回齐国。

牛刀小试

孙膑入齐，受到齐国君臣的重视。齐威王也算是个有心励精图治的明主，对有能力治国强兵的贤才优礼有加。但孙膑认为自己是刑余之人，未立寸功不便受爵，辞官不受，客居于齐将田忌家里，允诺日后有机会定为齐国出力。

当时，齐国君臣喜欢玩赛马，每赛必押重金为彩头。比赛分三场，以各家的上、中、下三等马依次赌赛。田忌家的马比不上威王的马，所以只要与威王赌赛，每赛必输。一次孙膑闲居无事，也去看赛马，当然田忌又败给了威王。第二天，孙膑告诉田忌，这回你还与威王比赛，押上千金，我一定能让你赢。田忌一向深服孙膑，毫不犹豫就照办了。威王一边大喜，一边暗笑田忌自不量力。结果，孙膑让田忌把马的披挂全换了，以自己的下等马对威王的上等马，以中等马对威王的下等马，以上等马对威王的中等马，比赛结果田忌两胜一负，净赢威王千金。

对比赛结果，威王迷惑不解，田忌遂告之以孙膑之计。威王由此感叹说："从这点小事上，就可以看出先生的才能。"

围魏救赵

庞涓在魏之时，魏国气焰正盛，大有一吞三晋之势。赵国为了自卫，采用以攻为守的方针，于公元前354年向魏之属国卫国发起进攻，然而弄巧成拙，反而招来魏军的迅速反击。赵国无人是庞涓的对手，连吃败仗，国都邯郸被围。

无奈之下，赵人求救于齐，齐威王遂命田忌为将、孙膑为军师，领兵八万，前去救赵。受命之后，田忌马上要挥军直捣邯郸，计划与赵兵内外夹击，以解邯郸之围。孙膑对此不以为然，他说要想解开缠绕纠葛在一起的绳结，只能冷静心细地一点点地找线索，而不能心急地去拉；要想排解争斗，只能劝说不能参与进去。他对田忌分析了敌情势态，认为眼下魏与赵正在苦斗厮杀，魏兵精锐俱在邯郸城下，而国内必然空虚，我们应该攻其所必救，大军直趋魏都大梁，这样一来庞涓必得回师看家，我们就可以在半路截击，一举两得，既解邯郸之围，又能轻松破敌。

孙膑的一番话说得田忌口服心服，遂率军直趋大梁，一路大张声势，好让魏人知晓。魏惠王闻报果然慌了手脚，急忙下令庞涓撤邯郸之围，回救大梁。庞涓遵命回防，一路马不停蹄，不想孙膑早就在他回魏的必经之路桂陵伏下重兵，以逸待劳等着他呢。当人困马乏的庞涓军进入桂陵时，突然伏兵四起，满山遍野的齐兵杀将过来。魏军原已在邯郸坚城之下与赵军相持多日，兵员多有折损，加上长途跋涉，疲惫不堪，哪里挡得住士气正盛、体力方好的齐兵的掩杀。因此没有经过太多的抵抗，庞涓就成了俘虏。围魏救赵由此成为军事史上的经典战例。

减灶之谜

桂陵战后，大约是因为孙膑为人忠厚，念及师门之情而不计旧恶；或者是因为他艺高人胆大，加上庞涓自觉败得冤枉不服气，反正庞涓被放了回去，从而有了齐魏第二次大战。

在庞涓被释回魏不久，在齐国的权力斗争中，田忌又一次成了牺牲品，被迫去职。这样，孙膑也随之离开军界。庞涓闻到这个消息，气焰陡涨，率魏军东征西讨，打得四邻损师丧地，惶惶不可终日。这时，齐威王死了，儿子齐宣王继位，又请回了田忌和孙膑。但庞涓对此并不知情，亲率大军攻打韩国，韩军抵敌不住，遂向齐国求援。

是否发兵救韩，齐国将相意见不一。相国邹忌主张不救，认为犯不着为他人火中取栗。田忌则主张早救，因为韩灭则魏国强大，迟早对齐不利。孙膑见二人争执不下，只是拈须微笑，并不言语，于是大家都来问他的意见。只见孙膑不慌不忙地说：

“如果马上去救韩，魏军气势正盛，那就等于代韩受敌；如果不救，那就等于因韩资敌，让魏国坐大。现在的善策莫不如一面暗中答应韩国的请求，以固结其心，使其坚决抵抗。另一方面暂缓出兵，待双方打得精疲力尽，我们再出兵，这样会收事半功倍之效。”

齐王听从了孙膑的意见，按计行事，果不其然，韩军恃有援兵，拼死抵抗，虽五仗皆败，但也使魏兵大有损耗。当韩国快要支撑不住之时，田忌和孙膑率大军十万杀奔魏都大梁。庞涓听说后大吃一惊，急忙回师。由于距离韩国较近，所以魏军回师速度很快，在国都补充了生力军后，魏王另派太子申挂帅，率军十万，前来迎击齐军。

在进军魏国途中，孙膑对田忌分析了战前形势。他认为论士兵素质，齐国不如魏国，魏兵素来轻视齐兵，我们要利用这一点，骄敌诱敌，示之以不能，最终击败他们。

就这样，齐军和魏军甫一接触，便调头回撤。庞涓最初心有余悸，不敢穷追，只在后边远远地跟着。头天，庞涓发现齐军宿营过的地方有十万灶，第二日，发现齐军遗下的野炊灶只剩下五万了，第三天居然变成三万个。由此庞涓认定齐兵逃亡严重，已经溃不成军。于是，对魏太子申说：

“早知道齐兵胆子小，但没想到竟然怕成这个样子，我军才追了三天，他们就逃亡过半，如此怯战，齐军怎敢与我作战！”

庞涓骄气大涨，遂丢下辎重和步兵，率轻骑二万，昼夜兼程，追赶齐军，誓要报桂陵之仇。

孙膑见庞涓已入其彀中，就故意装出一副溃不成军的样子，一路把车仗旗帜丢得到处都是，一口气撤到齐国边境，在马陵伏下重兵，专候庞涓上钩。

马陵道路狭窄，地势险要，两山峡谷，树木葱密。孙膑选万余弓弩手埋伏于道路两侧的茂林中，告诉他们：晚上只要有人高举火把，你们就向亮火处齐射。孙膑还命人把马陵道上最显眼的一棵大树刮去一段树皮，写上“庞涓死于树下”六个大字。

夜色苍茫，庞涓果然率轻骑在孙膑算好的时间来到马陵道上。前军忽报前边道路被树干乱石堵住，庞涓拍马前去观看，发现路旁大树上隐约有字，于是他命士卒点起火把照亮，等到庞涓读完“庞涓死于树下”六字，心说不好，大叫中计，只见齐军万箭齐发，把庞涓射成了刺猬。接着，齐军两翼齐出，魏军猝不及防，又群龙无首，不大工夫就被杀得片甲不留。田忌和孙膑乘胜追击，又大败魏军的后续部队，俘虏了魏太子申，歼敌十万余。从此以后，魏国一蹶不振，再也没有能力与齐国为敌了。

减灶诱敌与围魏救赵一样，从此成为兵家典范，不断给后人以新的启迪。孙膑与其祖上一样，也留下了一部兵书，但不幸失传，以至很长时间孙武和孙膑究竟是一个人还是两个人，两人是否分别有兵书传世的问题成为历史疑案。1972 年，山东临沂银雀山西汉墓竹书出土，《孙膑兵法》部分残简重见天日，我们才可以稍窥其过人的智慧之光。

胡服骑射武灵王

赵武灵王是继魏舒之后，又一位中国军事制度史上里程碑式的人物。在春秋战国群雄蜂起的情况下，赵武灵王的文治武功并非出类拔萃，但是他善于向境外少数民族学习，对传统的兵制兵服进行了大胆改革，从而在历史上留下了深远的影响。

兵钝中山

公元前 325 年，年方 12 岁的赵武灵王继位时，赵国四面强敌环伺，而国土中间又横插着一个中山国。这个中山国是白狄建立的一个小国，曾经被魏将乐羊子攻灭，后来因隔着其他国家不便控制，让中山国又借机复国。中山国横在赵国中间，使其裂为分别以邯郸和代郡为中心的两大块，实在如鲠在喉，令赵国非常难受。赵国要想在战国诸雄中有所作为，首要的任务就是解决中山国这个心腹之患。

赵武灵王年轻，虽然生得人高马大，勇力过人，但他却有一个十分聪慧冷静的头脑。他知道要想攻下中山，绝不能轻举冒进，首先要建立一个良好的外部环境，否则强敌环伺，自然也就无暇内顾。因此，他大打外交牌，先是与韩宣惠王会晤，第二年又娶韩国王室的女子为妻，化干戈为玉帛。接着他明智地避免卷入当时以齐楚为一方和以秦魏韩为另一方的两大军事同盟的争斗中，巧妙地周旋于两者之间，坐收渔利。幸运之神总是偏向有心人，一个绝好的机会被赵武灵王抓住，从而使当时最强大的秦国成为他的盟友。事情是这样的，一次秦武王打败韩军，攻下韩国的宜阳后，借机造访了东周。当年，楚庄王仅仅是问鼎之轻重，这回秦武王自恃力大，居然把千斤重的周鼎举了起来，可也五脏受伤，当夜毙命。武王无子，当时诸国之间都互以彼此的王公贵族为人质。赵武灵王听到武王去世的消息，马上派兵赴燕，将武王的兄弟公子稷护送到秦国，夺了王位，是为秦昭王。昭王出于感激，自然对赵国表示友善。

就这样，赵武灵王争取到了一个相对安定的外部环境。外交牌打完，他开始打军事牌了。公元前 307 年，赵武灵王亲率大军进攻中山，开始还算顺利，可是不久便遭到反击。赵国的车兵和步兵被中山国军队打得节节败退，不但很快退回国境，连边境重镇镐邑也沦入敌手。更不可思议的是，在赵国攻打中山时，燕人也乘人之危夹击中山，但也被中山人迎头打了回去，燕国领兵主帅还丧了命。中山一个区区小国，同时抗击两个大国的进攻，还能取胜，这给了赵武灵王很大的震动。由此引发了他主持的一场撼动朝野的改革。

胡服骑射

在这一次亲身经历中，年轻的赵武灵王发现赵军将士的最大问题之一就是行动不灵活。战车在山地简直就如废物一般，而步兵作战速度又太慢，转移不灵活，将士们穿着长袍大袖，外裹重甲，就像套上厚重的壳子，行动不便。加上穿战服时需多层系扎，费时费力，敌军一旦突然来袭，就只好弃甲而逃。

赵国北面居住着各种胡人部落。他们一个个身着紧身短衣长裤，外套轻甲，跨在马上，弯刀劲弓，来去如风，只是缺乏约束，组织性差了点。赵武灵王从小就耳濡目染这些马背上民族的风采，他由此想到，如果能学习胡人的长处，再加以中原的军事组织，岂不是兼有两者之利？他把这个想法告诉了大臣楼缓。楼缓当即表示同意他的想法。而后，他又招来相国肥义，向他讨教此事是否可行。肥义鼓励他说：

“做成大事不能迟疑，首鼠两端必然一事无成。相传舜曾向有苗氏学习过舞乐，大禹治水经过‘裸国’，也随之袒身，因此改装易服不是不可能的事，只要利国利民，就应该坚定地去做。”

肥义的一番话，坚定了赵武灵王的决心，他随即找来一套胡服穿上，发誓道：

“我决心易服改装，以骑射教民，就让世人都来笑话我吧！但是胡地和中山必归我属！”

于是，他派人告诉国中最有资望的王族重臣他的叔父公子成，说他要改着胡服。但是公子成执意反对，认为如果这样，就会被中原诸国视为狄夷之邦，后果不堪设想。赵武灵王并不气馁，亲自登门拜访公子成，对他晓以利害，并告诉公子成他这样做是为了有朝一日平灭中山，以报先王之耻，希望叔父不要为顺从风俗而忘了先人之志。一番话说通了公子成，他接过了赵武灵王赐予他的胡服。第二天，赵武灵王和公子成等人改着胡朝上朝，众大臣见状，也纷纷效行。赵武灵王遂向全国下达“胡服令”，自上而下地改易服装，同时教民骑射，推行尚武之风。

“胡服令”在推行过程中曾经遭到一些贵族显官的激烈抵制，他们借口所谓“先王之法”“先王之礼”等陈腐的言论，攻击赵武灵王效蛮夷之行，说他不像个国君。赵武灵王一方面进行劝服，一方面以刑罚相威胁，终于在全国推广了胡服。直到今天，我们写中国服饰史的时候，都要给赵武灵王加上一笔。

着胡服是为了便于骑射。紧接着，赵武灵王开始广泛地招募能骑善射之士，许多少数民族骑士成为赵军的“教官”，赵军上下掀起一股学习骑射的高潮。由于赵地与北部游牧民族相接，不少人已经染习了骑射之风，而且马匹也较易获得，所以，不到一年，一支人数众多、训练有素的骑兵部队就练成了，他们取代了赵国车兵的地位，成为与步兵并驾齐驱的主战部队之一。

公元前306年，赵武灵王亲自率领这支年轻的骑兵，闪电般地袭取了中山国的宁葭，然后移兵北上，千里跃进，大破林胡和楼烦诸部落，迫使他们北迁大漠，献马乞和，成为赵之藩属。赵武灵王在新辟的土地上设立云中、雁门两郡，并在原阳设立“骑邑”，即训练骑兵的基地，用以常年训练骑兵。赵武灵王胡服骑射的改革，小试锋芒即功效大著，这下他要用他的铁骑马踏中山了。

马踏中山

赵武灵王在进攻中山之前，采取了十分审慎的布置。尽管周边无战事，并派使臣同时出访了秦、韩、楚、魏、齐，但他仍然调集部分兵力戒备边境，以防不虞。万事俱备之后，他开始了进攻中山之役。

吸取上次进攻失败的教训，这次他采用分路进攻的作战方针，先遣两军由中山西部进攻，然后把主力分成三部由中山南部正面突袭。这一仗赵军铁骑大显威风，疾如闪电，势若骤雨，很快就占领了中山国大片国土，而且险要尽得，中山国都灵寿处于赵军兵锋之下。中山国被迫请和，割让南部四邑，失去三分之一的国土。从公元前 305 年到前 300 年的五年里，赵军先后五次进攻中山，次次以中山割地求和告终，最后终于把中山这个一度名闻天下的小国从中国的版图上彻底抹去了。从此，赵国东西南北合为一体，喉中无鲠，眼中去钉，可以专心对外了。赵国在以后的日子里成为唯一可以与秦国抗衡的大国。

化装入秦

平灭中山之后，赵武灵王将王位传给儿子，自己号称“主父”，专意开拓北疆，巩固边防。他率骑兵再次大败楼烦王，并在北边大修城池，先后修了赵王城和夫人城。同时，两条边境长城也渐次竣工，赵国北疆至此无虞。在这期间，赵武灵王最令人惊异的举动是自己化装成使者进入秦国打探虚实。

赵国灭掉中山后，首先面对的强敌就是秦国，要想称霸中原，不搬掉秦国这块绊脚石，是无论如何也不行的。尽管当时秦赵两国交情尚好，可是在国与国的政治中，朋友是不能持久的。两国都在暗中较劲，待机削弱对方。一次赵武灵王化装后混在出使赵国的使臣中进入秦国，亲自勘察地形，深入街巷，了解世风民情，考察军情民心，几次进入王宫，与那位被他派兵护送回国的秦昭王数度长谈。秦昭王虽机敏过人，却一时没有识破这位“使者”的庐山真面目，反而为他不凡的谈吐和高贵的气质所折服，两下十分欢洽。及待明白过来，这位“使臣”早已离境回赵了。当秦昭王知道了赵武灵王曾与之在他的王宫里侃侃而谈时，曾数日为之不怿。赵主父的过人胆气，一时广为传诵。

后来，赵武灵王在一场继承纠纷中在最不该死去的时候困死沙丘，他胡服骑射的大胆改革，却使他名垂青史。这场改革不仅对于中国军制史和服饰史有莫大的贡献，而且极大地影响了中国北方人的气质，使他们养成了强悍好武的性格。至今，燕赵好武之风不息，故多慷慨悲歌之士。

第三章 因陈相续——两汉兵家著述少

●《史记·留侯世家》载：张良在圯桥得到黄石公的一本《素书》。这本书共 1 336 字，书中告诫：此书不许传给不道、不神、不圣、不贤之人。……也许是张良未遇到可传之人，只好将这本书陪葬墓中。五百多年后，此书由盗墓者从他的玉枕下取出，从此，《素书》才流传于人间。然而，西汉时的兵家自张良、韩信起，至三国时的曹操、诸葛亮止，著述无多。

秦以后的几百年，是大一统的中国膨胀的年代，也是帝王霸业的膨胀年代。华夏一统帝国的文治武功撼动了周边，也撼动了世界。但是，或许是先秦的风雨已经消磨殆尽了风流俊士，或者是独尊儒术的政治钳箍窒息了人们的灵魂，总之，相比于春秋战国而言，中国人的文化创造力大不如前了。阮籍登成皋楚汉争霸的古战场，曾感慨道：世无英雄，遂使竖子成名。两汉兵学与兵家一直相对沉寂，到了三国时期，情况方有好转，比起先秦高论迭出、群星璀璨的局面，我们不免有点惋惜。然而，一代人有一代之事，历史就是这样安排的。

张良圯桥得《素书》

秦末楚汉相争，项羽兵败自刎乌江。汉高祖刘邦论功行赏，众将争功，你说曾攻城略地，他讲已破敌斩将，唯独张良默不出声。但是，刘邦却大声为他争功：

“运筹帷幄之中，决胜千里之外，这就是张良的功劳！请你自己挑选三万户的封邑。”

张良，这个手无缚鸡之力的贵胄子弟，就是这样在历史上留下痕迹的。

博浪一锥

张良是韩国世家，乃祖乃父先后为五代韩王之相，他从小就过着锦衣玉食的生活，对韩国的感情甚深。秦灭六国成一统，韩国首遭其殃。从此以后，张良开始了他浪迹天涯、伺机复仇的生活。他散尽了家中余财，交结江湖豪士、失意书生，一门心思想要刺杀秦始皇，为韩国报仇。在淮阳，通过另一个书生仓海君的帮助，张良结交了一位力士，并为他特制了一柄重达 120 斤的大铁锥。听说秦始皇巡游天下将路过博浪沙，张良和刺客携铁锥预先埋伏在驰道两旁的树丛中。果然，秦始皇车驾威风凛凛地过来了，刺客急起身猛地把大铁锥投向秦始皇的御辇，不想铁锥刚好擦边而过，砸在副车上。巡行队伍登时大乱，张良和刺客乘机逃走。秦始皇一怒之下在全国抓捕三日，张良改名易姓，避居下邳。

事实上，秦始皇的巡游也引出了另外两位豪杰，一位是刘邦，看着人家的气派慨叹：大丈夫当如是耶！另一位是项羽，看着人家威风，暗中嘀咕：彼可取而代之矣（他的位置可以取代之）！秦始皇万万没有想到，正是他出巡惹出的三位英豪，最终结束了他意欲传之万世的帝业。

博浪一锥之后，张良开始潜心问学，不再幻想侥幸。他变得非常谦虚好学。一日，在圯桥碰到了号称“玄机大师”的黄石公。由于他向学心切，没有架子，不惜为老人拾鞋，得到黄石公青睐。于是，这位老子李聃的门徒、九天玄女的关门弟子便收张良为真传弟子，并授给他一本《黄石公素书》。这是一本兵书，但通篇不言“兵”字，讲的是“以柔克刚，以退为进”的用兵之法。从此以后，张良由一个愤世嫉俗的世家子弟，变成了胸怀韬机的智士。

智闯鸿门宴

在群雄并起的秦末大混战中，张良遭逢过刘邦、项梁、韩成诸人，但只有刘邦这个市井无赖听从他的谋划，所以他就成了刘邦的谋士。

在灭秦大战中，项羽面对的是秦军主力，一路血战下来，功劳最大，实力也最强。刘邦在张良等人的辅佐下，从后面拣了个便宜，未经苦战却先入秦都咸阳，虽然实力远不如项羽，可也捞到不少实惠。各路义军名义上的领袖楚怀王曾有约：先入关者为关中王。刘邦占了咸阳，缴获财产无数，未免被胜利冲昏了头脑，竟派兵守关，摆出个要与项羽争锋的架势。项羽闻讯大怒，准备挥军与刘邦大战。就在这紧要关头，张良冷静地分析了形势，认为从力量对比和当时势态上看，刘邦无论如何不是项羽的对手，这时与其关系闹翻，将死无葬身之地。于是，张良建议刘邦具礼赴项羽的驻地鸿门，以恭谨的态度服软，缓解目前的军事危机。

刘邦硬着头皮采纳了张良的建议。张良和樊哙陪刘邦来到鸿门，由此展开了一场生死须臾的斗智斗勇。张良利用项羽的率直和轻信以及他和项羽叔父项伯的旧交情，既阐清了刘邦无意与项羽交战，准备拱手把咸阳及秦宫财宝交给项羽的意图，又有效地保护了刘邦安全撤离。鸿门宴上，项羽的谋士范增处心积虑要害刘邦，甚至派出项庄舞剑意欲刺杀刘邦，还是被张良一一化解。当刘邦安然离去，张良代呈礼物时，项羽还被蒙在鼓里，全然不知他由此失掉了一个除掉对手的天赐良机。

鸿门宴后，项羽把刘邦分封于偏僻的巴蜀和汉中，并封秦之降将三人为王以堵住刘邦的出路。对此刘邦部下感到愤愤不平，但张良却劝刘邦隐忍。他说，一来巴蜀未经战乱，物阜民丰；二来可以避开日后诸侯混战的局面，静观其变。他不仅劝刘邦率军西去，还建议入蜀后烧掉栈道，迷惑项羽，使其无备于刘邦，以便将来东出时有出其不意之功效。

项羽大分封诸侯之后，没有过一天太平日子，总是在忙于敉平叛乱。刘邦乘机明修栈道，暗度陈仓，一直杀奔楚都彭城。其后楚汉相争，互有胜负，总态势上楚占优势。在战略部署上，张良为刘邦做了依靠韩信、争取英布、联络彭越的总体谋划。刘邦正是因为正确地执行了这一战略，才得以最终打败楚军，一统天下。

在这期间，张良干了几件力挽狂澜、扭转大局的事。

一是公元前 204 年，刘邦率军固守荥阳，阻击项羽。项羽攻城甚急，刘邦苦于招架。谋士郦食其提出分封六国后裔以解眼前燃眉之急的主意，刘邦饥不择食，采纳了郦食其的主意，刻了六国印绶交给郦食其去办理。幸亏张良及时赶到，提醒刘邦：如果现在分封六国旧王，那么将士就会离他而去，各归其主，他也就不战自灭了。刘邦这才恍然大悟，大叫"腐儒误我"，派人追回了郦食其。

二是公元前 203 年，韩信破齐，势力大增，要求刘邦封其为假王，也好压制众人。当时刘邦正在荥阳与项羽相持，见到韩信的使者勃然大怒，说：我被项羽困在这里，你却要什么假王！张良见状，觉得现在还不能得罪韩信，于是用脚踢了一下刘邦。刘邦也是个聪明人，马上领悟，遂话锋一转，佯作不悦道：大丈夫要做就做真王，做什么假王啊！遂派张良具齐王印绶去封韩信，同时劝韩信出兵夹攻项羽。由于近乎要挟的要求得到满足，同时也由于张良的劝说，韩信终于出兵夹攻项羽，楚汉相持之势得到了有利于汉的变化。

三是当时项羽无力再战，与刘邦签订以鸿沟为界中分天下的协定，撤兵南下。刘邦也意欲东归休整，但张良认为应该撕毁协议，趁楚军兵疲粮尽，追杀到底。刘邦采纳了张良的建议，同时允诺韩信、彭越、英布三人日后裂土封王，汉军几支大军从几个方向"背信弃义"地追杀楚军，最后把楚霸王项羽逼得自刎乌江。

西汉王朝建立后，张良只要了一个贫瘠的地区作为食邑，在日后的政治风云中，多数时间称病不出，专心研究古代兵家著述。他整理了自春秋战国以来 182 家军事著作，还根据实际需要，删定 35 家，开创了日后整理注释兵书的先河。

名将韩信忍辱胯下

如果说张良是汉初最杰出的军事谋略家的话，那么韩信就该算汉初最优秀的军事家，其军事才能不仅高过英布、樊哙诸人，而且远在项羽、刘邦之上。他自称将兵多多益善，也确实为一个不可多得的帅才。兴汉灭楚过程中，他创造了许多优秀战例，一直为后人所称道。

蹉跎早岁

与张良相反，韩信乃一介贫士，早年无计治生又好读书，不得不寄食于人，受尽屈辱。他曾经就食于一个亭长之家，后来又得到一位专门为人漂洗丝织半成品的漂母的怜悯，把自己的饭菜分给他。当韩信表示将来一定要报答她时，漂母却淡淡地说，她只是看着五尺男儿无衣无食觉得可怜罢了，并不要什么报答。这位心地善良的漂母，就是后人评价韩信“成败一萧何，生死两妇人”的两妇人之一（另一位是吕后）。

淮阳城里有个屠夫，属市井无赖之流，一天在街上遇到韩信，见他挎着刀剑，遂当众拦住他说：

“你要有胆量，就抽剑杀了我，若没胆，就从我的裤裆下钻过去。”

韩信盯着那屠夫看了好久，一言不发，就从他的裤裆下钻了过去，在众人的哄笑声中离去。从此以后，韩信就更让人看不起了，人们只要谈到韩信，就会想到胯下之辱，认为他是个没有用的懦夫。其实，韩信并不怕死，他只不过不是那种稍遇折辱便挺剑而起的蛮勇匹夫罢了。他不想把他一生的抱负折毁在一个市井无赖手里，所以隐忍了。这一忍，恰好映射出他杰出将才的气度和禀赋。但是，在那个时候并没人这么看，胯下之辱的坏名声一直影响到他日后很长一段时间的升迁荣辱。

陈胜、吴广揭竿起义后，天下群豪并起。韩信很早就投奔项梁、项羽麾下，但三年下来，位不过持戟的侍卫。后来，他又投奔远在巴蜀的刘邦，也没入他的法眼，只给了一个小官，还险些因事牵连做了刀下之鬼。幸好，他结识了萧何，算是碰到一个真正识货的行家。萧何屡向刘邦推荐韩信，刘邦就是不用他。失望之余，韩信悄悄地离开汉营，想改投他人。当萧何得知韩信逃走的消息，二话不说，策马便追，以致从人以为他也要逃跑。

当萧何连夜把韩信追回来，这边刘邦已经快成热锅上的蚂蚁了。因为萧何不仅是刘邦的故交，还是当时刘邦的头号谋士和总当家，没了萧何那还了得！所以刘邦一见萧何，劈头就问：

“你为什么要离开我？”

“我是去追韩信。”

“逃亡的将士那么多，你为什么单追他一个？”

“别人都不足惜，而韩信却是天下无双的奇士，你如果只想蜗居巴蜀，不要韩信也行，可是如果你想争天下，就非用韩信不可！”

萧何这一番举动和言语打动了刘邦。这么一来，蹭蹬多年，含垢忍辱的蛟龙终于找到了自己的海洋。

登坛拜将定三秦

一日，汉军营中忽然传说汉中王刘邦要登坛拜将，封选领兵元帅，一时间大家议论纷纷，许多立有战功的将领都暗自掂量着自己的分量，想着没准会拜到自家头上。结果出乎大家的意料，在高高的台子上出现的竟是那位曾受胯下之辱的韩信。这下全军都震动了，不少人都暗憋着一口气，等着看他的好戏。

韩信当了大将之后，与刘邦进行了一番长谈，鞭辟入里地分析天下大势，指陈楚汉之优劣长短。这下刘邦一直悬着的心才放了下来，死心塌地地相信韩信确有过人之才识。

这时，韩信首要的任务是使汉军东出，与楚霸王逐鹿中原。当年项羽把刘邦封在巴蜀，就是想把他关在那个大山窝里，因此他还在刘邦出巴蜀的大门口关中，连封了三位秦朝的降将——章邯、司马欣和董翳，意在封堵刘邦。因此打掉三秦，成为汉军出山的第一道难题。

公元前 206 年 5 月，由于项羽分封不均，中原战火重燃，项羽顾此失彼，忙于救火，无暇西顾。韩信认为东出时机已到，决意以最快速度打出关中。鉴于汉中至关中有巴山秦岭之隔，而且栈道均被入蜀时烧掉，韩信遂定下“明修栈道，暗度陈仓”之计。在明里，他派樊哙、周勃率军万余人大张声势地抢修栈道，以吸引章邯等人的注意力，让他们认为汉军必从栈道东出，从而把防御重点放在与栈道相连的有关隘口上。在暗里，他亲率大军潜出故道，翻越秦岭，暗度陈仓，然后东折关中。

章邯等人听到汉军修栈道的消息后，觉得事情在他们意料之中，反而放下心来。因为如果把烧毁的千里栈道修复起来，非有数年之功不可，所以一时半会儿他们也无事可做。只有章邯较为负责，一方面多方派人打探修栈进程，一方面加派兵力在有关隘口布防。等到汉军到达陈仓，他们才慌了手脚，章邯疾驰陈仓，以为补牢之计。但因为当年章邯曾以 20 万关中士兵降楚，结果被坑得一个不剩，关中人民对他恨之入骨，作战根本不卖力。章邯军一触即溃，先退于好畤，再退于废丘，最后拔剑自刎。章邯是三秦中最了得的一个，章邯一败，其余两个不战自降。几个月工夫，汉军灭掉了三秦，拿下了关中，从而在楚汉相争中获得了一个有利的战略地位。韩信显示了他高超的指挥艺术，技压群雄，由此建立了他在汉军中的地位与声望。

置之死地而后生

汉军杀出关中以后，由于刘邦的轻躁冒进，战争趋于胶着，双方相互拉锯。而居于中间的诸侯，也是忽而左袒，忽而右护，摇摆不定。刘邦虽然对韩信的才能十分欣赏，但对他能否始终效忠于自己心里没底，所以经常突如其来地拿走韩信训练好的精锐之师，给他换一些新兵弱旅。

公元前 205 年，韩信率军击破了依附于楚的代国。战斗刚一结束，刘邦就把韩信的精兵调走。第二年，又派韩信率数万刚招募的乌合之众前去攻打赵国。

韩信此时面临的对手，赵军统帅陈余也是一员猛将，手下有 20 余万能征惯战之士。赵军据守的井陉口易守难攻，如果赵军固守不出，纵令孙吴再生也无可奈何。当时有隐士李左车就建议陈余坚壁不出，另派人从小道往截汉军粮道，然后韩信可擒也。但是，自负的陈余见汉军兵少且弱，认为不主动出击是示弱，所以没能采纳李的建议。韩信开始打听到李左车有这样的建议，心中十分惊恐，后来又听说陈余没有采用，十分高兴。他挑选两千骑兵，令每人持一面汉军旗帜从小路迂回到赵军大营翼侧隐蔽待命，见河边厮杀我方取胜时，便乘机把旗帜遍插大营左右。然后，他派人下战书给陈余，约好来日决战。次日，韩信命士兵饱食一顿，率军渡过绵蔓水，使全军背水列阵，以待陈余。陈余见汉军背水列阵，不觉失声大笑，遂下令部队进攻。在赵军冲击下，汉军后退，这时发现前有虎狼之敌，后有河水阻隔，欲退无路，只好返身死战，士兵拼死向前，以一当十，反把赵军击退。这时，后退的赵军发现自己大营已经飘着汉军大旗，一时人心惶惶，斗志全失。汉军乘势掩杀，全歼赵军，俘虏了赵王歇，陈余战死。

仗打完后，将士们感到困惑，问韩信：为什么这种不合常规的布阵方法反而赢了？韩信答道：孙子兵法上说“陷之死地而后生，置之亡地而后存”。汉军俱是新招来的乌合之众，只有把他们置于无退路的“死地”才能令他们为自身生存而死战。

借水为兵

公元前 203 年，韩信率军破齐之后，与楚军将领龙且隔潍水相峙。当时楚军 20 万，加上齐残军数万，兵精粮足。而汉军的精锐都被刘邦调走，只余数万新兵和降卒。两军对垒，敌强我弱之势，不问可知。然而，艺高人胆大的韩信利用龙且是一莽夫的特点，准备出奇兵胜之。他的奇兵就是潍水。

在进攻前夜，他下令全军每人带一沙袋赴潍水上游，迟到者斩。很快潍水上被垒起一道堤坝。然后，他让全军稍稍休息一下，拂晓渡过潍水向龙且发起进攻。龙且奋起反击，汉军佯作不敌，且战且退，撤回已岸。龙且紧追不舍，挥军追过潍水，待楚军乱七八糟渡河之时，韩信突然令人决堤放水。三停楚军，一停被水冲走，一停搁在西岸，一停被阻在东岸，此时汉军返身掩杀，楚军惊魂未定，无心作战，遂大溃，龙且也掉了脑袋。

韩信用兵，向以“巧”“奇”取胜，所以往往能以少胜多，以弱击强。他从来不拘于常法，常在人们意想不到处着意，班固因此称他为“兵权谋家”。非但如此，韩信军事理论的造诣也非同小可，张良整理兵书，也有他的一份功劳。可惜，这样一位杰出的将才，却在刘邦和吕雉的猜忌下，最终以莫须有的罪名死非其所。后来，刘邦苦于匈奴南侵，边关告急，慨叹“安得猛士兮守四方”，对此，读者大概也乐意奉给他两个字：活该。

一对将星卫青与霍去病

卫青与霍去病是西汉盛期的一对将星双璧。汉兴以来，困扰高、惠、文、景四代的匈奴南侵袭扰，正是在他们手上得以敉平。他们进行了一次中华民族历史上空前绝后的横贯大漠作战，从而确保了此后百余年的边境大体平安。南宋陆游在勉励同侪抗金时曾写道：“老子犹堪绝大漠，诸君何至泣新亭。”这种光辉的战绩，惨烈的豪举，每当后人面临异族入侵的时候，就会化为激励他们奋起的精神力量。直到今天，霍去病的名言“匈奴不灭，无以家为！”仍然会让有志青年热血沸腾，公而忘家。

从奴隶到将军

卫青与霍去病二人大概要算是中国历史上出身最低贱的名将。他们二人都曾在平阳公主家当过奴隶，特别是卫青，由于是当奴婢的母亲与人相好所生，就更是为人所轻贱。幸好在西汉初，社会上的礼法束缚尚不严重，否则对他们二人能否有机会出人头地是要画一个问号的。

含辛茹苦、任人欺凌的奴隶生活，磨炼了他们的体魄，也造就了他们刚毅沉稳的性格。出于陪伴公主游猎的需要，二人都练就了弓马娴熟的好身手。后来，一个意外的机遇出现了，卫青的姐姐卫子夫被汉武帝看中，选入宫中为妃。卫青的地位开始改变，弟借姐贵，进长安当了宫里的一个小官。但是，天有不测风云，卫青的处境刚有好转就被卷进一场宫闱争斗中，差点送了命。不过还好，随着卫子夫的日益得宠，卫青的地位也渐次上升。武帝在与卫青接触中发现此人不仅弓马娴熟，而且待人沉毅稳健，从而萌生了用他为将的念头。

公元前 129 年，匈奴再一次大举入边，焚掠上谷等地。武帝决定组织一次反击，遂派宿将公孙敖、公孙贺、李广和年轻的卫青各率骑兵一万，分路进袭匈奴。结果别人都损兵折将，只有卫青直捣龙城——匈奴单于祭天之地，斩获七百而返。从此，奴隶正式变成了将军。

霍去病是卫青的外甥，他的境遇要比卫青稍好一点，比较早地摆脱了奴隶的地位。随着卫青军事生涯的成功，他也随卫青进入军中。公元前 123 年，年仅 18 岁的霍去病以出色的骑射技术为武帝所赏识，授予他骠姚校尉的官职。从此，两位名将开始并肩驰骋在戍边战场上。

数度出击

在汉武帝部署的历次对匈奴战役中，卫青几乎无役不从，而霍去病也很快成长起来，大有后来居上之势。

公元前127年，匈奴以主力进攻汉之上谷、渔阳地区，而他们的后方基地河套地区此时兵力空虚，汉武帝抓住这个机会，命卫青率军收复此地。卫青领命之后，尽可能地保持进军的秘密性，当汉军铁骑沿黄河西进到匈奴楼烦王和白羊王的营帐时，二王才如梦方醒，被杀了个措手不及，落荒而逃，其部落的辎重及牛马羊驼均为汉军虏获，河套被收复。从此汉朝在这里设置了朔方郡和五原郡，重修秦长城，使此地成为出击匈奴的大本营。

河套地区被汉军收复后，匈奴连续三年对汉朝进行报复性进攻，边关数度告急。公元前123年，汉武帝命卫青率军3万，出阴山消灭匈奴右贤王所部，并另派一支大军牵制左贤王。这次行动中年仅18岁的霍去病也随军出征。

右贤王是匈奴单于手下最强悍的部落之王，他的王庭远在现今蒙古国的南部，距阴山还有六七百里。卫青利用右贤王以为汉军不会深入塞北的麻痹心理，率部长途奔袭，乘着夜色包围了右贤王的王庭，这时右贤王正在饮酒作乐，在汉军的猛烈冲杀下，右贤王在左右护卫下冲出重围，只剩下数百骑，其部众15 000余人和全部的辎重马匹牛羊均落入汉军之手。在这次战役中，霍去病率麾下八百骑，脱离主力数百里，追袭匈奴，斩首二千余人，杀死匈奴单于的叔父，活捉了单于季父。其果敢勇猛，一时冠于三军。

接着，霍去病又两战河西走廊，将匈奴逐到大漠以北。特别是第二次进攻河西，他和公孙敖各领一支骑兵，分进合击，公孙敖由于迷失了方向，未能按计划与霍部会合。在孤军作战的情况下，霍去病没有考虑个人得失，毅然引军深入，绕到匈奴浑邪王、休屠王之侧后，以最快的速度发起猛烈袭击，大破敌军，歼敌3万余人，俘获成百匈奴贵族王公。这一仗，杀得匈奴闻之色变，据传霍去病之名可止小儿啼哭。

绝尘大漠

在屡受打击之后，匈奴单于将主力和王庭转移到了戈壁大沙漠以北，然后等待时机南下复仇。在他们看来，他们是游牧民族，逐水草而居，游动性大，是进攻的一方，行动时只要赶着牛羊马匹就行了，不需筹备粮草，所以来去如风。而农业民族兵马未动，粮草先行，行动迟缓，总是被动挨打。眼下汉军比较强大，所以就暂时躲到千里大漠后面去，等汉军无备时再杀回来。

汉武帝和卫青、霍去病等人显然也看出了匈奴的这步棋，明白如果不剿灭匈奴主力，汉朝边疆仍无宁日。河西战役后，汉武帝为霍去病建造华丽的住宅，而霍去病却说："匈奴不灭，无以家为！"于是，汉武帝遂发兵十万，命卫青与霍去病各率五万铁骑，横贯二千里大漠，北击匈奴。

卫、霍二人领命之后，经过一番准备，踏上征途。大漠绵延数千里，人迹罕至，黄沙飞天，给养和人畜用水是一大难题，为了解决这一问题，汉军在选择进军路线时尽量避开干涸的沙丘地带，同时组织了14万匹马随军运输，并组织数十万步兵转运辎重。

有了这样的后勤保障，卫青、霍去病两支大军分击歼敌，驰骋二千里大漠，克服了各种难以想象的困难。卫青抓住了匈奴单于所部，重创其主力，歼敌近2万。而霍去病围歼了匈奴左贤王所部7万多人。大汉两路军共歼敌9万余人，匈奴遭到毁灭性打击，从此部分逃遁欧洲，剩下的也太平了近百年。霍去病在战胜之后，为纪念此项胜利，在狼居胥山主峰（今蒙古乌兰巴托附近）筑台祭告天地，以慰捐躯的英魂。这就是历代诗人墨客所爱提到的“封狼居胥”的豪举。

卫、霍二人在中国军事史上是继赵武灵王之后，最有效而灵活地运用骑兵战术的将领。他们最大限度地发挥了骑兵的机动性、冲击力，有效地创造了一系列骑兵给养后勤保障制度，为农业民族学会使用骑兵创造了光辉的范例。

马革裹尸“本头公”

马援是东汉别具一格的名将。与其他开国功臣不同，马援大半生都在“安边”战事中度过。为了国家的统一和边境的安宁，他西定陇右，南平交趾，北御匈奴，最后客死疆场，以马革裹尸还家，堪称东汉首屈一指的军事家。

良禽择木而栖

马援的先祖是赵国名将赵奢，因被封为“马服君”遂以马姓。马援少孤，由兄长抚养成人，素不喜章句之学，而留心实用的兵书战策。西汉末年，群雄割据，天下大乱，盘踞陇上的隗嚣，因与马援是旧交，遂拜马援为将军。后来，隗嚣派马援出使割据蜀中的公孙述，公孙述与马援从小是街坊，所以公孙述也欲拜马援为大将军，但马援认为他不过是井底之蛙因而婉谢。但是当马援见到刘秀，却一见倾心，宣称“良禽择木而栖，良臣择主而事”，不久即告别隗嚣，投奔了刘秀。

马援归刘之后，深得刘秀器重，正是采用了马援的计策，并在马援的参与指挥下，刘秀平定了陇上，进而兵指巴蜀。在刘秀手下，马援大展平生所学，一时诸将每有疑难问题，都来请教他。马援成了东汉初年最有兵学造诣的将才。

平羌治陇

与刘秀的其他开国勋将不同，马援的用武主要是对外战争，既有镇压少数民族起义之意，又有维护国家统一之功。

青海湖一带的先零羌人在隗嚣时代就威胁和袭扰陇右，隗嚣覆灭后，羌人问题突出起来。刘秀的爱将来歙认为陇右非马援不能平定，刘秀遂拜马援为陇西太守，给他留下少量兵马以为镇守。

马援上任不久，先零羌人数万人寇掠临洮。马援闻讯，即率三千轻骑日夜兼程奔袭，一举击溃羌兵。羌众退守关隘，马援转而引兵于便道奇袭羌人妻子及辎重所在地允吾谷。当羌人慌忙回救时，马援以正面出击、采用奇兵绕后袭扰的战术，一举大破之。

后来，又有过几次与羌人的战斗，羌人畏之。马援遂一改以武力镇压为主的方针，着手使羌人归附，让他们与汉民共同开发经济凋敝的陇西。他先使一部分羌人内附，然后再令已安居的羌酋去招徕其他羌众。同时，他引入内地的先进农耕技术，引水种稻，兴修水利，使羌人与汉民和睦相处。一次民间发生私斗，人们哄传羌人又反了，百姓一片惊恐，要求马援发兵平乱。而马援却镇定自若，继续饮酒说笑，认为羌人不会反，让大家各安其位。在马援的努力下，汉人对羌人的疑虑消失了，羌人又得到农耕的好处，从此陇右大治。直到三国时期，

马援的后人马腾、马超等仍然受到羌人的尊敬。

交趾鏖兵

公元40年，南方的交趾郡（今越南）两位当地雒帅女子征侧、征贰发动叛乱，寇略岭南，自立为王。

次年，刘秀授予马援“伏波将军”节钺，命其率大军数万，分水陆两路进军交趾。这就是后人称马援为马伏波的由来。

征讨交趾，具体的战斗并不那么险恶。只是交趾热带雨林中的险山恶水构成了巨大障碍。山中瘴毒肆虐，猛兽恶虫出没，汉军长途跋涉，跨海远征，死于疾病瘴毒者十之三四，所以众将视之为畏途。

马援领命之后，尽可能采取便捷的行军路线，不求速战。大军沿粤江前行至海口，然后乘船出海，沿红河上溯，进入交趾腹地。一战浪泊，二征败绩，然后直捣二征巢穴。二征逃入山中，旋被马援军追杀。

马援军告捷之后，并没有急于凯旋，而是把兵锋指向交趾南端，劈山填海，跃进数百里，将二征余党悉数歼灭。随后，马援将交趾大小雒帅300余人内迁至零陵安置，从而彻底消除了交趾雒越动乱之源。同时，马援着人把内地先进农耕技术传给雒越百姓，帮助他们修渠引水，灌溉种稻。从此，雒越社会进入了一个新的发展阶段，马援受到当地民众的尊敬和爱戴。直到现代，越南各地“伏波庙”香火兴盛，几乎每家都供着“本头公”即马援的神位。

马革裹尸

马援有句名言，说大丈夫应当死于边野以马鞍之革包裹尸体，不当卧在床上习温儿女之情。马援的一生也的确实践了他的誓言。从交趾远征归国后，他几乎是马不卸鞍，征衣未解，就踏上了北征匈奴与乌桓的征程。安边已毕，又逐一修整边墙，加筑堡寨，招民屯垦，使祖国北部边疆得以巩固。

公元 47 年，武陵五溪蛮兴兵叛乱，汉军损兵折将，无人能平。年逾花甲、身染重疾的马援闻讯从床上一跃而起，披挂上马，请缨出战。在众多权贵子弟干扰掣肘下，马援克服各种困难，在完成了破敌部署之后，病死于战阵之中。马援死后不久，诸将按他的作战部署讨平了五溪蛮。

马援死后，一时谗言交集，不但没有因功受赏，反而被追夺爵位。一代名将，竟落得如此下场！

马援用兵的高明之处，在于他善于把军事手段和政治、经济措施结合起来，在对外征战中注意民族安置和民族融合，而不是单纯地采用军事征服或“和亲”的方式，他的所作所为事实上开辟了一条解决边境少数民族问题的新路。

第四章 继往开来——魏晋兵家多智略

● 三国两晋南北朝是中国兵家承上启下的时期。一方面，先秦、秦汉兵家的优秀军事传统得到继承，相关的谋略、战术在战争实践中继续发挥作用；另一方面，新的军事思想也在前者的基础上发展起来。

● 三国两晋南北朝是中国兵家战略军事思想发展的重要时期，诸如战略根据地、军事屯田、据江而守、持久战等军事思想在此时期开始萌芽和发展，为后世的中国兵家开辟了全新的军事天地。

● 三国两晋南北朝的军事思想呈现出明显的两阶段发展特点。三国时期，名将辈出，各种战略思想、作战模式、新式兵器等不断涌现，极大地丰富了中国兵家的内涵；两晋南北朝在军事创新上则陷入了沉寂，活跃程度远不及三国时期。

严格意义上的三国时期是从公元220年开始的。但自公元190年起，以关东诸州郡举兵讨伐董卓为标志，中国实际上已经进入群雄并立、军阀混战的分裂时期。从此时起，直到公元589年，隋灭南陈，统一全国为止，中国经历了长达四百年的分裂和战乱时期，史称三国两晋南北朝。

乱世多征战，三国两晋南北朝的时代环境正好为中国兵家大显身手提供了用武之地。许多优秀的军事家、谋略家在这个时期不断涌现。特别是在三国时期的近百年时间内，集中出现了诸如曹操、诸葛亮、孙坚、孙策、孙权、司马懿等一大批著名的军事家。他们一方面继承了先秦和秦汉兵家的军事谋略智慧，另一方面又在亲身的军事实践中体验和感受着时代的脉搏，提出了许多新的军事思想，丰富了中国兵家的思想内涵。

文韬武略曹孟德

曹操是中国历史上少数几个既有出色文采，又具杰出武功的政治家、军事家和文学家。三国是一个英雄辈出的时代，但只有曹操父子才是中国文化新时期的开拓者。

乱世出英雄

曹操，字孟德，沛国谯县人，出身官宦人家，父亲曹嵩是东汉末大宦官曹腾的养子。曹操青少年时期就显示出不拘礼法、胆识过人的性格，几次出任为官，都有惊世骇俗之举。熹平三年（174年），20岁的曹操被举为孝廉，任命为洛阳北部尉。他一上任即挂大棒十余根于府门，有豪强犯法者，皆以乱棒打死，就连当红宦官蹇硕的叔父也未能幸免。后来，曹操又被任命为济南相。在任期间，曹操罢免了辖区内十余个县的大部分贪官污吏，又将境内遍布的庙宇统统拆掉，一时社会风气大转。

中平元年（184年），黄巾起义爆发，曹操被任命为骑都尉，协助皇甫嵩进剿颍川的黄巾军。中平五年（188年），曹操又被任命为典军校尉。次年，汉灵帝驾崩，太子刘辩继位。当时，宦官为祸朝廷，袁绍就向大将军何进建议诛灭宦官势力。何进将此事告诉了临朝的何太后，征求她的意见，然而何太后没有同意。于是，袁绍又向何进献计，让他召集各地将领率军来洛阳，稳定时局。于是，何进以天子的名义征召董卓进京。曹操听说后，笑着说："阉宦之官，古今各个朝代都有，只是君主不应该过于宠幸，给予他们太多的权力，让他们嚣张到这种地步。既然要治他们的罪，就应该诛杀其中的首恶。这种事情只需要一个狱官就够了，哪里需要征召外地将领入朝呢？如果想要将宦官势力全部诛灭，事情必定会泄露。我已经能预见他的失败了。"

果然，还没等到董卓到达洛阳，此事就被宦官集团知道，他们于是先发制人，将何进杀死。

同年九月，董卓抵京。进入洛阳之后，董卓把持朝政，废刘辩为弘农王，另立刘协为皇帝，是为汉献帝。随后，他又将刘辩母子毒死。同时，董卓为了把持朝政，又大肆笼络京城的官宦势力。曹操就是董卓的笼络对象之一，被董卓上表奏请任命为骁骑校尉。然而，曹操见董卓倒行逆施，知道他一定会失败，于是没有就任，并更换姓名，逃回家乡陈留。

回到陈留后，曹操散尽家财，又在卫兹等人的资助下，招募义兵五千人，于中平六年（189 年）十二月在己吾县起兵。初平元年（190 年）正月，关东十几个州郡同时起兵，推举袁绍为盟主，讨伐董卓。曹操也加入了关东联军，被任命为行奋武将军。董卓得知关东联军前来讨伐，就带着汉献帝逃到长安，并烧掉洛阳的宫室。

关东联军驻扎在虎牢关以东，见董卓军力强盛，谁都不敢轻易进攻。当时，曹操与陈留太守张邈屯兵酸枣。他看见联军龟缩不前便站出来说："我们率领正义之师讨伐暴乱，现在大军已经会合，大家还有什么可迟疑的呢？假使当初董卓知道我们山东的诸侯联合起兵，就凭借朝廷的权威，据守二周的险要地势，向东以控制天下。他这样做虽是无道之举，但仍然可以形成祸患。现在，董卓焚烧宫室，将天子劫持到长安，全国震动，一时不知该依归何处，这正是上天给予我们消灭董卓的好时机，只需一战便可平定天下，这个机会不可失去呀！"

于是，曹操独自领兵西征，试图攻下成皋。曹操的军队行进到荥阳汴水时，遇到董卓部将徐荣的军队，两军交战，曹操因兵力不及徐荣而战败，退回酸枣。回到酸枣，曹操看到诸侯们拥军十余万却整日"置酒高会，不图进取"[①]，非常气愤，说道："现在我们以正义的名义举兵，但却迟疑不前，让天下大失所望，我私下里为你们感到耻辱！"于是，曹操离开了联军，与夏侯惇等人去扬州募兵。

在此次讨伐董卓的战争中，曹操虽然没有取得实际的战果，但他对形势的独到见解以及他不畏强暴、孤身进军的气概已经初步展示出他过人的军事才能。同时，在陈留起兵的过程中，曹操吸纳了曹仁、曹洪、夏侯惇、夏侯渊、曹真和曹休等一大批颇有才干的军事将领，这些人都是曹操同宗族的兄弟子侄，对曹操非常忠诚，具有较强的军

① ［晋］陈寿撰，［南朝宋］裴松之注，杨耀坤、揭克伦校注：《三国志》卷一《武帝纪》，北京：中国社会科学出版社，2020 年，第 23 页。

事凝聚力。以这些人为骨干，曹操建立了一个忠于他个人的军事集团，为日后逐鹿中原打下了坚实的基础。

夺取兖州

董卓之乱后，各地的刺史、太守相继起兵，据州郡自守，互相攻伐，天下实际上已经处于四分五裂的状态。曹操在政治上是力主复兴汉室，维护国家统一的，为了实现这个目标，他不得不加入军阀混战中，“起义兵，为天下除暴乱”①。曹操的军事才能就在汉末的军阀混战中得到了淋漓尽致的展现。

初平二年（191 年），汉末农民起义军的一支——黑山军十万余众在于毒、白绕和眭固等人的统领下向兖州的东郡发动进攻。此时，曹操已从扬州募兵回来，屯兵河内。听闻黑山军进犯东郡，便引军而来，在濮阳大败白绕的军队。曹操凭此战之功升任东郡太守。第二年，黑山军在于毒的率领下再次进攻东郡的治所东武阳。当时，曹操的军队驻扎在顿丘，距东武阳七八十公里远。手下的将领都以为曹操会立即带兵回援东武阳，但曹操却对众将说：“孙膑以攻打魏国来解赵国之围，耿弇想要进攻西安但却攻打临菑。如果敌军得知我军回援，武阳之围自然会解；但如果我军不回援，敌军就会被困在武阳，我军则可以直接进攻敌军的本屯，这样敌人也是攻不下武阳的。”于是，曹操率军进攻黑山军的本屯。于毒得知曹操进攻自己的老巢，急忙撤围回援。此时，曹操突然兵锋回转，在于毒回援途中设伏，大败黑山军。

初平三年（192 年）三月，青州黄巾军百万之众转入兖州，流动作战。兖州刺史刘岱在与黄巾军的作战中被杀。于是，鲍信等兖州官员

① ［晋］陈寿撰，［南朝宋］裴松之注，杨耀坤、揭克伦校注：《三国志》卷一《武帝纪》，北京：中国社会科学出版社，2020 年，第 65 页。

共同推举曹操领兖州牧。随后，曹操率领步骑兵千余人在寿张与黄巾军交战。然而，由于曹操的军队中大多是刚招募的新兵，缺乏实战经验，因此战斗打得十分不顺利，就连鲍信也在战斗中牺牲。整个军队士气一片低迷。曹操见到这种情况便身披铠甲，亲自巡视军营，明确赏罚制度，于是军队逐渐恢复了士气。然后，曹操乘黄巾军稍有松懈，立即发动进攻，击败黄巾军。黄巾军受挫，全军撤退。曹操乘胜一路追击，一直追到济北。在曹操的连续打击下，黄巾军终于坚持不住，于当年冬天率军三十余万，男女百万余人向曹操投降。曹操选出其中的精锐约两万人组成青州兵，让自己军队的战斗力得到了提升。

曹操担任领兖州牧后，没有能够正确处理与当地士大夫的关系。一次，边让因在言论中冒犯了他，他便将边让的全家都杀了。边让是兖州陈留人，曾担任过九江太守，是与孔融齐名的天下名士。此事让兖州当地士人对曹操怀恨在心，并担心会连累到自身。于是，兴平元年（194 年），东郡太守陈宫、陈留太守张邈、从事郎中徐汜等人乘曹操东征徐州发动叛乱，引吕布进入兖州为州牧。一时间，兖州各级官员纷纷响应。整个兖州，除了鄄城、范县和东阿三城以外，所有的郡县都归附了吕布。

曹操闻讯立即回军兖州，但吕布却并没有截击回军途中的曹操，而是率兵攻打鄄城、范县和东阿。久攻不下，吕布便在濮阳扎营，准备再战。曹操得知吕布的军事部署后，说："吕布一天之内得到一个州，却没有占据东平，切断亢父、泰山的道路，凭借险要地形截击我，而是驻扎在濮阳，我料定他不会有什么作为。"此时，曹操已从徐州赶回来，随即包围濮阳。两军相持百余日，后因粮草不继，双方各自退兵。第二年正月，在经过近四个月的休整后，曹操对吕布再度发起进攻，袭击定陶，击败吕布派来的救援部队。闰四月，曹操又对巨野发动攻击，斩守将薛兰、李封，大败援军。正当曹操打算备足粮草，一举将吕布逐出兖州时，吕布先发制人，联合陈宫率领一万多兵马进攻曹操。当时，曹操的军队大部分都在外地收麦，留守屯营的兵力不足千人。但曹操屯营的南边有一片茂密、幽深的树林，吕布怀疑其中有埋伏，便退兵至屯南十余里处扎营，准备第二日再战。曹操屯营的西边有一条大堤。曹操将一半的兵力埋伏在大堤之下，另一半的兵力在堤外充当诱饵。第二天，曹操命令堤外的士兵向吕布军挑战。吕布见曹操兵少便领兵出战。等到两军接战，埋伏在大堤下面的曹军突然杀出，打了吕布军一个措手不及。吕布军遭到突袭，阵脚大乱，被曹军打得大败，连忙收兵回营。吕布回营后害怕被曹操包围，当夜便弃营逃往徐州，投奔刘备去了。随后，曹操拔定陶、围雍丘，于当年十二月平定了兖州的叛乱。于是，朝廷正式任命曹操为兖州牧。建安元年（196 年），曹操又乘胜进攻兖州以南的豫州，占领了豫州大部分地区，并将治所迁到了豫州的许县。

从 191 年进入兖州围剿黑山军，到 196 年占领豫州，曹操在短短五年的时间里从一无所有变成坐拥两州之地的大军阀，其中的关键在于曹操及其智囊集团制定了一个正确的根据地发展战略。这个战略的形成有一个发展过程。早在讨伐董卓的时候，袁绍就与曹操有过一次关于战略根据地建设的对话。当时，袁绍问曹操："如果起兵之事不能成功，那么什么地方可供据守呢？"曹操被这突如其来的问题问得措手不及，一时不知该怎么回答，便反问袁绍是怎么想的。当他听到袁绍"南据河，北阻燕、代，兼戎狄之众，南向以争天下"[①]的计划后，便应付袁绍说："我任用天下有智慧、有勇力的人，以道义来驾驭他们，到哪里都可以成功。"从曹操含糊其词的回答可以看出，在起兵之初，曹操还没有意识到战略根据地这个问题。当然，这也说明了曹操在当时

① ［晋］陈寿撰，［南朝宋］裴松之注，杨耀坤、揭克伦校注：《三国志》卷一《武帝纪》，北京：中国社会科学出版社，2020 年，第 75 页。

的确只想做一个“治世之能臣”[①]，他起兵只是为了扫除奸佞，复兴汉室，没有割据自守的念头。

曹操集团的战略根据地思想是由鲍信首先提出的。当时，曹操任东郡太守，鲍信为济北相，正好碰上袁绍夺取冀州的事件。于是，鲍信对曹操说：“现在袁绍作为联军的盟主，却凭借着手中的权力谋取私利，联军将要发生变乱，又一个董卓即将出现了。如果要压制他，恐怕实力不够，只能遭遇灾难。我们不如暂且规划夺取河南，以等待形势的变化。”曹操听了这番话表示十分赞同。在这里，鲍信向曹操提出了取河南作为根据地，以待天下之变的战略，使曹操军事集团有了最初的根据地发展战略。

对曹操集团战略根据地思想形成做出贡献的另一个人是荀彧。他对鲍信的战略根据地思想进行了细化，提出了根据地建设的具体步骤。兴平元年（194年），正当曹操在与吕布进行兖州争夺战的时候，陶谦去世了。曹操得知此事，想趁这个机会先拿下徐州，再回来攻打吕布。荀彧不同意曹操的想法，并劝谏说：“汉高祖保有关中，光武帝占据河内，都是先巩固根本，再控制天下，从而进足以胜敌，退足以坚守。所以，他们虽然过程中遇有困难和失败，但最终都能成就大业。将军您从兖州起兵，平山东之乱，百姓对您无不归心悦服。况且，兖州处于黄河和济水之间，是天下的要冲之地，现在虽然残破，但据地自保还是很容易的，这正是将军的关中、河内之地，不能不先把这个基地安定下来。您现在应该组织士兵收获熟麦，节衣缩食，储备粮草，就可以一举击败吕布。打败吕布之后，再联合扬州的刘繇攻打袁术，就可以进军淮水和泗水了。假如现在放着吕布不打，转而进攻徐州，那么多留兵则出征兵力不足，少留兵则只有让全体百姓守城，不要说收

① ［晋］陈寿撰，［南朝宋］裴松之注，杨耀坤、揭克伦校注：《三国志》卷一《武帝纪》引孙盛《异同杂语》，北京：中国社会科学出版社，2020年，第9页。

麦，连上山砍柴也不能进行。此时，吕布如果再乘虚进攻，那么除鄄城、范县和濮阳三城或可保全外，其余的城池都会落到吕布手中。如果到时将军您又不能平定徐州，那么又该去往何处栖身呢？”于是，曹操打消了进攻徐州的念头，继续攻打吕布。在这里，荀彧提出了曹操集团根据地建设“两步走”的战略：首先是取得兖州，将其建设成稳固的战略基地；然后再向南进攻，夺取淮泗地区。而在现实的军事实践中，曹操也是按照这个步骤，先驱逐吕布，占据兖州，再南下淮泗，夺取豫州，从而在群雄逐鹿的中原地区开辟了一块自己的根据地。在荀彧的根据地建设战略中其实还有一个重要的措施，那就是要储备充足的粮草，只有粮草供应充足才能保障战争的持续进行。这就涉及曹操集团的军事经济思想。

兴办屯田

东汉末年，军阀混战，天下大乱，人民流离失所，田地荒芜，正常的农业生产活动遭到严重破坏。农业生产的残败反过来又使各路军阀粮草短缺，战争难以为继。例如，袁绍是当时北方势力最大的军阀，但是他的军队也要通过采食桑葚来补充粮草的不足；淮南袁术的军队则靠着吃一种叫作蒲蠃的蚌类艰难度日。面对缺粮问题，军阀们并没有长远的规划，而是只顾解决眼前的困难，对自己所控制地盘内的百姓进行竭泽而渔式的剥削和掠夺。这样，就使得军事活动和农业生产的关系陷入了一种恶性循环，由此而自行崩溃的军阀不可胜数。

曹操在起兵之初也经历过缺粮的问题。公元 194 年，他与吕布的濮阳之战就是因为缺乏粮草才不得已退兵。后来，由于缺粮，军队中甚至出现了人吃人的现象。袁绍派人来游说曹操让他投奔自己，他差点就答应了，幸好程昱及时制止才使他没有投靠袁绍。因此，曹操深知粮草对行军作战的重要性。他认为，平定国家的措施关键在于强大的军力和充足的粮草，秦国人迅速发展农业而兼并天下，汉武帝在西北边疆屯田而平定西域，这些都是以前时代的优秀榜样，可以借鉴。于是，建安元年（196 年），在取得兖州和豫州二州作为根据地后，曹操开始在许下实行屯田，当年即收获谷百万斛。随后，曹操又将这一措施推广到整个河南根据地，在各个州郡设置田官，负责屯田事宜。

曹操实行屯田的主要劳动力来自投降的黄巾军。初平三年（192 年），一次性向曹操投降的青州黄巾军及其家属就达到一百多万人；而在建安元年（196 年）大破颍川黄巾军的战争中，曹操不仅俘虏了大量黄巾军及其家属，甚至还缴获了耕具和耕牛。这些黄巾军的成员以前大多为普通农民，因汉末土地兼并或连年战争而失去土地，成为流民，不得已才参加了黄巾军。曹操将这些流民组织起来从事农业生产，使他们与土地重新结合。这样，一方面农民被重新固定到土地上，社会动荡的根源被切断；另一方面农业生产的发展又支持了军事行动的开展，为战争提供了强大的后勤保障。曹操的这一措施，理顺了军事活动与农业生产之间的关系，使两者形成了一种良性循环，彼此之间相互依存，相互促进，共同推动了曹操事业的发展。

屯田这种农业生产模式并非曹操的首创。早在两汉时期，屯田就作为军队粮草获取的一个途径，在边地和西域得到了广泛应用。曹操的创新在于他将这种生产模式从边疆移植到内地，从而开创了一种全新的战时军事经济模式。

巧战官渡

曹操在拿下兖州和豫州后，又对南面的袁术、西面的张绣和东面的吕布相继用兵。从建安二年（197 年）到建安四年（199 年），大约用了两年的时间基本统一了黄河以南、淮河以北的地区，成为地跨兖、豫、徐三州之地的大军阀。至此，整个中国北方形成了袁绍和曹操两大军事集团对峙的局面。一场决定北方命运的大战即将展开。总的来说，在曹、袁两大军阀的力量对比中，袁绍相对占有优势，他割据的北方四州冀、幽、青、并，受战乱破坏较少，兵精粮足。曹操此时虽然实行了屯田，但由于中原地区是当时遭受战乱破坏最严重的地区，经济一时间难以恢复。

建安五年（200 年），曹操与袁绍相持于官渡。曹军不足三万，装备差且粮食不足。袁军十万有余，装备佳且粮食充足，具有很大的优势。当时袁绍的谋士田丰、沮授建议袁绍缓战，因曹军乏粮，相持一久，必有隙可乘，届时乘势击之即可。可袁绍自恃优势，采取了速战策略。先派大将颜良进攻白马，然后直捣许昌。曹操采纳了谋士荀攸的意见，先不急于去解白马之围，而是引兵向延津，佯装欲袭袁军后方。袁绍中计，慌忙调兵堵截。曹操遂调转马头，轻骑奔袭白马，内外夹击，斩颜良于阵前，然后率军南撤。袁绍见折了颜良，十分恼火，又加派大将文丑渡河为颜良报仇。两军战于延津，曹操佯作败退，把辎重、旗帜、甲仗抛得到处都是，袁军一见，忙来抢拾财物，不想伏兵杀出，文丑在乱军之中掉了脑袋。

白马、延津两场前哨战虽歼敌八九千，但并未能从根本上扭转敌强我弱的态势。双方在官渡相持数月，攻守数度皆无功，眼看曹军粮尽。这时，天赐良机，袁绍谋士许攸因谋不被用，家属反因事入狱，一怒投奔曹操，提供了袁军粮草俱在乌巢且守备不严的情报。曹操旋即亲率精锐步骑五千，打着袁军旗号，从小路夜袭乌巢。当曹操猛攻乌巢，袁绍的援兵也来到了背后，可曹操镇定自若，不为所动，拼死向前，结果攻下乌巢，将袁军全部粮草一把火烧了个干净。袁军粮草被焚，军心大乱，曹操乘势发动总攻，袁军大溃，被歼 7 万余，袁绍仅余八百骑逃回冀州，不久病死。

而后，曹操乘胜北上，依次平定了冀、青、幽、并四州，并率轻骑昼夜兼程袭破乌桓，彻底歼灭了袁氏残余势力，把控制区扩大至辽东。

赤壁之战后，天下三分，而后曹操又平定了关中和汉中，在三国之中实力居强。后来，司马氏就在曹氏父子奠定的基础上，一统天下。

武略奇谋

曹操从少年时代起就喜欢言兵论战。有人评之为“治世之能臣，乱世之奸雄”。这“奸雄”二字有贬义，但却能传神地刻画出曹操雄才大略且权诈机变的特性。

曹操的兵学造诣甚深。曾抄集诸家兵法，并自作兵书十余万言，曰《孟德新书》。他对孙子十分推崇，曾用心注释《孙子》十三篇，后来传世的《十一家注孙子》，以曹注为首。曹操熟读兵典，但从不拘泥，往往能推陈出新，因敌设谋，故在群雄争战中能脱颖而出，雄踞中原。总括起来，曹操的军事艺术和驭军才能有以下几个特点：

第一，善于用人，广揽人才。曹操是最早冲破两汉礼教束缚，不拘一格地延揽人才的军阀。他多次下《求贤令》，公然宣称不仁不孝而有治国用兵之才者，他也可以重用。所以，三国之中魏之良将千员，谋士上百，人才之众非蜀吴可比。其中，或拔于行伍之中，或选于闾左之内，或得之于敌方阵营，他都能用之不疑。而且，曹操十分善于倾听部下和谋臣们的建议，择其善者而从之。曹操身历的重大战役，如平袁术、战吕布、破袁绍、战马超等，都有众谋臣战将的智慧在内。对于部下，曹操也有容人的雅量，张绣降而又叛，给曹操很大打击，但最终又归降于曹操，曹操并未心生芥蒂。官渡之战后，曹军缴获一批许昌官吏暗通袁绍的信件，有人建议追查，可曹操却下令烧掉，说：当时敌强我弱，我自己尚且不保，又何况别人！

第二，善用分化瓦解之术，伐交伐谋，各个击破。在中原逐鹿中，曹操政治、军事、外交手段并用，拉拉打打，打打拉拉，集中力量逐一击破，从不两面作战。他善于用奇兵，行诈术，令敌手防不胜防。曹操还屡用离间之术每每成功，拆散马超、韩遂同盟，解析孙刘联盟等，使敌手相互争斗，他坐收渔人之利。

第三，政治经济并举，以济军事成功。由于曹操在政治地位上远不如出身四世三公的主要对手袁绍、袁术兄弟，所以他深谋远虑地接来汉献帝，挟天子以令诸侯，取得了政治上的优势地位，对于从政治上号召天下，压倒对手极其有利。鉴于战乱严重、社会不安定的情况，他毅然派遣军队实行屯田，先以军屯为主，渐次实行军屯、民屯并举，同时招抚流民，恢复生产，使汉末破败的经济逐渐得以恢复，从而较好地支持了他的统一战争。

第四，治军之严，三国第一。他的军队训练严、纪律严、赏罚严明。他实行逐级督责，如有干犯军纪、临阵退缩者，士兵犯者，伍长斩之，如隐匿不报，伍长抵罪，依次类推。曹操下令行军不许践踏禾苗，而他的马受惊闯入麦田，按律当斩，他竟要求执法官杀了自己，后经众将劝说方才以发代首，割掉一把头发权代斩首，从此全军上下莫不遵令守法。曹操还重视抚军工作，对阵亡伤残将士及家属，有完整的安抚制度，如免除徭役、奖励耕地、分给耕牛种子等等，从而使从军士卒军心安定。三国时期，魏军士兵素质之高，训练之精，首屈一指。

历史上曹操是一个性格独特的人，也是一个独特的统治者和独特的军事家。《三国志》作者陈寿称之为“非常之人，超世之杰”，并不为过。

深谋远虑诸葛亮

在民间传说中，诸葛亮通常被刻画成一个神机妙算、多智而近乎妖的半仙形象，其借东风、三气周瑜、巧施空城计的故事更是脍炙人口。然而，历史上真实的诸葛亮却是三国时期一位重要的军事家、谋略家。作为蜀汉军事集团的首席谋士，在近三十年的军事实践中，他为刘备及其后继者制定了许多战略决策和作战计划。特别是他未出茅庐，便知三分天下的千古名篇《隆中对》，更是中国兵家大战略思想在这一时期发展水平的具体展现，反映出其在军事战略上的深谋远虑。

隆中对策

诸葛亮，字孔明，琅邪阳都人，其先祖诸葛丰担任过西汉元帝时期的司隶校尉。诸葛亮的父亲诸葛珪，字君贡，东汉末年担任泰山郡的郡丞。诸葛亮少年丧父，由叔父诸葛玄抚养。由于诸葛玄被袁术委派为豫章郡太守，诸葛亮与其姐弟也就随叔父南下。后来，朝廷改派朱皓担任豫章太守，诸葛玄又去投靠好友荆州牧刘表，诸葛亮于是来到了荆州。诸葛玄去世之后，诸葛亮隐居在襄阳城西二十里的邓县隆中，亲自耕田种地，喜欢唱《梁父吟》。青年时代的诸葛亮志向远大，常常将自己与古代名相管仲、名将乐毅相比，当时一般人都不以为然，只有崔钧、徐庶等人因与诸葛亮交好，接触了解较多，认为他确实具备这样的才能。

这时，从中原军阀混战中败下阵来的刘备也南下来到了荆州，驻屯在襄阳附近的新野。刘备是当时的豪杰人物，自称汉室后裔，以复兴汉室作为毕生的政治目标。此时，他虽然在北方的群雄混战中被驱逐出局，无立锥之地，但“欲信大义于天下”的信念却丝毫没有动摇。在荆州的八年时间里，刘备对过去的失败进行了总结和反思，认为自己征战多年仍然一事无成的主要原因在于智术短浅，由于“智短”而不能制定正确的战略、战术，以致在军事斗争中总是处于被动挨打的地位。要解决这个问题，关键就在于招揽大量有真才实干的军事谋略人才。

就在刘备四处招揽人才的时候，荆州士人集团的领袖人物司马徽向他推荐了诸葛亮。于是，刘备亲赴南阳，三顾茅庐，终于见到了诸葛亮，向他请教复兴汉室、崛起一方的计策。诸葛亮被刘备的诚意感动，为刘备设计了一套争霸天下的军事方略，史称“隆中对策”。

诸葛亮认为，自董卓造乱以来，各地军阀相继起兵，一时间跨州连郡的军阀不可胜数。曹操在名望和实力上都比不上袁绍，但最终却能战胜袁绍，由弱变强。这其中所依靠的不仅是时机，人的谋略也很重要。现在，曹操已经拥兵百万，挟天子而令诸侯，在政治、经济和军事上拥有绝对的优势，是不可以与其正面对抗的。东吴政权占据江东，已经历了三代的经营，拥有长江天堑作为屏障，人民归附，且有大批人才为其出谋划策，可以作为外援，但不可以兼并。对于刘备军事集团而言，能够作为根据地的地区有两个：一是荆州，二是益州。荆州北据汉水和沔水，向南可直达南海，东部连接吴郡、会稽郡，西边通达巴、蜀，是一个战略要地。益州四周地势险要闭塞，内部却沃野千里，有天府之国的美誉，汉高祖就是以此为根据地而成就帝业。然而，无论是荆州刘表还是益州刘璋，个人能力都极为有限，不是能成就大业的人。刘备可以先拿下这两个地方作为根据地，并派兵守住险要之地，然后再安抚境内西南地区的少数民族，加强与孙权的外交关系，整顿内部政治。一旦天下形势发生变化，就派遣一位上将统率荆州之军，兵锋直指河南南阳和洛阳；刘备本人再统率益州之兵，出击陕西、甘肃等秦岭以北地区，从而在战略上对曹操形成东西夹击、左右呼应之势，使对方腹背受敌，前后挨打。这样，霸业就可以成就，而汉室也就随之复兴了。

总的来看，诸葛亮为刘备军事集团制定的争霸天下、复兴汉室的军事战略共分为三个步骤：首先是夺取荆州和益州作为战略根据地；然后再整顿内政，发展生产，增强实力，并与东吴结盟，共同对付曹操；最后，等待形势发生变化，再率军分别从荆州和益州两路夹击曹操，一举定鼎中原。刘备对这个军事战略十分欣赏，他此后的军事活动基本上是按照诸葛亮“隆中对策”所制定的路线展开。《隆中对》所反映出的实际上是诸葛亮，或者说是三国时期中国兵家在军事思想上所达到的一种高度。具体来说，有以下几点：

第一，认识到了谋略在军事活动中的重要性。诸葛亮认为，曹操在与袁绍的军事斗争中之所以能够取得胜利，由弱变强，不仅是因为他能够抓住有利的时机，其本人及其谋士集团所制定的正确的战略、战术也是制胜的关键性因素。在此，诸葛亮提出了“人谋”在战争中具有重要作用的观点。虽然，自姜太公以来，中国兵家开始摆脱“神鬼”的桎梏，人的谋略逐渐在战争中发挥越来越大的作用，但直到三国时期，中国兵家对“人谋”重要性的认识才上升到了自觉的程度。

第二，提出了明确的敌友观念。毛泽东在《中国社会各阶级的分析》中指出：“谁是我们的敌人？谁是我们的朋友？这个问题是革命的首要问题。”[①] 同样，军事斗争首先需要明确的一个问题也是敌友问题，

---

①《毛泽东选集》(第一卷)，北京：人民出版社，1991 年，第 3 页。

只有明确了打击的目标和团结的对象才能据此有的放矢地开展下一步军事行动。这又一次说明了诸葛亮对军事活动认识的自觉性。对于这个问题，诸葛亮的观点是联合孙权共同对抗曹操。

第三，提出了两弱抗一强的战略思想。在诸葛亮看来，曹操在击败袁绍，统一北方后，已经成为全国实力最强的军阀。刘备或孙权任何单个的军事集团都不能仅凭自身的力量战胜曹操，反而是曹操军事集团的强大攻势对他们的生存形成了威胁。因此，只有刘备与孙权这两个相对弱小的军事集团进行联合，才能与曹操军事集团达到一种战略均势，三分天下的格局才能得以维持。

第四，提出了战略根据地的观点。对于刘备所陷入的“遂用猖獗，至于今日”[①] 的境况，诸葛亮认为这是由于刘备集团没有能够制定一个正确的军事战略规划，所以他为刘备制定了一个切实可行的军事战略规划。其中关键的一步就是夺取荆州和益州作为根据地。之所以要以荆州和益州作为根据地，主要是因为：一方面，荆州和益州远离当时的政治、经济中心，军事斗争的激烈程度远不及北方；另一方面，荆州和益州当时的统治者皆为暗弱无能之辈，故而夺取这两个州的难度相对较小。对于刘备这种实力弱小的军事集团而言，夺取荆州和益州作为根据地具有较强的现实可行性。再者，荆州为天下通衢，交通便利，益州四周群山环绕，中间沃野千里，此二州在地理条件上攻守自如，对于刘备集团壮大自身的军事实力以及今后北上中原是极为有利的。

此外，诸葛亮的《隆中对》中，还提到了如何对待少数民族的观点，但是没有展开论述，而这些观点在诸葛亮日后的战争实践中得以展现。

---

① ［晋］陈寿撰，［南朝宋］裴松之注，杨耀坤、揭克伦校注：《三国志》卷三五《诸葛亮传》，北京：中国社会科学出版社，2020 年，第 2439 页。

平定南中

彝陵之战，蜀军大败，随后刘备又在忧郁之中去世。接二连三的变故使蜀汉政权的根基严重动摇，整个国家处于风雨飘摇之中。就在此时，地处西南夷的南中地区发生了叛乱。建兴元年（223 年），益州郡大族雍闿起兵反蜀，投靠东吴，把蜀国的益州太守扣押，送给孙权。孙权随即遥授雍闿为永昌郡太守。蜀国永昌郡功曹吕凯、府丞王伉率兵封锁边界，坚守城池，雍闿不能进城。于是，他联合当地汉族大姓孟获诱惑和煽动夷人跟随他们叛乱。同年，牂牁太守朱褒、越嶲夷族酋长高定起兵，响应雍闿的叛乱。

面对南中的叛乱，诸葛亮并没有急于发兵征讨，而是先对朝廷内部的局势进行稳定。建兴二年（224 年）春，诸葛亮关闭了通往南中的灵关，接着又实施了几项措施：一是担任蜀国丞相，兼领益州牧，全面接管刘备的权力；二是发展农业生产，与民休息；三是恢复与吴国的联盟关系，在外交上孤立叛军。

经过一年的准备，建兴三年（225 年），诸葛亮部署三路大军进攻南中。东路军由门下都马忠率领，从僰道向牂牁进军，进攻朱褒和高定。中路军由庲降都督李恢率领，自平夷向益州郡推进，攻打雍闿。此两路为偏师。诸葛亮自率西路军为主力，从成都经僰道袭击越嶲郡。临行前，参军马谡为诸葛亮送行。诸葛亮向他咨询平定南中的策略。马谡对诸葛亮说："南中依恃地形险要和路途遥远，叛乱不服已经很久了。即使我们今天将其击溃，明天他们还会反叛。目前您正准备集中全国的力量北伐，以对付北方的魏国，叛匪知道国家内部空虚，就会加速反叛。如果将他们全部杀光除掉后患，既不是仁厚者所为，也不可能在短期内办到。用兵作战的原则，以攻心为上，攻城为下；以心理战为上，以短兵相接为下，希望您能使他们真心归服。"马谡的建议与诸葛亮在《隆中对》中提出的“南抚夷越”的观点不谋而合，得到了诸葛亮的赞同。在接下来的南中之战中，诸葛亮基本上也是按照这个策略来行军作战的。

诸葛亮到达南中后，进军顺利，每战必胜，相继斩杀了雍闿和高定。同时，李恢和马忠的军队也击溃了南中大部分郡县的叛军，与诸葛亮军胜利会师。此时，只剩下盘踞在益州郡的孟获尚未平定。孟获不甘心失败，纠集雍闿的残部继续与诸葛亮对抗。孟获是南中地区的汉族大姓，深得当地汉人和夷族的信任，具有很高的威望。于是，诸葛亮决定生擒孟获，并使其归服，以此来获取南中人民的信任。五月，诸葛亮率军渡过泸水，深入不毛之地，进攻孟获的叛军，并通过七擒七纵孟获使他最终真心归降，承诺南中的人不会再反叛了。

南中之乱平定后，诸葛亮依然任用当地的渠帅为地方官吏。同时，除原有的当地驻军以外，其他南征的军队全部撤兵，概不留守当地。有人对诸葛亮的决定不理解，诸葛亮解释说：“如果留外地人为官，则要驻留军队，驻留军队，则粮草供应困难，这是第一个难题；这些夷族刚经历战争之苦，父兄多有死伤，怨气未消，任用外地人为官而不驻留军队，定有祸患，这是第二个难题；这些夷族叛乱分子屡次三番杀死和废掉官吏，自知有罪，与我们隔阂很深，若留下外地人为官，终究难以被他们信任，这是第三个难题。我现在只有不留军队，不转运粮食，才能使法令、政纪初步得以贯彻，让夷族和汉人基本安定下来。”在这种攻心为上、用兵为下、战抚结合策略的作用下，终诸葛亮有生之年，南中地区再也没有发生过叛乱。

南中的平定不仅为蜀汉政权解除了后顾之忧，而且为蜀汉政权又开辟了一大块新的租调与兵力来源。从此，诸葛亮就可以专心对曹魏用兵了。

六出祁山

经过多年的苦心经营，蜀汉政权逐渐从兵败彝陵、刘备去世的困境中恢复过来，境内安定，兵精粮足。但是，相比起来，蜀国的实力还是远远比不上曹魏。这主要是由于三国时期巴蜀与汉中尚属经济文化落后地区，比起中原地区，一来地域局促，二来人口少，三来经济文化水平低。这种差距，绝非一二贤人在短时间内所能改变的。

当年，诸葛亮帮助刘备取四川，并非是要借此成偏安割据之势，而是要据此北伐一统天下。可随着荆州的丢失，两路北伐的计划已成泡影，曹魏无论是在实力还是在形势方面均占有优势。怎么办？是保境安民，坐守西蜀吗？诸葛亮的回答是否定的。尽管实力不如人，他却偏要取攻势。一来稳扎稳打的进攻，成功了可以开疆拓土，增强实力，削弱敌人；二来打得不好也可以以攻代守，却敌于境外。

就这样，诸葛亮于建兴五年（227年），写了著名而感人肺腑的《出师表》，统兵十万，进驻汉中，准备北伐。

第二年春，诸葛亮统率大军伐魏。出发前，他拒绝了大将魏延提出的由魏延将兵五千自褒中向东北，经子午谷直驱长安，诸葛亮率主力出斜谷，两军会师长安的颇有些冒险的建议，制定了一条先攻陇右，再由西而东，略取秦川的方略。

于是，诸葛亮虚张声势，声言要由斜谷道进取郿城，实际上却亲率主力进军祁山。另派赵云、邓芝据箕谷，摆出进攻之势，以为策应。

由于曹操的后人多碌碌无为，不思进取，对于较近的东吴有过几次攻势，但蜀魏之间却有十多年没有交兵了。魏明帝曹叡得知诸葛亮兴兵伐魏，大为震惊，急忙调兵遣将，派大将军曹真统大军守郿城，另派左将军张郃将步骑五万，西入祁山，分头堵截。

显然，魏军的这种布置是中了诸葛亮之计，主力摆在无人进攻的郿城，而以偏师抵挡蜀军主力。因而，在开战之初一切顺利，蜀军拿下天水、南安、安定三郡，魏将姜维投降诸葛亮。可是据守街亭要地的蜀军守将马谡却自以为是，擅自弃战守山被魏军乘势围困，切断水源，遂致兵溃而失街亭。街亭一失，蜀军主力有被切断后路的危险，曹真大军又全部压上，诸葛亮被迫远走汉中。一出祁山，寸土未得，幸而诸葛亮治军有方，蜀军徐徐撤退，未折一兵一卒。

同年十二月，魏、吴交兵，张郃被调往荆州。诸葛亮乘此机会，统兵数万出散关，兵围陈仓，欲据此为进兵的据点。但是，守将郝昭甚是能战，弹丸小城，居然抵住了蜀数万大军的围攻，蜀军苦攻二十余日，粮尽不得已退兵。幸好在退兵之际，设伏击杀了妄图乘势掩杀的郝昭追兵，斩杀魏将王双，聊可慰蜀人。

三出、四出祁山是伐魏的准备仗。诸葛亮总结了前两次进攻的经验教训，决定采取更为稳健的战略，先打祁山外围，一方面减少大规模进军的后顾之忧，另一方面也开辟新的军资来源。于是，建兴七年（229 年）春，他令蜀将陈式进攻祁山之南的武都、阴平二郡。当魏将郭淮率军出动增援时，诸葛亮则率军至建威阻击，击败郭淮，顺利地夺回了原属益州的武都、阴平二郡，三出祁山圆满成功。

次年，为了进一步扩大战果，扫清外围，诸葛亮派大将魏延西入羌族聚居地，先战后抚，争取到了这一带氐、羌等少数民族的支持。回师后破郭淮及魏后将军费曜于阳溪，彻底击破了魏利用羌人袭扰蜀地的阴谋。第四次出击祁山也达到了预定的目的。

建兴八年（230 年），魏国见蜀兵屡犯，不甘自居守势，筹备司马懿、张郃、曹真三路兵马会攻汉中。蜀主见状，急调骠骑将军李严率兵二万增援诸葛亮，汉中蜀军力量增强。魏军的行动后因曹真病死而未果，继任的魏大将军司马懿改为稳妥的坚守方略，不再主动进攻。

诸葛亮决定以先发制人的战术主动出击，遂于建兴九年（231 年）

春率军再出祁山。司马懿督师抵御。诸葛亮先声夺人，于上邽击败魏将郭淮，随即抢收小麦，以充军粮。继而挥兵向东，寻找司马懿决战。

司马懿深知，就士兵素质来看，魏不如蜀，用兵韬略他也赶不上诸葛亮，但是蜀国实力较弱，只要能长期坚守，不与野战，那么时间一久蜀军必因乏粮而退。所以，无论蜀兵如何挑战，如何引诱，他就是抱定主意据险坚守，决不出战。

后来，诸葛亮以全军撤退相引诱，司马懿只是远远地尾随，并不与蜀军接触。可魏军诸将按捺不住，日夜吵着要出战追击，司马懿无法说服他们，只好勉强率军出击。结果，魏延伏兵杀出，诸葛亮大军返身掩杀，魏军大败。诸葛亮正准备大举进军，却因李严运粮不继而假传圣旨撤军。在撤兵途中，诸葛亮巧设伏兵于木门，杀死了前来追赶的魏国大将张郃。由于前两次行动扫清了外围，故此次行动获得了较大的战果，魏军主力受挫，如果不是因粮草不继，很可能会有更大的战果。功败垂成，殊为可惜。

五出祁山因缺粮而退兵，深深刺激了诸葛亮。他知道蜀地贫乏，国力不支，不宜连年兴师，遂决定休士养民，整理内政，发展生产，着手改革兵器和制造适合于山区的运粮工具。他主持革新了一发十矢的连弩，实用且威力大；改制的钢刀也比往常的锋利，用来装备蜀军，大大增强了战斗力。为了适于山区运输，诸葛亮发动能工巧匠，创制了独轮车和回轮车，使蜀军粮食运输问题得到了解决。为了不再因缺粮而退兵，他事先在斜谷中建粮仓，储备了将近够用一年的军粮。

经过三年的积蓄力量和周密准备，建兴十二年（234 年）初，诸葛亮率军十万，再出祁山。事先，遣使约东吴同时出兵，以牵制敌人。

魏国深知经过三年准备，蜀国的这次进攻非同小可，因此，派遣司马懿率二十万大军前来抵御。两军对峙于渭水之南。

司马懿此次尽管兵多于诸葛亮，但仍采用过去深沟高垒、坚守不出、拖垮蜀军的战略。蜀军百般挑战，魏军只是装聋作哑。一次，诸葛亮捎一套女人的衣服给司马懿，羞辱他没有男人的胆量。可是，司马懿不为所动，仍龟缩不出。诸葛亮无奈，只好准备长期对峙。于是分兵屯田，以为兵久之计。两军对峙半年多，八月，积劳成疾的诸葛亮病死于军中。部下姜维等按照诸葛亮临终的安排，秘不发丧，引兵悄然西撤。司马懿得知，发兵追赶，姜维按预先部署，大张诸葛亮帅旗，作回击之势。司马懿唯恐有诈，遂罢兵止追，蜀军得以从容撤退。

作为三国时期实力最弱小的一个政权，蜀国之所以要连年兴兵，北伐曹魏，其根本原因在于诸葛亮认识到弱小的蜀国要与强大的魏国相抗衡，必须采取进攻的态势，只有以攻为守才能与曹魏分庭抗礼。如果只是一味地采取消极防御的策略，则只能处于被动挨打的地位。为此，诸葛亮还拉上同样处于弱势地位的东吴一起向曹魏政权发起进攻。当然，由于蜀国实力的弱小，诸葛亮的这一战略并没能发挥出最大的效用，好几次北伐皆因缺粮而无奈退兵。不过，这其中所反映出的诸葛亮的战略对中国兵家思想内涵的丰富却是一个不争的事实。

智勇双全孙氏父子

在三分天下中，以吴越之地立国的东吴也聚集着一批优秀的兵家人物。其中的杰出代表——孙氏父子不仅富于谋略，而且还能亲自上阵杀敌，特别是孙坚和孙策父子，更是弓马娴熟，智勇双全。在军阀混战的汉末乱世中，孙氏父子三人依靠前后几十年的奋斗，最终建立了与曹魏、蜀汉分庭抗礼的东吴政权。

惨淡奠基

孙坚，字文台，吴郡富春人，相传其先祖是春秋时期的著名军事家孙武。孙坚出身寒微，曾在县里当一名小吏。17 岁时，孙坚随父亲坐船去钱塘，碰到海贼胡玉一伙人抢劫商人财物，正在江岸上分赃。孙坚见状，立刻提刀上岸，挥手东指西画，好像是在指挥和部署官兵来围捕海贼的样子。海贼望见，以为是官军来捕捉他们，立刻丢弃财物，四散逃走。孙坚追上去，砍下一个贼人的头回来，父亲大为惊奇。这件事惊动了官府，府君召见孙坚，让他做代理郡尉。

熹平元年（172 年），会稽人许昌在句章县起义，自称阳明皇帝，并与其子许韶煽动各县民众，一时间起义响应者数以万计。孙坚以郡司马的身份招募了一千多名精壮的士兵，联合其他郡县的官兵共同平定了许昌的起义。州刺史臧旻上书为孙坚请功。于是，孙坚被朝廷任命为盐渎县县丞。几年后，孙坚调任盱眙县县丞，不久又调任下邳县县丞。在任三县县丞期间，当地对孙坚均有好评，吏民亲附，乡里故旧及不少年轻人都乐于与他交往。

黄巾起义后，东汉朝廷派车骑将军皇甫嵩和中郎将朱儁率兵讨伐。朱儁上表请求任用孙坚为佐军司马。在下邳的同乡少年都愿意追随孙坚从军。孙坚接着又招募了一批商旅和淮、泗精兵共千余人，与朱儁并力讨伐黄巾军。其中，在南阳之战中，孙坚独当一面，率部首先登上城墙，进入宛城，为后续部队攻下宛城，打败黄巾军起到了关键性作用。此战之后，孙坚被朝廷任命为别部司马。

中平二年（185 年），边章和韩遂在凉州作乱，中郎将董卓出兵平乱，但没有取得成功。第二年，朝廷派遣司空张温兼任车骑将军，讨伐边章、韩遂二人。孙坚以参军之职随军出征，大军屯兵长安。张温以皇帝的诏书召见董卓，董卓拖延了很久才来见张温。张温责问董卓，董卓的回答很不恭顺。当时，孙坚也在场，他走上前去，对张温低声说："董卓不畏惧罪行，嚣张专横，大声言语，应当以奉召不准时来见之罪，按军法杀了他。"张温说："董卓在陇、蜀一带向来很有威望，现在杀了他，我们西征便失去了依靠。"孙坚说："您亲自率领皇帝的军队，威名震慑天下，何必要依赖于董卓？我观察董卓的言行，他对您毫无礼貌，这是第一条罪状。边章、韩遂叛乱多年，应当及时征讨，而董卓却表示不可，阻止西征的军队，使众人产生疑虑，这是第二条罪状。董卓受朝廷的委任，征讨边章和韩遂，没有成功，反而态度倨傲，狂妄自大，这是第三条罪状。古代的名将受命统军出征，没有不靠杀伐果断以成功的。如今将军迁就董卓，不立即诛杀，就将损害统帅的威严和军中法规。"张温不忍心立即处理董卓，便说："您先回去，否则董卓会起疑心。"孙坚见张温优柔寡断，便起身离去。

叛军听说朝廷的军队将要前来讨伐，随即分崩离析，乞求投降。大军回朝，议论这次出征，认为，出征的大军没有直接与敌人作战，不应该论功行赏。但当他们听说孙坚历数董卓三条罪状的事迹后，无不赞叹他公正严明、不畏强权的气概。于是，孙坚被拜为议郎。

中平四年（187 年）十月，长沙人区星聚集一万多人发动起义，自称将军，攻城略地。汉灵帝任命孙坚为长沙太守，前往镇压。此时的孙坚在朝廷中已是小有名气，来到长沙后，全郡官员都被他的威望镇服。孙坚于是任用良吏，让他们谨慎地对待善良的人，按照朝廷的规定来行政，要求捕获的盗贼一律交给太守。由于措施得当，仅用一个月的时间就将起义镇压了下去。朝廷综合孙坚以往的功绩，封他为乌程侯。

董卓祸乱朝廷之后，关东诸州郡义兵并起，从北、东、南三路对董卓进行讨伐。孙坚也在长沙举兵，从南路征讨董卓。他从长沙北上，一路上招兵买马，到南阳时已有数万人。随后，他又前往鲁阳，与袁术合兵一处。袁术上表推荐他代行破虏将军，兼任豫州刺史。于是，孙坚进驻鲁阳城，并以豫州刺史的身份在当地招募军队。随后，决定向董卓发起进攻。进军之前，孙坚派公仇称领兵回州郡督办军粮，出行当日，孙坚与城内各级官员在鲁阳城东门外搭建帐幕，置酒行礼，为公仇称送行。董卓派出步骑兵数万来阻击孙坚，几十名轻骑兵率先抵达鲁阳城下。当时，孙坚正在与官员们饮酒谈笑，见到董卓的轻骑兵突然出现，并没有表现出惊慌失措。他稳坐席间，同时命令所属各支队伍按照编制整顿队列，不得乱动。后来，当董卓的骑兵越来越多，他才缓慢地起身，有条不紊地指挥众人进城。进城后，孙坚向身边官员解释说："我刚开始的时候不起身，是因为担心士兵们相互踩踏，诸位不能入城呀！"

初平二年（191 年）正月，孙坚向洛阳进军，屯兵梁县东。董卓派徐荣、李蒙等人率军大举进攻孙坚。孙坚与徐荣交战，被打得大败，仅率数十名骑兵从小路逃走。战后，孙坚收拢散兵，在阳人城扎营。二月，董卓又派部将胡轸、华雄等率兵五千进攻阳人城。但由于吕布与胡轸不和，故意在军中散布谣言，致使胡轸军心动摇。孙坚抓住这个时机，率军发动进攻，大破胡轸军，并斩其都督华雄。这是关东联军在讨董战争中取得的首次胜利。

同年，袁术派遣孙坚袭击刘表，刘表命令黄祖在樊城、邓县之间阻击孙坚。两军交战，孙坚击败黄祖，进而包围襄阳。孙坚用全部兵力进攻襄阳，刘表紧闭城门，坚守不出。到了晚上，刘表让黄祖潜出城外发兵。黄祖率兵返城时，遭遇孙坚，两军交战，黄祖败走，逃窜到离襄阳十里远的岘山中。孙坚乘胜追击黄祖，黄祖部属从竹林中放出暗箭，孙坚身中数箭，不幸去世，年仅 36 岁。

孙坚起于微末，凭着自身过人的军事才能，经过二十年的惨淡经营，最终位居破虏将军、豫州刺史，封乌程侯，虽然英年早逝，令人惋惜，但却为东吴的帝业奠定了最初的基础。

立业江东

孙坚有四子，分别为孙策、孙权、孙翊和孙匡，其中，孙策为长子。孙坚死后，他肩负起了其父的未竟之志。孙策，字伯符，吴郡富春人，他对东吴政权的贡献在于开拓了江东根据地，为孙氏帝业的形成提供了地域条件。而孙策在开拓江东根据地的过程中也充分展示出他杰出的军事才能。

当孙坚正在北方与董卓激战时，孙策和他的母亲从家乡迁居到淮南的庐江舒县。在此，他广交江淮豪杰，与周瑜等人成为好友，在社会上累积了一定的声望。孙坚战死后，年仅 16 岁的孙策在将父亲的棺木送回老家曲阿安葬后，前往江都，立志完成其父未竟的事业。他通过观察发现，北方地区虽然是国家的政治、经济中心，战略地位十分重要，但袁绍、曹操、袁术、陶谦等大军阀已基本将北方的地盘瓜分完毕，且彼此间的兼并战争十分激烈。面对这样的形势，想要在北方建立功业难度很大。于是，孙策将目光转向了自己的家乡。此时的江东地区由于远离北方，割据势力较为薄弱，社会相对安定，是个建立基业的好地方。于是，孙策计划先找扬州袁术要回其父亲的军队，然后再依靠其舅父丹阳太守吴景去江东招募流民为兵，并占据吴郡和会稽郡为根据地，最后进军荆州，为父报仇，从而成为朝廷的外藩。

当时，江都名士张纮正在家中守母丧，孙策以此计划征求他的意见。张纮说：“以前周朝国运衰微，齐国和晋国相继起兵，使王室重现往日荣光。现在将军继承了令尊的事业，又有骁勇、威武的名望，如果投靠丹阳太守，招募吴、会之地的兵勇，那么荆州和扬州就可以都为将军所占据，大仇也可得报。然后，将军再据守长江，奋力扫除奸贼，复兴汉室，那么将取得与齐桓公和晋文公一样的功绩，怎么会仅仅只是一个外藩呢？”孙坚原本的战略计划只是夺取荆、扬二州，成为割据一方的军阀。但张纮却将他战略计划进行了提升，即在夺取荆州和扬州后，以长江作为战略屏障，将江南地区建设成稳固的根据地，再北上中原，扫除其他割据势力，从而复兴汉室，称霸天下。孙策非常高兴，随即将母亲和弟妹托付给张纮，自己则准备直接去寿春投奔袁术。

兴平元年（194 年），孙策按计划去寿春见袁术，要回其父的兵马。袁术虽然十分欣赏孙策，但却只归还了他千余兵马，并利用他为自己攻城略地，对先后许诺给他的九江太守和庐江太守的职位则一再食言。当时，朝廷任命的扬州刺史刘繇为了确保对江东的控制，将袁术委派的丹阳太守吴景驱逐出境。于是，孙策对袁术说：“我们孙家在江东久有恩信，我愿意帮助舅父征讨横江之敌。拿下横江后，在当地募兵，可以招到三万兵马，以辅佐您匡扶汉室。”袁术知道孙策有怨气，并且认为以孙策的兵力也未必能平定江东，便应允了孙策的请求。

当时，江东各郡已经被刘繇控制，并在各地布下重兵驻守。其具体的军事部署为：刘繇屯驻曲阿，部将樊能扼守横江、当利口；彭城相薛礼和下邳相笮融驻扎秣陵；会稽太守王朗据守山阴；吴郡太守许贡据守吴县。此外，还有地方豪强严白虎等屯聚而守，总兵力达到十多万人。而孙策仅有兵千余人，马数十匹，以及门客数百人。孙策从寿春南下，一路招兵买马，到达历阳时兵力扩充到五六千，随即与其舅父吴景、堂兄孙贲合兵一处。这时，新任丹阳太守周尚的侄子、孙策的好友周瑜又率领部分丹阳兵，又运来了粮草，渡过长江赶来支援孙策。

兴平二年（195 年）十二月，在所有战前工作都已准备就绪后，孙策开始向江东发起进攻。当时，刘繇的部将樊能、于糜和张英已从江西的横江、当利口退守江东的牛渚。他们认为有长江天险的阻隔，孙策很难打过江东来，因此戒备不严。孙策趁此机会，率军从当利口偷渡长江，一战夺取刘繇的江东牛渚大营，缴获了大批粮草和战具。接着，孙策沿江北上，进攻秣陵。驻守秣陵的笮融领兵出战，被孙策打得大败，斩首五百余级，吓得笮融退回城内，禁闭城门，再也不敢出战。于是，孙策又向薛礼发起攻击，薛礼得知弃城而逃。这时，樊能和于麋等人收集残部，乘孙策攻打秣陵之机，企图夺回牛渚大营，以切断孙策军的退路。孙策闻讯，立即回军牛渚，击败樊能的军队，俘虏数万人。然后，孙策再次兵临秣陵城下，攻打笮融。然而，笮融凭着深沟高垒，据守不出。孙策久攻不克，只能暂时搁置不攻，转而先将外线的梅陵、湖孰和江乘等据点清除掉。然后，率军东进，直逼刘繇所在的曲阿。刘繇出战被击败，退守丹徒，曲阿被孙策占领。笮融得知曲阿被攻下，斗志全无，放弃秣陵，逃往豫章。

由于孙策以前带兵军纪不严，曲阿民众对他的到来有所畏惧。为了争取当地人民的支持，孙策占领曲阿后，加强了对军队的约束。军士进入曲阿，严守军纪，不敢掳掠百姓，民间的鸡犬蔬菜，秋毫不犯。于是，百姓大喜，争相以牛肉酒食慰劳军队。接着，孙策又向各县发布通告，声明刘繇、笮融的故乡部曲前来投降自首的，皆既往不咎。有愿意从军者，一人入伍，全家可免赋税；不愿从军者，也不勉强。十日之内，四方云集，征得兵卒二万余人，战马千余匹，威震江东。

拿下丹阳郡后，孙策又对吴郡发动了进攻。他先令吴郡都尉朱治率兵从钱塘北上，从郡南发动进攻，以为偏师；自己则率主力南下，从北面进攻吴郡，企图两路夹击，将许贡困在吴郡之内。许贡出战朱治，战败后撤到乌程。于是，吴郡也被孙策攻下。接着，孙策继续向会稽进军。这时，会稽当地的豪强严白虎聚众万余人，屯驻乌程至嘉兴一带，正好挡在孙策进军的途中。吴景等人建议应该先歼灭严白虎的势力，再进攻会稽郡。孙策则认为严白虎只是地方豪强，胸无大志，难成气候，不足为虑，当前的主要军事目标是会稽。孙策便渡过浙水，向会稽郡治所在的固陵发起进攻。王朗据守固陵城，孙策久攻不下。于是，孙策决定用出其不意的方法，智取固陵。他先诈称因近日接连降雨，水质浑浊，士兵饮后，大都腹痛，于是令人在军中置大水缸几百口，用来澄清水质。然后，又命令于黄昏时分，在营内点起若干火堆，伪装成士兵均在营中的假象。而实际上，孙策则率领主力迂回到固陵城侧后方，对王朗发动突然袭击。王朗被打得措手不及，连忙命令周昕迎战。周昕战败被斩，王朗从海路逃到东治。孙策又追击到东治，对东治进行屠戮，最终逼迫王朗投降。接着，孙策回军会稽，大破严白虎的势力。至此，孙策获得了丹阳郡、吴郡和会稽郡共三郡之地，成为了江东最大的割据势力。

据有三郡以后，孙策在江东初步站稳了脚跟。随即他又实施了一系列战略部署。首先对各郡的长官进行了更换，自任会稽太守，任命吴景为丹阳太守，任命朱治为吴郡太守。然后，他又以周瑜为军事统帅，以张昭、张纮、秦松、陈端等为军事参谋，组成了一个以淮、泗士人为主体的领导集团。接着，他以袁术称帝为借口，断绝与袁术的关系，从而实现了自己在政治、军事上的独立。

建安四年（199 年），袁术病死，余部被庐江太守刘勋收入麾下。与此同时，淮南名士刘晔又率数千部曲来投奔刘勋，一时间，刘勋兵势大盛。面对刘勋日益壮大的势力，孙策感受到了威胁，便决定西征，夺取豫章和庐江二郡。他先是假意与刘勋结为盟友，然后乘刘勋新近扩军、粮草不足的时机告诉他，豫章上缭有江东宗民万余户，可攻取补充军资。待刘勋出兵之后，孙策乘庐江兵力空虚，率轻军两万人昼夜兼程，突袭皖城，一战即攻克。此战俘虏了袁术和刘勋的家属，以及百工、鼓吹和部曲等共计三万多人。随后，孙策乘胜向夏口发起进攻，大败黄祖军。

孙策夺取庐江后，继续向豫章进军。此时的豫章郡太守是华歆。他是江东士人领袖，拥有较高的社会声望，但却不擅长运筹、治理之术。面对这样一个人物，孙策决定以团结为主，打算通过让华歆归顺自己来争取江东士人的支持。于是，他一方面大军进逼南昌，另一方面又派虞翻前去劝降，华歆见形势不利于自己，便出城迎接，将豫章郡交给了孙策。

在占领豫章郡后，孙策从其中分出一郡为庐陵郡。至此，孙策花了四年时间取得了江东六郡的地盘，实现了他以荆州和扬州作为根据地的战略计划的第一步，为东吴在汉末的军阀割据战中占据了一席之地，并将东吴帝业向前推进了一大步。然而，正当他要向荆州进军时，却被原吴郡太守许贡的门客刺杀，年仅25岁。

东吴帝业

建安五年（200年），孙策被刺身亡后，孙权在张昭、周瑜等淮泗士人的拥戴下继承了其兄所开创的江东基业。从此时起，一直到黄龙元年（229年）称帝，孙权大约用了30年时间实现其父兄为之奋斗一生的事业。在这期间，孙权的军事战略思想也得以展现出来。

孙权刚继位时，虽然拥有其兄孙策为他打下的江东六郡，但控制范围仅限于郡治附近，许多深山险要的地方没有完全归附，孙氏军事集团在江东的根基并未稳固。面对这种局面，孙权首先是派出大量官员去到江东各个郡县，负责文书办理工作；其次是尽数吸纳孙策遗留下来的淮泗军事集团成员，以师礼对待张昭，任用周瑜、程普、吕范等人为将军；最后，派遣程普、太史慈、韩当、周泰、吕蒙、贺齐等将领率兵镇守地方，对各地世家大族、少数民族的反抗进行镇压。

在内部统治得到初步巩固后，孙权便继续向荆州发起进攻。建安八年（203 年），孙权以报父仇为由出兵攻打驻守夏口的黄祖，大破其水军，进而围攻夏口。建安十二年（207 年），孙权再次出兵攻打黄祖，掳掠大量人口而回。建安十三年（208 年），孙权第三次兴兵攻打黄祖。通过前两次交战，黄祖深知自己的水军并非江东水军的对手，于是命人用两艘以生牛皮包裹的狭长艨艟战船封锁沔江口，船上又用粗大的棕绳捆住巨石，作为碇石，在江底固定船身，企图以此阻挡孙权水军的进攻。作战时，黄祖又在每艘艨艟上安排一千士兵，用弓弩轮流发射，箭如雨下，打得孙权军队无法上前。这时，孙权军的偏将军董袭和别部司马凌统站了出来，各率一支百人敢死队，每人身披两副铠甲，乘大船冲入黄祖的艨艟之间。董袭英勇作战，抽刀将连接船身和碇石的绳索砍断，使两艘艨艟失去控制，水道得以打开。黄祖命令都督陈就率水军迎战。孙权部将平北都尉吕蒙统率前锋，亲手斩下陈就的人头，悬挂示众，黄祖军大骇。吴军将士水陆并进，乘胜猛追，出动全部精锐部队猛攻夏口，不久即攻克夏口。黄祖突围而逃，被冯则追上杀死。孙权于是夺取了江夏郡的东部地区，打开了继续进军荆州的大门。

就在孙权准备进一步向荆州进军时，曹操率军南下，荆州牧刘表去世，其子刘琮以荆州出降曹操。随后，曹操继续向江东进军，打算一举荡平南方。在这种情势下，孙权为了扬长避短，充分发挥江东水军在战争中的优势作用，主动放弃江夏，将曹操的军队引诱到长江上进行决战。后来，在孙刘联军的共同努力下，曹操在赤壁之战中大败，退回北方，三分天下的格局初步形成。同时，随着孙权在赤壁之战中获胜，水战这种作战方式在战争中的重要性开始显现，逐渐成为继步战和骑战之后中国古代战争的第三种主要作战方式。

水军并非发源于三国时期，早在春秋时期就已经有“舟师”的建制。之后的秦汉也很重视水军建设。但从整体来看，当时的水军和水战并不是主要的军种和作战方式，其在战争中发挥的作用也相对有限。到了三国时期，水军和水战的重要性得到巨大提升，成为继步战和骑战之后第三种主要的作战方式，水军的军队建设和战略战术迅速发展。隐藏在这背后的根本原因是从东汉末年开始的北方人口大规模南迁，以及由此而引发的南方地区的大规模开发。

赤壁之战后，三分天下有了现实的可能性。面对这一新形势，孙权及其谋士集团制定了新的军事战略，其大致可以归纳为：联刘抗曹，以攻为守；全据长江，据江而守。

赤壁之战后，曹操的势力有所削弱，曹、孙、刘三家在军事上达到了某种战略均势。但这种均势并不是绝对的均势，而是一种相对的均势。因为无论孙权还是刘备，任何一方与曹操相比都是处于弱势地位，只有孙刘两家联合才能对抗曹操，实现南北相持的战略均势。孙权清楚地看到了这一点，继续执行联刘抗曹的策略。他先是将荆州让与刘备，使其为自己承担曹操在襄阳方向的军事压力。然后，将注意力集中在东部，与曹操在江淮地区展开了争夺。建安十三年（208 年），就在曹操兵败赤壁后不久，孙权亲自率兵乘胜围攻合肥。建安十九年（214 年），孙权率军进攻曹操江北地区的屯田据点——皖城。孙权于拂晓时发起攻击，太阳升起时已经攻克皖城，俘获庐江太守朱光及城中百姓数万人。建安二十年（215 年），孙权又起兵十万第二次围攻合肥。在这三次淮南争夺战中，除了皖城之战是大获全胜之外，两次合肥之战，一次是无功而返，另一次则是大败而归。这样的战果反映了孙、曹两大军事集团在实力对比上的真实情况。然而，即使军事力量不及曹操，孙权也没有停止对淮南的进攻，之后又陆续组织了四次对合肥的进攻，并且不时派遣全琮、孙韶、张承、诸葛恪等将领对六安、广陵和淮阳等地进行袭掠。

孙权在胜少败多的情况下，依然坚持频繁对淮南地区用兵，这其中原因很多，但以攻为守，积极防御是其中一个重要的原因。与刘备集团一样，东吴相对于曹操集团而言，也是弱势的一方。虽然，东吴据有长江天险作为军事屏障，但如果只是采取消极的据江而守战略则只会处于被动挨打的地位。只有采取积极的防守，以进攻代替被动防守，才能在战略对峙中居于主动地位，从而更好地保卫江东的安全。

全据长江、据江而守的战略是孙氏军事集团的既定军事战略，最早是由孙策提出。当时，孙策的设想是夺取荆州和扬州，再以长江作为战略屏障，成为江南地区的军事割据势力。但是，随着赤壁之战前后全国局势的急剧变化，这个军事战略也经历了调整和变动。首先是在夏口之战中，甘宁与孙权进行了一番战略对话。当时，甘宁向孙权献计，说："现在汉朝王室日见衰弱，曹操终究会篡夺汉室江山。荆州地区山川险要，在我们的西边，控制着长江上游。据我观察，刘表既没有深谋远虑，他的儿子更加拙劣，不是能继承基业的人。您应当早做打算，不能落在曹操后面。夺取荆州的策略，应该先进攻黄祖。刘表现在已经老迈，昏聩无能，钱财与粮草都很缺乏，左右亲信都贪赃枉法，官吏与兵士都心怀怨恨，战船武器废坏，无人修整，农业荒废，军无法纪。如果您现在出兵征讨，一定可攻破黄祖。攻破黄祖后，大张旗鼓地向西占据楚关，则势力大增，就可以逐步规划夺取巴、蜀地区了。"孙权听后，举杯向甘宁敬酒，说："今年的讨伐，就如同这杯酒，已决定交付给你。你只管去拟定策略，只要攻破黄祖，大功就是你的。"在此，甘宁向孙权提出了在夺取荆州以后，继续向西发展，夺取益州的想法。

赤壁之战后，周瑜也向孙权提出了夺取益州的建议。周瑜说："现在曹操刚在赤壁吃了败仗，暂时没有能力与将军再次作战。我恳请与奋威将军孙瑜一起进取蜀地，进而兼并汉中张鲁。然后，让孙瑜留守益州，与西凉马超结盟。我则回师，与将军一起占据襄阳，以逼迫曹操。这样，北方就可以谋取了。”孙权对周瑜的计划表示赞成。周瑜在甘宁的基础上，又进一步提出了在夺取巴蜀之后，分别从益州和荆州两路向北进军，谋取中原的战略规划。这表明，至少在赤壁之战前后，孙权及其淮泗谋士集团曾一度是以争霸天下为战略目标的。

后来，一方面由于益州被刘备占领，另一方面决策层中的淮泗士人集团也逐渐被江东本地士人集团替代，东吴的军事战略发生了转变，开始朝着据江而守的方向发展。但要据江而守，首先需要满足的条件就是将长江防线全部都掌握在自己手中。为此，吕蒙在接替鲁肃成为东吴都督以后，向孙权秘密献计，提出了以征虏将军守南郡，潘璋驻白帝城，蒋钦率机动部队万人沿长江上下游动，对付各处敌人的据江而守战略。孙权赞同了吕蒙的建议，但同时又向他表露了夺取徐州的意图。吕蒙对孙权说：“现在曹操远在河北，刚击败袁氏父子，正安抚幽、冀一带的士民，没有空暇顾及东方。徐州的守军力量微不足道，我军前往，自然可以攻克。但是那里的地势是一片通达的陆地，精锐的骑兵驰骋自如。我军今日攻下徐州，曹操十日之内必来争夺，即便用七八万人据守，还是令人担忧。不如攻打关羽，据有长江全境，那样我方形势更为有利。”陆逊也有类似的观点。他曾上疏孙权谈及长江上游门户——彝陵的重要性，他说：“彝陵是个要害之地，是国家的大门，虽说容易取得，但也容易失去。丢失此地，损失的不仅是一个郡，整个荆州都会有风险。”为了能够获得整个长江的控制权，孙权甘愿冒着破坏孙刘联盟的风险，于建安二十四年（219 年），发动了偷袭荆州的江陵之战，将整个荆州据为己有。

同时，孙权又积极地对江北地区发起进攻。这是实现据江而守战略的另一个步骤。因为要实现以长江为屏障保卫江东的战略目标，并不能只守长江，而是要打到外线去，将江北地区作为战略缓冲区。这个认识孙权也是在长期的战争实践中总结出来的。赤壁之战后，曹操曾分别于建安十八年（213 年）和建安二十一年（216 年）发动了两次濡须之战，企图夺取江北渡口，将兵锋直抵滨江地区，以对孙权造成军事压力。曹操的军事行动使孙权意识到，仅在长江上建立栅栏，或者设立拦江铁锁等设施，只是消极的防御手段，要稳固长江防线就必须守在江北，将江北地区作为战略缓冲区，再辅之以诱敌深入的战术，力图将曹军消灭在江北地区。为此，孙权发动了六次合肥之战争夺淮南地区。特别是嘉禾三年（234 年）的三道攻魏，是一次东、中、西三线的全面进攻。当年五月，孙权亲率主力十万大军入驻巢湖口，从中路进攻合肥新城；又派陆逊、诸葛瑾率军万余为西路军，进驻江夏、夏口，进攻襄阳；将军孙韶、张承率军从东路进攻广陵、淮阴等地。虽然，此战所获战果不大，仅西线的陆逊俘获千余人而还，但在战略层面却将战争引到了魏国的境内。

孙权正是通过坚持联刘抗曹、以攻为守，全据长江、限江自守的军事战略，将江东地区建设成为稳固的根据地，最终在黄龙元年（229 年）登基称帝，实现了其父子三人几十年的奋斗目标。

老谋深算司马懿

《孙子兵法》中有这样一段论述："夫未战而庙算胜者，得算多也；未战而庙算不胜者，得算少也。多算胜，少算不胜，而况于无算乎！"[①]

---

① [春秋]孙武：《孙子兵法·计篇》，上海：世纪出版集团，上海古籍出版社，2012 年，第 11 页。

这段话充分说明了战前的筹谋和计算对军事行动的顺利开展具有的重要意义。只有在战前将各种战争因素尽量多地考虑到，并做好相应的规划和安排，才能确保在实际的军事行动中取得胜利。而司马懿就是这样一位精于战前谋算、不打无把握之仗的优秀的军事家。同时，司马懿还特别善于打持久战，并在战争实践中将持久战由战术层面提升到了战略层面。

早年经历

司马懿，字仲达，河内温县人。其先祖为秦末赵国将领司马卬，曾与诸侯共同讨伐秦朝，秦亡后被项羽分封在河内之地，立为殷王，后来被刘邦打败，以其地为河内郡。司马卬的八世孙司马钧在东汉安帝时期担任征西将军之职。从此时起，司马家族世代担任汉朝的官员。司马钧之子司马量为豫章太守，司马量之子司马儁为颍川太守，司马儁之子司马防为京兆尹。司马防有八子，司马懿为次子。司马懿自幼就天资聪慧，富有谋略，博学洽闻，服膺儒教。时逢汉末，天下大乱，司马懿经常慨然怀有忧天下之心。一次，南阳太守见到年少的司马懿，认为他绝非寻常之人。尚书崔琰与司马懿的兄长司马朗交好，他对司马朗说："您的弟弟非常聪明，刚直果断，英姿特立，不是您能企及的。"

建安六年（201 年），河内郡举荐司马懿为上计掾。当时，曹操为司空，听闻司马懿的名声，遂征辟他到自己的府上任职。司马懿见东汉朝廷被曹操操控，不想屈节在曹操手下任职，于是托辞患有风痹之症，不能起居，不去就职。曹操夜晚派人前往刺探虚实，司马懿躺在床上，一动不动，就像真的患病一样。曹操当上丞相后，再次征辟司马懿为文学掾，并对前去传达命令的使者说："如果再有托辞，便将他收监。”司马懿无奈，只得就职。曹操让他陪伴在太子身边，历任黄门侍郎、议郎、丞相东曹属、主簿等职。

司马懿首次涉及军事是跟随曹操征讨汉中的张鲁。建安二十年（215年），曹操率军攻打张鲁。在张鲁投降后，司马懿向曹操建议说：“刘备用奸计夺取益州，蜀人大多还没有归附他，而此时刘备却去争夺江陵，这是一个不能失去的好机会。现在，我们攻克了汉中，益州受到震动，此时进兵攻击，刘备的势力就会瓦解。”曹操却没有采纳司马懿的建议，他说：“人苦于不知足，已经得到了陇右，又想得到蜀地！”七天后，从蜀地前来投降的人说：“曹操攻下汉中之后，蜀中上下一天发生数十次骚乱，守将虽然以斩杀来镇压，但仍然安定不下来。”这时，曹操询问刘晔：“现在进攻还来得及吗？”刘晔回答说：“现在蜀地已经初步安定，不能再进攻了。”曹操于是撤兵。在这件事中，司马懿能够发现刘备新据益州，人心未附，立足未稳，却远征江陵的军事失误，主张乘胜进军，夺取益州，充分体现了其独到的军事眼光和对韬略运用的精通。

司马懿对军事屯田也有自己独到的见解。他曾对曹操说：“过去商朝的箕子陈述谋略，以粮食为首谋。现在天下不从事耕种的人大约有二十万，这不是经略国家的长久之计。虽然目前处于战争时期，但也应该一边耕种，一边防守。”曹操采纳了他的建议，在魏国境内大行屯田，使得国用充足。

平定孟达

孟达原是益州牧刘璋的将领，后在刘备入川时曾率二千人迎接，被刘备任命为宜都太守。建安二十四年（219年），在刘备的命令下，孟达从秭归出兵，进攻房陵郡，杀房陵太守蒯祺。随后，孟达乘胜进攻上庸。刘备派遣刘封率军从汉中乘沔水而下，与孟达会攻上庸。上庸太守申耽见形势不利，便出城投降，并将家属送到成都为质。关羽围攻樊城、襄阳时，请刘封、孟达发兵相助。刘封、孟达以房陵、上庸等郡刚刚平定，人心未附为由，拒绝出兵。不久，关羽兵败身死，刘备对二人未出兵相助深为忌恨。孟达害怕刘备降罪，又与刘封不和，于是率领治下诸郡降魏。魏文帝曹丕十分欣赏孟达的相貌和才能，任命他为散骑常侍、建武将军，封平阳郡侯。同时，又将房陵、上庸和西城三郡合为新城郡，让孟达出任新城太守之职。

孟达在受曹丕器重的同时，又与魏国重臣桓阶、夏侯尚等人关系密切。然而，不久桓阶、夏侯尚相继去世，这使得孟达在魏国无所依托，心中充满忧虑。于是，孟达便暗中与东吴和西蜀进行沟通，为自己寻找退路。当时，诸葛亮正在筹划第一次北伐的战事，希望孟达作为内应。孟达与诸葛亮多次通信，秘密答应了归附蜀国，响应诸葛亮北伐。孟达和魏兴太守申仪有嫌隙，申仪秘密上表告发了孟达的阴谋。孟达得知这个消息后，心中非常惶恐，企图举兵反叛。

此时的司马懿刚在与孙权的襄阳之战中获胜，被任命为骠骑将军，都督荆、豫二州军事，直接负责新城郡所在的荆州的军务。对于孟达的罪行，按照正常程序，司马懿应该先上表向朝廷通报情况，待朝廷下达命令后再出兵征讨。然而，司马懿所在的宛城，距魏都洛阳八百里，如果派人上报朝廷，至少需要一个月才能等到回信。到那个时候，孟达早就得到消息，加固城池，做好了防守的准备。于是，司马懿先写信给孟达，稳住他的情绪，然后对诸将说：“孟达是个不讲信义的人，此时正在观望犹疑，我军应该趁他尚未做出决定，迅速对他发起进攻。”随后，司马懿率领部队秘密行军，日夜兼程，仅用八天就抵达新城。孟达对司马懿的突然到来十分震惊，随即向吴、蜀求救。吴、蜀分别派兵攻打西城的安桥和木阑塞，以救援孟达。司马懿一面派兵阻击吴、蜀援兵，一面对孟达所在的上庸城发起进攻。上庸城三面环水，只有一面与陆地相连。孟达在城外设立木栅以阻挡司马懿的军队。司马懿于是绕开正面，率军渡水迂回，直抵上庸城下，仅用 16 天就攻下城池，斩杀孟达。随后，司马懿又将孟达余部七千余家迁往幽州。

平定孟达的新城之战是司马懿军事生涯的一个经典战例。此战中，司马懿先用缓兵之计麻痹孟达，然后急速进军，仅用八天就兵临上庸城下，使孟达措手不及，然后避开正面阻碍，渡水迂回，直接打到上庸城下，斩杀孟达。而这一切都是以战前严谨的计算为前提的。由此，充分体现出了司马懿善于战前计算，能够以精确的量化指标来制定作战计划的用兵特点。

智敌诸葛亮

太和五年（231 年），诸葛亮五出祁山，北伐曹魏。这时，镇守西线的魏国大将曹真去世。魏明帝曹叡经过反复考虑，决定让司马懿都督雍、梁二州诸军事，统帅车骑将军张郃、后将军费曜、征蜀护军戴凌、雍州刺史郭淮等将领，西屯长安，抵抗诸葛亮的北伐。

司马懿到任后，命令费曜、戴凌领精兵四千留守上邽，其余军队全部救援祁山。张郃建议应该兵分三路，两路守雍县和郿县，以掩护主力的侧后方。司马懿不同意张郃的方案，他说："如果前军能够抵挡蜀军的进攻，那么将军您的话是对的；但如果前军抵挡不住蜀军的进攻，兵分三处就有被各个击破的危险。"诸葛亮自汉中出发后，兵锋直指祁山。司马懿命令郭淮、费曜抄袭蜀军后路，与自己的军队东西夹击蜀军。于是，诸葛亮留下一支部队坚守祁山，自己则亲率大军赶到上邽，迅速击败了郭淮、费曜的军队，并收割了上邽的麦子。随后，挥师东进，与司马懿的军队在上邽以东相遇。司马懿自知不是诸葛亮的对手，便收兵据险防守，不与诸葛亮交战。诸葛亮见司马懿避战不出，便佯装退兵，引诱司马懿来追，企图在运动中寻求战机，消灭魏军主力。但司马懿并没有中计，率军远远地跟着蜀军，一直跟到卤城。此时，张郃说："蜀军远道而来与我军作战，对战目的没有达到，认为我军的目的在于不战，打算以持久之计制胜。现在祁山方面知道我大军已经靠近，人心稳定，我们可以在这里驻军，再派出一支奇兵，包抄他们的后路，而不应当只敢尾随不敢追击，使民众失望。现在诸葛亮孤军作战，粮食又少，即将要撤军了。"司马懿不听张郃的建议，只是一路尾随蜀军，但拒绝同蜀军交战。军中将领开始不满，贾栩、魏平等人多次请战，并对司马懿说："您像畏惧老虎一样畏惧蜀军，怎能不让天下人取笑呢？"司马懿无奈，被迫向诸葛亮发起进攻。五月初十，司马懿命张郃进攻祁山之南的蜀国无当军监军何平，自己亲率大军与诸葛亮正面对峙。诸葛亮命魏延、高翔、吴班等人迎战，魏军大败，被俘三千余人。经此一役，司马懿退守大营，坚守不出。六月，诸葛亮因粮草缺乏，不得已退兵。

青龙二年（234年）二月，诸葛亮在经过三年的准备后，亲率十万大军再次北伐。四月，大军出斜谷，到达郿县，在渭水南岸筑垒。出兵前，诸葛亮又与东吴相约共同发动进攻，以分散魏军兵力。面对吴、蜀大举进攻，魏明帝做出了东攻西守的军事部署，即对东路吴国的进攻采取攻势，而对西线蜀军的进攻采取守势。魏明帝以司马懿为西线主帅，并令征蜀护军秦朗率步骑兵二万，受司马懿节制。司马懿大军抵达渭水前线后，军中将领都认为应该在渭水北岸扎营，与蜀军隔岸对峙。司马懿却认为，渭南是百姓积聚所在，是一定要争取的。于是，率军渡过渭水，在南岸扎营，与蜀军对峙。

司马懿与诸葛亮在渭南相持了一百多天，诸葛亮多次挑战，司马懿就是避而不战。诸葛亮于是派人把妇人使用的头巾、发饰和衣服送给司马懿。司马懿恼羞成怒，上表请求出战。魏明帝派遣辛毗持符节来到军中，节制司马懿的行动。姜维对诸葛亮说：“辛毗持节杖而来，魏军不会出战了。”诸葛亮却说：“司马懿本来就没有打算出战，之所以一定要请战，是向部众表示自己敢于出战而已。将领在军中，君命有所不受，如果他能战胜我军，难道还要远隔千里请求出战吗？”八月，诸葛亮因积劳成疾，在军中病逝，蜀军撤军。

在与诸葛亮的对战中，司马懿使用了坚守不战的持久战战术，并在战争实践中发展了这一战术，将其提升到战略层面。春秋战国时期以前的战争多为速战。战国晚期以来，持久战开始出现，如长平之战前期，廉颇对秦军的防守战就是一种持久作战。西汉周亚夫平定“七国之乱”时采取的以静制动的策略，也是一种持久战。三国时期，彝陵之战中的陆逊也与蜀军进行了长达一年的相持。但是，这些持久战所对应的都是某一场具体的战争或战役，其作战目标是对参加战争的军队本身实施打击，属于战术层面的持久战。司马懿则将持久战上升到了战略层面。在抵御诸葛亮五出祁山、六出祁山的战争中，司马懿深知自己不是诸葛亮的对手，在正面战场不可能战胜蜀军。但同时他也清楚地看到了蜀国地狭民少、国力薄弱的弱点。正是这一弱点使得诸葛亮只能采取稳扎稳打、步步为营的军事策略。即便如此，蜀军还是屡因粮食不继而致功亏一篑。于是，司马懿将战争视野扩大到国家的层面，利用魏国强大的经济实力与敌周旋，通过长时间与敌相持来拖垮蜀军。在此，司马懿不再以具体的军队作为军事打击的目标，而是将敌方的整个国家政权作为军事打击的目标。因此，尽管诸葛亮治军有道，蜀兵素质优秀，而他本人也善于用兵，看似没有对手，但只要司马懿坚守不战，诸葛亮只能是徒劳无功。这种战略思想实际上开创了一种在正面战场上不能战胜敌人，转而谋求通过综合实力的比拼来获取最后胜利的战争模式。

远征辽东

东汉末年，军阀混战，天下大乱，辽东太守公孙度占据辽东，东伐高句丽，西击乌桓，威震海外。曹操上表任公孙度为武威将军，封永宁乡侯。公孙度死后，其子公孙康继位。建安十二年（207 年），曹操北征乌桓，屠柳城，袁尚、袁熙投奔公孙康。公孙康斩杀袁尚、袁熙，将二人首级送给曹操。曹操上表封公孙康为襄平侯，拜左将军。公孙康死后，其子公孙晃、公孙渊皆年幼，众将拥立公孙康的弟弟公孙恭为辽东太守。然而，公孙恭才能低下，性格懦弱，不能为政。太和二年（228 年），公孙渊胁迫公孙恭辞官，夺得太守之位，并上书魏明帝，说明情况。侍中刘晔认为，公孙氏自汉代以来就在辽东世代为官，权势日久，且辽东之地远隔山海，公孙渊对外勾结胡人，朝廷难以控制。如果等到他怀有二心，据险叛乱，将会更加难办。因此，刘晔向魏明帝建议趁公孙渊刚刚即位，根基未固，公开悬赏招募，可以不必出兵而平定辽东。魏明帝没有采纳刘晔的建议，封公孙渊为扬烈将军、辽东太守。

公孙渊即位后，企图利用吴、魏对峙的局势来获取利益，反复在两国之间变换立场。他虽然表面上向魏称臣，暗地里却与东吴多次联系。太和六年（232 年），孙权派遣将军周贺、校尉裴潜乘船至辽东，向公孙渊求购马匹。魏明帝曹叡得知此事，命令汝南太守田豫、幽州刺史王雄率军海陆并进，讨伐公孙渊。然而，公孙渊凭借地理优势固守，田豫等人的讨伐徒劳无功。

青龙元年（233 年）初，公孙渊派遣校尉宿舒、郎中令孙综携带表章渡海南下吴国，向孙权称臣。三月，孙权派遣太常张弥、执金吾许晏、将军贺达等率军万人，携带大量金银财宝，乘船至辽东，封公孙渊为燕王。然而，公孙渊深知东吴距离遥远，不可依靠，于是斩杀东吴使者，将首级送往洛阳，并吞没了从东吴带来的全部士兵及金银财宝。魏明帝于是任命公孙渊为大司马，封乐浪公。

公孙渊认为辽东远离中原，魏军征讨不易，又自恃可以在吴、魏两国之间左右逢源，进退自如，因此对魏国并不敬畏。魏明帝派使者傅容、聂夔到辽东宣布朝廷的册封命令，公孙渊却率领大军，全副武装地出见使者。使者入住学馆后，公孙渊先是用步兵和骑兵将学馆围住，然后再入馆接受册封。同时，公孙渊还多次对魏国使者口出恶言。傅容、聂夔回到洛阳后，将公孙渊的言行上报朝廷，魏明帝大怒，打算讨伐公孙渊。

景初元年（237 年），魏明帝命荆州刺史毌丘俭任幽州刺史，统率幽州各郡兵马及鲜卑、乌桓部落在辽东以南屯驻，同时又发出诏书，征召公孙渊入朝。公孙渊随即反叛，领兵在辽隧与魏军交战。时值天降大雨，辽河大涨，毌丘俭作战不利，率军退回右北平。公孙渊于是乘机自立为燕王，改年号为绍汉，设置百官，派使者授予鲜卑单于印玺，诱使鲜卑袭扰魏国北部边境。

景初二年（238 年）正月，魏明帝曹叡将司马懿从长安召回洛阳，命他率军四万征讨辽东。出征前，曹叡问司马懿："公孙渊将会采用什么计策迎战你？"司马懿回答说："在我军到达前，预先弃城而走，是上策；据辽水抵抗我军，是中策；坐守襄平，则必被生擒。"曹叡又问："那么，公孙渊会用哪种计策呢？"司马懿回答说："只有明智之人才能审慎度量敌我双方的力量，从而预先有所舍弃，这不是公孙渊的才智所能企及的。如今，我军孤军远征，他必定认为我军不能持久，肯定会先据辽水而守，然后再退守襄平。"曹叡接着问："大军往还需要多久？"司马懿回答说："进军一百天，进攻一百天，返回一百天，再加上六十天休息，一年足够了。"

六月，司马懿大军抵达辽东，公孙渊命大将卑衍、杨祚统军万人，屯驻辽隧，并在城外挖掘长达二十里的壕沟。魏军将领想要攻城，司马懿说：“敌军之所以深沟高垒，坚壁不出，是想诱使我军兵疲师老，现在攻城，正好中了敌人的计策。敌人的主力在此，他们的巢穴必定空虚，我军进攻襄平，必能攻破。”于是，司马懿派出一支疑兵，越过辽隧，大张旗鼓地向东南方进军。卑衍闻讯也率精锐部队尾随向南。司马懿则率魏军主力悄悄地渡过辽水，向东北进军，直扑襄平。卑衍得知司马懿的声东击西之计后，大为惊恐，连夜回援襄平。魏军进抵首山，公孙渊命卑衍等迎战。司马懿率军出击，大败卑衍，于是进军包围襄平，并沿城挖掘多道沟堑。

七月，天降大雨，辽河大涨。大雨连下了一个多月不停，平地水深数尺，襄平城内的人依仗水势，砍柴放牧依然如故，将领们想要出击俘获他们，司马懿下令不准出营。司马陈珪对司马懿说：“过去攻打上庸，八支部队同时进军，日夜不停，因此能用半个月就攻下坚城，斩杀孟达。这次大军远征，反而安闲缓慢，我感到疑惑。”司马懿说：“孟达兵少，但粮草可支撑一年；我军兵力是孟达的四倍，但粮食还不能供给一个月。以一个月攻打一年，怎么能不速战速决呢？以四个士兵攻打一个士兵，即使损失一半的兵力，也应该去做。所以，不计死伤的强攻，是与粮食竞赛呀！如今敌人兵多，我军兵少；敌军缺粮，而我军粮草充足；加之连降大雨，我军力量不能施展，虽然应当速战速决，又怎么能够有所作为呢？自打从京师出发，我不担心敌人进攻，只担心敌人逃走。如今敌人粮食即将耗尽，可是我们的包围还没完成，抢掠他们的马匹，抄袭他们的樵夫，这是故意逼迫他们逃走。用兵是一种诡诈的行为，要善于随机应变。敌人倚仗人多和雨大，虽然饥饿窘困，但还不肯束手就擒，我们应当显示出无能以便使他们安心。如果贪图小利使他们受到惊吓逃跑，这不是好的计策。”

雨停后，司马懿立即合拢包围圈，对襄平发起总攻。司马懿在城外堆起土山，修造橹车，日夜向城内发射箭矢，投掷礌石，襄平城里死者甚多。此时，公孙渊军粮食已尽，襄平城内甚至出现了人人相食的惨状，部将杨祚等向魏军投降。

八月，公孙渊派遣相国王建、御史大夫柳甫到魏军营中请求退兵，并承诺公孙渊君臣定当自缚而降。司马懿看出这是公孙渊的缓兵之计，于是斩杀来使，继续攻城。不久，襄平城被攻破，公孙渊与其子公孙修率数百骑兵从东南方突围逃走。司马懿率军追击，在梁水边斩杀了公孙渊父子。随后，司马懿进入襄平城，诛杀城中公卿以下及军民共七千余人，将公孙渊的首级送往洛阳。

辽东之战是体现司马懿在军事行动中善于谋略、精于计算的又一个战例。在战前，司马懿对公孙渊可能使用的军事策略进行了全面的分析，并对其实际使用的战略、战术做了预判；同时，针对公孙渊的军事部署，司马懿又制定了应对之策，将行军、进攻，甚至是休整等军事行动所需的时间精确到具体的天数，可谓是做到了知己知彼，预先筹谋。在作战中，司马懿又能根据战场的实际情况，选择正确的战略战术，与公孙渊打持久战，可谓是随机应变，善于谋略。

运筹帷幄崔伯渊

崔浩是南北朝时期著名的军事谋略家，其生性机智通达，善于计议谋略，常以汉代谋臣张良自比。作为北魏早期最重要的谋士之一，崔浩历经太祖道武帝、太宗明元帝、世祖太武帝三朝，为北魏的多位帝王出谋划策，制定军事策略，对北魏统一北方起到了关键性的作用，进而也为隋唐时期的大一统奠定了坚实的基础。

初涉军机

崔浩，字伯渊，清河东武城人。河北崔氏是北方高门大族，崔浩的七世祖崔林，在三国时期任曹魏司空，封安阳乡侯；曾祖崔悦为后赵的司徒右长史；祖父崔潜为后燕黄门侍郎；父亲崔宏官至北魏天部大人，封白马公。出身名门望族的崔浩，自少年时代就喜好文学，博览经史，诸如玄象阴阳、诸子百家都广泛涉猎，尤其对经义有深厚的研究，在当时无人能及。20 岁时，崔浩被选为直郎。天兴年间，崔浩历任给事秘书、著作郎等官职。道武帝拓跋珪见他书法优美，就让他跟随在自己左右。明元帝拓跋嗣即位后，任命崔浩为博士祭酒，封武城子。

泰常元年（416 年）八月，晋安帝司马德宗命刘裕率兵讨伐后秦。次年三月，刘裕的军队水陆并进，经淮水、泗水进入清水，准备溯黄河而上，西进伐秦。其中有一段黄河正好在北魏境内。于是，刘裕派人向北魏借道。拓跋嗣召集群臣商议此事。外朝公卿都说："函谷关号称天险，一夫当关，万夫莫开。刘裕的船只和步兵，怎么能够入关呢？如果我军断其后路，那么他要回军就很难；如果登上黄河北岸，那么他的行动就很容易了。刘裕虽然扬言要讨伐姚泓，但其真实意图难以猜测。我们将水路借给他，但却不能放纵他，应该提前在黄河上游发兵进行阻击，不让他西进。"拓跋嗣又在内朝商议此事，意见与外朝相同。拓跋嗣准备采纳这个计策。这时，崔浩站出来说："这不是上策。司马休之等人袭扰荆州，刘裕对他们的愤恨由来已久。现在，姚兴已死，其子卑劣，刘裕乘后秦内部混乱前去讨伐，我观察他的意图，是一定要入函谷关的。性情刚猛急躁的人，做事不顾后果。如果现在阻塞他西进的道路，刘裕势必上岸北侵，这样就使姚泓平安无事，而我国却受到敌人的攻击。如今柔然入侵，百姓又缺乏粮食，不可发兵。如果向南发兵，北边的柔然将会进攻；如果发兵救援北边，则东部的州郡又有危险。不如将水道借给刘裕，让他西进，然后再发兵截断他东归的道路。假如刘裕获胜，则必然感激我国借道的恩惠；假如姚泓获胜，我国也不失救援邻邦的美名。纵使刘裕取得关中，由于距离遥远，他也守不住，最终还是会成为我国的囊中之物。现在不用兵马劳顿，只需坐观两方的争斗，便可以收取长远的利益，这才是上策啊。”参与议事的官员反驳说：“刘裕西入函谷关，就会进退无路，腹背受敌；如果上岸北侵，姚泓的军队一定不会出关救援我们的。刘裕扬言西行，实际意图却是北进，这是形势决定的。”于是，拓跋嗣采纳了大多数人的意见，派遣司徒长孙嵩领兵十万，屯驻黄河北岸阻击刘裕。刘裕军西进受阻，于四月向北魏军队发起攻击。两军在畔城交战，刘裕部将朱超石使用“却月阵”大败北魏三万骑兵。拓跋嗣得知魏军惨败，后悔没有采用崔浩的计策。

泰常七年（422 年）五月，刘裕去世，拓跋嗣准备乘机攻取洛阳、虎牢、滑台等地。崔浩劝谏说：“陛下不介怀刘裕篡位，接纳他的使者和朝贡，刘裕也恭敬地供奉陛下。如今他不幸离世，陛下却乘丧讨伐，即使成功也是不光彩的。《春秋》中记载，晋国的士匄率军进攻齐国，听闻齐侯去世，便撤回军队。君子以不讨伐丧君之国为大义，是认为其恩足以感动孝子，其义足以感动诸侯。如今国家既然不能一举平定江南，就应该派人前去吊唁、祭拜，保存孤寡弱小的人，抚恤他们遭受的灾祸，广布仁义于天下，这才是德行高尚的事情。如此，陛下的教化将会泽被荆州、扬州地区，南金、象牙、羽毛等珍宝则可以不求而自至。况且刘裕刚死，其党羽尚未背离，我军如果此时兵临其境，敌军必然齐心抵抗，我军不一定能够成功，倒不如暂缓出兵，等待敌方发生内讧。假如敌国内部强臣之间争权夺利，则必生变乱，然后我军再扬威出征，就可以不用劳顿士卒而收取淮北之地了。”

拓跋嗣执意要南征，反驳崔浩说：“刘裕乘姚兴去世灭了后秦，现在刘裕死了，我进行讨伐，有何不可呢？”崔浩说：“姚兴死后，他的两个儿子互相争斗，刘裕才讨伐他们。”拓跋嗣不听崔浩的劝阻，命司空奚斤、交趾侯周几、安固子公孙表等率步骑两万南征。出征前，群臣商议是应该先攻城，还是先略地。奚斤说：“应该先攻城。”崔浩却说：“南朝人擅长守城，苻坚攻打襄阳，一年都未能攻克。如今以大国的兵力攻打小城，如果不能及时攻克，就会有损军威，而敌人则得以从容整军前来。到时我军兵疲师老，敌军锐气正盛，这是危险的做法。不如分兵夺取地盘，到淮河为止，然后再设置郡守、县令等官员，收取租谷。这样滑台、虎牢反而被我军隔绝在北方，南方救援的希望断绝，守将必然沿黄河向东逃跑。如果不逃，那他们就是我军的囊中之物。”然而，公孙表还是坚持认为应该先攻打城池。九月，奚斤等人渡过黄河，攻打滑台。围攻月余，始终不能攻克，于是上表请求援军。拓跋嗣大怒，斥责奚斤不用崔浩分兵略地之计，并亲自率军五万南巡，以助军威。崔浩也被任命为相州刺史、左光禄大夫，随军出巡。

在这两次战役中，崔浩虽因资历尚浅，提出的军事建议均没有被采纳，但其对南北形势的正确判断，及其所提出的“分兵略地”的作战策略，充分说明了他在军事上的过人才能。而这种过人的军事才能即将在太武帝拓跋焘统一北方的战争中得到充分发挥。

攻灭赫连昌

太武帝拓跋焘即位之初，崔浩因为人正直，遭到同僚的毁谤和排挤，一度赋闲居家。始光二年（425 年），赫连勃勃病逝，其第三子赫连昌继位。然而，赫连昌的兄弟对其继位多有不服，彼此间互相攻伐，关中大乱。拓跋焘得知赫连勃勃诸子相攻，打算乘机西征关中。拓跋焘召集群臣商议征讨赫连昌的事情，群臣都认为这件事非常困难。于是，拓跋焘请出崔浩，任命他为太常卿，封东郡公。

崔浩对拓跋焘说："往年以来，荧惑星两次出现在羽林星，且都形成'己'字形的钩状，这预示着秦地国家的灭亡。今年，金木水火土五星又同时出现在东方，这是有利于西伐的征兆。天人相应，时机齐集，不可错失啊！"拓跋焘听了崔浩的话，信心大增，决定西征。

始光三年（426 年）九月，拓跋焘兵发两路，一路由奚斤、封礼、延普率领，奔袭蒲坂；一路由周几、于栗磾率领，进攻陕城。十月，拓跋焘又亲率大军，自平城经云中进至黄河渡口君子津，准备渡河攻打赫连昌。大军渡河本来是个令拓跋焘棘手的问题，但就在此时，气温突降，几天之内黄河就封冻了。拓跋焘大喜过望，自率轻骑兵两万人，先行渡过黄河，昼夜兼程，仅用四天便抵达统万城下。乘着赫连昌还没有反应过来，拓跋焘迅速发起进攻，攻破外城，掳掠万余家而还。蒲坂守将赫连乙升得知拓跋焘攻打统万的消息，无心守城，西逃长安。长安守将赫连助兴见赫连乙升弃城而逃，也无心守城，二人一同向西逃往安定。奚斤不费一兵一卒就占领了蒲坂和长安两座空城。

始光四年（427 年）正月，赫连昌派其弟赫连定率军二万反攻长安。拓跋焘得知后，连忙派高凉王拓跋礼出兵支援奚斤。四月，拓跋焘命司徒长孙翰、廷尉长孙道生、宗正娥清率骑兵三万为前锋部队，常山王拓跋素、太仆丘堆、将军元太毗率步兵三万为后继部队，南阳王拓跋伏真、执金吾桓贷、将军姚黄眉率步兵三万运送辎重及攻城器具，将军贺多罗率精骑三千为前方侦查警戒部队，共十万大军西征赫连昌。五月，魏军从君子津渡过黄河，进至拔邻山，拓跋焘当即修筑城舍，留下辎重，亲率轻骑三万奔袭统万。拓跋焘原本打算用围魏救赵之计，攻打统万，迫使赫连定回援，以解长安之围。但赫连定认为，统万城高池深，十分坚固，拓跋焘不可能轻易攻下，于是决定先攻下长安再回援统万。拓跋焘见赫连定没有中计，而自己率领的三万轻骑又远离主力，便计划引蛇出洞，将赫连昌诱出统万城，在野战中寻机歼灭。

拓跋焘先是下令撤围，驻军统万城北；然后又派出士兵五千人，四下收集粮食，给赫连昌造成魏军即将断粮的错觉；接着又派人投降赫连昌，向其传递情报说，魏军的粮食已尽，每天靠野菜充饥，而主力部队和辎重粮草都在遥远的后方。赫连昌听后果然中计，领兵三万出城与魏军决战。拓跋焘佯装败退，诱敌深入。这时，突然刮起了强烈的东南风，一时间，雷电交加，沙尘漫天，天昏地暗。宦官赵倪进言说："陛下，现在风雨从敌人方向刮来，我军是逆风作战，这是上天不帮助我军啊！况且将士们也是又饿又渴，请陛下退兵，暂避风雨，待来日再战吧！"崔浩此时也随军出征，听到这番言论，大声斥责赵倪说："你说的这是什么话？我军长途奔袭，是有准备的，怎么能一天不到就改变作战计划呢？敌军只顾前进，已经脱离了他们的后续部队，这正利于我军分兵潜行，出其不意地攻击他们。风的运用在于人，怎么能墨守成规呢？"拓跋焘采纳了崔浩的意见，将骑兵分成两路，相互呼应，迎战夏军。赫连昌大败，退守上邽。第二年，赫连昌在安定被北魏监军侍御史安颉俘虏。至此，赫连夏国基本被平定。

北击柔然

柔然是公元4世纪至6世纪称霸蒙古高原的游牧部落政权。由于与北魏的北部边境相邻，柔然骑兵经常南下，掳掠北魏的北部边镇。

天兴五年（402年），豆代可汗社仑乘道武帝拓跋珪征讨姚兴之机，率军侵犯北部边境。柔然骑兵自参合陂入境，一路南侵，直到豺山、善无才回师。永兴元年（409年）冬，社仑以明元帝拓跋嗣初即皇位，根基未稳，率军犯塞。及明元帝去世，太武帝新立，牟汗纥升盖可汗大檀于始光元年（424年），率骑兵六万进攻云中，杀掠百姓、官吏，并攻陷北魏故都乐盛。始光四年（427年），大檀又乘拓跋焘西征赫连昌，袭击云中。可以说，从社仑到大檀的二十多年间，柔然几乎每年都要侵袭北魏的北部边镇。针对柔然的袭扰，北魏也曾多次派兵征讨。但柔然是游牧民族，居无定所，机动性强，每当北魏出兵讨伐，便远遁漠北，北魏军求战而不得。此外，柔然还与南朝的刘宋互相联络，建立起了针对北魏的军事联盟，企图南北夹击北魏。柔然因此成为北魏进军中原，统一北方道路上最大的阻碍。

为了清除这个阻碍，拓跋焘在击败赫连昌后，打算集中力量对付柔然。他召集群臣商议讨伐柔然的事情，内外朝的官员担心刘义隆会乘机北伐，全都表示反对，只有崔浩赞成拓跋焘的主张。于是，群臣推举赫连昌的太史张渊、徐辩以阴阳数术、天文星象来游说拓跋焘。张渊和徐辩说："今年是己巳年，属三阴之岁，岁星合月，太白星在西方，不可用兵。北伐必定失败，即使获胜，也不利于陛下。"群臣对张渊的话表示赞同，又说："张渊年轻时曾劝谏过苻坚不可南征，苻坚没有听他的话，从而招致失败。现在天时、人事都不和合协调，怎么可以出兵呢？"

拓跋焘无法下定决心，于是让崔浩与张渊等人辩论。崔浩反驳张渊说："阳代表仁德，阴代表刑杀。因此，出现日食就要修整德行，出现月食就要修整刑罚。君王使用刑罚，大刑就是陈尸于原野之上，小刑则是处决于市朝之间。征战讨伐就是使用大刑的情形。照此而言，三阴之年用兵应该属于大刑这种类型，是修正刑罚的举措。岁星合月，饥荒连年，百姓流离失所的预兆，应验在其他国家，最晚十二年后发生；太白星出现在苍龙宿，在天文上对应东方，不妨碍北伐。张渊等庸俗儒生，才疏学浅，拘泥于小数，不识大体，很难与他们图谋长远的计划。我观察天象，近年来，月亮的运行遮掩了昴宿，至今依然如此。这预示着三年之内，天子将大破披头散发人的国家。柔然人、高车人就是这样一群披头散发的人，希望陛下不要犹疑。”

张渊等人见用阴阳、星象不能驳倒崔浩，又说：“柔然是八荒之外的无用之地，夺得其土地不能用来耕种以维持生计，其部众来去无常，难以控制，即使获得也不能驱使，何必要如此急切地劳师远征呢？”崔浩说：“张渊谈论天时，那是他的职责所在；如果谈论形势，那就不是他所能知晓的。张渊所说的已经是汉代的老生常谈了，施用于当今时代，是不合时宜的。为什么这样说呢？柔然，过去是我国北边叛逃的奴隶，现在诛杀他的首恶，收纳其中善良的民众，让他们恢复过去的劳役，并非没有用处。漠北地势高耸，气候寒凉，不滋生蚊蚋之类的昆虫，水草丰美，适宜于夏季在此生活。在这片土地上耕种、放牧，并不是不能谋生的。柔然的子弟前来归降，尊贵者可以娶公主为妻，卑贱者可以任命为将军、大夫，让他们布满朝廷百官之列。再者，高车虽号称名骑，但也不是不可使之臣服的。用南方的军队去追击他们，当然担忧他们行动敏捷，然而对于我国军队来说就不是这样了。这是为什么呢？他们能远逃漠北，我军也可以远追，随之进退，并不难控制。况且，柔然多次入侵我国，民众、官吏都很惊恐。今年夏季如果不乘虚进攻，灭掉柔然，等到秋天他们再次前来，国家将不得安宁。自从太宗时期直到现在，没有一年不让人担心害怕，怎么能不急切呢？大家都说张渊、徐辩精通数术，能明确地决断成功和失败，试问二人在夏国未灭亡之前是否看出亡国的征兆了呢？如果知道却不说，那就是不忠；如果不知道，那就是不学无术了。”当时，赫连昌也在场，张渊等人羞愧难当，无言以对。拓跋焘非常高兴，对群臣说："我已经下定决心了。亡国之臣，不能与他们共谋大计，确实是这样啊！"

退朝之后，有官员责怪崔浩说："现在吴地的贼寇侵犯我国南部边境，你舍此不顾，反而主张陛下北伐。千里行军，谁会不知道呢？如果柔然远逃漠北，大军前去，毫无收获，而后方又有南方贼寇的忧患，这是危险的做法呀！"崔浩说："不是这样的。今年不消灭柔然，就无法抵御南方的贼寇。自从我国兼并夏国以来，南朝人就一直很恐惧，扬言要出动军队保卫淮北地区。然而，等到敌军北伐之时，我军已经南归，敌军劳顿，我军安逸，这是必然的形势。打败柔然，对我军而言只是一去一还的事，在这段时间之内，南朝军队是不会大举进攻的。为什么这样说呢？刘裕夺取关中后，留下他的儿子刘义真率领精兵数万，并与众多良将共同镇守，然而还是全军覆没，没有守住。南朝军中哀号痛哭的声音，至今都没有停止。他们又怎么会在我国政治清明、兵强马壮的时候，将马驹、牛犊送入虎口呢？即使让国家将河南之地送给他们，他们也必定守不住。自知不能守，就一定不会来。如果有军队前来，不过也就是守边的军队应付罢了。况且，柔然凭借地处绝远，认为我国军队不能达到，有恃无恐，由来已久。因此，他们夏季就分散部众，放牧畜马；秋季马肥，就聚集部众，南下抢掠。现在我们出其不意，攻其不备，大军突然出现，柔然人必定惊骇逃散。雄马护群，雌马恋驹，难以控制，又得不到水草，过不了几天他们就会困顿地聚集在一起，到时就可一举歼灭。用暂时的劳顿换取永久的安逸，这是长久的利益，时机不可错失啊！我只担心陛下没有这种打算，现在既然陛下已经下定决心，制定了旷世的谋略，为何还要阻止他呢？"

神䴥二年（429 年）四月，拓跋焘命长孙翰率军从西路向大娥山进军，自率军从东路向黑山进军，两路大军越过大漠，合击柔然可汗庭。五月，东路军行至漠南，拓跋焘再次舍弃辎重，率领轻骑兵奔袭栗水。柔然各部因事先没有防备，部众和牲畜漫山遍野，只能惊恐地四散逃跑。大檀得知拓跋焘的军队已到栗水，也烧掉庐舍，率领族人和党羽向西逃窜。六月，拓跋焘率军沿栗水进至菟园水，下令分兵搜讨柔然部落。于是，北魏军在东至瀚海，西到张掖水，北达燕然山，东西五千里，南北三千里的范围内对柔然部落发起进攻，所俘获的畜产、车辆、庐舍等战利品弥漫山野，达百万之数。高车部落也乘机击杀柔然族人。柔然人走投无路，只得向北魏投降，归降的部众多达三十余万人。八月，高车部落屯驻巳尼陂，部众和牲畜甚多，距北魏军千余里。拓跋焘得知此事，派遣左仆射安原率骑兵万余前往征讨。安原抵达巳尼陂后，高车各部落见北魏军队突然到来，纷纷投降，人数多达几十万。拓跋焘将归降的柔然和高车部众安置在东到濡源，西到五原、阴山的漠南地区，并诏令司徒长孙翰、尚书令刘洁、左仆射安原、侍中古弼等人负责镇守和抚慰。

大檀西逃后不久因病去世，其子敕连可汗吴提继位，并于神䴥四年（431 年）派遣使者向北魏朝贡。经此一战，柔然元气大伤，其经常性、大规模的南侵势头被遏制住，北魏腹背受敌的忧患得以缓解。

西征北凉

在大破柔然后，拓跋焘又于延和二年（433 年）和太延二年（436 年）相继攻灭了仇池和北燕。至此，整个北方就只剩下位于西北的北凉一个割据政权了。

此时，北凉的统治者是沮渠牧犍。作为一个小国的统治者，沮渠牧犍为了给自己多留一条后路，便在魏、宋之间左摇右摆，寻求平衡。他一方面对北魏称藩，接受北魏的使持节、侍中、都督凉沙河三州西域羌戎诸军事、车骑将军、开府仪同三司、领护西戎校尉、凉州刺史、河西王的职务和封号，并将自己的妹妹嫁给太武帝，自己也迎娶了太武帝之妹武威公主，又将世子送到平城作为人质；另一方面，又向刘宋奉表称臣，被刘义隆封为持节、散骑常侍、都督凉秦沙河四州诸军事、征西大将军、领护匈奴中郎将、西夷校尉、凉州刺史、河西王。

太延五年（439 年），拓跋焘派尚书贺多罗出使凉州，观察虚实。贺多罗回来后，向拓跋焘报告说："沮渠牧犍虽然向朝廷称藩纳贡，但实际上却乖张悖逆，怀有二心。"拓跋焘听后，打算讨伐沮渠牧犍，便向崔浩征询对此事的看法。崔浩说："沮渠牧犍反心已经暴露，不可不诛杀他。往年朝廷的军队北伐，虽然没有什么收获，但也没有什么损失。当时，出征的军马共三十万匹，在征途中死伤的马匹共计不到八千匹；而每年因病死亡的马匹，通常也在万匹左右，并不少于在征途中死伤马匹的数量。但远方的人不知虚实，听信谣言，便以为朝廷损失巨大，不能重新振作起来。现在，朝廷出其不意，派军出征，沮渠牧犍料想不到大军突然到来，必然惊恐骚乱，不知所措，一定会被我军俘虏。况且沮渠牧犍卑劣暗弱，他的兄弟们又骄横放纵，互相之间争权夺利，使得民心涣散。加之近年来天灾和地震都发生在秦州、凉州一带，这是必定要灭亡的国家啊！"拓跋焘说："好！我也是这么认为的。"

于是，拓跋焘命令群臣商议讨伐北凉的事宜。以弘农王奚斤为首的三十多位大臣都说："北凉是西陲小国，虽然对朝廷不够忠心，但沮渠牧犍却继承了其父向朝廷进贡的职责，朝廷也以附属国的礼仪接纳。再者，朝廷又将公主下嫁于沮渠牧犍，他的罪行也还不是很明显，只适宜对他采用羁縻的策略。如今，士兵和马匹连年征战，疲劳不堪，应该稍作休息。况且凉州的土地多为盐碱地，没有水草，大军到此，不能久留。沮渠牧犍得知我军前来，必定聚集粮草，据城而守。我军攻城则难下坚城，略地则野外没有可抢掠之物。"尚书古弼、李顺也说："自温圉河以西直到姑臧城以南的天梯山上冬季有积雪，厚度达一丈多。春夏时节，积雪融化，流到山下，汇聚成河，当地人建渠引水，灌溉农田。沮渠牧犍听闻我军到来，只要堵住渠口，让水不能流出，就会使我军干渴。姑臧城外，方圆百里的土地上都不长草，大军不能长久驻扎。奚斤等人的意见是正确的。"

拓跋焘便让崔浩将之前对自己说的一番话说给群臣听。众人听后，不再多言，只是说："当地没有水草。"崔浩反驳说："《汉书·地理志》中记载，凉州的畜产是全天下最富饶的。如果没有水草，如何发展畜牧业呢？再说汉代人总不会在没有水草的地方修筑城郭、设立郡县吧？而且积雪融水还不够收敛尘土，怎么可能通渠引水，灌溉数百万顷的农田呢？你们的这种说法大概是受人欺骗了吧。"此时，李顺站了出来，对崔浩说："耳听不如眼见，我们多次出使北凉，亲眼见过当地的情况，你如何能与我们辩论呢？"崔浩说："你们收受别人钱财，想替别人说话，以为我没有亲眼看见就可以欺骗我吗？"拓跋焘暗中听着群臣的辩论，听到此处走了出来，召见奚斤等人，对他们进行了严厉的批评。于是，群臣不敢再多说，只能恭敬地答应。

六月，拓跋焘命侍中、宜都王穆寿辅佐太子拓跋晃监国，留守京师；又派大将军、长乐王嵇敬，辅国大将军、建宁王拓跋崇率军两万，屯驻漠南，防备柔然人的侵袭。随后，拓跋焘亲率大军西征。七月，拓跋焘到达上郡属国城，留下辎重，命抚军大将军、永昌王拓跋健率军一路，尚书令、钜鹿公刘洁和常山王拓跋素率军一路，两路兵马并行，为前锋部队；骠骑大将军、乐平王拓跋丕，太宰、阳平王杜超督率平凉、鄜城的兵马为后继部队，向北凉进军。八月，拓跋健的前军率先抵达姑臧城下，大败沮渠董来的万余守军，掳掠牛马畜产二十余万。拓跋焘随后也率军赶到姑臧。当他看到姑臧城外水草丰美，牛羊成群时，对崔浩说："你说的话果然应验了。"崔浩回答说："我只是实话实说而已。”迫于北魏军的压力，沮渠牧犍的侄子沮渠祖越、沮渠万年等先后投降北魏。九月，沮渠牧犍也率姑臧城内官员五千余人向北魏投降。随后，拓跋焘将凉州三万余户迁往平城，并留拓跋丕、贺多罗镇守凉州。

至此，北方地区除柔然、吐谷浑之外，已基本上为北魏所兼并。西晋末年以来，北方地区持续120多年的分裂、混战局面就此结束，南北朝对峙的局面大致形成。

韬略制胜

作为南北朝时期的著名军事家，崔浩虽从未以主帅的身份领兵出征，但却以旷世的谋略辅助太武帝拓跋焘攻灭赫连昌，重击柔然、高车，迫降沮渠牧犍，完成了统一北方的事业，真正做到了“运筹帷幄之中，决胜千里之外”。太武帝对崔浩也十分倚重，凡有军国大计都要征求他的意见。一次，太武帝设宴款待新归降的高车渠帅数百人，崔浩当时也在座。太武帝指着崔浩对高车渠帅们说：“你们看这个人，瘦小柔弱，手不能张弓、持矛，但他胸中所怀揣的谋略，却胜过百万甲兵。我起初虽有征讨的想法，但却有许多的顾虑，不能下定决心。之所以能先后取得胜利，都是因为有这个人的开导，才使事情达到今天这一步的。”于是，敕令诸位尚书：“今后，凡有军国大事，你们不能决断的，都要先征询崔浩的意见，然后再施行。”史书中对崔浩体貌的描写也是体态纤细，肤色洁白，面容姣好，长得就像美丽的妇人。然而，崔浩头脑之中的韬略却胜过雄兵百万，能够决胜疆场。

在北魏的国家发展战略方面，崔浩提出了先北后南的军事战略。自明元帝时初涉军机以来，崔浩就一直主张对北方各个割据政权用兵，先统一北方地区；对南方政权则采取观望的态度，静待其变。明元帝两次出兵南征，崔浩都表示坚决反对；太武帝即位后将用兵的重点放到北方，崔浩则积极为其出谋划策。崔浩之所以提出这样的军事策略，是由当时的战略形势所决定的。首先，北魏在当时只是北方众多割据政权中的一个，并未具备南征的实力。况且，在北魏的周边还有许多其他的割据政权虎视眈眈，生存危机尚未解除。自拓跋珪在中山之战中打败慕容宝，将势力范围扩展到河北地区之后，北魏周边的战略形势相对于其在代北时更加错综复杂。当时，在北魏的东边有辽东的北燕、青州的南燕，南边是东晋及后继的刘宋，西部关陇地区有后秦、夏、南凉、北凉和西凉，北边则是强大的游牧民族政权柔然，整个国家为强敌所环伺。在这种恶劣的环境下，北魏如果轻易攻打南方政权，则很容易被其他北方军事势力乘机偷袭，从而陷入腹背受敌的危险境地。因此，在泰常元年（416年）劝阻明元帝出兵阻击刘裕时，崔浩的理由之一就是“发军赴南则北寇进击，若其救北则东州复危”[①]。

其次，南北方作战模式有差异，北魏尚未做好南征的准备。南方地区由于河网密布，水战是主要的作战方式，加之以守城战作为辅助，从而形成了独具南方特色的“水战进攻，城战防守”的综合防守战模式。而北方地区旷野千里，主要作战方式是骑战和步战。作为从代北地区初入中原的北魏军队，骑兵是其主要的兵种，骑战是其主要的作战方式，对水战并不擅长。泰常七年（422年），明元帝南征时，崔浩就以“南人长于守城”，建议北魏军队“分兵略地”，并且认为北魏军的活动范围应“至淮为限”，不主张向淮南地区发起进攻。神䴥三年（430年），劝阻太武帝南征刘义隆时，崔浩又提到“南土下湿”“水潦方多”。这表明崔浩已经清楚地认识到初入中原地区的北魏当时还没有能力训练出一支熟练的水军与南方军队抗衡。而北魏军队优秀的骑战

① ［北齐］魏收：《魏书》卷三五《崔浩列传》，北京：中华书局，2018年，第897—898页。

能力却可以在统一北方的战争中发挥出强大的战斗力。因此，先北后南的军事策略实是形势使然。

崔浩在战略上的最大特点就是审时度势，十分注重对用兵时机的把握，善于从天时、地利、人事等因素上来判断用兵的可能性。

天时上，崔浩重视季节因素对军事行动的影响，主张在正确的时节用兵，以帮助军队获取胜利。在北击柔然的战争中，崔浩针对柔然夏季散众放牧，秋季聚众南侵的军事活动规律，向太武帝建议在夏季对柔然发动进攻，以获取最大程度的战果。而在神䴥三年（430 年），太武帝准备南征刘宋时，崔浩则认为南方地区夏季暑湿，北方人多不适应，军中必定会发生疫病，建议等到“秋凉马肥，因敌取食，徐往击之，万全之计，胜必可克”[①]。

地利上，崔浩注重不同地区的地理环境对战争成败的影响。泰常元年（416 年），刘裕西征后秦，明元帝欲出兵阻击。对此，崔浩的看法是，南北方之间“风俗不同，人情难变，欲行荆扬之化于三秦之地，譬无翼而欲飞，无足而欲走，不可得也”[②]。据此，他断言即使刘裕能够击败姚泓，夺取关中，也会因为悬远难守，而失去该地。因此，崔浩力劝明元帝不要出兵阻击刘裕，只需坐山观虎斗，关中之地最终会成为北魏的囊中之物。

人事上，崔浩认为人是决定战争成败的关键因素，主张利用敌人的内部矛盾来获取最大的战争收益。刘裕死后，明元帝准备南征，崔浩对此极力反对，他的理由之一就是，刘裕刚死，他的部将、大臣尚未背离，如果此时南征，刘宋全国必将团结一心，奋力抵抗，既定的

① [北齐]魏收：《魏书》卷三五《崔浩列传》，北京：中华书局，2018 年，第 898—899 页。

② [北齐]魏收：《魏书》卷三五《崔浩列传》，北京：中华书局，2018 年，第 908 页。

作战计划不一定能够达成，即使最终达成，也将付出巨大的代价。因此，他建议不如暂缓进攻，等到刘宋内部出现变乱后，再进行讨伐，反而可以取得事半功倍的效果。太武帝时期，赫连昌、沮渠牧犍兄弟之间争权夺利，致使关中、凉州大乱，民心离散。此时，崔浩则极力支持拓跋焘对夏国和北凉出兵讨伐。

在战术方面，崔浩最大的贡献是他对骑兵战术的发展。自战国时期赵武灵王“胡服骑射”改革以来，骑战成为中原地区的一种重要作战方式。但当时的骑兵主要是弓骑兵，战术优势在于其灵活、快速的机动能力。西汉以后，北方游牧民族发明了马镫，并逐渐向中原地区传播，至两晋时期成为中原地区骑兵的普遍装备。马镫对骑兵而言是一个具有划时代意义的伟大发明。有了马镫，骑兵就有了支撑点，乘坐在马上就不会因为身体摇晃导致重心偏移而跌落马下，从而使骑兵在马上能够更加稳固。这样，刀、枪、剑、戟等近战武器也就可以为骑兵在马上使用，骑兵的战斗力随之得到了大幅度的提升。然而，与骑兵战斗力提升不相匹配的是，新的骑兵战术却迟迟没有发展起来。以至到了泰常七年（422 年），明元帝准备攻打刘宋时，北魏的将领们还在为攻城还是略地这样的问题而争论不休。当然，能够将“略地”作为备选战术进行讨论，这说明此时新的骑兵战术已开始萌芽，但却尚未成为公认的主流战术。因此，以奚斤和公孙表为代表的保守派将领还是将传统的攻城战作为首选战术。崔浩则一反众议，创造性地提出了“分兵略地，绝望南救”的骑兵战术。崔浩认为，南朝军队善于守城，如果只是单纯的围攻坚城，很难攻克，即便攻克，代价也很巨大。因此，他主张放弃正面的攻城战，用骑兵迂回到敌军城池后方，夺取广大的农村地区以及无重兵把守的郡县，切断敌军城池与其后方大本营的联系，使坚城变成孤城，然后再围而攻之，可收事半功倍之效。后来的战争实践证明了崔浩战术的正确性。奚斤先是按计划率军围攻滑台，但一个月都攻不下来。于是，明元帝改变战术，派寿光侯叔孙建率军八万渡过黄河，抄略兖州、青州各郡县。不久，滑台、虎牢等城池相继被攻下。

分兵略地战术是建立在骑兵灵活的机动性和强大的战斗力结合的基础上发展起来的。崔浩能够敏锐地观察到骑兵战斗力极大提升这一客观事实，并将其与骑兵既有的机动性联系起来，创造出全新的骑兵战术，这反映出崔浩卓越的军事创新能力。

第五章 推陈出新——唐宋兵家兴武学

● 宋代的何去非于元丰五年（1082年）以其对策“词理优赡，长于论兵”被任命为右班殿直、武学教授，后为武学博士。何博士在武学任教期间，获得了施展军事才能的机会。除教授武学外，还取得了两项引人注目的学术成果。一是他所参与校订的著名的《武经七书》，受到神宗的赞扬，诏命予以“褒赏”。二是著述了一部“皆评论古人用兵之作”的《何博士备论》。这两项成果的产生，与宋王朝兴办武学、何去非担任武学教授是分不开的。

兵家熬过两汉的沉寂和魏晋南北朝的混乱，终于进入了一个柳暗花明的新时期。唐宋两朝，言兵之盛、成果之丰是前所未有的。盛唐忙于开边，而宋朝又苦于边患，两朝的后期又都陷在战乱里。而且战争自身的发展也从冷兵器开始向热兵器过渡，迭次崛起的少数游牧民族，其文明程度渐次提高，军事才能日见其长，战争向空前的深度和广度递进。社会需要技术进步的第一推力，在社会需求的刺激下，官方开始校定兵书，整顿武学，甚至以武学取士（武举），有志报国乃至忧国忧民的士大夫，也一时言武讲兵成风，唐代的李筌、杜牧、陈皞，宋代的三苏、陆游，均好兵法，且各有成就。

唐宋是中国兵家的中兴时代。

风尘侠士李将军

李靖是个中国历史上大大有名的人物。无论是官方正史还是稗史小说都有他浓墨重彩的一笔。野史小说封他为风尘三侠之一，把他和莫须有的红拂、虬髯公放在一起，塑造成一个来无影去无踪、仙风道骨、兴唐灭隋的江湖豪侠形象。而历史上真实的他却是一个深藏韬略的唐朝开国勋将。当然，他的为人处世也确有潇洒的侠士风范。

叛隋归唐

李靖原名李药师，后来因功被封为卫国公，故人称李卫公。李靖家从后魏到隋朝，一直是高官显贵，隋朝的名将韩擒虎就是他的舅舅。

李靖青年时就由科举进入仕途，当了地方官。不过他最喜欢的还是钻研兵书，常与其舅韩擒虎讨论用兵之道，受到韩擒虎与名将杨素的关注。当隋炀帝倒行逆施引起天下大乱，群雄并起之时，李靖以贵族子弟的身份，仍然忠于隋朝。在提任马邑郡丞时，他发现上司太原留守李渊心怀异志，遂决意向正在巡游江都的隋炀帝报告。但身处李渊的控制下，无计得脱，没办法，他只好将自己混作囚犯，让人解送江都，但一个偶然的不巧，事情败露，走到半途的李靖被李渊捉回。就在将被斩首的时候，李靖大叫：

“公起兵为天下除暴安民，想要成就大事，为什么要以私家恩怨而杀忠臣义士？”

李渊很欣赏这句话，同时李世民也央求父亲不要杀害李靖，就这样，李靖保住了性命，从此进入李世民幕中，成为其手下的干将。

灭梁展才

李靖跟随李世民东征西讨，依次削平隋末群豪。只有南方的萧铣拥兵割据长江中下游，自称梁帝，时时与唐为敌。铲除萧铣成为统一的关键，这一重任理所当然地落到了李靖头上。

武德三年（620 年），梁的内部出现动乱，君臣相互猜忌，人人自危，造成了灭梁的大好时机。李靖见状，立即向唐高祖李渊提出灭梁十策，建议唐大集水军，从巴蜀顺江直下突袭梁都江陵，同时另遣偏师佯动汉水，吸引梁军注意，然后四路进军江陵，一举下之。李渊同意了他的建议，遂命他和宗室赵郡王李孝恭一同主持灭梁军事，但实际上由李靖负全责。

武德四年（621 年），李靖领命开始行动。首先，唐军偏师攻占安襄两州，吸引梁军北顾。同时，巴蜀两地大军乘江水大涨之机，乘战舰二千余艘顺流直下，一时帆樯蔽空，楫櫓接天，大军顺利地攻下扼守长江要道荆门山的宜都，接着又攻占清江，歼敌万余，守将文士弘逃走。李靖军直抵江陵城下，破梁守将杨君茂、郑文秀，俘敌四千。接着其他三路唐军也围了上来，把江陵围得如铁桶一般。

当时，由于唐军行动甚速，梁军大部还散在江南和岭南，以致江陵受困，兵力单薄。但萧铣也是久经战阵的悍将，尽管大兵压界，他自恃城高沟深，舟师精锐，仍倾全力孤注一掷，率舟师迎战靠近江陵最近的李靖军。李孝恭见状，就要率军迎战。李靖劝阻说，梁军拼命而来，势必力战，如果缓之一日，他们势必要分兵守城，以御他路唐军，届时再攻不迟。李孝恭不听，率师出战，结果被梁军杀败，退至南岸。梁军战胜，大掠唐军军资，结果兵船负重，行动迟缓，行列散乱，李靖马上纵兵反击，大败梁军，直抵江陵外廓，江陵舟师全数瓦解，萧铣只有固守待援一线生机了。

李靖这时命令将缴获的梁方舟舰全部散弃于江中，任其漂流而下。诸将不明其意问之。李靖告诉他们：

“萧铣地广兵众，主力未损。我们现在担心的是江南的梁军来援，倘若江陵一时攻不下，敌方援军四集，那我们就危险了。现在我将所获舟舰舍弃，使之塞江而下，下游梁军看见了就会怀疑江陵已破，从而迟疑不动，待他们前来察看真实情况，往复一趟也需十天到一个月，这样我们就争取到了时间，定可攻下江陵，活捉萧铣。”

果然，下游梁军见弃舰流下，疑而不进，萧铣日夜盼援不至，弹尽粮绝，只好出城投降。李靖率兵进入江陵，秋毫无犯，城中安堵。梁的各种援军见江陵已下，唐军如此宽大，遂望风而降。随后，李靖又奉节安抚岭南，没收了梁的全部遗产。

突厥授首

唐朝初年，突厥成为最大的边害，多次入寇，攻城略地，掳掠人口和财物，最严重时曾经打到离长安只有四十里的渭桥。李世民继位后，决心剪除突厥，根绝边患。于贞观三年（629年）底，以李靖为总指挥，率李勣等五员大将，精兵十万，分六路进攻突厥。

次年正月，李靖军冲寒冒雪抵达朔州，探知突厥刚刚受了雪灾，部落处于饥馑之中，军心开始不稳。李靖抓住这个时机，将主力部队交副手张公谨带领，自己亲率三千精锐骑兵，星夜急驰，突袭突厥颉利可汗驻地定襄。

当打着李靖旗号的唐军如飞将军自天而降出现在颉利可汗面前时，颉利大惊失色，他万万没有想到李靖敢于孤军深入，十分惊恐地对部下说：

“唐军若非倾国而来，李靖怎敢率孤军至此！”遂下令弃城而逃。李靖乘胜追击，斩获无数。

接着，李靖又派人游说颉利大将康苏密，离间他和颉利的关系，攻心攻城战并用，康苏密遂降。颉利见状，慌忙再退阴山，经过白道时，又遭李勣的截击，再折一阵，余下数万残兵，退往漠北。他一边遣使到长安请降，以为缓兵之计，一边磨牙吮血，准备待来年草青马肥之时卷土重来。

李世民见李靖取胜，十分高兴，认为李靖以三千轻骑孤军深入破敌乃军事上的奇迹。遂派使臣前往漠北受降抚慰颉利，并让李靖率军接应。没想到李靖却说服了李勣、张公谨等人，亲率骑兵一万，自备20天的口粮，出敌不意掩杀过去。这边突厥见唐使到达，以为没事了，正在饮酒作乐，忽闻唐兵杀到，颉利猝不及防，只好率部逃窜，突厥在突然袭击下，丧失了反击能力，被唐军斩杀，颉利的老婆儿子均被活捉。颉利逃不远，又被李勣截住一阵掩杀，颉利全军溃散，他几乎是只身逃往其舅氏苏尼失部落，旋被大同唐将张宝相俘获。至此，扰害北疆几十年的突厥被消灭，北部边境从此后几十年无大战事。

大破吐谷浑

北疆太平了，可西部边患又起。李靖攻灭突厥后四年，位于青海和新疆南部的吐谷浑攻打河西走廊，并扣押唐使，凶焰方炽，一时天下震动。

李世民决心铲除这个祸害，下诏大举进攻吐谷浑。在李世民心里，李靖是领兵出征最佳人选，无奈他已年迈退休。正踌躇间，李靖闻讯，主动请缨，李世民遂命李靖挂帅，率军数万，分五路进袭。

吐谷浑可汗伏允听闻唐军来攻，立即下令撤退，并将沿途野草烧尽，好让唐军马匹无草可吃。在这种情况下，有人认为应该暂驻鄯州，待来春草青之时再进兵。但李靖麾下行军总管侯君集不同意，他认为现在吐谷浑败逃，人心离散，不如乘势追击，待来春草青马肥，正好有利这种游牧部落，再攻就难了。李靖同意侯君集的意见，遂挥军猛追。一路忍饥耐渴，横越沙漠戈壁，奔袭二千余里，接仗数十阵，最后达抵星宿州，吐谷浑可汗无路可走，被部下所杀，身死国灭。后来，唐太宗将李靖俘虏的伏允嫡子立为西平郡王，诏复其国。西部从此也太平了几十年。

李靖一生战功赫赫，以抗御外侮为主要战绩，类似东汉的马援。他与马援一样，多次被人诬陷，每逢及此，李靖不申辩，不求告，闭门谢客，安然自处。幸好李世民比刘秀明白，并没有因此不信任李靖，一代名将遂得以善终。

李靖一生兵学著述颇丰，著有《李靖兵法》《唐太宗李卫公问对》

等兵家著作，其中后者在宋朝被选入官方的《武经七书》，成为兵学经典，对兵学发展做出了推陈出新的贡献。我们在下一篇目将专节介绍。

起于卒伍的猛将

看过京剧《打金枝》的人大概还对剧中的驸马爷——郭子仪之子对公主那句负气的怨词有印象：你不问问你家江山哪来的！中唐首屈一指的名将郭子仪，恰是一个挽狂澜于既倒，“再造王室”，使唐朝危而复苏的人物。众所周知，使唐朝由盛转衰的转折点是安史之乱，即边帅安禄山、史思明的叛乱。但从根本上说却是唐玄宗晚年的昏聩荒淫、吏治不修、奸佞当道、武备不整、偏喜边功，以致海内虚耗，内轻外重所致。虽然从大局上讲，此后的唐王朝并无清明气象，但却能敉平叛乱，收复两京，不能说不赖郭子仪等优秀将领之力。

临危受命　牛刀小试

郭子仪是个地道的老行伍，从小就喜欢舞枪弄棒，加之身材魁伟、勇力绝伦，且好读兵书，所以很早就投身军旅，在边关屡建功勋。到安史之乱爆发时，他已经是仅次于节度使的朔方右厢兵马使，独当一面的将军了。

当时，安史叛军集天下精兵，自范阳一路南侵，势如破竹。内地多年不见兵革，兵无枪械，心无战意，好不容易招募起来的唐军，一触即溃。转瞬之间，河北、河南诸郡顿失敌手，连东都洛阳也丢了，叛军直逼潼关，眼看唐朝江山岌岌可危了。

这时，郭子仪被任为朔方节度使，率部邀击叛军，以解潼关之急。郭子仪临危受命，立即率部出发，闻说静边军有异动，遂出其不意斩叛将周万顷，收编静边军，首仗击败进攻河曲的叛将高秀岩，随后设伏一举歼灭安史精锐薛忠义的七千骑，收复云中、马邑。郭子仪出师牛刀小试，一转安史叛乱以来消沉的气氛，全国上下看到了一丝希望的曙光。

豁达大度　联手破敌

李光弼是中唐优秀少数民族将领，资历、军功及才干均与郭子仪不相上下。二人曾同在朔方节度使安思顺麾下为将，由于年少意气，二人未免有些互不服气，虽常能见面，却从不说话。待到郭子仪任朔方节度使，李光弼心中既不服气，又怕郭挟私报复，所以萌生了离开朔方军的念头。

郭子仪担任元帅后，深知李光弼是个不可多得的将才，为消除隔阂，他主动找到李光弼，诚心诚意地承担了从前造成不和的责任，请求二人尽释前嫌，当国家生死存亡之秋，共同担负拯救危机的重任。李光弼这个出身少数民族的军汉被感动了，二人言归于好。接着，郭子仪又上表推荐李光弼堪当重任。当朝廷命李光弼为河东节度使时，郭子仪又将朔方军精锐分给李一万。二人握手道别、洒泪上路，从此成为生死之交。

李光弼独当一面之后，果不负郭子仪之望，率军东出井陉，连战告捷，收复了常山郡所属七县，与叛军主将史思明在九门相持四十余日。李光弼见难以取胜，派人向郭子仪求援，郭子仪率朔方军来到常山，两军合为一处，有十余万兵马，旋即与史思明展开激战，史思明不支败走，唐军乘胜收复赵郡、博陵。安禄山闻讯，又增派精锐数万，向唐军反扑。郭子仪乘敌军刚到，立足未稳，率军掩杀过去，斩敌二千，来了个下马威，然后主动撤往恒阳，修筑深沟高垒，采取敌进则守、敌退则袭的战术，将敌军锐气磨尽，拖疲拖垮。虽然唐军人数多于叛军，但素质远不能及，所以硬拼于己不利。几天之后，郭子仪见叛军被折腾得差不多了，遂倾师出动，与叛军决战，双方杀得黑天昏地，日月无光，叛军大败，几乎全军覆灭，史思明也中箭坠马，扶着半截枪，落荒而逃。河北诸郡闻讯纷纷杀死叛军守官，复归朝廷，安史叛军的老巢范阳与叛军的联系被隔断了，一时间叛军上下一片惊恐。安禄山此时前有哥舒翰坚守潼关，使他进不得，后面郭子仪和李光弼又抄了后路，使他退不得。他把狗头军师高尚、严庄叫来骂道："你们教我造反，说是万无一失。现在两头被人夹击，手里只剩下几个州，万全在哪里？"

这时，整个战争形势出现了有利于唐军的转折，只要哥舒翰坚守潼关，而郭、李二部北上进攻范阳，安禄山日子就不会长了。但是，刚愎而又昏庸的唐玄宗在形势好转的刺激下再次忘乎所以，强令哥舒翰率素无训练且缺乏骑兵的潼关守军出关反攻叛军，哥舒翰临阵大哭，知道此行必败。果然，唐军大败，叛军冲进潼关，攻入长安，唐玄宗仓皇逃往成都，战局陡然恶化。安禄山绝处逢生。

收复两京　再造唐朝

唐朝两京被安史叛军攻下，唐玄宗传位于儿子李亨，即肃宗。肃宗是个贪功近利、目光短浅的小人，刚一在灵武即位，马上下诏把郭子仪招来护驾，把全部希望都寄托在郭子仪身上，但在具体作战方针上，却又听信身边宦官和奸佞小人乱谈。本来，有人为肃宗规划了一个用时稍长，但能一劳永逸地收复两京方案，建议让李光弼、郭子仪两军分头往范阳和长安，来回疲扰叛军，最后将之合围于长安悉数全歼。但是肃宗只求尽早让他回到长安即可，所以实际是让郭子仪采用由西向东的赶鸭子战术，甚至不惜借回纥骑兵，许以收复两京，把子女玉帛悉数归之。

郭子仪在这样的昏君领导下，做事非常困难，但他仍勉为其难，担收复两京重任于一肩，挥军屡战。至德二年（757 年）九月在长安城下双方几十万大军决战，郭子仪先派人消灭了叛军设下的伏兵，然后又派奇兵绕到叛军阵后，双方从正午杀到日头西斜，突然奇兵杀到，叛军首尾不能相顾，大溃，杀死六万多，被俘二万多，长安城里的叛军残部随即弃城而逃，长安宣告收复。

接着，郭子仪又挥军东向，连克潼关、华阳、弘农，进逼洛阳。这时安禄山已死，他儿子安庆绪自恃勇力，派主力往陕州迎击郭子仪。叛军依山列阵，居高临下，地形十分有利。郭子仪令四千回纥骑兵绕到山后，而正面唐军与敌刚刚接触就且战且退，诱使敌军离开有利地形，这时回纥兵正好从后杀了上来，居高临下一击，这边唐军调头回马杀去，杀得叛军尸横遍野，溃不成军，安庆绪只好放弃洛阳，退保相州。这样东都洛阳也回到了唐朝手中。

这次收复两京战役，虽然总的战略部署存在严重失误，但在郭子仪的努力下，仍然歼灭了叛军主力，以战术上的完满部署弥补了战略上的缺陷。

巧布疑兵　吓走吐蕃

两京收复后，朝廷对郭子仪开始猜忌，最后解除了他的兵权。唐代宗继位后，唐军忙于对北方用兵，收拾安史之乱后的烂摊子，而吐蕃却从河西走廊一路杀过来，告急文书像雪片一样飞入朝廷，却都被代宗的亲信宦官程元振扣下，直到吐蕃攻下武功，眼看就要打到长安，唐代宗方才知晓，忙下令让郭子仪出山，抵御吐蕃。当时郭子仪正赋闲在家，手边没有一兵一卒，受命后只招了二十人，就带上这二十人前去赴敌。这时长安已破，唐代宗出奔陕州，郭子仪一路招抚败军，到长安时已有万余人。但是吐蕃兵马有20余万，收复长安靠硬打肯定不行。郭子仪料定吐蕃人一向多疑，今占长安，未逢唐军主力，所以心存疑惑，唯恐是汉人搞的诱敌深入之计。于是，郭子仪决心用疑兵退敌。他令一支部队到城外山上，燃起上万个火把和火堆，擂鼓呐喊，同时派骑兵一队队四下出城巡游，装作有大军压境的样子，还派人潜入长安城联络数百少年，夜里四处击鼓呐喊："郭令公回来啦！唐军打来了！"果然，吐蕃吓得退出了长安，迅速向西撤去。

郭子仪仅用万余散兵吓退吐蕃20万大军，使唐代宗十分感动，他回到长安后，赐给郭子仪铁券（即免死券），把他的画像高悬于凌烟阁上。

单骑赴会　谈笑退敌

永泰元年（765年），郭子仪已经年近古稀，可是唐王朝又一次面临危机。叛将仆固怀恩勾结吐蕃、回纥，派30万大军分几路兵犯中原，连陷醴泉、邠州、凤翔，威逼长安。郭子仪再一次临危受命，赶赴前线应敌。这时仆固怀恩暴病身亡，而回纥与吐蕃又出现了矛盾。郭子仪认为可以利用这个机会争取回纥，遂派人去见回纥主将药葛罗，转达了郭子仪的问候。药葛罗当年收复两京时曾见过郭子仪，对他相当佩服，但他不相信郭还活着，遂让使者转告，让郭子仪亲自来谈。

郭子仪闻讯后马上就要单骑赴回纥大营，众将百般劝阻，他儿子郭晞更是死死拉住他的马缰绳不放，不让他去冒险。郭子仪说：

“现在强敌当前，形势危急，如果交战，不但我父子难保，就是国家也很危险，不如以诚意劝服他们，如果成功，是天下人的福分，如果失败，我个人性命又算得了什么！”

言毕，用马鞭猛地打掉了郭晞的手，然后只带了几名随从，冲出了军营。

郭子仪到了回纥营前，令从人高声通报：郭令公到此！回纥兵如临大敌，弯弓搭箭，准备战斗。只见郭子仪不慌不忙，卸掉盔甲，放下长枪，缓步走向营门。药葛罗及回纥众将见真的是郭子仪来了，慌忙列队施礼。郭子仪上前拉起药葛罗的手，叙了叙旧情，然后晓以大义，说从前回纥曾对唐朝有功，现在却来攻打唐朝，这样岂不前功尽弃？仆固怀恩这种人背君弃母，为天下人所不耻，你们跟着他，弃前功而结新怨多么不值得！我今天冒死前来，就是与你们讲清道理，你们可以杀我，但我的将士是会与你们决一死战的。

药葛罗听了十分汗颜，马上表示自己是上了仆固怀恩的当，从此不愿再与郭老将军作战。郭子仪进一步说，吐蕃如何无道，乘唐朝内乱，不顾甥舅之情，侵占土地，掠夺财物，如回纥愿意助唐击退吐蕃，唐朝愿意将吐蕃掠去的牛羊财物全部转送。

于是两家和好，共誓往击吐蕃。吐蕃闻讯，连夜退兵，郭子仪命人率精骑与回纥联手追击，大败之，毙敌五万，俘虏一万。从此，郭子仪单骑赴会遂成佳话，流传至今。

郭子仪是特殊环境下的特殊将才，其过人之处就在于他能在昏君宦官的夹缝里发挥才干，挽救危局，展示出了无比的隐忍与坚韧。

亲冒矢石的皇帝柴荣

周世宗柴荣是五代实际上的最后一任皇帝，也是五代群雄中最杰出的政治家。没有他开创的基业和前期准备工作，赵匡胤的统一天下是不可想象的。但是他的雄才大略、文治武功，却因英年早逝而为宋太祖所遮掩。历史不能仅以成败论英雄，如果假以天年，一统天下的定是柴荣而非赵匡胤，而且统一后绝不会像后者那般屈辱，始终伏在契丹人的兵威之下。

灭佛图治

柴荣是郭威的养子，从小吃尽人间甘苦，做过佣工，干过茶贩，后随郭威的发迹，渐成独当一面的将军。后来，郭威代汉自立，倚柴荣为左右手，郭威一死，柴荣继位成为后周第二代皇帝。

五代时期，由于战乱频仍，人民生活极其困苦，因此佛教大盛。一些寺院广有田产，高级僧侣富埒王侯，呼奴使婢，下层僧尼实际上成为奴隶。由于寺院有田赋徭役的豁免权，所以日益庞大的僧侣队伍使国家财政受到极大威胁。周世宗柴荣上位以来，一手打击豪强，核定民户，清查田产；一手打击僧侣贵族，没收寺院田产，废寺院三万余所，强令僧尼二十万人还俗从事生产，严格出家审批手续，并将大批铜制佛像熔毁铸钱。同时，修治黄河，开沟挖渠，兴修水利，奖励农桑，扶植商业。一年之内，后周财用大足，国力渐强。

在整顿经济的基础上，周世宗提倡节俭，提拔干才，亲自主持对五代沿袭各种庞杂的律令进行整理，统成《大周刑统》二十一卷，通告全国遵行。他还亲自选练将士，淘汰冗兵，大赦天下，减免租税徭役，从此天下归心。

兵却北汉

北汉是后汉朝的残余势力，与后周有深仇大恨。郭威新丧，北汉帝刘崇遂率军三万偕契丹兵向后周大兴问罪之师。

面对来势汹汹的敌手，柴荣力排众议，决意御驾亲征。北汉军分三路杀来，一路破关斩将，刘崇十分得意，甚至有些后悔招契丹帮手，认为自己就足以灭周。

柴荣亦分三路迎敌，不意右路主将无能，出战不利，骑兵先逃，阵脚遂乱，步兵千余放下武器投降。北汉军于是意气更盛，刘崇面有骄色，挥军将柴荣包围。柴荣临危不惧，亲冒矢石，率亲军冲杀。他的两个亲军将领赵匡胤和张永德见状大奋神勇，二人一马当先直冲敌阵，不数回合将刘崇麾下最著名的骁将张元徽斩于马下，北汉军大败。刘崇收兵再战，又败，后周军追至高平，刘崇仅以身免。随同来的契丹部队只在一旁观阵，见势不妙，已经先撤了。

战后，柴荣将此役中所有临阵脱逃及降敌的将卒统统杀掉，他对右路败将樊爱能、何徽及所部军使以上七十余人说："你们这些人都是历朝的宿将，并非不能作战，现今望风而逃，不过是拿我当奇货，卖与刘崇罢了！"他一语道破了五代这些骄兵悍将的真实心理，从此骄将惰卒始有所惧。

整军克蜀

自唐朝藩镇割据以来，骄兵悍将成为历代统治者的一大难题。一面是冗兵冗将，羸老不堪一用，却不能淘汰，当兵已成为一种职业，相当多的军士拖家带口；一面是军人毫无信义，有奶便是娘，谁出的价高就为谁打仗。五代的统治者因这些骄兵悍将而上台，又因他们而失国，走马灯似的改朝换代。

周世宗柴荣决心革除此弊，大刀阔斧地整顿军队。他首先拿现有军队开刀，把老弱病残统统淘汰，只留下精壮士卒。然后招募天下豪杰，亲自考试，精锐者升为上军，武艺超绝者选为“殿前诸班”。同时严肃军纪，强调忠义精神。这样一来，军队总人数大大减少了，但战斗力却增强了，由于有他亲自选拔的殿前亲军和上军作为全军的中枢，也没有军将敢于反叛了。五代骄兵悍将之弊，至此算是初步得到克服。整军已毕，柴荣开始了他的统一部署，第一个开刀的就是后蜀。陇右之地，原为中原王朝所有，后为后蜀夺去，欲定后蜀，必先取陇。所以柴荣按照先虚后实、先易后难的作战方针，派向训和王景进攻陇右，坚持半年，最后于凤州黄花谷大破蜀兵，从此陇右在后周掌握之中，平蜀只是时间问题了。

三征南唐

南唐李璟即位之后，一改其父李昪的做派，一面好大喜功，结怨四邻，一面又专务文辞之事，与冯延巳等五人吟诗唱和，荒废国事。柴荣闻此，遂下决心进攻南唐。

公元955年冬，正值江淮枯水季节，柴荣亲率大军南下，乘南唐无备，迅速搭浮桥渡过淮水，兵围寿州，递次攻下滁、扬、泰、光、蕲、舒、黄等州。但南唐毕竟是个大国，地广数千里，实力雄厚。当后周占据淮南一半领地之后，南唐提出议和，自去帝号并割六州之地。柴荣一时被胜利冲昏了头脑，不肯罢兵。但是战事的进行却适得其反，后周已得之地反而失去了不少，原因是后周军队纪律不好，遭到当地人民的反抗，而且水师力量不如南唐。

柴荣马上采取措施补救，制定政策对新收复区减免租税及取消各种苛捐杂税，约束军队，不得再行“俘掠”。同时大造战舰，训练水师，未几，后周水师力量就能抵上南唐的了。

于是，公元957年开初，柴荣再次亲征南唐，围城打援，一举攻克上次久攻不下的寿州。水军大显神威，出其不意，从淮水顺流向下，堵截唐军后路，积极扩大了战果。此役为以后进攻提供了一个支点。

紧接着，这年十月，柴荣第三次亲征，首役大破南唐水师，柴荣与赵匡胤分率两军，一路淮北，一路淮南，如秋风扫落叶扫荡了江北敌军，最后，濠州城也投降，双方议和。南唐长江以北十四州六十县尽入柴荣之手，而且还要年年纳贡，并以犒军名义赔偿后周军费银十万两，绢十万匹，钱十万贯，茶五十万斤，米麦二十万石。后周由此实力大涨。

北伐未捷身先丧

当年，后晋石敬瑭当儿皇帝割给契丹的云燕十六州之事，一直像一片阴云压在中原人心头。而不时南下骚扰的契丹兵，也成为后周最大的后顾之忧。

在南征南唐取得胜利之后，柴荣稍事休息，旋即率大军北上，水陆并进，决意收复云燕十六州。水路沿江而北上，至乾宁，契丹守将投降；至益津关，守将又降。至此，水路渐狭，遂舍舟登岸，大军兵临瓦桥关，守将又降。接着，北伐军势如破竹，莫州、瀛州也降，数万大军不费一矢，兵不血刃，边界城邑望风而降，后周军尽取燕南。正当柴荣准备进一步扩大战果，收复全部失地时，不幸身染重疾，不治身亡，一代雄主，出师未捷身先丧。从此以后，具有战略意义的云燕十六州就始终处于契丹手中，对北宋王朝造成了不断的威胁，而北宋却只能被动挨打。

周世宗柴荣仅仅为帝五年，却内修国政，外克强敌，打下了日后宋朝统一的基础，其行动果敢迅速，为人敢作敢为，且善于补过，从善如流，治军严整，其军事才能确有过人之处。

北宋朝野咸论兵

五代十国是中国历史上兵革之事最频繁的时期之一，但也是最不讲求兵学理论的时期。这一时期战争的主导权尽操于那些只知"大枪大戟"的赳赳武夫之手，而士大夫最大的本事就是以"毛锥"（毛笔）而营赋税。

赵匡胤陈桥兵变黄袍加身建立北宋王朝，为矫五代骄兵悍将之弊，防止他自身故事的重演，先以杯酒释兵权，将猛将置于无用之地，继而和号称以半部《论语》治天下的赵普改革兵制，设枢密院以掌管军政军令，另设三衙（三司）分领马步军。枢密院地位极高，其首长与宰相并称"宰执"，但手里没有一兵一卒，只管制定战略决策，并有权调遣军队。而三衙地位较低，平时掌握统领军队，却无用兵之权，有意造成了兵不见将、将不知兵的局面。非但如此，北宋还有意提高文臣地位，造成重文轻武的社会风气，并以文人掌军，把军队基层编制缩小，使具体统兵之人地位卑贱，易于驾驭。在兵役方面，实行雇佣兵制度，为防止破产农民铤而走险，强制饥民入伍，几乎把军队变成了收容所。临战时，将帅往往要按朝廷预先计划好的阵图作战，按图行事，虽败无罪，不按图打仗，虽胜有过，将将帅战场指挥权也剥夺干净。

这样，五代以来武人专擅之弊的确消除了，但军队素质低劣，人数膨胀，战斗力低下，北宋与契丹、西夏的战争，几乎每战必败，边患日益严重，直至危及王朝的生存。

在王朝生死存亡的紧急关头，从宋仁宗开始，一改前代作风，重视军事，讲求武学。宋仁宗在历史上第一次动用国家力量编撰《武经总要》，大规模整理、修订历代兵法。这与他组织人编撰的另一部大书《太平御览》一样，成为当时的一件大事。后来宋神宗又建武学，设武举，颁定《武经七书》，从此官方武学开始确立。把兵法提到“经”的地位，并由官方出面以钦定武经作为武科举的主要考试内容，兵家的地位之隆，在宋代臻于极致。

由于朝廷讲求兵学的热忱，也鉴于北宋以来积弱积贫、边患不断的民族危机，一大批文人学士开始投身兵学研究，注释《孙子》等兵书经典蔚然成风，仅注《孙子》者就有梅尧臣、张预、何延锡、王自中、陈直中、叶宏、胡箕等。吉天保集其大成，选择宋代以及前代比较重要的十一家编成《十一家注孙子》。一些诗人、文学家也竞相言兵，比如苏洵、苏轼、苏辙父子及梅尧臣等都曾畅言兵机。

就这样，一大批兵学新著出现了，比较有名的像张预的《十七史百将传》，着意从名将用兵实践中寻求借鉴；华岳的《翠微先生北征录》，主要关注当世的重大军事问题；何去非的《何博士备论》，从历代兴亡中探讨用兵方略。据《中国兵书知见录》统计，两宋兵书共 581 部，3 948 卷，是东汉至隋唐五代总部数的 1.45 倍，总卷数的 2.25 倍。

兵学的大兴盛竟然出现在中国历史上军事力量最弱、战绩最差的宋代，几乎成了一个嘲讽。这说明，仅仅靠讲求兵学理论而不改变实践中强干弱枝、限制军人的指导思想，不改革陈腐的军事体制，就如同叶公好龙一样，是见不得真东西的。当然，宋朝的一些政治家也明白个中道理，范仲淹、富弼等人的庆历新政，王安石的变法，都以改革军事体制为主要内容。特别是王安石变法，还曾想进一步改革募兵制，实行寓兵于农。可惜，这些改革都中道夭折，北宋政治军事局面依然故我。只有到了北宋覆亡，在极大惨痛的教训面前，腐朽的用兵体制才有所松动，出现了岳家军、韩家军、刘家军等兵将一体的变通形式。而且，兵学家与实战相脱节的现象也有所好转，一批优秀的将领脱颖而出。兵学理论由此进入了一个推陈出新的发展阶段。

岳飞用兵存乎一心

历史上曾有这样一个场面：爱国将领宗泽对一位青年将军说：“你很能干，也能打胜仗，但太好浪战，不讲阵法。来，把阵图拿去看看。”年轻的将军回答说：“阵图乃是定局，不能照搬，用兵贵在机变，运用之妙存乎一心。”这位年轻的将军就是岳飞。

岳飞是伟大的民族英雄，也是历史上屈指可数的伟大军事家。在他身上，凝结着唐宋武学的精华，体现着武学理论和战争实践的完美结合。北宋兴学讲武之风，到他这里才算结出了丰硕之果。

贫贱不移其志

岳飞出身农家，少孤贫，从小就参加劳动，砍柴放牛，晚上点上松明，由母亲教他识字。稍长，为人佣耕，好习武艺，能挽弓三百斤，弩八石，拳棒刀剑“一县无敌”。他幼好读书，尤喜《左传》《孙子》《吴子》，常通宵达旦读书。后来出外谋生，交游既广，眼界遂阔，也染上喝酒使性的毛病，经母告诫，遂戒。

岳飞事母至孝，乐于助人，为人沉毅刚勇，乡里称善。未冠时得遇明师周同，经其精心调教，武艺大进，箭术称神，能左右射，应弦而中。

北宋末年，宋王朝无时不处于金兵的铁蹄压力之下，广募勇士应急，岳飞怀一腔报国之志投军。行前，岳母为激励儿子，在其背上刺上“精忠报国”四字。在国家危难之际岳飞开始了他的军旅生涯。

北宋靖康元年，金兵围开封，掳走徽、钦二帝，黄河南北遍遭金兵铁蹄蹂躏。岳飞以一介小卒，英勇善战，屡建奇勋，一步步升上去。他功劳时常为人夺去，也常遭逢打击陷害，如宋高宗即位时，他以一个小小的武翼郎身份上书反对偏安一隅，结果被免官夺职。尽管屡遭挫折，但始终掩不住他夺目的光芒。一次，岳飞率百骑在滑州南准备渡过黄河，不意突然遭遇金兵大队，岳飞临危不惧，对部众说：

“敌虽众，未必知我之虚实，乘其未定而击之，或可以成功。”于是他率骑猛突敌群，歼敌数千，获马匹数百。

当时，岳飞不过是个领数百兵的裨将，但每次作战总能以少胜多，大有斩获。他每战远则弓弩，近则枪锏，身先士卒，一马当先，金兵望风披靡。而且他很早就显示出足智多谋的过人军事素质，当他在宗泽部下时，一次与金兵在汜水关相持，乃选三百骑伏于前山下，每人带火把两束，夜则四端燃火，一时并举，金兵疑宋兵大至而逃走，岳飞遂乘势追击大破之。

从公元1123年从军到1129年收杜充余部西北健卒，组建岳家军，前后七年，岳飞南征北战，保住了南宋半壁江山，也从一介小卒成长为杰出的将领。

砥柱中流

南宋始建的几年，是在惊慌与动荡中度过的。宋高宗赵构系两宋最昏庸阴暗的皇帝，他根本无心收复失地，一心维持偏安和局。他把国都从建康（今南京）移往扬州再移到杭州，气死了一心北进复都的宗泽，罢斥了抗战宰相李纲。但是，金兵仍不容他太平。建炎三年（1129年）十月，金军分三路渡江南下，直把他从杭州追到定海，又从定海追到海上，让他在船上漂泊了三四个月。

当金兵南下渡江时，镇守建康一带江防的是杜充。时岳飞在杜充门下任统制官（中级军官）。金军由元帅兀术率领，先攻下江北重镇寿春、庐州，然后兵压长江。岳飞在江北诸镇告急时苦劝杜充主动出击，杜充不听，把兵力摆在江南等着挨打。等到金兵渡江，才手忙脚乱，遣都统制陈淬率岳飞等三万人阻击，另派殿前禁军一万接应。当两军激战时，禁军先逃，陈淬遂不支而溃，独岳飞一支兵战而不退，后因日暮乏食还军钟山。这时，杜充率败军北走，不久降敌，建康沦陷。金兵继续南下追击高宗赵构，岳飞遂留在敌后抗金。

他以东部军为基础，收编杜充遗下散兵，晓以大义，激以功名，边战边加整顿训练，在建康附近六战六捷，几乎把城外剩下的金兵扫荡干净。建炎四年（1130年），兀术感到在江南立足不稳，收兵回撤，趋常州至镇江北渡。岳飞分兵截杀、掩击，一战常州，再战镇江，斩获颇多。后来，金兵又遭韩世忠水军阻击，费时月余才回到建康。岳飞率军预伏于牛头山，令军士着黑衣乘夜混入金兵队伍，然后纵兵掩杀，内外夹击，大破兀术，金兵被迫从建康撤退。

岳飞在皇帝逃于海上，逃将、降将如毛的情况下，力挽狂澜，如砥柱立中流，以一介小小统制，收抚散军，克服建康，从此声名大振，天下人从此知道了有位所向无敌、令金人丧胆的“岳爷爷军”。

襄汉破敌

绍兴三年（1133 年），金遣伪齐刘豫进攻南京。刘豫的大将李成率军 20 万由汉水南侵，一路攻陷邓州、随州、襄阳等汉上重镇，江北震动。宋高宗急调岳飞至湖北布防。

岳飞此时已成为独当一面的大将。得令后，于次年春先遣偏师收复郢、随二州，歼敌数万。随后，兵发襄阳，李成率大军十万出城迎战，列骑兵于江岸，步兵于平地。岳飞马上抓住敌人的这个错误，以长枪步兵击敌之骑兵，而以骑军扫荡敌之步兵，结果伪齐步骑俱溃，李成仅以身免，遂复襄阳。几十天后，李成得到增援，兵势复振，大军号称 30 万。岳飞布下饵兵之计，先令一少部军队出击，李成吞饵，岳飞大军杀到，李成大败，把邓、唐两州及信阳全丢了。

岳飞两个多月连克六郡，不但失地尽复，而且还多了个信阳。这时，岳飞建议大军从襄汉之地直捣中原，可宋高宗不但不听他的建议，反而马上调他回江南打杨么起义军去了。

中原奋威

绍兴九年（1139 年），宋高宗赵构不顾岳飞等人一再的北伐请求，起用秦桧为相，不惜自贬甘称臣与金议和。但是，金人不过以议和作为麻痹宋的手段，所以正当临安上下“欢庆”和议成功时，绍兴十年（1140 年），金军复大举南下，很快就攻下黄河以南，兵锋直指淮上。岳飞、刘琦、韩世忠、吴璘等爱国将领顽强抵抗，很快遏制住金兵攻势，并开始转守为攻。宋高宗赵构见议和不成，也有些着恼，勉强同意了岳飞的进军计划，想让岳家军再灭金人的威风，谈判起来容易讨价还价。

就这样，岳飞由襄阳一路东进，一个多月连战皆捷，收复陕西、河南大部。最后，岳家军与金帅兀术主力在郾城相遇，两军展开宋金交兵以来最惨烈的大厮杀。兀术以其一向战无不摧的宝贝精锐拐子马 1 354 骑布列两翼，自将中军 8 万余人与岳家军对阵。岳飞早就想好了对付拐子马的招数。他先令其子岳云及勇将杨再兴率铁骑直冲兀术中军，复令步卒以长刀大斧入阵，专斫马足。两军一直杀到天黑，金军大败，兀术的宝贝拐子马悉数被歼。兀术愤而增兵再战，把金兵主力悉数调来对付岳飞。敌军骑兵遮天蔽日而来，岳飞身先士卒，提枪上马杀入敌阵，岳家军个个争先，莫不以一当十，复破兀术。

兀术经过此次惨败，仍不甘心，在他眼里，宋军中以岳飞最强，此次孤军深入，如果倾力击垮岳飞，其余宋军将不战自败。所以，兀术再集结金兵 12 万卷土重来，于颍昌城西与岳飞相遇，双方又是大战一场。狭路相逢勇者胜，岳家军个个争先，大败金军，兀术退还开封。

岳飞乘胜追到距开封仅四十里的朱仙镇，兀术倾余兵 10 万与岳飞复战，岳飞正奇兵相辅，金兵溃败。从此，金人闻风丧胆，发出“撼山易，撼岳家军难”的感叹。

但是，一意要妥协投降的赵构和秦桧，却连下12道金牌，强令岳飞撤兵，转败为胜的大好时机从此葬送。不久，岳飞父子又被他们以“莫须有”的罪名害死于风波亭，留下了中华民族的千古遗恨。

百胜韬略

岳飞戎马一生，大小凡120余仗，未尝一败。其中，亲临前线破敌者68仗，遣将破敌者58仗。之所以百战百胜，恰在于他过人的智勇。他的主要对手是金方足智多谋、骁勇善战的名将兀术，此人非一般少数民族将领可比，是深得中原文化熏陶，又兼有少数民族勇悍的一代名将，自起兵以来，几乎战无不摧，攻无不克，但是碰在岳飞手上，却连吃败仗，使积蓄十年的精锐丧失殆尽。

总括起来，岳飞用兵治军超乎前人者有三：

其一，治军之严驾乎前人之上。前人治军，或严纪律、明赏罚，而训练稍差；或训练精，士卒精悍，然待民不善；为将者也有能与士卒共甘苦者，但往往出于权宜。岳飞能把前人治军的优点集中起来，并推向极致。岳家军训练极其有素，岳家兵将不仅个个武艺高强，拳棒骑射无不娴熟，而且人人处乱不惊，临危不乱，即使是士兵也有独立作战的能力。岳家军又是旧时代少有的爱民之军，“冻死不拆屋，饿死不掳掠”是他们的行动口号，也是行动的写照。有士卒取民家一缕麻者，也被斩首。军纪之严不唯在外在的约束，也化为岳家军兵将的内心自觉。因为身为元帅的岳飞从来都以身作则，严于律己，与士卒同甘共苦，同寝同食，自家儿子小有过失，即以重责，每战必令当先。

其二，用兵之精盖乎前人。岳家军不过二万余人，能够每战必克，以少胜多，不唯在于将士之精干，也在于他细心谨慎，从不打无把握之仗，总是谋而后定，先策划万全，然后以成竹之算出奇制胜。在战略上，岳飞系见识最深、最远的帅才，投身军旅不久，以一介下级军官身份，他就能上书指陈赵构苟安之弊。后来为名将张所规划的守汴京先固河北之策，以及以襄阳为基地恢复中原之规划，均既高瞻远谋，又切实可行，纵孙吴再世也不过如此。

其三，用兵之机变超乎前人。针对北宋以“武经”取士，兵法渐成教条，妄言兵者，徒知兵法章句，却不会临阵退敌之弊，岳飞提出兵法关键在于“运用之妙存乎一心”的主张。战争情况是复杂多变的，纵使思虑周密，部署严整，也可能出现暂时的意外之变，如果不善于随机应变，临机制敌，那么还是可能吃败仗。中国兵学的精髓就在于“因敌变化”四字，如庖丁解牛，游刃有余，用兵之妙，妙在存乎一心，无可言说者，这才是真正的博大精深的中国兵学之三昧。

第六章 余波三折——明清兵家多失落

● 明清时期，随着资本主义萌芽的出现，科学技术的进步，战争也发生了变化。如西方新式武器的传入，沿海海战频繁等。此时，揭示新的历史条件下战争运动的规律大有文章可做。明代的兵书《草庐经略》在这方面已略显端倪，特别是在战术学上颇多新意。

●《草庐经略》中写了 152 个军事问题，其中有许多军事术语与今天的军事术语非常契合。这说明战术学在明代已有新的发展，其内涵愈来愈丰富，战术愈来愈细密。

从整个世界鸟瞰，中国历史走到明清，已经开始走下坡路了。郑和率庞大的舰队下西洋，虽然比哥伦布早了很多年，但目的之一却在于捕捉建文帝的消息，好让永乐皇帝这个篡位者安心，在气魄志向上就输了一筹。作为火药的诞生地，此时却要进口“佛郎机”红衣大炮。以精巧敏思著称的中国人，一方面对“西儒”利玛窦的地球仪不以为然，另一方面却对他手中不值钱的三棱镜叹为观止，视为至宝。从整体上讲，我们民族的文化创造力已经开始有些萎缩了，文明变得繁复、纤巧，缺乏宏大的气象。中国兵家已经走过了两千多年的路程，发现自己来到了一个巨大的十字路口。整个世界军事正在由冷兵器向热兵器时代过渡，相应的战略战术、兵制兵规都要变化。但是，这时的中国兵家，基本上还缺乏过渡的自觉，他们的思维以及理论还是沿着传统的理路。创造力虽然萎缩了，但文人言兵的习惯却仍旧发扬着，“兵”成为社会的斗屑，而“言兵”却仍然是时髦。一时间鱼龙混杂，泥沙俱下，既有出色者如戚继光，也有芸芸改窜抄袭之徒。整个历史的惯性使得兵学的历史性过渡滞后到了1840年以后，历史也在这里留下了自己的遗憾。

神机妙算刘伯温

刘基，字伯温，民间以字闻名。在老百姓眼里，刘伯温是诸葛孔明一类人物，上知天文，下晓地理，不惟足智多谋，而且法术精深、阴阳有准。《三国演义》中诸葛亮像个半仙的老道，在民间传说中刘伯温也类似之。不过，历史上的刘基的确以善于谋划出名，是一位出色的军事谋略家。《明史》上说他“佐定天下，料事如神”，应该说是道出了他的特色。

未出山便知天下事

刘基是浙江青田人，浙东名士，曾考中进士在元朝为官。元末大乱，群雄并起，他最初是站在朝廷的立场上平“叛”的，后见事不可为，于是还乡组织地主武装自卫，持中立静观的态度。

朱元璋攻下浙东诸郡，闻说刘基大名，以礼聘之，可刘基却没看上这个灰头土脸的乡巴佬，就是不愿出山。幸好朱元璋很有耐性，再三邀之，总算千呼万唤始出来。到了朱元璋营中，见到小明王韩林儿的御座，别人都拜，他偏不拜，说什么“不过一个放牛的，拜他作甚”。绕着弯子表达了他对朱元璋的不以为然。

不久，他发现这位同样放过牛还当过和尚的家伙肚里还是有些沟壑，顿生孺子可教之感，遂与朱元璋把陈天下大势。他言道：

“方国珍和陈友定，一来离得较远，二来他们胸无大志，不过意在割据，可以暂时不去管他们。陈友谅、张士诚兵多地广，又是比邻，当为首要之敌。就陈、张二人而言，张士诚是盐贩子出身，遇事斤斤计较，首鼠两端，看家有余，进取不足，无远虑深谋，不足为惧；陈友谅则不同，他是海上打鱼的出身，好勇斗狠，乐于冒险。如果先攻张士诚，陈友谅必然从背后下手。如果先打陈友谅，张士诚最大的可能是坐山观虎斗。”

接着，刘基向朱元璋建议说：

“现在陈友谅杀死其主徐寿辉，以武力胁迫其众，名号不正，军心不稳，而且据我之上游，对我威胁最大，所以应该先消灭他。陈氏既灭，则张氏势单力孤，不难一举消灭，然后北上中原，则帝王之业可成。”

一席话说得朱元璋如拨云见日，茅塞顿开，从此依为谋主。此后，朱元璋的统一战略就按刘基的部署进行。

刘基乡隐浙东山区，不出山即知天下大势，其诸葛孔明之俦也。

先机料敌

朱元璋按照刘基的谋划，先打陈友谅。于是开始了紧张的准备，拉拢、稳住方国珍和张士诚，然后大造战舰，秣马厉兵。就在准备工作刚刚进行之时，陈友谅反倒先动了手。公元1360年春夏之交，陈友谅兵陷太平，向东压过来，同时遣使约张士诚夹击朱元璋。消息传来，诸将有的主张投降，有的主张退守钟山，唯有刘基一言不发。朱元璋将他招入密室，屏退左右。刘基说：

“凡主张投降者或退走者，可斩之。”

朱元璋问：“那么先生有何妙计？”刘基答道：“现在陈友谅自以为得志，骄狂之甚，骄兵必败，待其深入，伏兵击之，取胜易如反掌。后发制人者胜，击败陈友谅，立威制敌以成王业，就在此一举，天赐良机，切莫失之！”

朱元璋于是依刘基之计，诱敌深入，于南京附近江岸伏下主力，骄躁的陈友谅果然中计，率巨舰数百，樯橹接天蔽日而来，结果掉入口袋，回返不及，陈军大败，战舰损失殆尽，陈友谅乘小舟逃归。朱元璋大喜，重赏刘基，刘基辞而不受。

不久，陈友谅又率军进陷长江重镇安庆。朱元璋欲亲自迎击，刘基力主其出征，遂复围安庆。攻了一日未下，刘基马上改变计划，请朱元璋率军趋江州，攻陈友谅老巢，朱遂拔军而上。陈友谅惊慌失措，率妻儿奔武昌，江州遂降。陈友谅部龙兴守将胡美派人与朱元璋联络，要求投降之后保留其部属，朱元璋面有难色，刘基见状，马上从后面踢他坐的椅子，朱元璋遂大悟，马上答应了胡美的条件。胡美一降，江西诸郡俱下。

后来，刘基因母丧回乡守制，朱元璋遇有大事，便以书信征询意见，实际上他仍在暗中主持军政。刘基乡居期间，有兵变猝起，克州拔县，浙东震动，刘基起而调动诸守将，不几日就平叛。

朱元璋与陈友谅大战鄱阳湖，一日交战十余次，朱元璋亲临前线登战舰督战，刘基也在其旁。战事正酣之时，刘基忽然跃起，让朱元璋换乘别船。这边君臣刚刚在另一只船上坐定，陈友谅军的大炮就击中原来乘坐的那只船。陈友谅见朱元璋的帅船被打翻，心中大喜，军中也一片欢腾，等到看见朱元璋又从别的战舰上督军攻来，皆大惊失色。最后，朱军以火攻陈友谅，陈友谅大败，中箭身亡，朱元璋尽吞其地。转过身来对付张士诚，他又是采用刘基的计策，抛弃了自己原来信奉的弥勒教（明教），制定一系列有利于团结江浙乡绅的政策，最大限度地争取到了江南乡绅地主的支持。结果，不到一年，张士诚就兵败国破。陈、张二氏一灭，南方群雄也相继瓦解。

后来，刘基又参与制定北伐方略，明军稳扎稳打，数路并进，终于驱逐元人于中原，建立了大明王朝。

襄定兵制　功成身退

明朝建立之后，刘基在军事上的最大贡献是制定了一套新的兵制，即卫所军屯制度。

卫所制度是采纳刘基的“军卫法”建立的。就是将常备兵组织分卫、所，一般每卫 5 600 人，分前、后、左、右、中五个千户所，每千户所 1 112 人；千户所又分为十个百户所，每百户所 112 人；每百户所辖两总旗，各 50 人；每总旗下面有五个小旗，每小旗 10 人。遇有军事行动，就将若干个卫所的兵力集中起来组合成军。卫所的设置，一般根据地理位置、军事价值的程度而设，小据点设所，关联若干据点设卫，统辖若干卫所的军事地区设置都指挥使司。

与卫所制相配套的是军屯制度和军籍制度。刘基认为在兵役问题上，实行征兵制可以寓兵于农，平时军费开支小，但军人训练差，素质不高；而募兵制则国家负担太重。于是他建议把两者结合起来，兼有其利而避其害，这就是军籍和军屯制度。这种制度规定，出士兵的民户即为军户，世袭相传，如无子孙则由原籍家族补代。军户不受地方官管辖，拥有免粮免赋的特权，平时随军士在卫所屯田，战时军士出征，家属仍在原卫所。所有卫所均采用屯田方式解决自己一部或大部给养。边地卫所 3/10 兵力屯田，7/10 兵力守城；内地 2/10 守城，8/10 屯田。每个军户给田 15 亩到 50 亩不等，并配备农具、耕牛，每户纳粮十二石，存于仓库，作为军粮。

当然，随着形势的发展，卫所制也逐渐暴露出了许多弊端，但是在元末明初，户口减半、民生凋敝的情况下，它不失为一种养兵固边的好办法。

后来，朱元璋开始猜忌功臣，痛下杀手，刘基为避祸计，还隐山中，日日唯喝酒下棋，从不言功，闭门谢客，过去的朋友部下一律不见。一次，青田县令乔装成樵夫找到了刘基，他正在洗脚，听说来人原来是县令，马上惊起长揖，自称草民。尽管如此，他仍旧逃不出朱元璋的迫害。不久即因小事被剥夺爵禄，旋即由忧生疾，病死。民间传说他是仙化了，从中可以看出民间对他的喜爱。刘伯温喜阴阳术数之学，但他神机妙算却并非由此而来，而是得益于其机智多谋和兵学造诣。

兵学百科茅元仪

明代万历年间，浙江出了一个兵学奇才，他堪称名符其实的满腹经纶、洞悉古今用兵方略，人称“兵学百科”。此人胸中有兵书万卷，著书立说，下笔如神，又能运筹帷幄，赞画军计，还能上马却敌，勇略超群，可惜生不逢时，在明末昏乱的朝政中，屈死于边荒。

凡鸟偏从末世来

茅元仪出身世代书香，祖上小有积财，更富典藏。他自幼好学，博览群书，尤好兵书战策，从小就显出沉毅有为的性格。他年方十岁，家乡吴兴遇百年不遇之奇荒。太守召集官吏及郡中富户议赈荒，结果无人承允。茅元仪力请主持其事，将家中贮粮数万石尽数赈灾，一郡赖之。

及稍长，他有感于后金的崛起，边帅无能，武备失修，便埋头于兵学，倾家财收集历代兵书，尽读之。而且对九边厄塞要害，口陈指画，了然于胸，曾自费到边关考察，历尽艰辛。后来，他居于南京，在江浙才子们一面娱情声色，一面鏖兵于党争之时，他埋头著述，潜心钻研历代兵书及当时的边疆形势，倾十五年心血，编辑、撰写了中国古代部头最大的一部综合性兵书。全书240卷，约200万字，附图730余幅，汇辑了历代兵学成果，堪称中国兵书之最，这部书就是《武备志》。

此书之成，使这个年轻才子从此声名鹊起，为一些明智之士所推崇。万历年间，兵部右侍郎杨镐奉旨经略辽东，邀茅元仪入幕赞画。后来，大学士孙承宗督师辽东，他又被请去襄赞军务。孙承宗系明末名将，对茅十分器重，几乎言听计从，常委之以重任，独当一面。茅元仪曾出塞考察红螺山，七天不见烟火，随从人员都面无人色，而茅元仪却从容镇定，了无难色。他曾为孙承宗筹划了建立辽东水军的部署，并亲到江南为之募集舟舰。不久，孙承宗遭排挤去职，茅元仪也随之告病南归，辽东遂至衰败，后金如日中天，不可复制。

崇祯继位，颇思有所作为，茅元仪也重新燃起希望，赴京向新皇帝进呈《武备志》，并上书陈边疆情势，军国大计。结果，被权臣王在晋等所中伤，以“傲上”罪名被放逐河北荒村野郊。

崇祯二年（1629 年），后金骑兵大举南下，进逼北京，孙承宗受命于危难之际，督师却敌。茅元仪率二十四骑护卫孙承宗从东便门突围，抵达通州，接掌兵权，击退了后金骑兵，遂解京师之围。在这次战斗中，茅元仪身先士卒，智勇无双，立下赫赫战功，随后被破格提拔为副总兵，督率辽东菊花岛水师。

然而在那个权臣当道、党争不已、政治昏暗的年代，年轻有为的干才是不可能得以施展才华的。茅元仪上任不久，即被权臣借故解职，而后又莫名其妙地受辽东兵哗变的牵连，被充军福建。后来，因辽东军情紧急，茅元仪毁家纾难，尽散家资募兵勤王，又遭当道阻挠。无奈之际，他纵酒悲歌，忧病而亡，年仅 46 岁，一代隽才，英年早丧。

兵书巨著遗芒泽

《武备志》是凝结茅元仪毕生心血的著作，是他对古代兵学的最大贡献。茅元仪编撰的这部兵家百科全书，其体例之脱俗，选材之合理，评论之精当，断非明代一班闭门造车、空言谈兵者可比。

《武备志》全书由《兵诀评》、《战略考》、《阵练制》、《军资乘》和《占度载》五部分构成。

《兵诀评》的意思即用兵之要诀的评论。列入“兵诀”的均为兵学经典，茅元仪在书中选录了《孙子》《吴子》《司马法》《六韬》《尉缭子》《三略》等六部先秦兵籍和《李卫公问对》全文及《太白阴经》《虎钤经》的部分内容，加以点评。在他看来，可称上兵诀的无过于先秦六家，而《李卫公问对》《太白阴经》《虎钤经》等不过是六家的注疏。在六家中他最推崇《孙子》，认为其成就空前绝后。《兵诀评》共 18 卷。

《战略考》主要是从战略高度考察古代战例，共选择了从春秋到元代这一历史跨度的六百余个著名战例。茅元仪所选战例，主要突出其谋略思想、兵法原则。他选择的标准是不讲战略者不录，不是奇略者不录，不能启人心智者不录，非有普遍意义者不录。所录者大都为历史上奇谋伟略之战例，如马陵之战、赤壁之战、淝水之战、虎牢关之战等等。《战略考》共 33 卷。

《阵练制》由“阵”与“练”两部分组成，前者讲“阵法”，强调详细；后者讲士卒的选练，强调通俗实用。讲“阵”的部分共分 94 个细目，详细记载了从先秦至明代各种阵法、阵图，堪称阵法大全。作者明明知道其中不少说法蒙上了迷信色彩，荒诞不经，有些则是出于后人的胡编乱造，仍姑且存之，一来开人眼界，二来使假货立存此照，有个对比参照。“练”的部分又分为选士、编伍、悬令、教旗、教艺等五项内容，都选自唐、明兵书中的律令。详记士卒选练之法，有士卒的选拔淘汰，车、步、骑、水兵的编伍，赏罚律例，教练方法，兵器训练等内容。《阵练制》共 41 卷。

《军资乘》的内容较为庞杂，大体上指军备后勤、军机物资、立营方式等项。由营、战、攻、守、水、火、饷、马八部分组成。“营”这一类包括：营制、营算、营地、营规、夜营、暗营；“战”类包括：军行、渡险、赍粮、寻水、候探、烽火、乡导、审时、布战、料敌、应战、设险、入伐、受降、符契、旌旗、器械、祭祀；“攻”类包括：措置条件、器具图说；“守”类包括：城制、约束、需备、措应、器式、堡约；“水”类包括；水利、水平、战船、济水、禁涉、海候；“火”类包括：制火器法、用火器法、火器图说；“饷”类包括：屯田令制、屯田水利、河漕、海运、车运、骑运、人运、米盐、宴犒、矿砂、医药；“马”类包括：相形、相毛、齿诀、刍水、医药、禁忌、简别、结束、驰骤、征调、厩牧、贡市、虏产。书中所记载的军用物资及征集使用保管方法既齐全又详尽，仅收录的各种武器就达六百余种，其中火器达180余种，还第一次在历史上辑录了“火龙出水”这种多发火箭。《军资乘》共55卷。

《占度载》主要记载军事用途的天文预测和兵要地志。由“占”和“度”两部分组成。“占”即占卜天象、气候，包括：占天、占日、占月、占星、占云气、占风雨、占风、占蒙雾、占红霓、占霞、占雨雹、占雷电、占霜露、占冰雪、占五行、太乙、奇门、六壬、杂占、选择、厌禳。这其中既有朴素的天文气象知识，也有荒诞迷信的臆说。“度”即度地，包括：方舆、镇戍、海防、江防、四夷、航海。其中记载了关隘、要塞、道里远近、州府及卫所设置、兵马驻防、督抚监司、镇守将领、钱粮兵额等项内容。尤其是收录了郑和航海图，有重要的史料价值。《占度载》共93卷。

茅元仪的《武备志》不仅是对历代兵学的总结，也提出了许多新的见解。其一，他强调士卒的训练，认为士兵的训练犹如圣人所谓的六艺，在战争器械日益进化的情况下，士兵素质的提高往往决定了战争的胜负。明代战争的实践证明了这一点。其二，他还提出了海防和江防的重要性，提出海防的关键是要制敌于海上。其三，他提出对于西北边防来说“人自为守”是最合适的守边方略，也就是要筑堡屯垦。

茅元仪是古代少见的未得展才的军事家，这是明代的悲剧，也是清人之幸。直到晚清，他的《武备志》仍被列为禁书，可见清人惮之至深。

抗倭名将戚继光

戚继光一生以岳飞为楷模，而他的事业和经历也的确与岳飞多有相似，他一生戎马，主要以抵御外侮为其业绩。一个立志“驾长车踏破贺兰山缺”，一个则说“封侯非我意，但愿海波平”，他们都是卫国的干将，也是杰出的军事家。戚继光在军事史上最出名的是他的练兵。其练兵思想上承岳飞，而后又影响到湘军及近代新建陆军的建设。

组练戚家军

戚继光是累代将门之后，其祖上为追随朱元璋起义的勋旧，世袭登州卫指挥佥事。戚继光中过武举，17岁袭职。他自幼博览群书，弱冠之年于经史、诗文俱有造诣，尤喜读兵书，少有大志，沉毅坚忍，非一般官宦子弟所能望其项背。

戚继光为将时，明朝的卫所制已经废弛，士卒多为市井之徒，军官率为世胄纨绔，以致海防空虚。日本的一些浪人武士乘机纠集匪徒，骚扰侵害中国沿海，烧杀抢掠无恶不作，人称“倭寇”。明嘉靖年间，君主昏聩，权臣严嵩当道，内政不修，武备松弛，倭寇气焰更炽，经常深入内地，骚扰南京，举国皆惊。

嘉靖三十四年（1555 年），年轻的戚继光以平倭为己任，自请上浙江前线。在抗倭实践中，他发现明军实在不堪一用，数万大军在倭寇数百人面前望风披靡，待倭寇杀够掠足，拔足回舟，官军才会装模作样地追一阵，以便邀功请赏。于是，戚继光屡屡呼吁“练兵”，并要求拨给三千壮士，严加训练，定可平定倭寇。但是，他的呼吁没人理睬，反而遭到讥笑。直到嘉靖三十六年（1557 年），几经周折，总督胡宗宪才拨给他三千人马。

经过一番训练，这支兵的战斗力有所提高，也打了一些胜仗，但总的来说不尽如人意。因为这些兵不是市井之徒就是兵痞，素质太差，有利则往，无利则退，对国家大义置若罔闻。因此，戚继光毅然解散了旧军，在征得上级同意后，他深入浙江义乌招募新军，招募痛恨倭寇而又朴实的农民和矿工为兵，沾市井之气者一概斥之不用。他很快地招募了手上有老茧、皮肤黝黑的四千人。

戚继光将这四千新兵采用新法编制，再配备相应的武器。新编制按队、哨、官、总四级，每队十二人，设队长；四队为一哨，设哨长；四哨为一官，设哨官；四官为一总，设把总。每队配长牌一面、藤牌一面、狼筅二把、长枪四支、短兵二件，每官配备有火铳。

有了这样一支新军，戚继光爱之若宝，日夜对其进行训练。在思想上，他使士兵明了他们是为谁打仗，为什么打仗。他常常对士兵们讲，老百姓养活了我们，可倭寇奸淫掳掠我们的父兄姐妹，我们必须保卫老百姓的安宁，才对得起他们。戚继光以身作则，要求各级长官与士卒同甘苦，打仗奋勇争先，做到赏罚分明，有功必奖，有过必罚，虽亲仇不避。

同时，戚家军还加紧进行体能素质训练，行军、跑步、越野、负重、泅渡无一不练。武艺训练也是一项重点。他对士兵们讲:“你武艺高,决杀了贼,贼又如何会杀你,你武艺不如,他决杀了你。”他又规定了各种考核办法,严加督责。所以不久,这支刚刚放下锄头的军队已经进退有据,人人能战了。

最值得称道的是,戚继光根据倭寇单兵武艺高强的特点,创造了发挥组织功效的鸳鸯阵法。鸳鸯阵的基本队形即以首一人为头,次二藤平列,次二人持狼筅,次四人持长枪,次二人持短兵,末一人为伙兵。接战时长短接合,攻守自如。所谓狼筅就是一根带叶硕大毛竹,由力气大的人使用,针对使用倭刀的日本浪人,横扫过去,威力极强,而藤牌则起护卫狼筅的作用。敌远将以狼筅,中则以长枪,近则短兵,相辅相成,浑然一体。后来,戚继光又在鸳鸯阵的基础上创造了营阵法。接战时有一头两翼一尾,当敌之兵为头,为正兵,左右两翼包抄,为奇兵,在后为尾,为策应之兵。这样,进攻时,敌人三面挨打;退兵时,相互策应,依次有序,使敌无隙可乘。戚家军还另设火器队,配备鸟铳,随主力行动。

台州大捷

嘉靖三十九年(1560年),戚继光任台、金、严参将,负责台州防御。台州历来是倭寇必侵之地。戚继光一上任,就大力整顿卫所,加固城墙,大造战舰,并依靠民众,建立了报警系统。次年,倭寇五十余艘船二千余人分头骚扰掳掠。戚家军在当地军民配合下,分头出击,先在新河城下击溃来犯倭寇,继而追歼之,取得初战胜利。在新河战斗同时,戚继光亲率主力于台州城外花街与倭相遇,双方大战,戚家军正奇两路夹击,倭寇大败。接着,戚继光又在上峰岭设伏,以一千余人击败倭二千余众,直打得来犯倭寇片帆不返。台州大捷,戚家军牛刀小试，即已威震敌胆。

巧攻横屿

随着浙江海防力量的增强，倭寇为避开戚家军的锋芒，转而向福建沿海骚扰，攻城陷镇，甚是猖獗。于是，朝廷调戚家军入援福建。

横屿是倭寇最大的据点之一。它位于宁德东北二十里的三都澳中，是个四面环水的岛屿，只有西部退潮时与陆地连接。但是，即使这与陆相接的一面，涨潮时汪洋一片，退潮时一片淤泥，易守难攻，长期成为倭寇进兵的跳板，以致宁德县方圆三百里，三年渺无人踪。

戚继光入闽后，决意拔掉这个钉子。他亲自考察了横屿地形地势，发现如果以水师进攻，舟舰易于搁浅，而以陆路进攻，则难涉淤泥。戚继光没有为困难所吓倒，他想出了“负草填泥”的办法，决定乘敌不备，以步兵涉泥滩进攻。

退了潮，戚家军列鸳鸯阵形，每人负草一捆，一边走一边以草垫泥，戚继光亲自击鼓，每进百步，止鼓休息，以后续草束。岛上倭寇见戚军停停走走，以为已陷在烂泥里挣扎，拍手大笑。及戚军逼近岸边，倭寇遂列队出迎，以期将戚家军赶下海去。戚继光早有准备，一面挥兵与敌正面接仗，一面令人绕攻敌营栅，在戚家军两面夹攻之下，倭寇大败，大部被歼，少数投海逃遁，戚继光一把火烧了敌营，从此打掉了倭寇的大本营。

肃清倭患

在福建平倭取得初步胜利后，戚家军回师浙江。戚家军一走，福建又再次面临倭患。倭寇高兴地说：“戚老虎走了，这下不用怕了。”

兴兵大进，于嘉靖四十一年（1562 年）攻陷兴化府城，兵屯平海卫。

为了彻底荡平倭患，朝廷命另外两个抗倭名将俞大猷、谭纶与戚继光一道，兵集福建，克日进剿。这样，戚家军再度入闽，与俞、谭并肩作战。

戚继光到达福建后，马上抵平海卫前线侦察敌情，然后与俞、谭二人制定作战计划。决定以戚家军为进攻主力，配以俞大猷、刘显两军，三路进攻平海卫。

进攻时戚继光一马当先，先令前队施放火器，乘倭寇大乱，挥队继进，双方肉搏。这时，俞、刘两军并至，三路夹攻，倭寇大败，斩敌二千余。整个战斗只用了四五个小时。

平海卫大捷后，倭寇平息了一阵子。后来，又乘戚家军主力回浙休整，集中二万余人大举进犯，兵围仙游镇。当时，镇中只有戚家军二百人另加民兵二百五十人，敌强我弱，力量相差甚是悬殊。戚继光一面急调浙兵增援，一面巧设疑兵，使倭寇不敢贸然攻城。此外，他还故意制造了一批质量很差的木炮，内装火药、铅丸，有意让倭寇劫去。结果，倭寇施放时，后膛爆炸，死伤数百。

当浙军回返，戚继光开始反攻。首先攻其南营，然后再逐一破东、西、北三营。戚继光出其不意，火攻敌营，倭寇从睡梦中惊醒，惊慌失措，没死的向东营逃去。戚继光追踪而至，东、西营又被焚毁。余下的倭寇集中北营。戚军集中兵力，再攻之，倭寇不敌，溃逃海上。至此，倭寇再也形成不了大气候，为患上百年的倭寇被肃清了。

后来，戚继光又被调到北部边疆镇守长城，抗御鞑靼，戚家军随他北上。在这里，戚家军又一次显示了戚继光练兵之效。初来乍到，戚继光召集各部队训话，在瓢泼大雨中，只有戚家军能一动不动停立几小时。鞑靼闻“戚老虎”之名，皆远避之。

戚继光有两部明清时期最杰出的军事学著作，一部是《纪效新书》，一部是《练兵实纪》，这两部书是冷兵器向热兵器过渡时期的划时代著作，后面我们将专章介绍之。

炮战之神袁崇焕

历史上，以士大夫身份从军为谋士者多，而为亲冒矢石的将军者稀，袁崇焕就是这稀少中的一个。他的名垂青史，不仅仅在于他是为国戍边的干将，负屈含冤的忠臣义士，还在于他能把握住时代的脉搏，在冷兵器向热兵器的转折关头，巧妙合理地大规模运用火炮，不仅以谋胜，以力胜，还以技术先进胜。

投笔从戎挽危局

袁崇焕出身贫寒，是一介寒士，35 岁中进士，走的是一条文人登仕的老路。但是，国家正值多事之秋，袁崇焕很快就感到了民族的危机，他深深以后金崛起、边备不修为忧。在福建当地方官时他就好谈兵事。天启二年（1622 年），后金军西渡辽河，破西平堡，广宁守将以城降，关外要塞几乎尽失，京师震动。在这种情况下，袁崇焕上书献策，被选入兵部。当满朝文武在一片惊慌中议弃关外，退守山海关时，袁崇焕却单枪匹马出关外考察民情地形。他回来后，口说指画，详道关外情势，力排众议，主守关外，并自荐说，只要给我兵马粮钱，我一个人就足以守之！他镇定自信的话语，稳定了惊慌中的朝廷，从此，也开始了他栉风沐雨的戎马生涯。

1622年，袁崇焕奉命监关外军事。受命之初，就定出了“主守而后战”的方针，但辽东督帅王在晋却胸无大志，怯敌惧战，执意要退到山海关一线，依关筑城自守。袁崇焕力言其非，并与前来巡视的孙承宗一起，力排万难否定了王在晋的决策。孙承宗受命督师辽东，袁崇焕被任命为宁前兵备道，镇守宁远，从文臣彻底转为武将。

宁远炮声隆

宁远是塞外进关之必经咽喉，宁远不下，后金兵就无法攻山海关。坚守宁远，以卫关门，进可恢复辽东，退可确保山海关无虞。

袁崇焕一上任，马上着手做两件事：一件是尽可能多备红夷大炮等西洋火器，令将士操演练熟，充分发挥其威力；另一件是加固宁远城墙，使诸将包干，限期完成。一年后，炮兵练习精熟，发炮准确，演习有序。宁远城也加修完毕，城高三丈二尺，雉高六尺，上宽二丈四尺，坚不可摧。

接着，袁崇焕又着手恢复屯田，招抚流民，广积粮饷，并积极向后金占据的辽西推进。在袁崇焕的建议下，孙承宗遣将收复了辽西诸城，遣将据守锦州、松山、杏山及大小凌河诸要塞。整个辽东前线处于有利地位，后金主努尔哈赤无计可施，日夜烦恼。

但是，就在辽东形势好转之际，把持朝政的阉宦魏忠贤排斥孙承宗，以一个懦夫高第接替他的职位。此人一上任便尽改前任正确的部署，下令将关外据点统统撤至关内。一时间，锦州、松山诸镇尽撤，孙承宗与袁崇焕数年苦心经营毁于一旦。而后金闻之大喜过望，遂派兵蹑之。在这种黑云压城、是非颠倒的情势下，袁崇焕毅然抗命，坚决不肯撤宁远回关。他掷地有声地说：“我就是这地方的地方官，官在此，当死在此！”

后金努尔哈赤乘此千载良机，于天启六年（1626年）初，亲率大军十三万，军分两路包围了宁远城。当时，袁崇焕的手下仅万余人，而后金八旗劲旅一向所向披靡，很少一次用如此多的兵力围攻一城，明显是要一口吞下宁远，然后大举南进。面对强敌压境，朝野人心惶惶，议战议守两不相能。山海关集明军数十万，然诸将个个面有惧色，统帅高第拥兵关上，存心观望，不发一卒救援。

袁崇焕面对强敌镇定自若，他召集将士，歃血为誓，死守孤城。同时，将城中居民组织和武装起来，坚壁清野，协助守城，清查奸细。袁崇焕把火器列在守城之具的首位，在四面城墙上均架设红夷大炮，并参以鸟铳、火枪，指派熟习火器的将士专门负责。另派人专门负责砂石麻包，以备填补缺口，并派武艺好的士兵执刀剑弓箭，以防敌人爬城。

天启六年（1626年）正月二十四日拂晓，后金军突然猛扑宁远城垣，揭开了宁远保卫战的序幕。八旗兵前赴后继，悍勇异常，但在宁远城密集而准确的炮火下，死伤惨重，尸积如山，气焰为之顿消。

努尔哈赤不愧为高手，见全面攻城受挫，马上改变战略，集中兵力，拼死于一处掘城。在上万八旗兵冒死掩护下，掘地兵终于把城墙弄出了一块缺口，有丈余许，后金兵蜂拥而上。袁崇焕拔剑而起，率亲兵杀向缺口，一面砍杀爬上来的敌人，一面运石填塞。在厮杀中，袁崇焕左臂受伤，左右欲扶之下城，袁崇焕自裂战袍裹上伤处，挥刀又上，诸将士见状，人人奋先，顷刻间把后金兵打了下去，城缺也补上了。而后八旗兵又再冒死伤枕藉之难，挺进于炮火不能达到的城下死角挖城。袁崇焕见挖城的人不多，遂以沸油浇，掷浸油火来烧，一时敌兵殆尽。

努尔哈赤发狠猛攻了三天，死伤累万，辎重车还让夜间出击的明军烧毁，愤恨之极，乃亲自督战，擂鼓助阵，八旗官兵士气大振，个个争先，冒死扑城。但是，经袁崇焕调教出来的炮手大发神威，炮打得又快又准，将八旗兵炸成一片火海，一片血海。努尔哈赤无奈，只好下令撤兵，抬走了数万伤兵，留下了一万多八旗骁勇的尸体。袁崇焕乘胜追击三十里，缴获大批军资而还。

努尔哈赤败归，愤极大叫："我自 25 岁征伐以来，战无不胜，攻无不克，袁崇焕何许人，竟能如此！"他万万想不到兴师动众的一次南征，在大门口就栽在小小的宁远城下，铩羽而归。

宁远大捷后，袁崇焕因功升兵部侍郎、辽东巡抚，主持关外军事。他收复了被高第放弃的锦州各城，修城完兵，大铸红夷大炮，以为攻守之具。天启七年（1627 年），后金皇太极复率大军围攻锦州、宁远，以报上次兵败之仇。但是，袁崇焕以两城形成犄角之势，充分发挥大炮的作用，结果双方大战两个月，在隆隆的炮声中，皇太极又一次重蹈乃父覆辙，丧师败归。

后来，刚愎自用的崇祯皇帝中了敌人的反间之计，自毁长城，以通敌罪将袁崇焕凌迟处死。一代名将，死于非命。

历史的转折

在袁崇焕之前，我国还没有出现过主要依靠火炮取得胜利的成功战例。虽然火器早在北宋时期就出现了，但直到明末袁崇焕之前，火器还只是辅助兵器，对战争的进程不起决定作用。袁崇焕和孙承宗是大规模利用火器的首创者，他们正确地认识到清兵的骑射与野战能力远非明兵能敌，只有依靠筑城修堡，并以火炮的优势，才可能挡住敌人的攻势，进而收复全辽。袁崇焕早在福建时就了解到了西洋红夷大炮的威力。这种大炮炮管长，射程远，有瞄准具，射击准确，填装方便，射速快。在袁崇焕的建议下，明朝开始进口大炮，并加以仿制。而袁崇焕则专心于炮兵建设，训练了一批熟练的炮手，并建立了一套炮兵后勤补给系统。

孙承宗也是一个开风气之先的人物。在与袁崇焕的合作中，他发明了车营战法，即把大炮安装在车上，并配以辎重弹药车和相应的步兵，既可野战，又可守备。每营骑兵 2 400 人，步兵 3 200 人，火枪 1 984 支，大炮 264 门，炮车 128 辆。如果能进一步改善，将车炮固定，那么这种车炮组织已赶上并超过欧洲当时的炮兵了。

但是，在具体作战实践上，孙承宗还是要逊袁崇焕一筹。宁远炮战的声名，让明朝上下开始重视火炮。崇祯三年（1630 年），徐光启招集一些传教士研制火炮改进技术，并大量制造西洋炮，分发明军使用。后金方面也从此对火炮刮目相看，皇太极明智地意识到，宁远两次战败的主要原因是没有大炮。从此，一改过去对火器不重视的态度，派人偷偷以高价聘请了一批汉人工匠，从 1631 年开始仿制红夷大炮，并改名为“红衣大炮”。同年，皇太极在攻打大凌河城时首次使用大炮，一炮就将城墙打穿。从此以后，红衣大炮就成为清军攻城拔垒的主要武器。在此基础上，清军筹建了火器营和炮队，在日后入关的日子里，火炮发挥了极大的作用。可惜，清朝统治建立后，并没有将此兵器发展的正确趋势顺延发展下去，反而闭关自守，自我满足，不再向西方学习交流，结果到了 1840 年英国人挟坚船利炮叩关时，中国的大炮竟还不如当年袁崇焕所用大炮的水平，不仅射程近，没有瞄准具，而且制造粗糙，极易爆炸。外国人讥讽说，这种炮对自己人的威胁比对敌人的还大些。当年八旗兵的末世子孙们再一次尝到了“利炮”的滋味。

千里疆场彼此弯弓月

太平天国运动是旧式农民起义的高峰。它不仅声势浩大，在政治、经济、军事、文化诸方面多有建树，而且具有从前农民起义所未有之理论造诣。一大批农民军事家以不拘成法的战争艺术，极大地改观了清代长期单调乏味的战争舞台。

作为对阵的一方，湘淮军则集中了乡绅阶层的精英。他们虽然背负的传统比对手要重，但是却表现出更明智、更坚韧、更灵活、更富时代感的特性。湘淮军的将领们以他们士大夫超乎常人的敏感，捕捉到了时代变化的丰富信息，踏实地进行了合乎时代潮流的军事近代化改革。正因为如此，他们成了最后的赢家。还是因为同一个原因，他们义不容辞地成了中国近代化的先驱、洋务派的首领。应该指出的是，洋务派的“自强运动”即近代化改革，是首先从军事上开始的。

冯云山和杨秀清

冯云山是拜上帝会的实际组织者，也是金田起义的实际策划和组织者。洪秀全在整个太平天国的初、中期仅仅是作为精神领袖出现的。在起义前夕，由于一种特殊的机缘，杨秀清托言上帝附体取得了“代天父传言”的特权，由此进入领导中枢，成为太平军的主要军事领导人。

冯云山是位吃苦耐劳、坚忍不拔、顾全大局、少说多做的实干家。没有冯云山，就不可能有太平天国起义。他是起义组织拜上帝会的实际组织者，太平天国的绝大部分领袖都是他一手发展和培养起来的。他不仅对起义进行了详尽周密的谋划，而且仿照《周礼》建立了太平军的军制——五人为伍，五伍为两，四两为卒，五卒为旅，五旅为师，五师为军，使太平军有了良好而严密的组织，其组织性大大高过同期其他农民起义军。

非但如此，冯云山还能顾全大局，任劳任怨。杨秀清与萧朝贵都是他发展的会员，但到起义前夕都排位于其上，冯云山对此毫无怨言，自觉地听从杨秀清指挥，作战身先士卒，冲锋在前，上马杀贼，下马草檄，文武兼备。可惜他牺牲过早，使太平天国失去了一个能控制、平衡各方力量的中枢人物。

杨秀清系广西山区贫苦的客家烧炭人出身，虽目不识丁，却智勇过人。和他一起加入拜上帝会者数以百计，只有他成为太平军主帅，并非出于侥幸，他在起义发动时起了最主要的作用。在他领导下，太平军成为一支组织严密、训练有素的军队，绝非一般农民起义军可比。太平军取得北上攻克武汉三镇，并东进占领金陵的重大胜利，与杨秀清的谋划布置有直接关系。

作为军事统帅，杨秀清有几大优点：一是刚果敢为，不拖泥带水；二是多谋善断，能审时度势，他的敌人说他是“狡贼”，一个“狡”字虽然是贬义，倒也传神；三是善于用人，不像后期洪秀全那样一味猜忌，嫉贤妒能，在他领导之下，不仅一批太平军最早的领导者得以发挥才能，而且成长起来一批后起之秀，否则太平天国的后期将无法支撑下去；四是能坚持冯云山制定的军制，贯彻始终。当然，他也有一些重大缺陷，主要是小农意识，目光短浅，既不能专力北伐，颠覆清朝，又不能扫平江南，成偏安之局。大事尚未成功便起内讧，争做皇帝，以致身死名败，起义大业也告瓦解。

石达开

石达开是那个时代中国最出色的军事家之一，他的军事才能不仅在太平军中首屈一指，而且在敌对营垒中也没有几个可比之人。由于太平军内部的纷争，他失去了充分发挥才能的机会。

在太平军胜利进军途中，先是冯云山遇伏阵亡，而后在围攻长沙战役中，萧朝贵也牺牲了，以后主力作战的指挥任务就全落在石达开一人身上。当时，太平军兵陷长沙城下，三面受敌，处境十分危险。石达开临危受命，先声东击西，设伏击败清军向荣部，然后出其不意北上岳州，缴获大量军资，并马不停蹄乘武汉三镇空虚一举克之。整个形势陡然为之逆转。

接着，石达开任前敌总指挥，率大军 50 万樯帆连云顺江而下，连克九江、安庆、芜湖，28 天挺进 589 公里，直抵南京城下，随后用地雷轰开城垣，攻克南京。石达开凡大小数百仗，未尝一挫，清军称之为“石敢当”，对他望风披靡。

石达开一生最漂亮的战绩是咸丰五年（1855 年）主持西征战事时，在江西与湘军的大战。太平天国定都南京以后，旋即派兵北伐西征。西征开始还很顺利，但进入湖南以后，碰到曾国藩的湘军，始败于湘潭，再败于岳州，武昌、田家镇均失守，水师丧失殆尽，余军退守九江。西征大受挫。在此危急关头，石达开来到安庆，主持西征军事。在冷静地分析了敌情之后，他断定与湘军接战胜负的关键是重建水师。从前太平军水师大半由民船组成，不利于炮战，一击即沉，而湘军水师船坚且大，所以能横行江上。于是，他马上建立了造船厂，以最快的速度督造大型炮船数十艘。有了这点本钱，石达开着手布置反攻。

首先，他指挥九江守军水陆协同顶住了湘军多次进攻，使湘军气焰为之一寒，然后在湖口与湘军决战。

石达开设计诱使湘军水师快船 120 余只冲入鄱阳湖内，然后封锁隘口，筑浮桥两道，铺以木板，填上土石，将敌船关在湖内不得出来，而湘军大船被隔在外江又进不来，遂成关门打狗之势。这样一来，外江大船没了快船、舢板配合，运棹失灵，且缺少防护能力。石达开当夜即派小划数十只载煤油及柴束，冲入外江敌船阵中放火烧船，一下子就焚毁湘军大型战船 9 艘，杂色小船 30 只，余者溃逃。

接着，石达开乘胜追击，深夜派出小划数十只，悄悄驶入停泊于九江江面上的湘军船队。只听一声令下，小划上火箭、喷筒齐射，湘军从睡梦中惊觉，发现大船已燃。石达开挥水师继进，大败湘军，曾国藩座船也被俘虏，他只身跳上一只小船逃命。太平军乘胜西指，第三次攻克武昌。

武昌再次落到太平军手里，急坏了北京的咸丰皇帝，他急令湘军夺回。曾国藩遂派主力胡林翼、罗泽南两部往攻武昌。石达开采用围魏救赵之计，挥军进攻江西，连下数城，逼近南昌。然后，于城下设伏，大破回援的湘军主力周凤山部，斩敌数千，南昌成了孤城。曾国藩坐以待毙，战守皆误。可惜就在这时，石达开被急调回救天京，会攻江南大营，这才使曾国藩有机会得以喘息。

石达开与湘军大战数回，杀得曾国藩丢盔弃甲，几次要投水自尽。以后清军将领谈及石达开，莫不有谈虎色变之感。

后来，由于太平天国内部的分裂，石达开走上一条十分尴尬的路。他脱离了太平天国，但情势又不容许他还乡为民，欲罢不能，欲做又无心。在后来的岁月里，他只能打着太平天国的旗号反清，可又失却太平天国的精神。这样一来，纵使他个人有天大的聪明才智，也只能在反清大起义中敲敲边鼓，最终被人淡忘。

李秀成和陈玉成

李秀成和陈玉成是太平天国后期的擎天白玉柱，如果没有这两个优秀将领的全力苦撑，太平天国的终结可能会来得更早些。

这两个人虽然也是广西金田起义的“老兄弟”，但比起前边的起义领袖来，在资历上差着十万八千里，特别是陈玉成，起义时还只是个童子兵。战争是最好的军事学校，战场上刀光剑影、硝烟弥漫的熏陶，使这两位聪慧、卓识、勇武的年轻人迅速成长起来，在中期均已成为独当一面的大将，而后期则变成了太平军的顶梁柱。值得一提的是，他们二人，尤其是李秀成，在学习西方军事技术、引进西洋火器及训练方式等方面，一度走得比湘淮军诸将还要远些。如果洪秀全后期不是那么自以为是、昏聩平庸，多给一些权力让二人放手去做，也许天国的命运还不至于是我们看到的那个结果。

陈玉成这个娃娃兵出身的青年将领，在太平天国军事生涯中最出色的战绩是三克武昌和三河大捷。前者他虽非主帅，但战功最著，甚至超过主帅。咸丰四年（1854年），太平军西征，三克汉口、汉阳之后，兵屯城高沟深的武昌城下4个月之久。统军主帅未能及时攻下武昌，部分原因是他们认为武昌敌人兵精粮足，可以长期坚守。陈玉成时年仅17岁，奉命前去侦察，他不畏险阻，巧妙地完成了任务，回来告知主帅武昌城已断粮，守军饥疲不堪，虽有援军但多畏葸不前，心存观望，只要部署得当，武昌城不难一鼓下之。

根据陈玉成的建议，太平军向武昌发起猛攻。陈玉成率五百人担任先锋。他绕过武昌东面的梁子湖，以三百人摆开正面攻城的架势，吸引守军的注意，而自己率领二百人于僻静处乘敌不备，缒城而上，砍倒守兵，摇旗呐喊：“城破啦，城破啦！”守军本来已成惊弓之鸟，闻声大惊，慌忙夺门而走，武昌轻松地落到了太平军的手里。

三河大捷发生在天京事变之后，太平天国正处于内外交困的危急时刻。其时，太平天国数年集合起来的精锐，或丧于韦昌辉之乱，或随石达开出走，清军气焰顿炽，长江上游据点几乎损失殆尽，江南、江北大营又形成钳形围困天京，清军悍将冯子材、胜保、德兴阿等虎视眈眈于江北，湘军主力李续宾部连陷太平天国当时仅存的根据地安徽数城，直抵庐州附近的三河。

陈玉成、李秀成等青年将领临危受命，先以雷霆万钧之势扫荡了清军江北大营，德兴阿、胜保、冯子材等迭次败北。然后，陈玉成率军直趋三河，以迅雷不及掩耳之势，包围了李续宾，与敌展开激战。这时，李秀成部也赶来增援，三河守军乘机从城中杀出。结果，李续宾六千余人无一漏网，全数被歼，曾国藩的兄弟曾国华也把命搭了进去。李续宾部是湘军精锐，其本人是湘军中最骁勇善战之将领。一朝覆亡，对湘军震动极大。胡林翼就哀叹，三河溃败使湘军元气丧尽，四年纠合之精锐覆于一旦。

三河大捷是在太平军素质明显不如湘军的情况下打的一场扭转时局之仗，它抑制了湘军的疯狂发展和进攻的势头，为太平天国争得了喘息之机。经此一役，年轻的陈玉成被封为英王。

陈玉成是一员猛将，在战场上叱咤风云，所向披靡。曾国藩曾评价说他是自汉唐以来农民起义领袖中最为“凶悍”之人。但实际上他也非常善用谋略，年仅二十出头的他，既可制定大的战略规划，也能十分娴熟地运用声东击西、避实就虚、迂回包抄、奇正互用、反客为主等机动灵活的战术。

后来，陈玉成在与湘军的苦战中渐次失手，又不幸为反复无常的苗沛霖所骗，落入敌手，英勇就义，但他年仅 25 岁的生命已经在中国军事史上留下了难以磨灭的印迹。

李秀成在家时曾读过几天书，从面相上看颇有几分书生气，而且年纪也大些，相对持重稳健。李秀成崭露头角是在咸丰六年（1856 年）天京事变时，当时他正驻军安徽相城，仅凭数千人马，顶住了数万清军的轮番进攻。最后，他又联系捻军张洛行部，并向陈玉成借兵，待敌锐气消尽，三下夹击，大败清军，不但保住了相城，而且乘机占领舒城、六安。

巧袭杭州，大破江南大营是李秀成的得意之笔。天京事变后，清军在天京东、西、南三面沿城挖沟，筑有大小营垒 130 余座，成为悬在天京头上的一把达摩克利斯之剑。李秀成决定采用攻其所必救的战术，先使围困天京的江南大营派兵回救，然后再集中兵力打破围困。于是，李秀成亲率精兵七千人化装成清军，从小路昼夜兼程，奔袭杭州。当李秀成出现在杭州城下时，守军还以为是来袭扰的土匪，及至发现是太平军时，什么都晚了。李秀成奔袭成功，轻取杭州。江浙系清朝钱粮基地，丢了杭州，咸丰皇帝两眼恨不得急出火来，急调江南大营精兵回援。及待江南大营的清军分兵回援杭州，李秀成令城上广布旗帜以为疑兵，留下一座空城，悄然离去。回到天京，他纵兵展开破袭战。时值大风雨，还夹有冰雹，太平军顶风冒雨，轮番进攻，不旋踵即踏平清军营垒 50 余座，钟山脚下遍地是烈火硝烟。江南大营主帅和春从熟睡中惊起，身不被甲，单衣逃窜。江南大营全数瓦解。这一仗，把清廷倚靠自己军队打败太平天国的希望彻底击灭，只好无奈地把湘淮军当成最后的救命稻草。从此，天下的纷争就主要变成湘淮军与太平军两家的事儿了。

开辟江浙根据地是李秀成功劳簿上的又一件大事。击破清军江南大营之后，李秀成与太平天国的中枢诸将制定了先行东征，占领江浙，然后西征与湘军决战的总战略。由李秀成具体负责东征事宜。

李秀成于咸丰十年（1860 年）五月中旬开始进军，以破竹之势连克丹阳、常州、苏州、江阳、太仓、嘉定，用时一月有半，清军悍将张国梁战败溺死，和春自尽，江苏巡抚徐有壬也自杀身亡。次年，又攻下杭州，占领浙北。这样一来，全国最富庶的江浙地区全部落入太平天国手中，李秀成据此建立苏福省。这一地区成为支持太平天国后期事业的主要经济来源。

李秀成的最杰出之处在于他大规模引进西洋火器的决策与实践。李秀成以一个农民军事家独具慧眼的实用精神，很早就意识到洋枪洋炮在这场战争中的作用，他花费很多的心思采购洋枪洋炮，训练士兵使用它们。为此，不惜花大价钱从在华外国人中聘请教练。李秀成的军队，有1/3的人持有洋枪，而他的万余亲卫军统一一把新式洋枪装备。每经开仗，万枪齐发，锐不可当。

不仅如此，李秀成还拥有自己的洋枪队、兵工厂，甚至小型兵舰，还有一批热爱太平天国事业的外国人如呤唎等作为他的顾问和教官。

在李秀成的带动下，太平军在军事上的引进达到相当热的程度。在太平天国统治区内，太平军只要看到外国人，不是向他们购买洋枪，就是要他们帮助修理洋枪，以至在上海的外国冒险家们一时大搞军火走私生意，一些传教士甚至把圣箱都用来装军火。

在这一方面，以文化精英为核心的湘淮军反倒要向李秀成这种“泥腿子”学习。在江浙与李秀成对阵的李鸿章，正因为吃够了太平军洋枪洋炮的苦头，才下决心最早也是程度最高地实现了淮军洋枪化。从这个意义上说，李秀成也为中国军队近代化做出了贡献。

李秀成最终也未能挽救太平天国失败的命运。太平天国自身的腐化堕落已经使天国的大厦不倒自朽，纵使再多几个李秀成也无济于事。虽然李秀成一生忠于天国事业，但只因被俘后在自述中口气软了一些，便蒙上一层说不清道不明的污垢，让后人哓哓不休。

曾国藩和胡林翼

晚清士林中，一向曾胡并称，有时甚至称“胡曾”。其实，胡林翼在历史上的地位与作用和曾国藩是不能比的。严格地说，胡林翼还不能算作是湘军的核心人物，因其原班人马实是“黔勇”。只因其与湘军关系密切到了难分彼此的地步，加之又是湖南人，所以也被视为湘军将领。此人出道较早，职位又高，1856年已经官拜湖北巡抚，所以名声要高出湘军将领些许。实际上，就湘军而言，他的地位和重要性远不及罗泽南、塔齐布、曾国荃等人。近人蔡锷编《曾胡治兵语录》，在书中曾胡并称，无意中又抬高了胡林翼的地位。但单从军事而论，胡林翼之用兵才略也远逊于曾国藩，胡林翼实际上是处在曾国藩的影子里。

近代军事理论家蒋方震称湘军是一个奇迹。的确，湘军能够最终在军事上击败太平军，很大程度上要归功于湘军组织本身。这种独特的军事组织既继承了自岳飞、戚继光以来将、兵合一的传统，又带有某些近代变革的“西化”特征，比较好地适应了近代兵器的配备与使用。有人认为，湘军之胜，胜在组织制度的优势，其中不无道理。

在湘军出现之前，八旗兵已经没落。绿营兵多袭明制，兵不见将，将不见兵，作战时临时抽调组合搭配，兵都是朝廷的兵，将帅不过是朝廷的差役，这样的兵制防止军人作乱有余，真正兴兵作战则不足。曾国藩鉴于此，采用了一套兵自招、将亲选，先选将、后募兵的组编方式，也就是说，他编练湘军的第一步从门生故吏、湖湘亲旧中选择将领，然后让这些人从自己家乡挑选初级军官，再由初级军官挑拔自己的亲旧为士兵。用曾国藩的话来说就是：营官由统领挑选，哨官由营官挑选，什长由哨官挑选，勇丁由什长挑选。一旦某一级军官阵亡，那么这一组织中的士兵只好解散。这样一来，每一级只听命于自己的直接上级，而整个湘军也只有通过曾国藩才能调动。这种兵为将有的兵制，事实上比明代的戚家军更进了一步，成为一种比较彻底的私家军队。清廷对湘军长期不肯信任，关键在于湘军这种军制的私有性，倒不是对曾国藩有什么成见。

这种兵制的好处在于能实行一种比较好的“负责制”，有事逐层负责，无可推诿。而且每级官佐统领的人都是自己亲手选拔的亲信故旧乡人，既有地缘亲情，又有私恩相感，因此作战时亲和力较高。这种兵制的缺点在于易于形成拥兵自重的军阀。湘军以后的历史也确实证明了这一点。

湘军在人事制度上也有一些特点。曾国藩在选择将领时，偏于文人，偏于门生，偏于乡籍，所以湘军有名有姓的将领绝大多数为湘人且为曾门弟子，而这些人为将的前提之一就是没有官气和衙门气。湘军士兵也多从农村朴实的农民中招募，务必去除绿营兵之痞气、市井气。这样一来，湘军的传统道德味道很浓。对于湘军层层效忠的体制来说，这种道德氛围是适宜的。而且，在对手打出基督教色彩的起义旗帜的情况下，湘军以“卫道”相标榜，这种道德氛围有助于军队的整合与统一。

湘军兵制最为难得之处在于它比较接近西洋兵制，因而较合适于洋枪洋炮的配置。湘军的基本单位是营，营以下为哨，哨以下为什。从表面上看，这与绿营兵制并无多大区别，但绿营之“营”人数不定，多者上千，少者几十，因而建制成了虚名。而湘军的“营”则相对稳定，每营 505 人，与西方军制的“营”近似，而哨、什则相当于西方的“连”“班”。对于采用洋枪洋炮的军队来说，这种编制对于火力配置、野战冲锋、对阵坚守都较为合理。中国兵制的近代化从曾国藩开始，这种评价实不为过。

同治元年（1862 年）五月，湘军与李秀成等十三王在天京城下大战，当时太平军10余万人，装备不差，甚至还有湘军所没有的开花大炮。湘军仅3万人，且疾病流行，但最终结果是战成平局，太平军没有解救天京之围。这其中的功劳，除了湘军将士的坚韧与高素质之外，应该归功于组织的优越性。

湘军水师兵制也使曾国藩获益匪浅。出师伊始，曾国藩采纳了江忠源的建议，将水师战船一律改成炮舰，大者为长龙，小者为舢板。每营长龙8艘，舢板22艘，全营官勇425人。随着战局的发展，湘军水师的舰船越造越大且坚固，炮的威力也随之增强，水上优势遂为湘军所占有。这种水师虽然比西方海军还差得远，但比起清朝水师及太平军水师来，已经优越得多了。太平军与湘军在长江沿线的战斗最终不利，与水上优势的丧失有很大关系。

除了兵制改革的独特外，曾胡用兵也确有过人之处。虽说胡林翼在镇压太平军之前已有过带兵打仗的经验，但总的来说，他还是不如翰林出身、以纯文人面目出现的曾国藩。

曾国藩用兵的最大特点之一是坚韧，也就是所谓的屡败屡战的精神。曾国藩兴兵以来，败仗不知吃过多少次，但他都能尽可能快地复原，重整兵马再战。1854年靖港之役、城陵矶之役，1855年湖口之役，湘军均损失过半，可他都能重振军容，而且一次比一次壮大。

曾国藩用兵的第二个特点是善于用人。他选择领兵将领，以能战忠诚为主，故多用故旧，而选择幕僚，则广收兼蓄，尽可能网罗各方精英为己所用。他的幕僚班子人才之盛，为一时之冠。每天早餐，就是他与幕僚商议军情之时，他的幕僚成为其集思广益的参谋部，很多好主意都是在早餐时产生的。当年李鸿章在其幕中，因为睡懒觉不乐早起，曾国藩为了能让李参与早议，不惜撕破面皮强逼他参加。

曾国藩用兵的第三个特点是具有较宏远的战略眼光。清政府总是把打败太平天国的策略放在直接围困天京上，江南、江北大营屡破屡建，但始终成效不大。而曾国藩却咬定要从上游顺江而下，死啃九江、安庆不放。即使太平军使出围魏救赵之计，去攻打他的老巢湖北、湖南时，他也咬住不松口，最终拿下安庆，天京的门户洞开，太平天国也就寿终正寝了。还有两次因湖南受到石达开及天地会起义的威胁，湖南巡抚骆秉章奏请朝廷让他回援，他都不回应，始终死咬太平天国的上游重镇不放。事实证明，他抓住的正是太平天国的要害处，抓住了这个要害，从战略上讲，湘军就占主动，而对手则处处被动。

曾国藩用兵的第四个特点是从实际出发，不迷信本本。胡林翼曾组织人编纂从历史正史中辑出的古人兵略大全《读史兵略》。但同样的事情曾却极力反对，他认为正史大都为文人以意为之，未经战阵，妄臆言兵，故其兵略不足为训。在他看来，用兵无一定常规，关键是要临事而具、好谋而成，根据具体情况而制定战略战术。在兵法上，他也提倡“实学”，不谈过高之理，务以实用为准。所以，他能从文人言兵的夸夸其谈中超脱出来，成为独树一帜的统帅，也使清朝中季以来经世致用的学风得以发扬光大。

李鸿章和左宗棠

在中国近代史上，曾、左、李齐名，旧时称“中兴名臣”，后来则被称为“洋务派首领”。这三个人的崛起，主要契机是兴办湘淮军。

比起曾、胡来，李、左的资历要浅得多。李鸿章稍好一点，系曾国藩门生，太平天国起义时已经进了翰林院。而左宗棠则是一名屡试不第的举人，虽说很早以才干受知于陶澍、林则徐，但直到1860年，他还一直屈就于湖南巡抚骆秉章幕下，做一点出谋划策的事儿，才干无法施展。

但是，李、左二人不仅在太平天国以后的历史中影响巨大，地位作用不让于曾国藩，而且在湘军大兴之时，他们也是独树一帜，别有风格，在军事史上各自留下一笔。

李鸿章是安徽合肥人，中举后曾投到曾国藩门下，钻研理学。后来仕途尚顺，1847 年中进士，进翰林院。如果没有太平天国起义，他也会顺着这条路平步青云，只不过未必有后来那么快罢了。他与曾国藩升迁的路数差不多，都系文人从军，先随侍郎吕贤基回籍办团练，而后入曾国藩幕中，在曾国藩的教导和战争实践中成熟起来。咸丰十一年（1861 年）底，太平军占领整个江浙，并第二次进兵上海。曾国藩身为两江总督，自然“守土有责”，于是拨调数营湘军并太平军降将淮人程学启部给李鸿章指挥，让他去合肥招兵，然后进驻上海，以为偏师，牵制太平军。李鸿章以曾国藩拨来的湘军作为基础，又在合肥网罗了一批地主团练，完全按湘军体制加以编练，于次年二月成军。由于这支军队主要来自淮上，人称“淮军”。

起初淮军不过是一支不起眼的偏师，当这支衣衫褴褛的军队被从海上运抵上海时，竟被讥为“叫花军”。但是，由于淮军的活动基地在上海，李鸿章天天与西方列强及军队打交道，加上他头脑灵活，更少理学迂腐气，而且署理江苏巡抚，拥有地方军政大权，所以淮军很快就变了个模样。待到太平天国失败时，这支军队已然驾乎湘军之上，成为世人瞩目的“精兵”。

淮军之“精”就精在这支军队的“西化”上。要论李鸿章之用兵，确实没多少过人之处，不过是比较有韧性，好打“痞气腔”，有一股泼皮劲儿而已，而且在打苏州时残忍地杀降，为人所诟病。但是，李鸿章这个大清朝的翰林接受欧风美雨的浸润要比他老师多，头脑中的包袱也少得多，所以“西化”起来就要快得多。淮军的战斗力在很大的程度上归结于它的编制和武器优势。所以，在湘军啃硬骨头的同时，李鸿章也能乘机占太平军便宜。

淮军的“西化”首先是受太平军的刺激。李鸿章来到江南碰到忠王李秀成、慕王谭绍光、侍王李世贤的队伍。这些太平军洋枪较多，打起仗来让他大吃苦头。其次是“洋枪队”的影响。“洋枪队”又称“常胜军”，本是由列强控制，上海商人供养，由外国流氓组成的一支“志愿军”。当这支军队拨归李鸿章节制时，已经比较正规化了，不仅全副装备最新式的后膛枪炮，而且编制与训练一概西化。军官均为列强的现役军人，士兵是中国人，全军有三四千人，包括五六个步兵团，四个攻城炮队，两个阵地炮队。“洋枪队”的训练作战方法，对淮军影响极大，李鸿章很快就意识到西式战法的优越，让淮军学习“西操”，让外国人来当教练，尽可能地利用上海的便利和江浙的富庶条件，大量购置洋枪洋炮。到1865年时，据李鸿章的一份奏报，淮军中已有洋枪三四万杆，铜帽日需千万余颗，粗细洋火药日需十万余斤，另有开花炮队四营。

在所有清朝的军队中，淮军“西化”的步伐最快。李鸿章到上海不久，就提出要按洋操训练淮军。他采纳了英国海军驻沪司令何伯的建议，由外国军人来训练淮军。开始只是模仿“洋操”立正齐步走，后来打仗也模仿洋人，观察地形、配置火力、列队冲锋等等。华尔、戈登向淮军传授的“枪阵”法，淮军各部队均沿用之。而在相当长一段时间里，“枪阵”的口令居然是英语。后来，李鸿章的一个幕僚叫陈锦的人把“枪阵”法加以整理，将其中的英语口令译成华语，这才稍稍改变了淮军邯郸学步的蠢态。“洋枪队”解散后，装备尽入淮军，其制度和精神也部分地留了下来，淮军成了大的“洋枪队”。

相比起李鸿章，左宗棠是个性格倔强且相当自负的人。只因科场命薄，他长时间蹭蹬于人家幕僚中，出谋划策、出工出力却不得其功。他参与镇压太平天国起义不比曾国藩晚，但在地位上却不能与其相比。胡林翼对他一向推崇备至，誉为湘南士类第一，骆秉章、曾国藩、郭嵩焘也对其才具颇多赏褒。他自己也相当自负，常常自比诸葛亮，发迹后更是喜欢人家以“老亮”呼之。

左宗棠自咸丰四年（1854 年）出山助湖南巡抚张亮基镇压太平军以来，一憋六年，始终给人家敲边鼓，到 49 岁才有机会帮办湘军军务，独率一军打天下。事实上，他一直对曾国藩不服气，所以他的军队一编成，明明也是湘人，偏偏要名之为“楚军”，以示自己与曾国藩的区别。左宗棠用兵虽然比李鸿章略胜一筹，但可称道者不多，最漂亮的一仗大概要算咸丰十一年（1861 年）三月，与侍王李进贤在江西乐平的一场大战，他以五千人击败太平军数万人。他的主要战场是在浙江，以巡抚身份率左系湘军与太平军拉锯。曾国藩的这两支偏师，一支在江苏，一支在浙江，的确拉住了太平军的后腿，但比较起来，还是淮军的作用要大些。

与李鸿章一样，左宗棠麾下也有一支由法国人组建的洋枪队“常捷军”。同样，左宗棠的楚军受“常捷军”影响颇大，以致后来大办洋务之时，左宗棠系统的洋务事业多有法国气息，而李鸿章的洋务则一股英国味。但是，由于没有上海这个基地，楚军的装备就要次于淮军，但比其他湘军又好些。曾国藩死后，左宗棠虽不能与李鸿章平分秋色，但也显出他的特色。尤其是他万里出征收复伊犁之役，使中国军事近代化总算有了一个正当的用武之地。

庞杂的明清兵籍

如果单从兵书数量上看，明清当是兵家最活跃的时期。据《中国兵书知见录》统计，明清时期的兵书为 2 005 部，16 690 卷，占中国历史兵书总部数的59%，总卷数的71%。但是，明清兵家在整个中国军事史上的实际地位却并不高。汗牛充栋的兵书战策，大抵拾人牙慧者多，抄袭改窜者多，无病呻吟者多。不过这一时期也涌现了一些颇具真知灼见的军事著作，如戚继光的《纪效新书》《练兵实纪》、刘寅的《武经七书直解》、郑若曾的《筹海图编》、赵本学和俞大猷的《续武经总要》、茅元仪的《武备志》、顾祖禹的《读史方舆纪要》、林福祥的《平海心筹》、魏源的《海国图志》等。这些兵书，或有新思想，或有新思路，或开辟新的领域，或者较好地整理总结了前人的经验。一代人有一代人之事，明清兵家也并没有让历史留下空白。也许因为年代距今较近，时间的淘汰作用尚未及充分发挥，所以就显得这一时期兵籍尤其杂芜。

总的来说，明清时期，从朝廷到士林对兵学还是重视的。明清言兵人之众，绝非前代可比，既有领兵将帅、文臣幕僚，也有山野隐士、反派英豪，当然还有一些商贾书贩。其原因无非是这样几种：一是这一时期战争的压力仍旧较大。虽然明清两朝都有长期的“太平之世”，但是越是和平时期，人们防“战”之心越切，因而导致对兵学的关注。二是自宋朝把武学定为官学作为科举考试的内容以来，武学的官方诱导力一直很强。明清以八股取士，武举之中，兵学经典无意中成了武八股。武生以《武经七书》为晋升阶梯，有关注释、详解、汇解之类的书籍自然会应运而生。这些东西实际上等于武生的考试用书，拥有较强的商用价值。三是作为中华民族价值取向的一个特点，关注实用之学也成为一种文人传统。兵学系中国实学的大宗，从来不乏有志之士侧身其间。四是明清时期也是中国民族矛盾比较尖锐的时期。明嘉靖年间明朝与倭寇的矛盾，明末明朝与后金的矛盾，鸦片战争后中国与西方列强的矛盾都相当尖锐而沉重。民族危机刺激了一批有为之士讲求富国强兵之术。许多兵书就是感时忧愤之作。如清末陈澹然作

《权制》一书，感慨于列强环伺鹰顾，日侵我土，要求全国一致，改考时政及格致之学，讲求制造新式枪炮舰船之法等等。明代王鸣鹤也在《登坛必究》中大力抨击时弊，要求变革朝廷宦官当政、权臣弄权、武备废弛的现实政治。最为突出的是清末翁传照，他本是一介弱书生，在 1894 年中日甲午战争的刺激下，20 多个昼夜，辑兵家古法 230 则，自为言 1 万千余则，撰成《医时六言》，分寄各地军人，以期有所补益于时局。实际价值多大是一回事，但其拳拳之心，代表了那个时代一大批有志救国的知识分子的心声。

应该说，明清时期的兵书在内容上是有所开拓的，特别可贵的是出现了一批研究周边及世界各国历史地理、风土人情及政治军事情况的兵籍。自明朝嘉靖年间倭寇为患以来，士大夫感到像过去那样妄自尊大、自我封闭是不行了，要想战胜来自外部的侵略者，就必须了解他们。还有一些明智之士在与明季以来陆续来华的西方传教士的接触中，了解到西洋科技，尤其是火器生产的先进，从而致力于西洋兵器的介绍与引进。明代兵书《筹海图编》曾详尽考察了日本的历史、地理、行政区划、风土人情、战船兵器、战守概况等等。《登坛必究》里则将中国周边国家分成“外夷、四夷、夷情、东南海夷、朝鲜、东倭”等条目专章介绍。明代兵书《筹海图编》《兵录》《火龙经三集》等均有关于西洋火器的介绍。明末焦勖虚心向传教士汤若望学习西洋火器制造技术，经过多年苦心钻研，撰成《火攻挈要》三卷，在那个时代，较为详尽地介绍了西方的火器制造技术。其内容包括火铳、狼机、火药等的种类、性能、制作机械、工艺、使用方法，以及相关的金属冶炼、机械原理和数理化知识，还附有各种火器样式、工艺图四十余幅。较为完备地体现了明代兵学家学习外国先进技术的热忱。

清代兵家了解外部世界的尝试和介绍引进西洋军制及兵器的努力主要发生在鸦片战争之后。纷至沓来的西方列强使得一小部分中国知识分子睁开了眼睛，魏源率先提出了要想抗击侵略者必先了解世界以及著名的“师夷之长技以制夷”的思想。他在《海国图志》中以主要篇幅详尽地介绍了当时还不为多数中国知识分子所知的世界各国的情况，从地理位置、历史沿革，到气候物产、政治经济、风俗人情、文化教育、战舰火器等无所不包。鉴于鸦片战争的惨痛教训，魏源介绍英国最详细，共计用了四卷的篇幅。《海国图志》余下的篇幅主要用来介绍西洋技艺，比如船、炮、枪、水雷、望远镜的制造工艺和机械设备。在魏源之后，又陆续出了一批专门介绍西方军事技术的兵书，比如王韬的《火器略说》，又名《操胜要览》，就介绍了洋枪洋炮的制造方法。清代科学家李善兰的《火器真诀》则首次在中国介绍了弹道学原理。这一时期对西洋技艺的引进与介绍重心逐渐落到了相关书籍的翻译上。当时，江南制造总局附设的编译所，几十年内翻译出版了一大批这样的书籍。特别可贵的是，一些有识之士不但介绍西方技术，而且还开始介绍西方的军事学说和军事制度。中国最早的工程学家徐建寅的《兵学新书》就介绍了散兵线与纵队相结合的拿破仑战术，步、马、炮诸兵种协同的原理与相应战术。

尽管明清兵家的这种尝试还是初始的、粗糙的，有时甚至还闹出一些笑话和洋相，但是在占有资料十分有限、信息极其贫乏的那个时代，已属难能可贵。正是他们的这种努力和尝试，才实现了从传统兵学向近代军事学的过渡。

明清兵家著述的另一特点是哲理性的探讨相对减少，而成批出现的讲具体军事问题和相应技术的书籍，越发趋于实用和琐碎。对于武器装备，不厌其烦地详道各种热、冷兵器制造方法，构造性能及使用方法。训练方面的兵书，则具体讲述整体和单兵的各种训练方法，甚至连如何练手足、耳目等都娓娓道来，如数家珍。至于守城方面的兵书，则更是琐碎到了令人不能容忍的地步，从城壕修筑、守城器械、粮油水源到斧钳灰沙，无不详载，活像是进了中药铺。

明清兵家从总体上创造力是大不如前了，绝大多数兵书都是辑评、注释、汇编体裁，把前人的食粮再倒腾一遍，缺乏自己的见解。

明代是中国印刷业繁盛的时代，商品经济的发达，市民阶层的壮大，从客观上为书籍的商业化提供了条件。明人以商业出版为目的而进行编书、印书的热情之高，空前绝后。明刻之众，为前代所不及；明刻之滥，同样也为前代望尘莫及。明人习惯于将前人的书籍拿来，东拼西凑，然后改头换面出版。所以，后人称明人好刻书而书籍亡。

明代的兵书也没能逃脱这种商业化的厄运。抄袭改窜之风在兵学界很盛。到了清代，这种风气依然未息。这就使明清兵书呈现一种数量多而质量差的景象。有些兵书名字起得很新颖、花哨，但无非是杂辑前人成果，装成一个无有机联系的拼盘，像《兵钤内外书》，其内容无非是原文照抄《孙子》《李卫公问对》《鬼谷子》《素书》《诸葛心书》《孟德新书》等等，然后加上一些从其他兵书上辑录的有关军政、军例、阵图、军器、火攻、水攻、军占等方面的条目杂凑起来，毫无意义。还有清季的《韬钤拾慧录》，名字起得很高大上，但内容无非是《百战奇法》《守圉全书》《练兵实纪》《虎钤经》《圣武记》等书的摘录。

更为恶劣的是有人干脆把人家现成的兵书拿来，稍加增删换个书名就出版，等于全抄一本书，最典型的像明代叶梦熊的《决胜纲目》全文抄袭《百战奇法》，连增删的功夫也省了。李盘将《守圉全书》增删为《金汤借箸十二筹》，名字花哨得让人食欲大增；又有人把它改编为《洴澼百金方》，活脱像医书；还有人把它删节为《慎守要录》；到了清代，又有好事者把它改成《慎守篇》，一部不怎么样的兵书，结果搞成了一菜五吃。

明清兵家是结束传统兵学的一代。在他们手里，传统兵学走完了自己的路。传统兵书从形式到内容都不能适应近代武器和近代战争所引发的剧烈变化。这种不适应至少从技术上是确确实实地存在的。自1895年中日甲午战争引发大批有志青年留洋学习军事以来，西方比较成熟的战争理论著作占据了中国兵学舞台，一代新式的军事理论家开始成长起来。当然，在他们身上我们仍能寻出传统兵学的烙印。即使在今天，如何实现传统兵学与现代军事科学的结合，仍然是摆在我们面前的严峻课题。

分野篇

——中国兵家横论

第七章 论兵道——不战而屈人之兵

● 孙子曰：“百战百胜，非善之善者也。不战而屈人之兵，善之善者也。”意思是说，纵令一百次作战每战每胜，也不能算是上上策，唯不战而能屈敌之兵，方为最善的战略决策。

●“不战而胜”是《孙子兵法》中最高明的军事思想，历代兵家皆奉为军中“座右铭”。

剑术与围棋据说都有所谓的“求道派”，系指那些不以输赢为终极目的，而追求超然和美的哲学意境的一种流派。兵家也存在类似的意境，在这种意境里，人们追求战争之上的“道”，也就是今天我们所说的战争规律。在这里人们并不是在谈“攻、守”“进、退”“奇、正”“明、暗”这些军事术语，而是借此阐发一种军事哲学的意蕴。

《孙子》——兵家圣典

《孙子兵法》简称《孙子》，为孙武所著。关于孙武我们在前边的章节已经有过介绍，他是著名的军事理论家，也是著名的军事家。《孙子兵法》在世界上被推崇为“兵学圣典”“东方兵学的鼻祖”“武经的冠冕”，享有崇高的声誉。世界兵书中能窥其门墙者大概只有克劳塞维茨的《战争论》，但《孙子》成书却要比《战争论》早两千年。《史记》上明确说《孙子兵法》只有十三篇，后世流传的也是十三篇。但《汉书·艺文志》中称之为《吴孙子兵法》，说它有八十二篇。这个谜后来经考古发现得以解开，《孙子兵法》最初由孙武呈给吴王时只有十三篇，后来经他本人及学生又有所添补，可惜其内容都失传了。我们今天能看到的，就是这原初的十三篇。

战略基本要素

《孙子》十三篇的首篇是《计篇》。“计”者，顾名思义就是对战争的谋划，这里主要指战争的战略谋划与运筹。孙子概括出决定战争胜负的五个战略基本要素：一是道，指人民的拥护，得人心的程度；二是天，即天象气候时节；三是地，即地形地势；四是将，即领兵统帅的基本素质；五是法，即编制，军官职责和后勤补给。

在进行战争之前，必须对双方的这五个基本要素进行反复比较权衡，才可以兴兵。否则打的就是糊涂仗，往往要失败的。

无独有偶，克劳塞维茨的《战争论》也提出了五个战略基本要素：一是精神要素，系指将领才能、政府智慧、军人武德、民族精神、战地民心这五项内容；二是物质要素，包括军队的数量、作战线的角度（正面或侧面）和向心、离心运动（内线与外线）；三是气象要素，包括天气变化、战场气象状况等；四是地理要素，包括制高点、山谷、河流、道路诸方面；五是统计要素，主要指后勤补给。

应该说，孙子的"五事"（五要素）和克氏的五要素有异曲同工之妙，在基本趋向上大体一致，只是孙子概括得更全面且更抽象一些，而克氏偏于具体。但是，孙子在提出了这五个基本要素之后，又补充说"兵者，诡道也"，认为战争无常变化，可以通过人为地制造假象，欺骗对方，出其不意，攻其不备，把诡计与突然扰击的作用作为战略要素的补充提出来，这一点则为克氏所不及。古今中外无数战例表明，战略计谋和突然袭击运用成功，可以在很大程度上弥补战争实力的不足。

经济因素

孙子在《作战篇》中论及了战争与国力即经济实力的关系。他认为战争的物质基础是国家经济，战争是一项消耗巨大的政治活动，只要战争机器一发动，无尽的财力、物力、人力就会被吸进去，没有任何一个国家能经得起长期战争无底洞的消耗。所以，他提出了速战速决的思想，认为尤其不可以“久暴师”于他国，从而“钝兵挫锐，屈力殚货”，即师老兵疲，国力耗乏，如是，若有第三者乘虚而入，则虽有智者也未必能善其后。

退一步说，如果万不得已在别国长期作战，孙子提出可以利用该国的物资和粮食来补给自己，以减少国家消耗。这就是著名的“取用于国，因粮于敌”的物资供应原则。这样做，一来可以消耗或者浪费对手的物资，拖垮其经济；二来可以补充壮大自己的经济。

战略权谋

孙子认为，战争的运行最好要“自保而全胜”，即保存自己的力量，完全消灭敌人，而不是击破或击溃。也就是说在保存自己的前提下，尽可能将敌之一部或全部彻底歼灭，少打击溃战，以免使敌人有喘息反扑的可能。

同时，战争不过是政治的一种手段，击败敌人并不一定非要动刀兵不可。大动干戈，即使百战百胜，也不是好中之好，妙中之妙，“不战而屈人之兵”才是最好的妙策。所以，孙子提出，最好的办法是依靠政治谋略取胜，其次是利用外交手段制敌，再次才是用兵，最差的办法是攻城。在孙武的那个时代，没有火器，单靠冷兵器攻城是件难事。所以，孙子反复强调慎重攻坚，认为这样不利于速战速决。

《谋攻篇》还提出了在战争之前必须进行周密的计算。其一是要了解自己的力量，正确估量己方的长处和短处，万不可骄敌自傲，不知自己的长短。其二是要尽可能了解敌手，做到“知己知彼”，如此方能百战百胜。如果彼和己只了解一方，那么胜负之数参半，如果彼我两茫然，则百战百败。战前估量敌我双方力量之后，首先要解决的问题是确定能不能战，如果计算好了发现敌我力量对比过于悬殊，又没有其他可利用的条件，就应该避免决战，采取其他手段削弱敌人，以待有利时机的到来。知不可以战而强与之战，那不过是以卵击石的蠢人的战法。其三才是针对敌我双方的优劣，选择合适的作战方式与地点，尽可能扬己之长，避己之短，这样方能使战局向着有利于自己的方向发展。如果"庙算"正确，上下一条心，有充分的作战准备，而且统帅有才能，君主又能信任不疑，给予全权让其放手去干，那么自然会取得胜利。

作战形式

孙子在《形篇》中主要讲作战形式问题。其要点有二：一是形式，二是比较。即在军事实力对比的基础上采用合适的作战形式。

孙子说，用兵的原则是，如果己方的兵力优于敌方，十倍于敌则可以包围敌人；五倍于敌可以采取主动进攻的形式；一倍于敌就要设法分散敌人，一块一块各个击破。但是，如果敌我力量相若，就要采用各种办法压倒对方，在气势上不输于它。当己方比敌人兵力少时，要能退却，比敌人弱小，要避免决战，否则就要被歼灭。能攻时则攻，不能进攻时要善于采取防御手段以求保全自己。一般来讲，防守时所用的兵力总是要少于进攻。

孙子还强调，作战不要急于战胜敌人，善战的人，一般先使自己变得不可战胜，然后再去等待敌方可被战胜的时机。用一句时髦的话来说，就是先战胜自己，才能战胜别人。

作战布势

孙子在《势篇》中主要讲作战的兵力部署与配置。

孙子说，指挥众多的军队就像指挥少数人的一样，靠的是军队编制和分派；要使众多的部队行动整齐，步调一致，发挥整体力量，靠的是正确的部署与合理的作战队形；要使军队在战斗中立于不败之地，靠的是奇兵和正兵即正面进攻与两翼奇兵的配合。

奇正是我国古代军事术语中常用的一对范畴，其含义有多种。一般来讲，担任正面作战的为正，担任侧击、包抄、迂回的为奇；或者担任钳制敌人的为正，担任突击部队的为奇。也可以说列阵对敌者为正，集中机动者为奇；明攻为正，偷袭为奇；按常规战法作战者为正，采用非常手段者为奇；等等。

孙子认为，作战布置说到底无非是个奇正运用的问题，奇正之变化可以无穷无尽，万不可拘泥于教条。奇正运用关键在于把握战场势态，敌变我变。在形势未了然之前，于混乱中首先保持正确的作战布置和队形，使敌人无法浑水摸鱼。然后，静待局势的明朗清晰。最后，孙子总结道：军队的治与乱是组织指挥的问题；勇敢与怯懦是作战布势的问题；强与弱则是作战形式的采用问题。作战布势的选择，实在是战争胜负的关键。

虚实和主动权

虚实是中国古代军事学高度哲学化的术语。其含义同样十分宽泛，不仅指兵力部署和虚实轻重，还包括兵力多寡、装备的好坏、士气的高低、有备与无备、整齐与紊乱、逸与劳、饥与饱等各种对比条件。也可以说，条件有利即为实，不利即为虚。孙子在《虚实篇》中主要讨论的就是虚实和主动权的问题。

孙子比喻说，用兵就像水一样，水是避高就下，从高处往低处流，用兵也应该避开敌方之实，而进攻其虚处，即所谓“避实击虚”，寻找敌人的薄弱处下手。

要想做到避实就虚，首要的任务是尽可能隐蔽自己，并查明敌方之情况。这里需要广泛地收集情报，做出正确的判断。如果真正完全掌握了敌情，就能够做到敌人安逸时可以设法疲惫之，敌人饱时可以让他们饥饿，敌人安居时可以让他们出动。总之，让他们按对我们有利的方向行动，从而可以做到攻击敌人想不到的地方，出现在敌人无准备之处，也可以使敌人分散而我们却收拢五指、集中力量歼灭敌人，掌握战场主动权。调动敌人而不为敌人所调动，让人家的算盘按我们的意图来拨动。

战场主动权是战争胜负的机枢，掌握了主动权，就可能化劣势为优势，满盘皆活；丧失了主动权，即使兵力有优势，也可能处处挨打，最终失掉战局。孙子在两千多年前就能意识到这一点，真是令人赞叹。

机动性

战场主动权的有无，很大程度上在于军队的机动性。军队机动的目的，在于造成有利的态势，创造胜利的条件。孙子在《军争篇》中提出的军争问题，实际上就是个机动性的问题。孙子认为，要想保持军队高度的机动性是很难的，但要使战争走向胜利，又必须机动灵活地转移，转移或跋涉过程中造成的疲劳、减员又易于造成战斗力的减弱。所以，达到军队机动的目的，还要懂得以迂为直，即为了走直路而走弯路，为就近反而迂回绕远，以患为利即以不利条件为有利的道理。也就是说，为了胜利必须保持军队机动，不能怕走路，历史上以走制胜的战例是很多的。而从最不利的地方向敌人发起进攻而出奇制胜的战例同样层出不穷。

但是，孙子特别忌讳军人骄傲轻敌，为了贪利而拼体力，抢速度，抛却辎重，孤注一掷。他认为这样的“军争”多半是要吃亏的。后来，庞涓在马陵道上，就是吃了这种“百里而争利”的亏。所以说，保持军队的机动是好事，但总是迁移跋涉使部队过分疲劳又是一件危险的事。要保持机动，应善于利用地形地利，全面权衡利弊再行动。

灵活性

《九变篇》主要谈了战场灵活性的问题。九变意即多变，绝非固定于“九”。孙子认为，不懂得随机应变的人，即使有便利的条件，合适的将士，也不能物尽其用，人尽其才，不能充分发挥有利条件的优势。而通晓九变之人恰恰相反，善于化不利为有利，变被动为主动。

保持灵活性的前提是对战场情况的全面衡量，对利害曲直的综合考察，不可偏听偏信，闻喜不闻忧。对于敌人要设法使之产生挫折感，设法疲惫之、利诱之、阻挠之，总之让他不能顺利，从而生出烦躁，也好从中渔利。对于自己则要提高警惕，常备不懈，务使敌人无空隙可钻。

孙子认为，为将者也是人，是人都有弱点，有弱点就可以抓住烦扰之。不怕死的可以设法杀之；贪生怕死的可以活捉；性急的可以激怒之；廉洁的可以羞辱之；爱民的可以烦扰之。这种武器是既可害敌又可伤己的双刃剑，所以自己也要当心，免得为敌所乘。最后，孙子提出了一个著名的军事原则，即“将在外，君命有所不受”。这个原则的实际内涵是，为了保证为将者能主动灵活地处理军机，他应该被赋予战场权变的绝对权力，而不应受总指挥的任意干预。当然，这个权力也具有双刃的性质，既可以发挥将军的主动性以保证战争的胜利，又可能为拥兵自重甚至反叛提供借口。

用兵作战

孙子《行军篇》之“行军”，与现代意义上的“行军”不同。他的“行军”实际上是行兵作战的意思，包括处军，即配置部署军队；相敌，即判断敌情；附众，即维持内部团结，保持威信等。在他看来，部署军队主要是善于利用地形地貌；判断敌情的关键在于能从纷杂的表象中看到本质真相；而保持威信，团结部众，关键在于赏罚严明，并加以精神教育。

利用地形

地形对战争的影响一直是至关重要的，善于利用地形者，就可以借地形之利以少胜多，平添不少助力。孙子比较重视地形，他在《地形篇》《九地篇》中主要讲的就是地形的利用。他说，地形者，兵之助也。他又说，能知己知彼就可以战胜敌人，能知天知地，那么胜利就掌握在你手中了。

孙子研究地形，不是研究其自然特性和属性，而是从战争的视野出发，根据战术需要，将地形分为“通”“挂”“支”“隘”“险”“远”六种情况。又按照用兵之法，将地形分为“散地”“轻地”“争地”“交地”“衢地”“重地”“圮地”“围地”“死地”等九种。并就这些地形特点，指出了军队在各自地形上应如何行动的原则。孙子认为，利用地形最关键的是要抢占有利位置，占敌先机，而迫使敌方处于不利的地形之中，这样地形方可为我之助。抢占地形的关键在于行动迅速，而且要有先机意识，想人所未想。

火攻与用间

《孙子兵法》的最后两篇《火攻篇》和《用间篇》主要谈了一些具体的战争问题。火攻在古代是一种特殊而有效的进攻手段，不少名将智士屡试不爽。《火攻篇》主要论述了火攻的种类、目标、发火时机以及内外策应的方法等内容。《用间篇》论述了用间的种类、重要性，并提出要想先知敌情，不可靠占卜问鬼神，也不可主观臆断分析，更不可看天象星辰妄作猜度，主要是要依赖情报人员。这种朴素的唯物主义精神，反映了兵学一开始就是一门从实际出发的“实学”。

《孙子兵法》言简意赅，具有高度的哲理性，除了极少数篇章讨论了具体战争问题外，其余均可以“原则”视之。它不仅讨论了战争这种人类社会现象，而且透过战争触及人类本质的一些属性。所以，到今天人们不仅在战争行动时依赖它的指导，而且在进行政治、经济、体育竞争等活动时也可从中得到启迪。

《司马法》——古法翻新

《司马法》又称《司马穰苴兵法》，旧称司马穰苴撰，实际上是战国初齐威王令人整理兵书汇集而成。具体内容其一为古兵法追论，其二为司马穰苴的论兵记录，其三为整理者的见解。其中，古代军事家司马穰苴的兵法只占一部分。这部书原有一百五十五卷，但大部分久已佚失，现今只存五篇，包括两部分内容，一为古兵法追述；二为春秋以后的兵法，主要为司马穰苴的言论。《司马法》不讲究具体作战技艺，也是很典型的求道派作品，其中有些内容很有特色。

古兵法追述

在《司马法》中，记录了一些在西周时应用的兵法原则，这些兵法原则在春秋时已被人抛弃不用，这种追述有战术对比和史料保存的双重意义。

这些春秋时期已经废弃的古兵法原则有：

其一，在战场上追击溃退的敌人，最多不过百步；而在战场外追击撤退的敌军，最远不过三舍，即九十里。

这些古教条从一个侧面反映出，西周时期诸侯间的战争，的确有"决斗"性质，双方预先定好战场，摆开架势对阵，一次交战即可决定胜负，胜者只要求败者臣服，故而不做穷寇之追，追击溃敌不过是点到为止。当对方没有溃败而主动撤退的时候，追蹑至九十里也就到尽头了，再追就过头失礼了。晋楚城濮之战，晋军退避三舍，楚军还要穷追不舍，所以激起晋军上下的义愤，反败追军。其时，这些古教条已经开始失灵，但影响还在。

其二，等双方都摆好阵势后，才擂鼓开始进攻。这一条直接反映了那时的战争具有决斗式的君子精神。在战场上，如果一方已摆好阵势，而另一方正在乱七八糟地列队，那是不可以乘人之危以整击乱的。春秋中期，这条原则已经受到挑战，但宋楚泓之战时宋襄公仍然坚持"不鼓不成列"的君子战法，结果被楚军杀得大败。

其三，军队行动，以从容不迫的慢速为主，舒缓则士卒的精力充沛。虽在短兵相接时，步兵也不准快走，兵车也不准放马奔驰。追击溃逃的敌人时，也不准跃出行列，这样才不至于扰乱阵形。而军队的稳固性，就在于保持严整的战斗队形，在于不竭用人马的力量。行动的快慢，决不许超过命令规定的速度。

这种以迟缓整齐为特征的战斗原则，恰反映了西周时期车战兵阵的特点，那时军队的战斗力主要靠整齐步调显示出的力度。那种决斗式的战法，无巧可取，战斗主要是两块巨大的坚石在碰撞、挤压，谁能尽量保持完整，谁就能获得最后的胜利。后来，这种排斥机动性的战法被淘汰了。

战争观

虽然从总体上来看，《司马法》的成就不如《孙子兵法》，但孙子的这位同宗在某些地方还是有精辟的见解，比如在战争观上就是这样。《孙子兵法》在战争本质问题上，仅仅说它是件大事，关系到人民的生死、国家的存亡，却没有告诉人们它究竟是什么。《司马法》则明确地指出，以仁爱为根本，以正当的办法进行统治就是政治，政治达不到目的时，就使用权势，而权势总要诉诸战争手段，而非出于中和与仁爱。这种看法，与克劳塞维茨在《战争论》里所讲的“战争无非是政治通过另一种手段的继续”和“战争是迫使敌人服从我们意志的一种暴力行为”这种战争本质的揭示有异曲同工之妙。

更进一步，《司马法》指出了战争在政治中的位置。《司马法》认为，国家虽大而富强，但如果好战而穷兵黩武，则必亡；天下虽然安定，但如果忘掉了战争手段，也必然会导致危亡。所以，战争手段是既不可轻举妄为，又不能须臾放下的一种特殊政治。这和《孙子兵法》中君主和将帅不可以凭一时的火气而兴兵作战的道理相同，但却有更深的哲理。《司马法》还从正面接触到了战争性质的问题。该书讲述道：为了保护人而杀人是可以的；进攻其国而爱护该国的老百姓也是正当的；如果战争是用来制止战争，那么这种战争就是应该提倡的。也就是说，只要战争是正义的，它的目的就是要制止战争和杀戮。这样就将战争分成正义的和非正义的两类。

与《孙子兵法》一样，《司马法》也有五个决定战争胜负的要素：一是顺天，即顺应天时，不违农令；二是阜财，即开辟财源，积蓄战争物资；三是怿众，即顺应大众意志，符合民意；四是右兵，即重视武器的制造和应用；五是利地，即利用地形地貌。《司马法》的五要素与孙子的五要素各有侧重，前者比较突出人和武器的因素。

相为轻重

与《孙子兵法》一样，《司马法》充满了辩证思维。《司马法》将诸多战争因素归纳抽象为“轻”“重”这样的范畴。在《司马法》中，轻重不仅指兵力之多寡、武器装备的优劣、士兵素质的好坏，还用来指排兵布阵的疏密严整、战略指挥和战术指挥等繁多的要素。其宽泛有时类似于孙子所谓的“奇”与“正”。

《司马法》认为，战争应该重轻相权，不能偏废，主张“以重行轻”，轻重相辅相成。用《司马法》的术语来说就是“杂”，通过“杂”来扬长避短，取长补短，谋取优势。以兵力部署为例，太轻则兵锐，易于受挫；太重则兵钝，运转不灵。

在作战指挥上，应该根据自己的兵力大小决定作战形式。兵力强大为重，应该力求严整不乱；兵力弱小为轻，应该力求变化，出奇制胜。兵力强大，利于正面作战，进退行止应稳如山；兵力小则反乎是，进退应变化无常。以优势兵力包围敌人，是以重临轻，应留个缺口让他们逃生，促其自行崩溃。以劣势兵力对抗敌人，是以轻就重，应该虚张声势，迷惑敌人，采用出其不意的战术，以争取胜利。

作战协同

对作战的组织协同问题,《司马法》有它的独到之见。《司马法》认为，各种兵器根据各自的特点有不同的功用。作战时应组织安排好执各种兵器的兵卒的比例，以实现协同配合，更好地发挥武器效用。因为各种武器有所长也有所短，搭配使用才更有效。比如，长兵器和短兵器应该相互配合，长以卫短，短以救长。弓矢与长矛也是如此，持弓者如无掩护，则敌人到来时等于手无寸铁。《司马法》对协同出效率的概念认识很深，其认为“兵不杂则不利”，兵器不搭配使用是不利于作战的;“皆战则强”，诸种兵器一齐使用则坚不可摧。

《司马法》的组织协同由于时代的限制，还只局限于长矛兵、殳戟兵、弓矢兵等有限的门类，但其协同出效率的思想却是普遍性的。在今天高度现代化的战争中，协同已经成为一个必不可少的原则，为所有军事家所遵循。

《吴子》——亚圣箴言

《吴子》在《汉书·艺文志》中标为《吴起兵法》，计有四十八篇。今本《吴子》只有六篇，带有一些后人整理增删的痕迹。

《吴子》是战国初期军事家吴起的作品，如果把孙武称为兵家之圣，那么吴起堪称“亚圣”，就像儒家的孔丘与孟轲一样。从来谈兵都是孙、吴并称，“孙吴”之称谓，既指他们的著作，也指他们本人。一位美国军事学家说道："在遥远的中国，有两位将军，他们所有关于战争的议论，都可以凝集在一本小册子里，不像克劳塞维茨那样写了九大巨册。他们自足地写下了数量有限的箴言。每则箴言都具体表现了他们关于战争行为的信条和重要教义。这两位军事主宰者——孙子和吴子，他们无价的真理，已经长存了两千年。"①历史已经证明，今后还将证明，这种评价并不过分。

今本《吴子》分《图国》《料敌》《治兵》《论将》《应变》《励士》六篇。

《图国第一》篇

《吴子》的首篇《图国第一》，主要是对战争的认识和看法。

关于战争的起因，吴起认为大体存在五种原因：一是为了争名，二是为了夺利，三是由于积恶结怨，四是由于内乱，五是因为饥馑。显然，这五种原因还只是表面现象，未触及本质。当然，从逻辑上说这五种现象也可以视为战争的起因，只是这现象背后还有更为深刻的原因罢了。

关于战争的性质，吴起将其分为"义兵"，即正义之战；"强兵"，即以强击弱之战；"刚兵"，即无所曲直之战；"暴兵"，即以强凌弱之战；"逆兵"，即非正义之战。这实际上将战争分成正义的、非正义的和中性的三种。

《吴子》对战争的态度是两个方面，既反对恃勇好战，又反对废弛武备。在吴起看来，真正的"明主"应"内修文德"而"外治武备"，一文一武，相辅相成。

① 王显臣、许保林：《中国古代兵书杂谈》，北京：战士出版社，1983年，第150页。

战争是国之危器，即危险的手段，万不可以滥用。吴起说，“战胜易，守胜难”，即取得胜利容易而保持胜利难。仗打多了，即使百战百胜也容易生出祸端、出现麻烦，所以最好是一战而解决问题，能够一次战胜，速战速决，就有可能成就帝王之业。总的来说，吴起发挥了《孙子兵法》的速战思想，他指出，长期而频繁的战争，即使对于战胜国来讲，也是沉重的负担，可能导致灾难性的后果。

《料敌第二》篇

吴起在这一篇主要论述判断敌情、因敌制胜的方法。

吴起认为，观察敌情应由表及里，透过现象看本质，从而全面明察敌情而乘敌之隙。对于不同类型的敌方将领，要运用不同的作战方式。所以，战争的要点是，首先要先考察对方的将领，根据其喜好秉性、智愚巧拙来运用我之权谋。如果敌将浅薄无知且轻信，就可以用诈术降服之；如果敌将是一个贪图小利的人，就可以用金钱美女利诱之；如果敌将是一个胸无主见之人，就可以用疲烦战术摆布之；如果敌方上级将领富而骄、下级将领贪而怨，则可以用各种手段离间之。

其次，要分析判断敌人所处的状态。对于处于不同状态的敌人，应采取不同的战法。如果敌人进退不定，部众对统帅失去信心，可以用震撼性的打击使其溃败；如果敌方下级官佐看不起他们的统帅，无意作战，那就要阻断平坦的交通要路，放开崎岖难走的地区，这样就可以在敌人行进的半途邀击歼灭；如果敌人久驻一地，暮气沉沉，上下有懈怠之意，就可以奇袭之。

最后，要判明敌人所处的地形。如果敌人处于前进易而后退难的位置，就可以引诱敌人前进；如果敌人进道险退道易，就要尽可能强迫敌人与我接战；如果敌人处在低洼之地，积水不易外泄，就可以设法水淹之；如果敌人处在林深草密之处，假如风向合适，就可以用火攻；如果敌人兵力众多，勇武异常，地居险要，粮足兵精，那么对付他们就应该有更强大的兵力，而且步骑配合，多路进军，使敌人迷惑，从而暴露空隙；如果敌人企图坚守，应派间谍渗透敌人内部，摸清敌情。如敌为我所劝，解兵而走，应适可而止；如敌不听我劝，则应发动进攻。战胜不必穷追，以防中计；不利则应及时回撤，以防为敌所乘。如果与敌狭路相逢且敌众我寡，应该果敢进攻，勇者为胜。

对待不同国家的战阵，也应采取不同的战法。吴起根据自己的战争实践和考察，对战国七雄齐、楚、燕、韩、赵、魏、秦的战阵做了概括，认为各国由于地理民情和政况的不同，战阵也有各自的特点。齐国阵重而不坚，即布阵兵力配置较多但不坚固；秦国阵散乱而喜欢自斗；楚国阵严整而不坚韧；燕国阵能坚守而不灵活机动；三晋（赵、魏、韩）阵十分整齐但士卒不用命。明主了解了各国战阵的特点就可以对症下药，各个击破。

总之，吴起料敌的总精神就是：用兵打仗必须考察清楚敌方的虚实，然后乘隙而进。吴起还具体指出了敌人处于困境而可以进攻的八种情况：一是风大天寒之时，至夜行止未定，冒险破冰涉河川湖泊；二是酷暑炎热之时，行止均无节制，驱使饥渴的部队长途跋涉；三是军队在处旷日持久，矢尽粮绝，百姓怨怒谣言蜂起，将领又无力制止；四是军用物资匮乏，又多阴雨，欲四出打粮，却无丰饶之处；五是军队人数不多，水资源缺乏，地形不利，人马疾疫流行，又乏援助；六是路途正遥，士兵行至半途而日已暮，士兵又饥又乏，正卸甲休息；七是将领无知乏识，无御人之才，士卒惊恐，又乏援兵；八是布阵尚未就绪，宿舍尚未安稳，在崎岖山路上长距离跋涉。如果审明敌人处于以上八种情况之一，就可以乘机进攻。

《治兵第三》篇

这一篇，吴起主要讲了士卒的训练和管理。

首先，他认为，兵不在多，关键在于素质好坏。如果士卒不听号令，赏罚不明，进退失据，纵有百万之师也无济于事。吴起心目中“治军”的标准是：平时要求一切行动合乎规矩，战时行动起来能令敌人生畏。攻则无坚不摧，退则使敌人无法追击。其前、后、左、右均有节制，服从指挥。一旦失去了联系，单个小部队甚至单兵也可以独立作战。部队上下信任，同甘共苦，生死与共。

为了实现这个标准，吴起认为必须选择“良材”入伍。齐桓公、晋文公、秦穆公不过选拔精卒数万均能成就霸业，可见兵不在多而在精。他建议应把百姓中有正义之心的胆大力强者、乐以效死力以显其忠勇者、身手敏捷能翻山涉远者、失职受罚作战失利而想建功以刷前耻者、弃城去守欲除其丑者，这五种人编成五种军队，这五军乃是整个军队的精锐。有了这五种人组成的三千兵马，可以破围，可以攻坚，可以歼敌。

在选拔精壮的同时，吴起还强调对士卒要进行合理的编组，使人尽其才，各自发挥所长。因为精壮之士毕竟有限，打仗也不能只凭少数精锐，所以组织协调的作用就突出了。吴起根据士卒的体魄、身高和勇气差别，安排各个兵种，身材矮的持矛戟，高的持弓弩，强者持旌旗，勇者持金鼓，弱者担任后勤工作。

在吴起看来，治兵的关键一环在于训练。为兵者，往往死于他无能为力之事上，失败在他尚未熟练掌握之事上。因此训练才是提高士兵素质的最有效方法。

教练士兵的内容是多方面的，有单兵动作、队伍动作、阵法演习、行军宿营以及保养马匹等等。在教练方法上，吴起发明了一种同心圆式的扩散教学法，即“一人学战教成十人，十人学战教成百人，百人学战教成千人，千人学战教成万人，万人学战教成三军”。用以兵教兵、老兵带新兵逐步扩散的方式教练，至今仍是一种行之有效的方法。

《论将第四》篇

吴起对将领非常看重。在他看来，将领是总摄文武之事的人，而非单纯的武人。国家只要能得一良将，则国家兴盛，反之则灭亡。他本人就是这样，既是个优秀的军事家，又是位杰出的政治家。在魏国，他身为将军，百战建奇功，但总希望能有一日当上相国，主持国政。楚国给了他这个机会，结果数年之内就让诸侯不敢正眼看这个一度积贫积弱的国度。

正因为如此，吴起对将领的要求很高。他认为，将在智不在勇，必须具备文经武纬的资质，用兵时不能一味砍砍杀杀，必须有政治头脑。大凡良将，都应具备威、德、仁、勇的素质和临危受命而勇于负责、“不破楼兰终不还”的果敢与坚毅。

在吴起看来，为将者应足以安邦抚众，断疑解难，令下则无人敢不遵行，言出则必有结果，处敌则敌人畏惧。为将者还要善于掌握作战中的四个关键（四机），就是善于保持军队高昂的士气（气机）；善于利用地形地物（地机）；善于了解敌情，运用计略（事机）；善于充实和保持部队的战斗力（力机）。换言之，就是要在充分了解敌情的基础上，善于利用地形，运用谋略，并不断充实自己部队的精神和物质力量。应该说，这几点至今仍旧是指挥作战的关键。

吴起还对将领有五点具体要求：一曰理，就是治理统率人数众多的部队像治理统率人数少的部队一样；二曰备，就是始终保持戒备，大军一经开拔就如同已经见到了敌人一样；三曰果，就是碰到敌人不优柔寡断；四曰戒，就是胜而不骄，始终如初战那样谨慎；五曰约，就是军令军纪简明扼要。能做到这五条，就可以领兵出征了。

《应变第五》篇

吴起在这一篇中主要论述了在不同情况下的不同作战方法，其核心精神是随机应变，因敌设谋。

首先，吴起认为作战的基本前提是：在任何情况下，军队都必须听从指挥。让它前进就前进，要它后退就后退，凡不服从命令者，杀之无赦。只要三军服从统帅的权威，士兵乐于效命，则战无强敌，攻无坚阵。其次，吴起讨论了在各种不同情况下所应采取的不同战法。比如当“敌众我寡”时，就应该避免与之在平坦的开阔地带接战，而要设法邀击于险恶地带；对于坚守险要的敌人最好要诱敌出战，使其失去地势依托，然后歼灭之。吴起还具体指出了谷战、水战、攻城、防御等战法的作战原则。总之，要了解敌情变化，掌握战场动态，能战则战，不能战则避战。

《励士第六》篇

这一篇目主要讲如何激励士气。吴起认为士气高的前提是战争要与人民的利益相一致。剩下来鼓励士气的主要手段就是重赏重罚。

吴起提出的重赏办法有四种，其一为军功赐爵。他主张对那些善于用各种兵器、身手不凡、勇力绝伦者赐以爵位，并加赏良田美宅，以酬其功。其二为进飨。这是一种荣誉性的宴会慰问，由国君亲自主持，在宗庙的大厅内设酒席，分列前、中、后三排，有上等功劳者居于前排，美食美器伺候；次等功劳者居中排，食与器也次之；未曾建功者坐后排，席上无美器，食物也差，宴罢立即退出庙堂。其三为颁赐。即在进飨之后对所有有功人员的家属给予奖赏，奖赏亦分等进行，使有功人员的家人也能沾惠荣光。其四为劳赐。凡是家中有死于国事者，由政府每年都依节令派人慰问，赐予钱物。重罚的情形由于《吴子》的佚失篇节而无考，不过从其他史料上考察，应该也是十分严厉的。从吴起的赏罚办法可以看出他是精神鼓励与物质鼓励并重的，着重于满足人们的荣誉心，这一点倒是十分符合现代心理学的激励原则。

《尉缭子》——政治与军事的双重奏

《尉缭子》为尉缭所著。尉缭具体生辰事状不详，据考证是战国梁惠王时人，大约与孟子同时，曾在魏国入仕，后来又去了秦国。据说是做过秦国的尉，但也有人认为魏国尉缭和做过秦国尉的人并非同一个人。不管怎么说，这个人毕竟留下了一部有价值的书。至于这部书属于兵家还是杂家，有人还有疑问。因为《汉书·艺文志》杂家著录中有《尉缭》二十九篇，而兵家著录中，复有"《尉缭》三十一篇"。不过，自宋代将《尉缭子》列入《武经七书》以来，一般观点是把它算作兵家。只是，《尉缭子》谈兵的层次颇高，往往与政治哲学纠缠不清，难怪有人要将之视为"杂家"。

《尉缭子》现今传世本共二十四篇。首篇《天官第一》，讲述的是人事重于天命的非迷信思想。《兵谈第二》，主要讲的是国家的经济实力与军事力量及战争的关系，讲清了如果国家经济不发展，那么战争胜利就没有保障的道理。同时，胜利与国家政治的清明与否也有莫大的关系，《尉缭子》提出了“兵胜于朝廷”的著名命题。《制谈第三》，主要论述政治制度与军事制度对战局的影响，认为进行战争，必然要改革制度；还较早地提出了“耕战”思想的雏形。《战威第四》，着重论述士气对战争胜负的影响以及保障军队士气的方法。《攻权第五》论述进攻战略的诸问题，强调要在进攻前做好精神、物质和组织的一切准备，进攻时要善于选择敌人之最薄弱处。《守权第六》，则论述防守的一些基本法则。《十二陵第七》，总结了治军的正反十二条经验教训。《武议第八》是个庞杂的篇目，论述了战争的性质、目的和物质基础，将领的位置与作用、权力运用、赏罚原则等。《将理第九》，说明了执法不严的后果，不仅会导致战场上的直接失利，还会影响国计民生，造成国家空乏，动摇根本。《原官第十》，讲述了国家分设官职的意义，以及君臣职能和施政方法。《治本第十一》，主要叙述国家以农桑为本的道理，提出了“往世不可及，来世不可待”的积极现世思想。《战权第十二》，阐述战争权谋问题。《重刑令第十三》，主要讲如何处罚战败投降和临阵脱逃者。《伍制令第十四》，提出了在军队中实行连保制度的问题。《分塞令第十五》，讲军队营区的划分、建设和管理条例。《束伍令第十六》，讲战场纪律。《经卒令第十七》，讲战斗组织、编队和佩戴标识符号的意义。《勒卒令第十八》，讲金、鼓、铃、旗等号令工具的作用及使用。《将令第十九》，讲将军受命的郑重和将令的威严。《踵军令第二十》，主要阐述战斗编队和各位置的任务职责，强调内部协调一致的重要性。《兵教上第二十一》，主要叙述部队的训练方法、步骤和训练中的奖罚制度。《兵教下第二十二》，讨论为国君者怎样把握和控制战争的进程及行军作战的训练问题，训练与实战的关系。《兵令上第二十三》，讨论了政治与军事的关系。《兵令下第二十四》，主要讲述战场纪律及相关问题。

战争观

从哲学意义上讲，《尉缭子》的战争观具有朴素的唯物主义性质。它反对迷信，反对天命论，认为战争的进行不需靠卜神占卦来预知先机，主要是人为的努力在起作用。只要人的谋略运用得当，物资供应充分，士卒训练有素，那就可以有效地驾驭天时地利取得战争的胜利。这种观点，比起殷周时每战必问巫师的情景，相去恍若天壤。

其次，《尉缭子》认为战争是应该有道德属性的。正当的战争应该是正义的，其功能是要“诛暴乱，禁不义”，以讨伐不义为目的。“王者之师”要以“仁义”为本，不能一味杀戮。从本质上讲，战争毕竟是一种以暴力为其本色的手段，国家运用战争手段是不得已而为之。所以，不能穷兵黩武，应该“慎战”，把战争视为最后的手段。但是，又不能“废兵”，废兵则国必亡，反会招来更大的灾祸。

《尉缭子》对于军事、政治、经济三者关系有很精辟的论述。它认为，经济是国家的根本，也是战争赖以进行的物质保障，所以必须发展经济，保障军队供给。而发展经济就是要充分利用土地资源，奖励农桑，以农为本。如果土地广阔而又能充分利用自然就会使人民富裕，人民富了国家才会富，国家既富且治，则不发兵也会让天下服从。《尉缭子》还形象地把军事与政治比喻为枝干和根基、“表”和“里”的关系。它认为战争这种东西，从来都是以武力为枝干而以文治为根基；或者以军事为表，以政治为里的。政治是用来辨明利害之所在，识别安危之所系，而军事则用来付诸实施，“犯强敌，力攻守”。也就是说，政治才是战争的根本，而军事是从属于政治的。

作战思想

对于具体的作战，《尉缭子》显示的是一种深思熟虑、老成求稳的态度。它非常注重战前的各种准备，提出不打无准备之仗，主张在发兵兴师之前，先要对自家与对手情况反复考察和掂量，物质和精神各方面孰轻孰重，甚至把应该经过的道路都勘查一下，才好出兵。

要攻城的话，如果没有把握将之攻陷，那么就不要贸然攻城。攻城时必须掌握两个原则：一是集中兵力，兵力分散是自取其败；二是出其不意，强调行动的保密性和突然性。进攻时还要切断该城与其他各方的联系，使之成为孤城。这是防止敌人迅速增援导致遭受内外夹攻的有效手段。

如果与敌人野战，要是没有必胜的把握就不必言战。我方兵多可以力量的优势压倒对手，我方兵少则要运用权谋来弥补兵力的不足。一是要先发制人，占敌先机；二是要奇正互用；三是要尽量迷惑敌人，真真假假，虚虚实实，有则无之，无则有之，让敌人搞不清你的真实情况，你却可以从出敌不意之处打击他，这样战场的主动权就在你的掌握中了。

如果你要守城，那么一定要坚守城外要地。守城必须实行积极防御的原则，将部队分成两部分，一部分守御，一部分伺机出击，两者要截然分开，各司其职，免得出击时万一失利为敌所乘。守城如果单凭城郭抵御是危险的，守城必守险要；守城如果不主动出击也是危险的，因为那样会导致敌人放手无忌，而你则被动挨打，疲于奔命。最后需要说明的是，守城必须要有救援的希望才能真正坚守，如果救兵始终无望，再坚固的城池也终有被攻破之日。所以“有必救之军者，则有必守之城”。

治军要则

其一，治军先治将。《尉缭子》认为，一支军队能否成为训练有素之师，关键在于为将者应该为人表率，有较高的道德水准和良好的个人禀赋。能够行事出于公心，秉公执法，任人唯贤，吃苦在前享受在后，打起仗来应该沉着稳重，奋勇当先。这样品质优秀又能恩威并重的将帅，才能有效地治理好军队。

其二，军队的行政系统应该是健全的，军队的制度应该是完善的，以使战斗命令上下通畅，指挥起来驱使如臂，浑然一体。《尉缭子》还具体规定了部队的编组与标志，指挥信号和军队训练的方法与步骤，以及训练的奖惩制度等有关行政原则。

其三，《尉缭子》特别强调军队的训练。不练不成兵，统率乌合之众去对战精练之卒，纵令统帅有天大的才能，也无疑是以卵击石。因此，《尉缭子》设计了一整套军队训练的系统方法，提出了从最基层逐级教练、单练与合练相结合的训练步骤。

其四，《尉缭子》主张用严刑峻法来治军，强调战场纪律和军令的森严，具体规定了如何惩治战败、投降、逃跑将吏的处罚条例，还特定了军队士卒什、伍连保坐法，对临阵脱逃、投敌叛变者实行同什、伍连带责任制度。

《六韬》——文武足备

《六韬》是挂在姜尚名下的一部战国兵书。这部书以周文王、武王与姜太公的对话形式写出，含《文韬》《武韬》《龙韬》《虎韬》《豹韬》《犬韬》六大部分。由于作者说只愿其流传而甘愿自隐其名的精神，后人只能考证出挂名作者为伪，却无从寻觅真作者的痕迹。但是，这虽是“伪书”，却是一部有真学问的好书。宋代将之列入《武经七书》，定为武学必读之书，显然不为无因。《六韬》继承了先秦兵家的优良传统，笔力雄健，旁涉杂收，内容十分丰富，哲理性强，规模宏大。其中，《文韬》主要讲与战争相关的政治战略；《武韬》则讲战争的战略设计；《龙韬》则以“龙”为象征，讲军事指挥问题；《虎韬》则讲兵农一体及各种情况下的攻防战术；《豹韬》偏于特殊地形下的武装应变措施的叙述；《犬韬》讲述了各种兵种的优劣及协同问题。

《文韬》

《文韬》讲的是政治战略，它认为政治统率军事，战争绝不仅仅是军事力量的抗衡角争，而且是一种政治运行形式。战争要以道义为本，得人心者得天下，而非单纯暴力可以征服天下。要想顺乎民心，必先“爱民”，因为天下绝非君主一人之天下，乃天下人之天下，所以必须本着为天下人共同利益的原则去处理政务。换言之，要想争得人民的拥护，就必须让人民获得益处。这种益处既有物质的，也有精神的。物质方面的益处包含勿使农民失农时，而享土地之利；做君主的不与民争利，能轻徭赋，省刑罚，救人之难，解人之忧。精神方面的益处有以德驭民，与民同忧、同乐、同好、同恶。总之，战争的最后胜利必须借助于人民，要想取之于民必先给予人民一些他们所希望的东西。

《文韬》发挥了《孙子》战争五要素中“道”即获得人民拥护的思想，将其全面展开为一种自上而下的政治行为。也就是说，要想获得人民拥护，应着眼于平时政治而非战争的国事措施。其要点首先是要求君主要清静无为，不贪天下之利，认识到人民才是国家的根本。其次要任贤避不肖，只有尚贤才能使整个社会风气淳朴。《文韬》详列了举贤的标准和办法，明确划出了十三种不能任用的奸人，作为君主用人的参照。此外要赏罚必信，严肃行政法纪，避免官吏贼民害人，以权谋私利。最后还要贯彻实施合理的经济政策，发展农、工、商以实现民富国强。若要想进行战争，准备工作必须暗地进行，待时机成熟，开战之前应公开号召国内民众以正出师之名，吊民伐罪，激励民心士气。

《武韬》

武韬是讲军事宏观战略，既可视为政治手段，也可算作军事行为。

《武韬》认为，若要取得战争的胜利，出师必须有名，且须有正大之名，而非牵强附会之借口。出师应是吊民伐罪，诛暴乱，讨不义，或者抵抗侵略，保卫家园。只有出师有名，才可以真正激励民心士气，兴义兵或起哀兵。若能为此，则胜利就有了一半的保证。

《武韬》受老子哲学影响颇大，它认为“全胜不斗，大兵无创”，即完美的胜利不存在争斗搏击的因素，真正的战争不会带来战争创伤。

这里，并不是孙子所谓的“不战而屈人之兵”的谋略运筹，而是某种大的政治策略的运用，行利民之道，使天下共利益，而无取其天下，从而使天下百姓归心，不战自胜。这种胜利才是完全的胜利，既无兵革也无凯旋，但却蕴含着真正的上乘文韬武略。

《武韬》还发挥了孙子“不战而屈人之兵”的权谋思想，主张进行“文伐”，提出了十二种具体运用智术达到不战而胜的方法。总之是要尽可能充分地利用敌国内部矛盾和空隙，分化瓦解，激化矛盾，挑拨离间，最后削弱敌人或使敌人自我溃乱，至少可以为军事进攻创造有利的时机，以最小的代价，换取最大的胜利。战争中阴谋的运用目的正在于此。

《武韬》最后还谈到了“兵道”问题，即获得战争胜利的基本因素。它认为战争取胜的要中之要就是团结一致，上下通气，政令军令统一，贯彻通畅。它认为如果能实现这一点，就可以无往而不胜，用兵如神。

《龙韬》

《龙韬》主要论述军队的指挥系统问题，包括将帅的选择、立将的仪式等等。它认为将帅的选拔和择别有关国家安危，不能不慎。在作者看来，将不仅要深通兵法，谙熟权略，而且还需有政治头脑和与士卒同甘共苦的品质。作者还具体提出了考察将帅的八个办法。

《龙韬》中最为突出的一点就是它详尽地叙述了统帅部的问题，在中国军事学说史上首次对统帅部的编成、功能做了论述。它指出，将帅是掌握全军的人，他重在掌握全盘情况，不一定也不可能专精于每项业务和技术。因此，统帅必须配有一些各具专长的助手，分管各项业务，协助他指挥。其中包括“腹心”，类似于参谋长的角色，协助统帅掌握全盘，制定作战方案；“谋士”和“权士”相当于作战参谋，出谋划策，参与军机；“兵法”负责执法和选择器械；“奋战”负责选拔人才；“股肱”负责规划防守事宜，修筑工事，架桥铺路；“地利”负责侦察勘明地形，选择行军路线、作战地点；“伏旗鼓”主管旗帜、鼓号等各种信号符号；“天文”负责气象观测；“耳目”与“游士”负责收集情报，行间反间。再加上军中的医生、后勤人员、财会人员以及联络人员，一个颇为现代化的统帅司令部已经有了雏形。

《虎韬》

《虎韬》论述的重点不是宏观问题，它分别讨论了兵器和其他军用器材的配置以及各种作战形式的具体战术选择。其突出之点是它前所未有地提出了战时武器装备与平时生产、生活工具的一致性问题。它的主要观点是要实现“兵农合一”“寓兵于农”，平时战时结合，从而使生产工具与战斗武器相协调，生产技术与战斗技术相协调，生产组织与战斗组织相协调，生产工程建设与战争工程建设相协调。这一问题的提出受到日本军事学家的高度重视，并化为近代以来日本军民合一建设的主体设想之一。后来，我国近代军事家蒋方震对此也有过专门论述。

《豹韬》

《豹韬》主要讨论了某些特殊情形下的战术问题。比如在森林、山地、江河地带以及险要地形的作战方法；抗击突然袭击、应对夜袭的方法等等。这说明作者的战术眼界是相当宽广的，在特殊地带和特殊情况下作战具有一般常规作战不同的性质，即使在今天仍旧是军事学需要研究的课题。

《犬韬》

《犬韬》论述了军队的集中，捕捉战机；挑选士卒，训练的具体方法；车、步、骑各兵种的特点、性能、阵法、战法等等问题。比较难能可贵的是它着重研究了车、步、骑各大兵种协同作战的问题，讨论了各兵种的优劣和各兵种运用的最佳方式，以及各兵种如何相互配合，取长补短，以期提高效率的问题。总之，它的指导思想是要结合地形特点和敌情变化来安排兵种搭配，不可拘泥于教条。

《六韬》在世界上颇受重视，对中国的周边国家，如日本、越南、朝鲜等都有相当大的影响。特别是日本，《六韬》一直是其军事学的主要学习资料之一。在18世纪西方第一次翻译介绍中国兵书时，《六韬》就被传到了欧洲。由此可见，这部书具有举世公认的价值。

《何博士备论》——通古今之变

《何博士备论》是北宋人何去非所撰。这是一部借讨论古人军事史来论证历代用兵得失的特殊的军事学著作。何去非真是一位“武学博士”，不过这个“博士”不是今日的学位，而是官衔，一个品级不高的官衔。这个“官”恰是他纸上谈兵得来的。《何博士备论》当年曾受大诗人苏轼的赏识，并向朝廷推荐。此书为文踔厉风发，恣肆汪洋，纵论古今，成一家言，有不少真知灼见，也存在某些文人陋识。

《何博士备论》现存二十七篇，分别为：《六国论》《秦论》《楚汉论》《晁错论》《汉武帝论》《李广论》《李陵论》《霍去病论》《刘伯升论》《汉光武论》《邓禹论》《魏论上》《魏论下》《司马仲达论》《邓艾论》《吴论》《蜀论》《陆机论》《晋论上》《晋论下》《苻坚论上》《苻坚论下》《宋武帝论》《杨素论》《唐论》《郭崇韬论》《五代论》。每篇围绕一个人物或一朝军事史迹展开议论，然后列举古代相关战例，论证作者自己的观点。何去非立论颇高，往往从宏观大战略角度审视以往的成败兴衰，敢于否定旧说，创立新论，虽不乏书生意气，但仍不失为一部别致新颖的兵家之言。

攻略与战略

《何博士备论》继承了先秦兵家把政治与军事通盘考察的传统，以历代兴亡为例，明确提出了政治策略决定军事战略的原理。何去非在《六国论》篇中指出，秦与六国的实力相较，占有绝对的劣势，幅员只占六国的六分之一，兵力则占五分之一到十分之一。就是单个比较，相对于楚、赵、齐、魏这样的强国，秦也无多大优势可言。但是，六国最终为秦所灭，这首先是因为秦国总体的政治策略对头，“连横”之策终能击垮“合纵”之术的缘故。六国各怀异志，政策不一，首鼠两端，不断地被秦所分化瓦解，最后各个击破。秦国军事战略的成功必须依赖政治策略的得当，否则，六国在“合纵”旗帜下连为一体，秦再多一些精兵良将也无计可施。

苏洵作《六国论》把六国之失败归咎于“赂秦”；而他儿子苏辙也作《六国论》把六国之失败归咎于在整体战略上齐、楚、燕、赵不能有效地帮助前线国家韩、魏。显然，何去非的议论立足点要比二苏之论高许多。

最后，何去非在《六国论》篇中得出的结论就是，政治决策要考虑国家的“根本利害”，全面分析形势，只要利害相同，不论亲仇皆要联合。国与国间的政治要不问私情但讲利害。何去非在《苻坚论》篇与《晁错论》篇中也论证了只有政治眼界开阔、政治策略得当才可以使军事战略得以实施的道理。

民心向背

何去非在《秦论》篇中做了一个有趣的对比，说是当战国七雄并立之时，秦兵东出而六国灭，而秦朝建立后，陈胜吴广大泽乡起义，天下叛秦，秦将章邯率秦兵东出而秦亡。其中的原因不在于山川形胜、淆函之固，也不全在于战略上是否得当、将士能否用命，关键是民心之向背发生了转移。得民心者得天下，失民心者失天下。民心向背也可以检验战争的正义与否，得民心之战是为义战，反之则为非义战。

何去非还用西汉周亚夫率军平七国之乱的史事来证明这一点。他认为，七国之乱之所以失败，首先在政治上是没有得民心，人民并不希望“亡汉”，其次才是军事战略上的失策，没有采纳“取梁”和“据洛”的方略。

至于淝水之战就更说明这一点。王猛在世时就屡次告诫苻坚不要攻晋，因为东晋虽然国弱，偏安一隅，但在广大百姓眼里，它仍是汉族王朝的正朔所在。但是，苻坚并没有听进去，王猛一死，他就率百万大兵南下进攻东晋。按双方军力对比，苻坚近百万，东晋仅八万，论将帅才能，苻坚也并不比谢安、谢玄差，但是谢玄手下是誓死捍卫家园的子弟兵，而苻坚手下的百万之人却多为不愿参战的汉族农民。所以果然不出王猛所料，双方刚刚正式接触，苻坚号称投鞭阻流的百万大军便不战自溃。从某种意义上讲，谢家子弟只不过捡了个便宜。

有为有弗为

战争是一种政治的手段，这种手段需有所用，有所不用。何去非以汉与匈奴和及战的过程为例，十分鲜明地阐明了这一道理。他说汉高祖刘邦起兵灭秦，然后楚汉相争，天下纷扰争战二十余年，民力凋敝，户口减半，所以自他起，惠、吕后、文诸帝均对匈奴采取忍辱苟且的和亲之策。此时不是不肯用兵，而是用兵的条件尚不具备，必须与民休息，积蓄国力，若贸然求战必致国破民残。到了景帝时，虽然有了用兵的物质条件，但国内诸侯又作乱，所以仍需对外忍让。至此，西汉王朝已经历经五世，他们虽不用兵，但均积极备战，暗中积蓄国力，以求时机成熟一举雪耻。所以，到了汉武帝时，已经不止十年生聚，十年教训，国库充盈，国力强盛，遂秣马厉兵，大战十年，北逐匈奴于大漠，一举刷洗前代之耻辱，而遗后世数代以安康太平。

何去非由此得出的结论是：作为君主，忘战而恶兵是不行的，耽于安乐太平而马放南山刀枪入库，等于拿国家的命运开玩笑，非至国破身灭而后已；穷兵黩武也不行，打到最后也可能会像商纣王一样一把火在鹿台丧命。所以，运用战争手段的关键在于能否审时度势，时机成熟则用，时机不成熟则不用，有为有弗为，一味不用或滥用，都会导致败亡。

智与勇

何去非认为战争要善于运用智术，不可一味恃勇。在《楚汉论》

篇，他指出项羽之所以失败，就在于他任力不任智，一味依仗自己拔山举鼎之蛮力，作战时的骁勇无敌，有人才而不能用，即使有一个范增也无法尽用其谋，夺取地方而无术控制，既无统治方法，又无战略眼光，愚昧地弃关中而斤斤于“荣归故里”，还都于楚地，最后等于轻易把关中让给了对手刘邦，使自己在楚汉相争中处于不利的位置。相反，刘邦虽其貌不扬，行为无赖，却能尽收天下智士而用之，使天下之智为己智。所以，楚汉之争就是智谋战胜愚勇的历史。

其后，何去非还在《李陵论》篇中谈到李陵之勇也是盖世绝伦，以步卒五千当敌骑十万，战况空前惨烈，作战英勇，杀敌之众，在西汉军事史上都是少见的，但结果还是全军覆灭。这说明打仗不能光凭勇力，更需要有头脑，能战则战，不能战则力避决战，不打无把握之仗，若要战，必先算好了能打胜才打。当然，何去非的议论是无可非议的，但用在李陵身上却未必得当。李陵的失败原因比较复杂，绝非他个人单纯恃勇冒险所致。

关于智与勇的问题，《何博士备论》中的其他篇节也有所涉及。比如，在《刘伯升论》篇中，就认为刘縯（伯升）虽然果敢勇猛，但却不如刘秀深谋远虑，善于韬晦，结果刘縯败死而刘秀终成大业。在《魏论》篇中，从曹操的用兵之道得出“兵以诈立”的结论，强调任力不任智，必然败亡。

攻与守

何去非认为战略上的攻与守应和国力相适应。因此，他在《蜀论》篇中对诸葛亮提出了批评，他认为诸葛亮取得了荆、益二州而不能很好地利用，以致失了荆州而劳动蜀民，他的功业不能成就，实在是咎由自取。

其实，何去非的这番议论是有失公允的。荆州之失，是关羽不能理解诸葛亮“联吴抗魏”战略方针所致，既不能联吴又失之防吴，两面作战，自取其败。而蜀地元气大伤则由于刘备执意伐吴所致。蜀民之劳，罪过不应算在诸葛亮身上，而恰是刘备、关羽二人破坏了诸葛亮的既定战略的恶果。至于诸葛亮后来“六出祁山”的伐魏攻势，实际上是一种“以攻代守”的策略。荆州已失，猇亭惨败的蜀国，不采用这样一种战略，静候魏与吴的进攻，可能就会支撑不下去。“六出祁山”是战略上的防御和战术上的进攻，正因为这一点，诸葛亮才会以谨慎用兵为主，步步为营，而拒绝魏延的出奇兵冒险之策。事实上，诸葛亮之出祁山之战，并未损伤蜀国国力，与后来姜维的九伐中原不能相提并论。何去非未能理解这一点，只是一味强调魏、蜀实力的差异，认为弱的一方，只应防守待机，而不应进攻消耗。殊不知防御也有消极防御和积极防御之别，攻势防御有时才是最有效的防御。看来，何去非与北宋时的许多士大夫一样，陷入消极防御的泥潭不能自拔，以致他一贯反对教条泥古，但有时却又掉进其迷雾中而不自知。

军纪的重要

何去非非常强调军纪的严肃性。他认为天下之正义，在国家表现为法制，在军队则体现为军纪。治理国家，法制松弛则国家必亡；统率军队，纪律废弛则会导致失败。军队纪律是统率全军、维系部队的纪纲，不可一日松懈。为将者不可一味宽厚，讲究人情，以个人感情代替军纪的执行。如果这样的话，就会令不行、禁不止，最后无法作战。他认为李广是个难得的将才，文武足备，士卒也拥戴他，可惜为人过于宽厚，纪律不严，以致最后无功自尽。

唐代方镇拥兵自重，五代之时骄兵悍将迭相篡夺，一方面国之法制废弛，一方面军纪无存，军人成了家中惯纵的骄子，既不可驱使，反为之所害。国家养兵本为保卫国家，可因军纪废弛反而成了国家之害。军纪的重要性在此从反面得到了最充分的印证。

《曾胡治兵语录》——理学翻新

《曾胡治兵语录》为蔡锷编辑。蔡锷是我国近代著名的军事家、革命家，辛亥革命后讨袁的大功臣。蔡锷曾是梁启超在湖南办时务学堂时的高足，维新变法失败后，矢志以军事救国，遂投笔从戎。他 1901 年入日本成城学校学习军事，1903 年考入日本士官学校，次年毕业回国。先后在南方数省训练新军。1911 年春赴云南训练新军，不久被任命为云南新军第 19 镇第 37 协协统（旅长）。《曾胡治兵语录》就是蔡锷在云南期间编辑的。

《曾胡治兵语录》分为十二章，将曾国藩、胡林翼的治兵言论按“将材”“用人”“尚志”“诚实”“勇毅”“严明”“公明”“仁爱”“勤劳”“和辑”“兵机”“战守”加以分类，并加上自己的按语。当初是作为云南新军的“精神讲话”教材，后来得到蒋介石的重视，遂成为近代中国军事教育的主要教材之一。

《曾胡治兵语录》虽然辑录的是曾国藩和胡林翼二人的言论，但在编辑选材上，显出编者的独特匠心，特别是他那些按语，实际也表达了蔡锷的军事思想。例如，谈及攻势防御问题，蔡锷就发挥了很大一篇。他说道：自普法、日俄两战以来，进攻之利，为世人所共见，所以各国军事学家一论及战略战术，大率主张进攻，以致走了极端，不是万不得已，没有人打防守的主意。但是，实际上战略战术的采用，应该因时而制宜，因不同情势而求其妥当者，万不可稍稍拘泥，忘记用兵之本源，只想去模仿他人，如果这样的话，就如同跛子与人竞走，肯定要跌跤。

蔡锷还进一步论证说：战略战术上取攻势当然是好事，有许多便宜，但必须具备四种条件才行。一是兵力雄厚；二是士卒精练；三是军需器械完备，供给充足；四是交通便利。如果四者均优于对方，进攻战略方有胜算；如果四者缺其一，贸然取攻势，则有可能导致如曾国藩所谓的先发而不能制人的后果。如普法战争中，法国境内军队开始动员颇为迅速，但法国战争准备不足，军资供应不上，加上兵力又未能集中使用，一场声势浩大的进攻战，未几便虎头蛇尾，处处挨打，着着落后，先是转攻为守，最后连守也守不住了，只好投降。而日俄战争也有类似的情况。俄军后勤供应状况极糟，且交通线又长，单凭一单轨铁路，运输不继，以致每为优势近便的日军所制，后来勉强发动攻势，反而损失更大。

最后，蔡锷笔锋一转，把论述的焦点转移到了中国当时军备的现状，以及战时应采用的战略上来。他认为，中国的军队虽然目前有20余镇（师）新军，但是由于没有后备兵制，且后勤保障系统也不完备，所以每镇临战也只能有五千战时兵员。这样我国的三镇方可抵上人家一师，而且一旦有伤亡就无从补充。单从兵力数量上看，我国就不如东邻日本雄厚。而且中国现在的军队能否谈得上训练有素，是大家彼此明白的，所以他日一旦与强邻开仗，我们的军队能否济事是不难设想的。至于主动进攻，就更不可能，因为中国的军用物资和交通两项，比强邻日本就差得更远。所以，中国一旦与东邻交战，所谓战略战术上最有利的攻势战略应似无缘，与其采用孤注一掷的攻势，不如据险而守，节节设防，尽量保存自己实力，有效地迟滞、疲惫敌人，俟其师老兵疲，深入我境，再一举歼之，就像当年俄国对付拿破仑的五十万大军一样。

曾国藩和胡林翼在蔡锷那时的身价与现今不同，即使是毛泽东，在接受马克思主义之前，对曾国藩也是相当佩服的。客观地看，曾胡治兵经验和见解虽是由镇压太平天国农民起义而来，但他们以书生治军，洞悉兵法，熟悉历史，善于从古代兵学理论和历史经验教训中汲取养分，并施之于战争实践，所以从军事理论角度，他们的言论确有可取之处，其中还不乏真知灼见。比如，像蔡锷指出的那样，曾胡论夜间宿营，虽只一宿，也需深沟高垒，为坚不可拔之计。这种见识，在具体战争中不仅实用，而且为近世兵家所未能道及。下面，我们就拟分述之。

治军思想

曾胡讲治军，具有浓重的儒生气息和理学风格。

首先，他们带兵治军讲究行仁义，认为爱民为治兵第一要义，强调不能因扰民而坏了士卒的品性。当然，湘军绝非什么仁义之师，不扰民的兵在那个时代很难存在。但是，湘军中的家族伦理或道德气氛却是存在的。曾胡认为，他们带兵就如同父兄带子弟一般，既要养育之又要保证其品德的纯正。湘军是曾胡门生弟子按乡里宗族系统组成的，以儒生领农民的军队，确实有些像个大家族，再加上“崇正学”的卫道宣传，以理学治军倒也有点影子。所以，曾胡在强调治兵的“恩威相济”时，提法上与传统兵家有些不同，他们认为“用恩”莫如“用仁”，“用威”莫如“用礼”。其中，“仁”意味着带兵存一份仁爱之心，并给他们以较为丰厚的饷银。当时农村雇工全年工资才银五两，而湘军兵勇全年可得银五十一两，比一般绿营兵还高。而礼则意味着以礼教带兵，合于礼者发达，不合于礼者逐斥。当然，曾胡也照样离不开传统的“赏”与“罚”的法宝。他们认为，用兵必须先明赏罚，赏罚不严，兵就没法带。赏无非是银钱与保举，罚则要脑袋搬家。曾胡也强调军队听从指挥的必要性，在号令未下达之前，不允许有人恃勇轻进，在号令已下达之后，不允许胆怯者畏缩不前。

用人思想

曾胡重视人才，认为国家富强在于能够获得好的人才。国运昌，由于得人；国运衰，由于失人。《曾胡治兵语录》中关于用人选将的篇目就有两篇，可见其对用人问题的重视。首先，他们认为人才的选拔，将帅的任用要看德行优劣，在德与才之间，曾氏宁取前者。《曾胡治兵语录》认为，士兵是容易招募的，但将帅却难求；有勇气胆略的将好找，而廉正无私具有较高道德水准的将帅则难求。《曾胡治兵语录》把所谓“求将之道”概括为四条标准，即有良心、有血性、有勇气、有智略，而良心与血性的道德标准是大前提。所以，曾胡用人有两个特殊的选择标准，一是要看道德文章，二是要有“乡气”。前者的极致是曾国藩幕中有了些满腹经纶但战阵之上百无一用的人。后者的意思是提倡质朴品性，排斥衙门气和办事浮华不实。其实，曾胡强调人才的德行，主要还是着眼于“忠诚”，即对朝廷和他们自己的忠诚。当然，这也无可厚非，在那个“反叛”的年代，为了维护正统不坠，不强调忠诚是不现实的，况且战阵之上的反叛实为用兵之致命伤。

在道德的大前提下，曾胡也讲求用人的不拘一格，反对求全责备，主张用人所长，避其所短。在曾胡看来，用人之道的精妙之处就在于能使人人显其长，去其短，其运用之妙，全在统帅的匠心。对于将帅，在智与勇之间，他们偏于智，认为为将者如果勇多智少是不堪大用，难成大事的。显然，曾胡继承了中国兵家任智不任力的传统，颇有“儒将风度”。

用兵方略

曾胡用兵，以稳健、坚韧著称。开仗之前总是尽可能准备得充分一些，再充分一些，不打或少打无把握之仗。1853 年冬，曾国藩初编湘军，咸丰皇帝即命他率部援皖，但他以没有做好准备为由，拒绝出征。他认为军队没有练好，武器没有配齐，仓促上阵等于儿戏，名曰“大兴义旅”，实际上不过是矮人观场，光图热闹而已。

曾国藩还对古代兵学的“主客”概念做了他自己的解释。他认为，对于攻城和守城的双方来说，守城者为主，攻城者为客；对于遭遇战来说，先呐喊放炮者为客，后发制人者为主；两军决战，先至战地者为主，后至者为客。曾国藩一向用兵作战“喜主不喜客”，他说：战争是不得已而为之的手段，经常存一种不敢为先之心，应该让人家先打第一下，我来打第二下。他主张后发制人，以至稳之兵取胜，非至万不得已，不用奇谋取胜。所以，他主张宿营时，哪怕只住一宿，也要深沟高垒，“扎硬寨”，严防敌人偷袭。在行军中，他主张慎重拔营，以防敌人乘隙而入。在具体战争实践中，他也以稳健著称，一生不敢弄险。在重兵环集，天京已孤立无援的情况下，他还主张“长围坐困”，不乐意冒险攻城。

胡林翼也有大体近似的用兵风格。他认为防守者不能处处设防，那样势必兵力分散，不能战也不能守，应该在紧要必争之地厚集重兵防守，这才算是稳固。他也强调进攻作战须稳扎稳打，步步为营，以坚韧的力量来压倒对手。他认为临战时不宜分散兵力，应集中兵力，不怕其厚重。而且，在进攻时必须留兵守营，担任预备队，如果以十营兵进攻，须留五营作为预备队，以防不测。

曾胡在镇压太平天国的总战略上也确实坚持这种稳健坚韧的风格。不管朝廷有何种意见，友军有何种想法，不论太平军方面采用什么样的战略战术，你围魏救赵也罢，抄我后路也罢，东进江浙重地也罢，他只是一味从长江上游向下游压下来，由九江、安庆最后到天京，盯住就不放，最终也真的把牛角尖钻通了。

曾胡所统带的湘军，人数一直不多，初时不过二万，最盛时也不过十数万，远远抵不上对手太平军。他们本钱有限，不能轻易冒险，自然趋于求稳。湘军属于正统者的一方，其军队素质、武器装备的供应，以及物质的充盈度诸方面都要优于太平军。一般来讲，处于反叛地位的非正规军队往往要借助机动灵活和人数众多来弥补其技术上的劣势，而采用稳健战法恰是其克星。所以，蔡锷评论道：曾胡之所以如此，是因为当时他们的敌手并非节制精练之师，又兼人数众多，兵器又没有今日这样发达，没有骑兵和炮兵，耳目不灵，消息不便，攻击力相对薄弱，常常受地形地物的局限，进攻精神不易发挥。所以曾胡所为，确为因时制宜的好办法。

除了用兵稳健的特点之外，曾胡还借鉴了西洋练兵及实战方阵的军事技术。他们强调军队训练应从实战出发进行越野训练，翻山越岭，过沟跳障。他们也主张采取步兵方阵，以期充分发挥西洋火器的威力。前排放枪，后排装药，前后相迭，连绵不绝，排枪的威力遂发挥到极致。曾国藩所津津乐道的“二字阵”与“方城阵”，实际上就是西方已实行多年的步兵方阵，对于旧式洋枪——前装滑膛枪而言，这种战阵是非常有效的。这反映了那个变化的时代在曾胡思想上留下的烙印。

第八章 论兵艺——围魏救赵

● 战国中期齐国大将田忌的军师孙膑，是孙武的后裔，鬼谷子的学生。孙膑以残废之身，为齐王打了许多大胜仗，其中“围魏救赵”，减灶诱敌、选险设伏的桂陵、马陵之战尤为著名。

●《孙膑兵法》论述了八阵阵法，提出了不同地形条件下各兵种的配备原则：其一，“以形相胜”和“知兵之情”，胜败之道可知；其二，“弱可胜强”和“盈虚相变”的兵势；其三，“战胜而强立”和“严正辑众”等。

兵家趋向于从用兵技术上讲求其效用者，我们可以称之为“求艺派”。从某种意义上说，他们往往把用兵看作一门艺术，一门变化莫测、可以从中获得无穷乐趣的艺术。他们区别于求道派的最大特征就是他们立言的宗旨主要不在于探求宇宙人生的哲理之道，或者没有或较少把战争的谋划与宇宙人生之道相联系。当然，兵家不存在所谓“为艺术而艺术”的人，我们所说的“求艺派”，也不可能百分之百地纯粹，只是在思想上这种趋向明显一些而已。

《孙膑兵法》——智术运筹

孙膑无论在真实的历史中，还是在民间传说中都是一种以智术取胜的人。大家当然不会忘记孙膑的那次以下驷对上驷、上驷对中驷、中驷对下驷的赛马，也可能还会记得种种孙膑与庞涓在鬼谷子门下斗法的故事传奇。《孙膑兵法》虽然只剩下些断编残简，仍旧不掩其在用兵艺术上的智慧之光。

《孙膑兵法》又称《齐孙子》，《汉书·艺文志》著录有《齐孙子》89篇，可惜后来失传，以致长期以来很多人猜测孙武即孙膑，或者认为《孙子兵法》乃由孙武其始、孙膑其尾合作完成。总之是否定两个孙子和两部兵书的同时存在。1972年，山东临沂银雀山西汉墓的竹简出土，解决了这一历史疑案。这次考古发掘不仅发现了《孙膑兵法》残简364枚，可以整理出11 000余字，而且是《孙膑兵法》与《孙子兵法》同时出土，多年的争论和怀疑，一下子全然冰释。

《孙膑兵法》由于残简之故，许多篇目已经不能窥其全貌，但仍然能看出其不寻常之处。比之《孙子兵法》，它更讲究用兵的具体操作，细处着墨，匠心颇见。《孙膑兵法》也讲“道”，但它所谓的“道”主要系指天文地理、战况民情以及用兵之法。“道”在这里不过是一种道理和知识。

经过整理的《孙膑兵法》，可以肯定为孙膑之书者有15篇，不能确定为孙膑之书、可能出于孙膑门生之手的也有15篇。下面我们分成两部分介绍。

第一部分，明确为孙膑之书者。1.《擒庞涓》，讲的是孙膑在围魏救赵之役中，如何运用避实就虚、攻其必救战法，巧解邯郸之围，并于桂陵大破魏军，俘获庞涓的事略；2.《见威王》，记叙孙膑初见齐威王谈兵之事；3.《威王问》，是孙膑与齐威王、田忌一番谈兵论战的问答；4.《陈忌问垒》，记的是孙膑与田忌的问答，主要追述马陵之战的战略与战术；5.《篡卒》，论述影响战争胜负的因素；6.《月战》，谈到战争胜负与天象的关系，强调人的因素第一；7.《八阵》，前半部讨论为将者应具备的条件，后半部论述用八阵作战，宜根据敌情和地形确定战法，配置兵力；8.《地葆》，主要从军事角度论述各种地形的优劣；9.《势备》，该篇以剑、弓弩、舟车、长兵为比喻，说明阵、势、变、权四者在军事上的重要作用；10.《兵情》，本篇以矢、弩以及发射矢弩之人分别比喻士卒、将帅和君主，认为只有三方都合乎要求，才能克敌制胜；11.《行篡》，论述如何使士卒和百姓在战争中为统治者尽力；12.《杀士》，意谓善于用兵的将帅能使士卒为之效死，但此篇只剩数十字，文意已缺；13.《延气》，本篇讨论士气在作战中的重要性，以及如何激励士气；14.《官一》，主要论述各种军事措施及阵法的作用或适用的场合；15.《强兵》，记叙齐威王与孙膑关于富国强兵的问答。

第二部分有15篇，1.《十阵》，列举了十种阵法的特点和作用；

2.《十问》，本篇以问答方式就敌我双方力量对比的各种不同情况，提出了不同的作战方法；3.《略甲》，本篇残缺严重，看不出主要内容；4.《客主人分》，本篇提出了作者的一个主导思想，即力量强大不足恃，事在人为，知兵者方是战争胜利的保证；5.《善者》，本篇讨论了战场主动权的问题；6.《五名五恭》，其中“五名”论述用不同的方法对付五种不同敌军，“五恭”则告诉人们军队进入敌境时，“恭”与“暴”的手段要交替使用，偏用一招则失利；7.《兵失》，本篇分析了作战失利的各种因素；8.《将义》，本篇讨论了将帅所应具备的各种品质；9.《将德》，本篇提出了不轻敌、赏罚及时等将帅应具备的品德；10.《将败》，本篇列举了将帅品质上的种种缺陷，以及它们导致战争失利的原因；11.《将失》，本篇分析了造成将帅作战失利的种种情况；12.《雄牝城》，该篇将易守难攻之城称为“雄城”，将易攻难守之城称为“牝城”，并讨论了它们各自的特点；13.《五度九夺》，该篇指出了战时针对自己一方的不利条件应该避免什么，以及为了挫败敌军应当争夺什么；14.《积疏》，该篇讨论了积疏、盈虚、经行、疾徐、众寡、佚劳等六对矛盾的辩证关系；15.《奇正》，本篇论述奇正的相互关系和变化，以及如何运用奇正原理克敌制胜。

总的来说，《孙膑兵法》在用兵艺术上有自己的特色，即使从其断编残简中依然可以看出，孙膑其人取得如此大的军事伟绩，绝非浪得虚名。概而言之，《孙膑兵法》主要强调以下几点：

强弱之变

在战争中，弱者能否战胜强者，寡者可不可以匹敌众者，这是困扰用兵者的问题，也是令人们感兴趣的问题。因为任何将帅都不敢说能始终保持兵力上的优势，都有可能碰到以弱敌强或以少击众的情况。

孙膑对这个难题的回答是十分圆满的。他总结了历史上小击大、弱胜强的战例，认为只要处置得当，寡就是可以胜众，弱可能胜强。在孙膑看来，弱与强、寡与众是相对的概念，弱可以变强，强也可以变弱；同理，寡可以变众，众也可以变寡。关键在于能不能集中自己兵力，收拢五指，而设法分散敌人兵力。能集中自己力量，分散敌人力量，兵力再悬殊也可显得有余；反之，就是数倍于敌也显得兵力不足。

孙膑为了强调弱可以敌强、寡可能胜众，还提出了许多具体办法，如避开敌人锋芒，不与敌人硬拼；筑低垒表示无所畏惧，以激励士气；严明法纪，团结士卒；以退避骄敌，调动敌人疲劳之；故意示弱以骄敌，使敌人骄傲自大，先生懈怠之心；迷惑和分散敌人；等等。

进攻战略

孙膑在战略上有一个著名的军事原则，就是“必攻不守”。田忌曾请教孙膑，什么是用兵的最紧要关键。田忌自己提出了赏、罚、权、势、谋、诈等诸要素，但都被孙膑一一否定，认为以上六者只能算是有助于胜利的要素，而远非用兵关键。他提出用兵关键在于战略上的“必攻不守”，即总是要保持进攻姿态，而反对单纯防御，被动挨打。在战争中，采取进攻姿态的优越性，已经越来越为战争的实践所证实，进攻战略也成为现代军事学家一向推崇的理论。但是，孙膑能在先秦时代就提出并强调为“用兵之急”，显示了他深刻的远见卓识。

与他强调进攻的思想适应，孙膑不再像孙武那样避讳攻城，而是花了很大篇幅讨论攻城问题。他不再认为“攻城为下”，而是根据城市所处的不同地形地势、兵力及积粮，将其区分为难攻的“雄城”和易攻的“牝城”，作为可攻与不可攻的条件。对于前者当然要尽量避免强攻和硬攻，而对于后者就应该毫不犹豫地攻克之。

诚然，孙武的在野战中以消灭损耗敌人有生力量为主的思想是正确的。但随着城市的发展，其人口众多，政治、经济、军事地位日益重要，不攻取城市，战争的胜负问题就不能从根本上解决。战国时，齐曾被燕攻破七十余城，唯即墨与莒未下，就能据此而反攻复国。所以，在经济比较发达的历史时期，攻城都不可避免地成为军事学上的一个重要课题。

贵势思想

“贵势”是孙膑用兵一大特色。“贵势”就是注重作战态势，孙膑很注重利用和创造有利于己、不利于敌的作战态势。《孙膑兵法》讲到“势”的地方很多，还有至少一篇《势备》是专门讲“势”的。

在孙膑眼里，“势”不是个死东西，它是可以由人创造、为我所用的。他认为战争态势的有利与不利，就像天下万物有生有死、有能有不能一样，是永远存在着的客观事实。参与战争的人，应该因势利导，掌握战争主动权，利用一切可乘之机，争取有利于己、不利于敌的态势，使自己饱而对方饥，使自己逸而对方劳，使对方长途奔波而自己掌握先机待敌，使敌人相互分离而首尾不能相救，使敌人受敌而相互不知，使敌人深沟高垒不起作用，使敌人坚甲利兵无所用之，使敌人士卒勇悍而将帅不得其济，等等。

怎样才可以创造出这样有利的作战态势呢？孙膑提出了许多具体的办法。比如，要能估计预判敌人的行动，察地形的险易；使全军和睦团结，便于进退，指驱如臂；能分散和牵制敌人；能根据不同的地形采用不同的兵种和战法，如地形平坦则宜用车战，地形险峻宜用骑兵，地势险且狭隘宜用弓弩。总之，要做到使自己占据有利地形，而使敌人占据不利地形，自己进退自如，四路通畅，而敌人进退两难，四面阻塞。

有“势”三分胜，创造出有利的态势，就掌握了战场主动权，就可以使满盘棋活起来。孙膑贵势，原因在于此。

阵法演绎

两军在空旷平阔之处决战，一直是古代战争的一种形式。在这种形式下，双方兵阵的优劣往往对胜负有很大的作用。《孙膑兵法》对阵法的研究是完备且细致的。其中，《八阵》《十阵》等就是探讨阵法的专篇，创立了一整套以步兵为主、车骑为辅的阵法理论。

《孙膑兵法》列举了“方阵”“圆阵”“疏阵”“数阵”“锥行之阵”“雁行之阵”“钩行之阵”“玄襄之阵”“火阵”“水阵”等十种阵法，详细论述了这些阵法的性能、布法和应用。这十阵中，水阵与火阵实际上讲的是水战与火战的战法，不是作战队形，所以孙膑十阵实际上只有八种作战队形。方阵是冷兵器进攻的基本攻战队形，可大可小，由许多基本的小方阵组合起来。孙膑说，方阵是用来切断和打乱敌人阵势的。圆阵是一种环形阵势，是用来防止敌人乘隙而入的，一般防守时采用。疏阵即疏散的战斗队形，各种阵势均可以变为疏阵，孙膑说，疏阵是为了虚张声势用的，所以布阵时必须加大行列的间隔距离，多张旗帜，广设金鼓，以少数兵力显示强大的阵容，以吓倒敌人。数阵是密集的战斗队形，孙膑说，数阵是为了在经受敌人冲击时，不易撼动。锥行之阵，顾名思义就是像刀锥形状的战斗队形。锥行之阵是为了突破、割裂、粉碎敌阵用的，所以锥尖要精锐，富有攻击力。用孙膑的话说，锥行之阵如同剑，剑锋不锐利就刺不进去。雁行之阵是一种横向展开，左、右翼向前梯次配备的战斗队形，其作用是包围捕捉，阵形易于展开兵力，适用于敌寡我众时采用。钩形之阵，这种阵势正面是方阵，两翼加上几个小方阵，以保障侧翼安全，也适用于防守。玄襄之阵，是一种迷惑敌人的假阵，据《孙膑兵法》，这种阵势要多树旗帜，鼓声不绝，作兵车、马蹄声、步卒噪音以迷惑敌人，实际是一个空阵，没有多少兵。在介绍阵势的基础上，《孙膑兵法》还提出了有前锋有后卫相结合的布阵原则，前锋以进攻，后卫以守备，攻守结合，交替轮换。孙膑以剑为喻，说如果兵阵没有锐利的前锋，就犹如剑无锋刃，则虽有孟贲（战国著名的勇士）之勇也冲不上去；如果没有坚强的后卫，则阵势不稳，缺乏后续，同样也无法破敌。

可以说，孙膑的十阵之法创立了中国冷兵器时代最完善、最基本的阵法，后来阵法的演变，基本上超不出孙膑的范围。据有关专家研究，孙膑的十阵，比之古罗马的方阵并不逊色，而其变化还过之。可以说，中国兵家在那个时代，不仅宏观理论上居于领先地位，就是具体作战方式的研究也执兵学研究之牛耳。

《李卫公问对》——畅晓军机

《李卫公问对》又名《唐太宗李卫公问对》或《唐李问对》，是辑唐太宗李世民和唐初军事家李靖的论兵言论，以问答体方式编撰的一部兵书。因为是“问对”，所以自然以李靖的思想占多数。李靖是唐朝开国诸将中兵学造诣最深的一个。传说其少时常与他的舅父隋朝名将韩擒虎论兵，被他舅舅称为唯一能与之谈孙吴之术的人。李靖著有

《卫公兵法》等十余部兵书，但均佚失，只有《通典》保留了部分内容。流传于世的对李靖言论保存得比较完整的还就属《李卫公问对》，书名是由于李靖曾封爵卫公而致。

《李卫公问对》共分上、中、下三卷，万余字，全书涉及面相当宽泛，有用人，有治军，有对历代军制的考辨，也有对兵学源流的发掘，但主要内容是讲训练和作战，以及两者之间的关系，议论的中心围绕“奇正”展开，实际上是一部从用兵技术上着眼的兵书，实用价值颇大，宋代将其列入《武经七书》。

奇正之变

奇正是中国古代兵学的一个重要范畴，李靖以前的历代兵家对此均有诸多议论。《李卫公问对》关于奇正的论述应该说是十分系统、流畅和透彻的，其分析精当与深刻，逾于前人。

其一，《李卫公问对》爬梳出了奇正之源。它认为奇正原是车战方阵队形变换的战术。原来车战方阵中有四块“实地”和四块“虚地”，在实地作战的部队就是正兵，利用虚地实施机动的部队就是奇兵。所谓实地是方阵中必须布置部队的位置，而虚地则是可有兵也可无兵的位置。后来，由于战争和战争学的发展，奇正才从阵势中脱离出来，变成一种普适性的作战术语。

其二，《李卫公问对》对奇正进行了重新概括与分析，认为奇正是一种相对的概念，可以相互转化，没有固定的正，也没有一成不变的奇，善于用兵的人，无所谓奇正，在他们眼里，无处不正，无处不奇，正也是奇，奇也是正，变幻莫测，出神入化，只有达到这个境界，才算真正认识了奇正之变。

其三，《李卫公问对》尽可能地发挥了孙子奇正学说，用奇正观点来解释进退、攻守、众寡、将帅、营阵、训练等各个方面的军事问题，既新鲜又有说服力。比如，它指出：军队以向前为正，后却为奇；常规战法为正，出自将帅自创的战法为奇。为将者只会用正兵应称之为“守将”，善于用奇兵者应称为“斗将”。

其四，《李卫公问对》把奇正与虚实、示形等概念联系起来，认为诸将一旦学会了运用奇正，自然了然虚实之理。奇正之适用应与敌虚实相应，因敌变化。示形于敌，示之奇应为正，示之正应为奇，奇正变化鬼神莫测，达到暴露敌人而隐蔽自己的境界，就是奇正运用的极致。

战略战术的创新

《李卫公问对》首先在战略上提出了持久战的概念。认为虽然战争以速战速决为宜，但是如果敌将多谋，兵精粮足，令行禁止，士气旺盛，那怎么可能速胜呢？如果碰到这种情况，只好与之打持久战，长期相持，以待对方的变化，然后乘隙进攻。切不可冒险以为孤注，与敌强打硬拼，以图速胜。虽然在李靖之前的战争实践中，已经存在过许多成功应用这种持久战法的战例，如战国时廉颇抵御秦兵、三国时司马懿抗击诸葛亮等，但这种战法一直不为人们所认可。廉颇之所以为赵括替代，就有其无法速胜的因素在内。将持久战列之兵书，上升到理论高度，论证其合理性，不能不说是《李卫公问对》的一大贡献。

《李卫公问对》还首创了纵队战术理论。认为当敌人依山河之险，阻山布阵时，突击应采用纵队进行，即一队弩手、一队弓手、一队持长短兵器的战锋，然后又是一队弩手、一队弓手、一队持长短兵器的战锋的次序前进，掩护侧翼部队；只要部署已毕，一声号令，整个纵队一齐扑向敌人，以密集的兵力击破敌防线之一点。在冷兵器乃至连发火器尚未出现之前，这种纵队突破的战术是十分有效的。据说拿破仑曾是这种战术的受益者。在耶拿会战中，拿破仑大军依仗这种战术曾大获全胜。恩格斯曾说：“纵队比横队易于保持秩序。甚至当纵队已被打乱时，它仍然能够以较密集的队伍进行至少是消极的抵抗；纵队比较容易指挥，能更好地为指挥官所掌握，并能更迅速地运动。……最重要的结果是：采用纵队这种特殊的众兵作战形式，就能把整个动转不灵的单一的旧的线式战斗队形分为若干个单独的部分，它们具有一定的独立性，能使总的规定适合于当时的情况……”[①]恩格斯的论说，已经将纵队战术的优点讲得再清楚不过了。

不仅如此，李靖还发明了一种有效的撤退方法。他发现，与敌接触时，如欲脱离战斗，往往要吃亏，弄不好还要导致大溃败。因此，他发明了逐次抵抗、交叉掩护的撤退方法。欲撤时，先令一部分部队撤出战斗，而另一部分则抵抗掩护，当前部分人马撤出百步，马上张弓搭箭，持戈待敌，后部分人马再撤，由前部分人掩护，这样交互掩护，逐次撤退，最终全部撤出战斗，使敌人始终无隙可乘。这种撤退方式，至今仍在为各国军队所采用，由此可见李靖的创造之难能可贵。

行军与宿营

军队的行军与宿营虽一般来讲是战前行为，但与战争胜负关系极大。其不仅关系到机动的速度和休息的好坏，而且牵扯到军队在这两种状态下遭受袭击时的应变能力。如果行军宿营没有一定的章法，往往在遭受突然袭击时会惊慌失措，不战自乱。历史上因此而导致溃败

① 中国人民解放军军事科学院编：《马克思恩格斯军事文集》（第一卷），北京：战士出版社，1981 年，第 43 页。

的战例不胜枚举。

《李卫公问对》发明了一种“行军统行法”和“营阵同制”的宿营法，比较好地解决了行军与宿营的安全问题。

行军统行法即将全军编成若干“统”，每统分为战锋队一、战队二、驻队二、辎重一。行军时，战锋队在前，接下来是两队战队，然后是两队驻队，辎重押后。一统过后是第二统。最后是全军的后卫，由马队担任。道路较宽时，则五队并行，辎重在后。行军时，各统派出骑兵担任警戒。这种统行法一遇敌军埋伏或突袭，各统的行军行列很容易就能转为兵骑方阵的战斗队形，进退自如。

营阵同制的宿营法就是军队扎营休息时按战斗队形——阵法排列，以便在遭敌突袭时，能进行有效有序的抵抗。比较出名的是李靖的“六花阵”，即中军在中央，其他各营环绕中军排成六花瓣形。各营之间间隔约有一营区宽。每个营帐外二十步设哨。百步上立处设“斥候”警戒。离营三至五里设“外铺”（哨所），携旗鼓信号，在敌人袭击前报警，袭击时袭敌背后。另距营十里，派骑兵巡逻，前后四层警戒。在敌人袭击时，被袭之营应击鼓传警，其他各营进入战斗准备，但无命令不准擅自往救，由统帅统一安排。

军队训练

军队不训练则不能战斗。这句话到了唐代就越发成为兵家常识。随着军事技术的发展，骑兵的作用突出，步兵、弓弩兵的配合也愈见重要，未经训练的乌合之众非但不能战斗，而且往往会冲乱自家的阵脚。

唐朝是以马上得天下的，骑兵是唐初最主要的兵种。放下锄头的农民成为一名骑兵，不经过系统训练是不可能实现的。所以，《李卫公问对》对训练着墨甚多。它非常重视训练方法的得当与否，认为如果教导得法，不仅士兵接受掌握得快，而且他们心情愉快、乐于用命。相反，如果教导无方，纵使朝暮督责，也无益于事。所以，李靖制定了一整套由单兵到小分队，由小分队到大部队的训练程序，在战斗队形的演习中，由伍法而至队法，最后到阵法，按部就班，循序渐进。同时，李靖还强调要根据各个兵种和部队的不同特点进行分别教练。比如，由汉族农民组成的部队就与少数民族部队的教练方式不一样，前者多教骑射技术，后者重点培养协同配合能力等。

李靖更强调训练的实战性，不摆花架子，一切从实际需要出发，针对性地进行训练。在实战中，新老兵搭配，务使新兵接受实战洗礼而又无大损失。最后，经过训练的士兵应做到在战斗中虽厮杀成一团，但章法不乱；士卒虽被隔开，但仍能各自为战；退却时不溃散，井然有序。

《百战奇法》与《阵纪》——阵前实技

《百战奇法》是一部一度托名于刘基（伯温）的兵书。据研究，此书当出自宋人之手，是一部讲具体战法并借助战例说明的“实战大全”。《阵纪》顾名思义也是一部讲阵前实用技能的兵书，是作者何良臣多年行伍战阵经验的总结。

《百战奇法》

《百战奇法》共有篇目一百，将各种战争与战法分成一百种，分而述之，告诉人们分别应该怎么办。其篇目为:《计战》《谋战》《间战》《选战》《步战》《骑战》《舟战》《车战》《信战》《教战》《众战》《寡战》《爱战》《威战》《赏战》《罚战》《主战》《客战》《强战》《弱战》《骄战》《交战》《形战》《势战》《昼战》《夜战》《备战》《粮战》《导战》《知战》《斥战》《泽战》《争战》《地战》《山战》《谷战》《攻战》《守战》《先战》《后战》《奇战》《正战》《虚战》《实战》《轻战》《重战》《利战》《害战》《安战》《危战》《死战》《生战》《饥战》《饱战》《劳战》《佚战》《胜战》《败战》《进战》《退战》《挑战》《致战》《远战》《近战》《水战》《火战》《缓战》《速战》《整战》《乱战》《分战》《合战》《怒战》《气战》《归战》《逐战》《不战》《必战》《避战》《围战》《声战》《和战》《受战》《降战》《天战》《人战》《难战》《易战》《饵战》《离战》《疑战》《穷战》《风战》《雪战》《养战》《书战》《变战》《畏战》《好战》《忘战》。

作者每篇先讲一段自己的话，等于告诉读者何谓某战；然后引一句古代兵书上的名言以概括本篇的内容，提纲挈领；最后引用古代战例或名将事迹言行以参证之。例如《谋战》篇，开篇就说“谋战”即为凡敌人以谋算计我，而我设谋反击，彼此斗智，最后我使敌计穷而屈服；其后引用《孙子兵法》名言“上兵伐谋”为提纲挈领之言；最后引证了春秋晋齐两国君臣相互伐谋的史例。

实际上，《百战奇法》在思想上的原创性并不高，没有多少超出前人的东西。但是，它结合战例，分战法，对前人兵书的注释却十分明晰，是一部非常实用的兵学教科书。比如，它在解释“穷寇勿迫”时，将之与“物极必反”的哲学理论联系起来。它说，在战争中，如果我众敌寡，敌人畏惧而逃路，这时不宜穷追猛打，因为物极必反，敌人被逼急了会拼命抵抗，应该整军缓追，这样方可获胜，揭示了孙子“穷寇勿迫”背后的哲理。又比如，它对于孙子“其下攻城”的诠释，也很有见地。它认为孙子把攻城视为下策，并非绝对地反对攻城，其精神在于要用小的代价换取大的胜利，避免以大的代价换取大的胜利，从而使国力损失过大。而且，“其下攻城”还可以延伸为对城高池深的城市不用强攻，可以采取长期围困战术，迫而降之。《百战奇法》在此引证了前燕与东晋广固之战为例，说明这个道理。当时广固守将东晋的段龛深得士卒之心，上下团结，且城池坚固。进攻的前燕慕容恪认为如果派兵强攻，势必死伤大批将士，不如围而不攻，长期围困，待其粮尽矢绝，自然就屈服了。果然，慕容恪以此术克服了广固。再如，它对《孙子》“围师必阙”的阐释，出人意料地从被围者的角度来考虑问题。它认为包围敌人故意网开一面的战法实质上是一种精神战术，故意留出生路使被围者战心动摇，有意逃跑，这样反而易于歼灭。在这种情况下，被围者最好的对策是自己断掉敌人有意留出的退路，以坚定士卒之心，然后四面奋击，以必死之心与敌接战，有可能获利。

当然，《百战奇法》讲得最多的还是各种不同兵力对比、不同作战对象、不同作战情势、不同天气形势、不同地理条件下的不同战法。比如，当敌人无隙可乘时要静心等待，乘其有变，方才出动；当处于优势地位，有胜券在握时要不失时机地进攻；在敌强我弱的情况下，要避敌锋芒，知难而退，设法分其势，劳其兵，然后乘隙破之；战时要注意保障自己的后勤供给线，但却要设法切断敌人的供给线；山地作战要先占据高阜，谷地作战须傍依山谷；敌人登陆作战要待其半渡而击之；火战要掌握好风向、火候；等等。《百战奇法》对战争过程出现的一些奇异现象也做了交代和解释。比如，在《人战》篇中它就指出，行军作战时出现猫头鹰落在帅旗上或旗杆突然折断的怪异现象，实际上与战争胜负无涉，只是自然的偶然作用而已。一旦摊上了这种所谓的“不吉”之兆，做将帅的要及时处置，稳定军心，最关键的是要制止军队中的迷信流行，消除种种无妄的疑惑，让军人明了只有靠自己的力量，才能左右战局，走向胜利。

《阵纪》

《阵纪》共四卷，六十六篇，除第一卷是讲训练和治军之外，其余均为实战技术。作者何良臣，明朝人。《阵纪》篇目如下：

卷一：《募选》二篇；《束伍》四篇；《教练》三篇；《致用》二篇；《赏罚》四篇；《节制》三篇。

卷二：《奇正虚实》四篇；《众寡》三篇；《率然》二篇；《技用》十五篇。

卷三：《阵宜》三篇；《战令》五篇；《战机》三篇。

卷四：《摧陷》一篇；《因势》二篇；《车战》一篇；《骑战》一篇；《步战》一篇；《水战》三篇；《火战》一篇；《夜战》一篇；《山林泽谷之战》一篇；《风雨雪雾之战》一篇。

《阵纪》的主要论述方向是作战和治军训练，在具体战术运用方面，作者颇有心得，是为该书的精要处。作者对奇正的论述就是如此。他在详细列举了历代兵家对奇正的看法后，提出不能将奇正固定化、教条化。他说有的庸将部署队伍，正者只作正兵，奇者只作奇兵，属于大错特错。奇兵并不是正兵的变化，而正兵也不一定是奇兵的根基，两者相互依存，相互转化，正可化为奇，奇亦可化为正，一切因敌而变。同时，正兵自己可以变化无穷，奇兵也可以变化无穷，没有一定之规。为了更好地说明问题，作者还引出一个“伏兵”的概念，与奇、正鼎足而立。他说正兵如人之身，奇兵如人之手，伏兵如人之足。有身体方有手足，无手足身体也是废物，所以三者不可缺一。伏兵可由正兵出之，也可由奇兵出之，善用伏兵者，并非需山林草泽险峻才行，无处不可设伏。奇、正、伏三者联用，变化无穷，是为用兵如神。

“众寡”问题也是历来兵家必谈的话题。但《阵纪》的作者何良臣着墨较多的是众寡之运用。他认为统率军队多的时候，要注意军队的整体感，部队要指挥如一，系统通畅，部署严整，治军需严，军令统一，号令一致。在具体作战时宜分兵对敌，万不可拥挤于狭隘地带，使兵力无法展开，发挥不出优势兵力的作用。而在统率人数少时，应该注意保持军队的强固，使部队轻捷机动性好，善于冲锋陷阵，锐利无比。敌我对比的众寡之分也并非一成不变，不要以为己方土地广大，兵马繁盛就一定是“众”的一方。实际上，如果分守地方过多，而人家集中兵力攻你一处，则你处处皆“寡”。所以，众寡也是相对概念，如能分敌之势，虽寡亦众；如果为敌反分，虽众亦寡。众寡与战场主动权相联系，有了主动权，就可以调动敌人，造成局部我众敌寡的态势。

《阵纪》的作者与《百战奇法》的作者一样，花了大量篇幅对各种作战方法进行论述，像骑战、步战、水战、火战，甚至车战都有专门的叙述。对于早已退出历史舞台的车战，作者主张加以恢复，以阻挡少数民族的骑兵冲击。后来，果然孙承宗等人创造了炮车一体的车营，采用了以火炮为主攻武器的新式车战。

在治军方面，作者把选募士卒视为头等大事。事实上，士卒如果不选好，以后的训练及作战都会出现麻烦。戚继光的抗倭实践就说明了这一点。他首先以旧有军队为基础进行训练，发现效果不佳，然后尽弃旧军，另募新军，这才练成了一支令倭寇丧胆的“戚家军”。《阵纪》的作者何良臣显然明了戚家军的编练过程，所以他主张把人的精神要素放在首位，选募士卒首先要看人品、胆气，然后再看膂力、武技。他尤其主张应该在乡野老实人中选募士兵，坚决排斥“城市游滑之人”。

士卒选募已定，作者认为第二件该做的事是因人授职，用其所长，并根据士卒的特点编练成军。对于武技过人、手足利捷且有战斗经验者，应让他们担任教练之职；对于行事乖觉、胆大心细且了然地理者，宜充任哨探巡查之职；对于胆略过人、智力稍长且有组织才能者，应立为伍、队长。作者还主张根据士卒的特长组织各种类型的专门部队，如异术队、敢死队等等。

在士卒的训练方面，作者不仅主张进行体能与技巧训练，实战训练，还主张进行精神教育，所谓“明耻教战”。要求通过精神教育，使全军懂得何谓荣辱廉耻，以战死为光荣，以退后变节为耻辱。通过精神教育还可以密切官兵关系，营造父子兄弟的家庭气氛。同时要严格赏罚制度，强调赏真罚实，诛罚不避权贵，赏赐不逃卑贱，要求将帅亲自掌握赏罚的施行，严防下面人捣鬼。对于赏罚标准，作者主张要轻重适宜，太轻则失去作用，赏之不喜罚之不惧；太重则人心存侥幸。

《百战奇法》与《阵纪》都是讲求实际战术的兵书，虽然眼界不高，立论也难见新意，但对于参与战争的人却有些实际的效用。两书一看就知出自实战者之手，少耳食之言，多切实近理之论。

《三十六计》——诡道之大成

《三十六计》是一部迄今为止既查不出作者，又无从考证成书年代的兵书。但是，它的名气非常之大，在山野匹夫眼里，它几乎与《孙子兵法》一样出名。纵使对军事一无所知之人，也可能知道“三十六计，走为上”这半成语、半歇后语式的说法。

其实《三十六计》这部书为现代社会所发现是晚近之事。1941 年它在陕西邠县的一个旧书摊上露面，同年被人用土纸翻印，这才得以见天日。有人认为从书的内容及其他有限的旁证材料推测，成书时代应在明清之际。

“三十六计”之称来源于“三十六策”，最早见于《南齐书·王敬则传》中王敬则讥讽东昏侯的话：“檀公三十六策，走是上计。”大约从那以后，民间渐次传开了“三十六计，走为上”的俗语。有好事者遂借用阴阳学说的太阴六六之数，按每套六条，一共六套，排成三十六计，中间嵌以《易经》之言，加以引证，遂成《三十六计》。

《三十六计》与其他兵书不同之处在于它专讲“诡道”，是古代谋略诈术的大成。用今人的话说，就是有些不择手段的厚黑风格。也就是说，这部兵书的着眼点在于阴谋诈术本身，而非像其他兵书只将其作为一种手段。

篇目说明

《三十六计》全书共六套三十六计，前边有总论，后附有跋，惜已残缺。

第一套：胜战计

第一计　瞒天过海

第二计　围魏救赵

第三计　借刀杀人

第四计　以逸待劳

第五计　趁火打劫

第六计　声东击西

第二套：敌战计

第七计　无中生有

第八计　暗度陈仓

第九计　隔岸观火

第十计　笑里藏刀

第十一计　李代桃僵

第十二计　顺手牵羊

第三套：攻战计

第十三计　打草惊蛇

第十四计　借尸还魂

第十五计　调虎离山

第十六计　欲擒故纵

第十七计　抛砖引玉

第十八计　擒贼擒王

第四套：混战计

第十九计　釜底抽薪

第二十计　浑水摸鱼

第二十一计　金蝉脱壳

第二十二计　关门捉贼

第二十三计　远交近攻

第二十四计　假道伐虢

第五套：并战计

第二十五计　偷梁换柱

第二十六计　指桑骂槐

第二十七计　假痴不癫

第二十八计　上屋抽梯

第二十九计　树上开花

第三十计　反客为主

第六套：败战计

第三十一计　美人计

第三十二计　空城计

第三十三计　反间计

第三十四计　苦肉计

第三十五计　连环计

第三十六计　走为上计

一般来说，这六套计中，胜战计、敌战计、攻战计是处于优势或势均力敌情况下使用的权诈计谋；而混战计、并战计、败战计是处于劣势情况下使用的计谋。当然，有些也不尽然，像“关门捉贼”“假道伐虢”“反客为主”“反间计”等，优势劣势时均可使用。

《三十六计》每计的名称首先多借用现成的成语，形象易记，缺点是不甚准确。其次为解语，再加按语。解语的前半部多引著名兵法，后部分多引《易经》卦辞，给每一计都增加了些许神秘气氛。《易经》的数、理、象也就此掺进了兵法。按语则又是对解语的解释，先从理论逻辑上释义，然后举历史上的战例参证之，较为通俗易懂。如第十六计“欲擒故纵”的按语，首先解释说，“纵”的意思不是“放”，而是“随”，或者可以说是稍稍松松手。兵法上“穷寇勿迫”也是这个意思。不迫并非不随，只是不紧紧压迫之而已。当年诸葛亮七擒孟获之役，诸葛亮七擒七纵，每纵则追蹑跟进，辗转推进其处境深处，所以说诸葛亮之纵，不过是意在拓地开疆，在于借孟获以征服诸少数民族部落，并非合乎兵法。若真的论兵演战，则擒住之后是不可又放掉的。

内容解析

《三十六计》是一部讲对战之策的书。用它的话来讲，就是战争之事内容繁多，其中强国练兵、择敌以及战前准备、战后善后，虽然也是兵家之道应该考虑的，但均有一定之规可循，然而战争中的对战之策却变化万端。它诡诈奇谲，光怪陆离，不可捉摸，其阴谋奇计是绝非哪部兵书可以穷尽的。

《三十六计》把《易经》引入兵法，以《易经》的阴阳象数，推演兵法诡道的变化之端倪，它告诉人们军事上的计谋不是只有三十六个，而是像易理一样，借三十六之数推演无穷。以三十六的数字代表无穷多来揭示对战诡道的核心精神就是“变化”。跟易理一样，由一而至多，至于无穷，因时、因事、因敌手，因一切客观情况，数字组合的变化就会导致“术”与“理”的更新。

《三十六计》的总说有言道：“六六三十六，数中有术，术中有数。阴阳燮理，机在其中。机不可设，设则不中。”也就是说，虽然它排出了各种类别的阴谋诡计，而且这些诡计看起来是按照一定的数字规律出现的，但运用起来却不可预先设谋，照搬教条。其运用之妙，存乎一心，在不可言传之中。再美妙、再神奇的象、术、数也不过是告诉人们一种表象或者某些大趋向性的规定，其运用全要靠学习者的悟性和体验。没有悟性的人永远也不可能掌握诡道的奥秘。即使他将《三十六计》背得滚瓜烂熟，到头来也不过是书蛀虫而已。

《三十六计》引《易》入兵，充斥着辩证精神，它在每一计的解语中都能注意到矛盾对立双方的相互转化，奇正互变，虚实互易，众寡相移，不利变为有利，有利变为不利。它还特别强调战争必须有所损失，想自己毫毛不损而大获全胜的事多半是幻想，要善于用局部的损失来换取全局的胜利。《三十六计》还贯穿着一种“巧”和“滑”的精神，特别反对冒险、硬拼和不可为而强为。打得过就打，打不过就跑，不强调负责任的道德精神，一切以自身的利益为转移。从某种程度上说，它倒更像是适合于某种人的“处世要诀”。在现实中，也的确有不少人将之用在为人处世上。

最后需要说明的是，为世人所广泛传诵的三十六计最后一计“走为上计”，诚然就是溜之乎也的意思，但并非说这种不光彩的“开溜”就是三十六计中最高明的一策。它的意思是说，当面临败亡，处于完全的劣势，短时间内无从改变局面的情况下，及时地撤退不失为一种明智的选择。如该计的按语所说，当敌势全胜，我不能胜他时，出路只有三条：一是投降，二是屈辱地媾和，三是撤退。投降意味着彻底的失败；媾和也近似之；退却不是失败，或可以以此为契机转败为胜。也就等于说，所谓“走为上计”实际上是一种以退为进的计谋，俗语所谓“好汉不吃眼前亏”，就是这个意思。只有有效地保存自己，才有可能更好地消灭敌人。当然，也不断地有怯敌的懦夫，以“走为上计”作为借口，避战自保，这不能怪到《三十六计》头上。

不过，话又说回来，兵学滑入诡道，尽管立意精巧，内容丰盈，但不能不说是走入了死胡同。按这条路走下去，兵学就要变成权术与诈术的集成，而失去作为一门学科的系统性、致密性与逻辑性。这也是为什么真正的军事学家反倒不在乎《三十六计》，而一般人却要对它大加青睐的部分原因。

第九章 论兵训——当收儒将之功

● 明代抗倭名将戚继光总结南北两地练兵作战的经验，著述了《纪效新书》《练兵实纪》等名著，堪称我国冷热兵器并用时代军事哲学思想的结晶。

● 戚继光的基本练兵思想特别注重“临阵实用”，反对搞花架子。书中说：“今之阅者，看武艺，但要周旋左右，满片花草；看营阵，但要周旋华彩，视为戏局套数。”他尖锐地批评这种“花法胜”“虚文张”的做法，只能是武艺之病、制阵之病。

在冷兵器时代，就算未经训练的农民，只要有膂力和胆量，有时也可以作战，但是总体上来说，作为正规军队，“无训不成军”的古格言还是适用的。训练之师与乌合之众的战斗力不可同日而语。

训练实际上至少包含三部分内容：一是精神心理素质的培养；二是体能训练；三是军事技术的教练，包含单兵与整体配合、兵器使用等项内容。古人所谓的“训练”实际是分成“训”和“练”两大要素。训主要是精神和思想教育，核心是以忠义廉耻的道德信条向士卒进行灌输，还包括营造军队中父子兄弟的宗法家族气氛，以保障传统道德被遵行。练就是军事训练，使士兵像个士兵，懂纪律，知配合，晓战技。

古代兵学著作一般都要讲到训练，但是专门讲训练的并不多。主要内容为综合性训练的兵书集中于明代。

《纪效新书》——平倭治军新法

《纪效新书》是明代名将戚继光所著。这部书是他在东南沿海扫平倭寇、编练戚家军的经验之谈，也是中国第一部主要讲训练的兵学著作。用他自己的话来说，《纪效新书》的“纪效”就是告诉人们书中所写的非口耳空言，而“新书”是明示此书未拘泥于古法，有所创新。

《纪效新书》详细地论证了练兵的必要性和重要性，提出了一整套完备的训练理论，既点出了练兵的关键与重点，又详列了练兵过程的各种细节，具体而微地讲述了兵员的选拔、编伍、水陆训练、作战和阵图、各种律令和赏罚规定、诸种军械兵器及火药的制造与使用、烽堠报警和旗语信号等相关内容。《纪效新书》有十八卷本和十四卷本，后者是戚继光晚年的修订本，而前者系原本，现介绍十八卷本的篇目如下：

卷首三篇：《任临观请创立兵营公移》《新任台金严请任事公移》《纪效或问》；正文十八篇：《束伍篇第一》《紧要操敌号令简明条款篇第二》《临阵连坐军法篇第三》《谕兵紧要禁令篇第四》《教官兵法令禁约篇第五》《比较武艺赏罚篇第六》《行营野营军令禁约篇第七》《操练营阵旗鼓篇第八》《出征启程在途行营篇第九》《长兵短用说篇第十》《藤牌总说篇第十一》《短兵长用说篇第十二》《射法篇第十三》《拳经捷要篇第十四》《布城诸器图说篇第十五》《旌旗金鼓图说篇第十六》《守哨篇第十七》《治水兵篇第十八》。

选兵之则

戚继光特别重视选兵。在他看来，一支军队其士卒选拔是否得当，是它能否练好的关键，在这方面，他是有过教训的。当年初至浙江剿倭，他好容易争来了三千兵卒，以为严加训练就可以变为精锐之师。不想这批兵痞却是不可雕之朽木，虽然经过训练稍有起色，但总的来说成效不大。不得已，他遣散了旧军，另从农民和矿工中募成新军，这才有了战无不胜的“戚家军”。

戚继光一向主张兵不在多，而在于精，主要看效率。他从亲身经历出发，反对选用“城市游滑之人”和形形色色的“奸巧之人”，他挑兵只选那些“乡野老实之人”。对原来的选兵标准“丰伟”“武艺”“力大”“伶俐”四条，他认为虽然不能说错，但在实际中往往是虚设的条件。因为现实中能符合这四条的人太少了，很难找来当兵。戚继光挑兵是把精神品质、相貌以及胆量力气综合起来考察的。首先品德须佳，忠厚老实者方才收录。其次品貌要端庄，戚继光在这里还引入了“相面之法”，选兵“忌凶死之形，重福气之相”。最后又须有体力。至于武艺的有无，倒无关紧要，因为武艺不精可以教习，而品劣力亏者就不是短时期可以弥补的。

实战训练

戚继光认为选好士卒之后，应该根据他们的个人条件配备兵器，加以针对性训练。比如少壮健实者宜于使用藤牌；而高大雄壮者宜于拿毛竹做的狼筅；而精敏有杀气的人则宜于操长枪与短兵器。

士兵编伍分派已定，各自安在合适的位置上，扎实而有效的训练就开始了。戚继光特别忌讳训练摆花架子，强调要从实战出发，从难从严训练，要求“设使平日所习所学的号令营艺都是照临阵的一般，及至临阵，就以平日所习用之，则于操一日，必有一日之效，一件熟，便得一件之利”[①]。也就是说，要以平日训练当实战，训练一天就要有一天的效果，练熟掌握一样兵器就要得一样兵器的利益，总之是扎实的训练，实战的效用。戚继光特别反感那种为了做给上司看和为了检阅用的操练，说那是一种拿士兵性命开玩笑的“虚套”。这种“虚套”，就是练上一千年，也毫无用处，打起仗来还是生手。戚继光一针见血地指出：军队的技艺是用来杀人打仗的，怎么会好看呢？热衷于检阅的好看，实质不过是把军人当玩意儿摆设罢了。

对于士兵的武技训练，戚继光也力戒那种眩人耳目的花拳绣腿。

① ［明］戚继光：《纪效新书》卷首《纪效或问》，北京：中华书局，1991 年，第 36—37 页。

他反复告诫士兵：武艺不是“答应官的公事”，而是当兵防身保命、立功杀敌的看家本事。战阵之上，技不如人自然要丢命，若技高一筹，那就不是你死而是对方授首。戚继光严格规定：“凡比较武艺，务要俱照示学习实敌本事，直可对搏打者，不许仍学习花枪等法，徒支虚架，以图人前美观。”[①] 甚至，他对于一般武学的动作技艺也有所挑剔。在他看来，“开大阵，对大敌，比场中较艺，擒捕小贼不同。堂堂之阵，千百人列队而前，勇者不得先，怯者不得后，丛枪戳来，丛枪戳去，乱刀砍来，乱杀还他。只是一齐拥进，转手皆难，焉能容得左右动跳？一人回头，大众同疑，一人转移寸步，大众亦要夺心，焉能容得或进或退？”[②] 也就是说，战阵之上讲究的是整体配合，群进群退，士兵所习武艺，要与之相适应，不需要出个人风头的“武林高手”。正因为如此，《纪效新书》也十分重视号令训练，规定要把简便易行的号令刊印出来，发给士兵，每夜背诵熟记，识字的人自己读，不识字的人听识字者教示解说。要求将士们“耳只听金鼓，眼只看旗帜”，达到“大家共作一个眼，共作一个耳，共作一个心”之效。[③]

戚继光还强调士兵的生活习性与训练的一致。他认为，作为士兵，不一定到了操演场才算是训练，平时食坐寝居也要合乎要求，实际上也是一种“操练”。如此，才能在任何情况下处乱不惊，从容对敌，养成良好的军人素质。

---

① [明]戚继光：《纪效新书》卷六《比较武艺赏罚篇》，北京：中华书局，1991年，第161页。

② [明]戚继光：《纪效新书》卷首《纪效或问》，北京：中华书局，1991年，第27页。

③ [明]戚继光：《纪效新书》卷二《紧要操敌号令简明条款篇》，北京：中华书局，1991年，第109页。

兵器之用

兵器的使用，无疑也是训练的一个重要方面。《纪效新书》十分重视武器在战争中的作用，认为器械不利，无异驱士卒而为敌人的俎上鱼肉。因此，它用了大量篇幅插图，力求生动、鲜明、直观。《纪效新书》对火器也十分重视，有大量篇幅涉及火器的制造、使用以及火器与冷兵器的配合使用。不仅如此，戚继光还在书中介绍了他在闽浙抗倭时，就地取材制造的兵器“狼筅”，即一根带枝叶的大毛竹，以及这种兵器的使用方法。《纪效新书》对长短兵器的使用以及各种兵器的配置做了很深的探讨，认为长兵器的使用要造成一定的气势，而短兵器则须灵活。临敌时，先以火器袭敌，然后乘敌躲闪之机杀入，与敌短兵相接肉搏以最后决定胜负。

戚继光为了尽可能发挥各种兵器的配合效应，还发明了鸳鸯阵，一头两翼一尾，火器、狼筅、长枪、藤牌、短兵器迭次配合，最有效地攻击或后撤，交互掩护，交互进攻，实为古代阵法中的佼佼者。

精神训育

戚继光是非常看重士兵的精神面貌的军事家，对士兵道德品质之挑剔，是岳飞以来第一人。他不但在选择士兵时排斥市井之徒，专用“乡野老实之人”，而且对招来的朴实农民也不放松精神教育以及外在的身教和纪律的约束。

首先，与封建时代的将帅不同，戚继光的精神训导没有太多空洞的封建忠义道德说教，而是从启发人之天良出发，结合士兵实际讲道理。比如，他在《纪效新书 · 谕兵紧要禁令篇》中说：“凡你们当兵之日，虽刮风下雨，袖手高坐，也少不得你一日三分。这银分毫都是官府征派你地方百姓办纳来的。你在家那个不是耕种的百姓，你肯思量在家种田时办纳的苦楚艰难，即当思量今日食银容易，又不用你耕种担作，养了一年，不过望你一二阵杀胜。你不肯杀贼保障他，养你何用？”[①] 实际上戚继光倡导的是一种士兵的职业道德，虽不及某些道德教条高远，却切实可行。

其次，戚继光要求将帅要起到为人师表的作用，以身教示人。将帅身先士卒，不仅在战阵之上，而且平时件件辛苦事都要身先士卒。戚继光还强调为将者要与士卒“同滋味”，不但患难时要“同滋味”，平时也要“同滋味”。只有为将者样样做在前头，士兵才能跟上来。

最后，良好的精神面貌的保持不仅要靠内在感化，也须外在的约束和激励。所以，戚继光主张严肃纪律，严格赏罚，赏罚必须公正。该赏的人，就是平时的冤家也要赏；该罚的人，就是自己的子侄也要罚。他在带兵实战中也确实做到了这一点，曾以临阵回顾的错误而杀了自己的长子。赏罚是与纪律相联系的,《纪效新书》规定了多种军纪，各项处罚格条，还制定了“连坐法”，要求一种纪律上的群体连带责任。同时，把“不扰民”的精神贯穿军纪之中，与精神训导相呼应。如规定：“砍伐人树株，作践人田产，烧毁人屋房，奸淫作盗，割取亡兵的死头，杀被掳的男子，污被掳的妇人，甚至妄杀平民，假称贼级，天理不容，王法不宥者，有犯，决以军法从事抵命。”[②]

应该承认，这样训导出来的戚家军，其精神面貌就是大不一样，难怪战无不克，无坚不摧。

① [明]戚继光:《纪效新书》卷四《谕兵紧要禁令篇》，北京：中华书局，1991年，第150—151页。

② [明]戚继光:《纪效新书》卷四《谕兵紧要禁令篇》，北京：中华书局，1991年，第146—147页。

《练兵实纪》——铸就钢铁长城

《练兵实纪》也是戚继光行伍练兵的心得体会，只是范围比《纪效新书》更广泛，涉及兵种、兵将更多。倭患平息之后，1568年春，戚继光受命督率蓟州、昌平、保定三镇军事，沿长城布防，承担起捍卫北部边疆的重任。戚继光在蓟门坐镇十六年，蓟门军兵强马壮，器械犀利，为诸边之冠。常来犯边的蒙古诸部落闻而远遁，边境安堵，人民乐业。《练兵实纪》就是戚继光在蓟门练兵时编写的各种教材和条规的汇编。

《练兵实纪》共九篇二百六十四条，具体篇目为：《练伍法第一》《练胆气第二》《练耳目第三》《练手足第四》《练营阵第五（场操）》《练营阵第六（行营）》《练营阵第七（野营）》《练营阵第八（战约）》《练将第九》。后附《杂集》六篇：《储练通论》（上下篇）、《将官到任宝鉴》、《登坛口授》、《军器制解》、《车步骑营阵解》。

对比《纪效新书》，《练兵实纪》眼界更开阔，不仅涉及步兵，还涉及骑兵和车兵（实际上是炮兵），不仅要求练兵，而且要求练将，是一部适宜于整个国家军队训练和建设的教材。

精神训练

戚继光在《练兵实纪》里承袭了他在东南沿海编练戚家军的经验，

重视对将士精神风貌的培养、个人品德的提高。他提出了“练心”的说法，练兵练将先练心，人人要把实心拿出来，踏踏实实地操练，踏踏实实地上阵。把心练好了就能万人同心，天下无敌。

练心成就的标准是“光明正大，以实心行实事，纯忠纯孝，思思念念，在于忠君、敬友、爱军、恶敌、强兵、任难”①。练心的途径则主要通过学习和人格表率的带动。对于将帅，戚继光不仅要求他们学习历史，读《资治通鉴》《百将传》，而且要读经，选读《孝经》《论语》《孟子》《春秋左传》《大学》《中庸》，以修身养性，培养忠义之性。而士卒则只需要诵读戚继光专门编的《练卒册》即可，能背诵者奖。如果触犯了一般性的军规，若能背诵五条以上，免打一棍。这样一来，肯下苦功且记性好的人，皮肉之苦也就少了若干。戚继光还鼓励人们将《练卒册》条规改编成俚曲传唱，以使人人均可耳熟能详。

戚继光在练兵中讲了许多为人处世的道理，谆谆告诫将士一定要做好人，讲操守；万不可逞一时之性，坠万世不复之劫，失去节操，投敌屈膝，落千载骂名。他还告诉人们，生死是相对的事，死得其所，流芳百世，虽死犹生；而默默无闻一辈子，纵然是活着，也等于死了；更何况做坏事，不但坏了自己名声，也让父老乡亲抬不起头。可以看出，这时的精神教育，已经不再像《纪效新书》中那样仅限于职业道德的养成，而是多了一些层次的内容。

练将之法

戚继光到了蓟门，手下有十数万精兵，不可能像在东南沿海统率戚家军一般事必躬亲，必须练成一批优秀将领，方可成功。所以，“练

① [明]戚继光：《练兵实纪》卷九《练将》，北京：中华书局，1985年，第135页。

将”的任务提上了日程。戚继光认为将帅是一军的统帅，一举一动牵动全军，练兵先要练好将，方能带出一支支精练的部队。

其一，他认为将帅必须掌握文化知识，不能当不识一字的大老粗，满足于战阵上的勇武。其二，在掌握一定文化知识的基础上，将帅还需有一定的文史知识修养，了解祖国历史，并通过对儒家经典的学习，养成忠孝仁义之气。其三，也是为戚继光所最重视的，是兵法理论的学习。他说，兵法如医术一样，不学习掌握是不可能成为名将的。所以，他主张为将帅者必须学习《武经七书》《武经总要》等兵家典籍。学习不要求背诵句读文辞，但求理解其精义，务必做到胸有韬略，畅晓兵机。其四，戚继光还要求将帅在武技及队列操练中身先士卒，为人表率，务必精通一二门武艺，掌握精熟一门以上的专门兵器，并了解其余武技和兵器，不一定精通，但也略知一二。

由于将帅的培训是比士卒训练更繁复且专门化的工作，所以戚继光一方面自己着手整顿军队，培训将领，淘汰不合格的将军，《明史》上说他在蓟门十六年易大将凡十人，至于中下级将领就更多；另一方面他积极向朝廷建议兴办“武庠”即军官学校，以便系统正规地训练将帅，不但教兵法，而且教具体的作战技术，于骑射之外，如矛、盾、戈、铤、钩、弩、炮石、火攻、车战之法，各随学员所长专习一门或二门，然后派到军阵中去实习一段，若不中用，再进学校回炉。如此，数年之后，必能培养出真正有用的将才。

练兵新意

在士兵训练方面，比起《纪效新书》来，《练兵实纪》颇有新意。新意之一就是提倡“练胆气”。《练兵实纪 杂集》认为，“必须原是有胆之人，习得好艺，故胆益大。无胆之人，平日习得武艺十分精熟，临时手软心颤，举艺不起，任是如何教习，亦不得胆之大也”[①]。俗语称“艺高人胆大”，其实“胆大艺才高”。不过胆气大小不是教出来的，而是必须经过实战演习，以老兵带新兵，以军官作表率。所谓“练胆气”实质上就是尽可能使官兵关系融洽，士卒之间密切配合，蓄养士气，激励斗志的问题。所以，练胆是将帅之事，能与士卒通之以情，结之以心，使之乐为效死，自然胆气生出；能赏罚分明，严明纪律，自然人人有向前之心，无后退之意。

协同作战训练是戚继光到达蓟门之后针对北方地形平坦开阔，一次使用兵力较多，且对手蒙古骑兵剽悍的实际情况提出的新举措。戚继光主持蓟门军事不久，即提出了车（炮）、步、骑战三者迭用的用兵方略。在征得朝廷的同意后，立即着手整顿步骑兵，建立车（炮）营，并研究三者协同的方法。

《练兵实纪》指出，北部边疆的当面之敌是精于骑射的马背上的民族，勇猛善战，来去如风，作战机动性极强，对付这种敌人必须以从车为城各以静制动，以坚城或车障阻其驰骋，以火器挫其锐气，然后再以骑兵待其懈怠疲惫冲击之。《练兵实纪》还开列了结车营的方法：因地形地势，结成各种形状的车城，外卫以炮兵和执火器的步兵，以火器抵住敌人骑兵的冲击，内设骑兵，俟敌锐气一消就冲杀出来。这种步、炮、骑协同作战的思想及训练方法，当时是非常先进的。

另外，戚继光还力主进行兵器改革，大力充实步兵的火器，认为敌人善用弓矢，在这方面一较长短已经没有意义；应该发挥我军之长，多配置远射火器如火箭、鸟铳、喷筒以压制敌人。步、骑兵的冷兵器也须改进，敌人体力好，善骑马，专用刀，因而我们用的刀必须比敌

① ［明］戚继光：《练兵实纪　杂集》卷二《储练通论》，北京：中华书局，1985年，第179页。

人长才能弥补我方体力和骑技的欠缺。刀长一些，就是砍不到敌人身上，也可砍着他的马头，总会占些便宜。所以，《练兵实纪》规定，我方的各种冷兵器必各长一倍。从此，蓟门军以长刀大枪而著称于世。戚继光的车兵，也不是古代以马拉、上载武士的车兵了，而是改成了以坚木和铁皮包裹、人力推挽的炮车。每车装载一至二门佛朗机大炮，遇敌则结车为营，卸下大炮安好投入战斗。另有鸟铳数支作为保卫炮车之用。这种车兵，实际上就是炮兵。

重视后勤兵的训练，以保障军队物资供应，这也是《练兵实纪》的一大特色。从冷兵器转为火器，军队的物资供应量日益增大，火药、子弹消耗量极大，而且一旦弹尽药绝，昔时威力强大的火器就会变成累赘，只好束手任人宰割，所以后勤保障的作用就日益突出起来。在戚继光之前，明军经常因后勤不继而失掉战机甚至吃败仗。针对这种情况，戚继光组建了辎重兵，新创辎重营，每营大车八十辆，每辆车配备骡马八匹，并专门设置了驭手、运夫、保管、保卫各种名目的辎重兵，各司其职并专门加以训练。还为辎重营专门绘制了辎重营阵图，以保障战时物资的供给。对辎重兵的要求是：只要战时辎重不失，便视为奇功。辎重兵的建立与专门化，为冷兵器向火器时代的转变，迈出了理论与实践上坚实的一步。

《练兵实纪》反映了戚继光独具只眼的匠心，也是经过实战检验、行之有效的训练方法，对后世影响极大，言练兵者莫不奉为圭臬。甚至到了近代军阀时代，仍然有不少领兵之将按戚继光之法编练军队。

《安民实务》与《兵机要诀》——文人谈兵

《安民实务》的作者吕坤，《兵机要诀》的作者徐光启都不是领兵统军、历经战阵的将帅。他们都是典型的士大夫，也是典型的文官。只是由于痛慨于明代边备不修、军队腐败、外患日至才潜心钻研兵学，写两部讲训练为主的兵书。虽然实用价值远不及上面提到的《纪效新书》和《练兵实纪》，但也不乏真知灼见。尤其是后者，由于作者科学家的身份，在书中开列了大量西洋火器的资料，透露出传统兵学对外交流的信息。

《安民实务》

《安民实务》的作者吕坤，字叔简，宁陵人氏，明万历进士，当过多处地方官，最后官至刑部侍郎，是明代不多见的能吏，以务实著称。这部书是他痛慨于明军腐败、边关不修而作。全书不分卷，共十二条，一百四十一款。具体分为：1. 养将才，七款；2. 募勇略，八款；3. 简军实，六款；4. 造战具，八款；5. 演武艺，十款；6. 倡勇敢，九款；7. 体下情，十六款；8. 严马政，十款；9. 密间谍，八款；10. 慎修筑，十五款；11. 教军士，二十五款；12. 计军费，十九款。

《安民实务》在练兵方面着墨最多，大体有这样几个方面的内容：一是军队组成人员的选拔与培养；二是军队的训练；三是精神教育；

四是兵器改进。

对于军队成员的选拔培养，作者将之分为三个层次：大将、战将与兵士，认为三者各有不同的标准和要求，万不可一概而论。对于兵士而言，只需精通一艺，或弓马、或刀剑、或火枪，加上些膂力则足矣。选战将的要求高些，不只精通武艺，还要能约束部众、列营对敌、设伏用间、攻坚解围才行。而选大将的标准就更高，不仅需要勇敢机智，而且需要深通韬略，机敏过人方才合适。

作者对于当时明军将才之滥大概是痛入骨髓，因此他特意建议让将领们学习兵法，除《武经七书》,《行军须知》也须一一诵读。还要求将一般性的攻战守御方式模式化，然后实地演习，令将领们亲身体验。最终，还要对将领进行考试，既考兵法内容，也考实地战术运用。这样一来，就可以借此淘汰一批白吃饭的“南郭先生”。

在训练方面，作者也有一种系统化、模式化的倾向。他将“演阵之道”归纳为“变化”“仓促”“险阻”“晦夜”“风雨”“饥疲”“解围”“失势”等八种模式，名曰“八难”，要求训练时即按这八难来演习，以便将士能较快掌握一些基本的作战技术和战术动作。无疑，这种建议对于一般常规性的军事训练与教学是有益的，后来近代军事院校也多采用此法进行教学。但在当时，模式化的手段方法不够发达的情况下，这种模式化的训练易于产生教条倾向，这也是书生言兵的迂腐之处。

与戚继光一样，作者也主张士兵练艺与练勇（胆）并重。不过，他注重训练一批能打头阵的勇敢之士作为一般士兵的表率，认为战阵之上，只要有勇者当先，那么怯懦者自然也会跟上。在作者看来，勇敢是军人的第一要素，只要勇敢，大家奋勇向前，那么武艺就无巧拙之分。

在精神教育方面，作者建议实行感化教育。对于初犯军规的士兵，训斥一番交还本队，令其限期改正，并不责罚。如果按期改好则予表彰，若不改正，重责后再限期改过，最后达到“成就一人，鼓舞众心”的目的。这实际上是把乡里劝化的常规习俗搬到了军队之中。作者还强调军队与民众的一体性，要军人把百姓当衣食父母。为与此相配套，他还制定了详尽的民众纪律，如规定：“凡从征军士，经过地方，民不愿留而强入人室，强宿人房者；强吃人酒饭，不与饭钱者；夺人货物，不与货银者；调戏良家妇女者；擅毁人器物，掩割人田园者，俱斩首枭示于所犯地方。”

作为朝廷的封疆大吏，作者的精神教育当然离不开忠君爱国的内容。他要求军人每月初一举行集体叩头谢君恩仪式，以示不忘君主和国家。

对于兵器的改进，作者主张改革旧制，以坚利实用为制器标准，力戒华而不实的军械。为此他特别批评当时的头盔是一种华而不实的样子货，制造者光图美观，打起仗来一拨即落。应该在盔上饰以狰狞的鬼面，以威吓敌人。另外，头盔应加深加大，战时作为头盔以防护头部，平时可作煮饭、舀水之用，也可以当刁斗打更。作者的兵器知识有限，未能对当时兵器转型提出更多的建议，但他一物多用的建议，的确有益于开拓他人思路。

《兵机要诀》

《兵机要诀》的作者徐光启是明代后期著名的大科学家。人们知道的他的事迹一般都是通过他的科学著述，以及他与传教士利玛窦的交往，却不知道他还曾有过军事学方面的造诣。实际上，徐光启也可以算作半个军人，因为他在万历末年到天启初年，曾经参与编练新军事宜，专门研究对付后金崛起的军事方略。正是出于这段时间的潜心研究，徐光启撰写了多种军事学著作，《兵机要诀》就是其中幸而存世的一种。《兵机要诀》正文实际上分成两部分，第一部分为《总诀第一》，又名《兵法选练百字诀》，共分“兵学之要三”“养兵之要三”“教兵之要三”“学艺之要三”“选士之要四”“勇之凡四”“选胆之略三”“练胆之略三”“选智之略三”“选力之法三”“选捷之法三”“技之凡五”“远技之法三”“长短技之法三”“相士之法三”“身材八字”“战之品三”“守之品三”“和之品三”“练士之法八”“阵之法五”“列阵之法四”“进退之法二”“兵阵之形十”“兵法之要八”共计二十五组。每组多为三字成诀，亦有二字、四字、五字、八字、十字成诀者，实有字诀一百零五字。名为百字诀是取其大数。

正文的第二部分为《条格第二》，其中包括《练艺条格》《束伍条格》《形名条格》三篇，是徐光启结合练兵实践，对第一部分内容的具体化和模式化，突出的是练兵。

《练艺条格》写的是军士的各种作战技艺的练习，规定了各种技艺的要求，指出：“练远器先铳炮次弓矢”“练长器先长枪次狼筅”“练短器一刀二棍三镰四钯，俱长九尺以上”。《束伍条格》又分为伍艺、伍号、伍约、伍书四部分，开列了军队的组织、管理和纪律规则，也规定了军队的指挥号令、标识，包括旗帜、金鼓和号角等事宜。

书后还附有《火攻要略》和《制火药法》。前者介绍了西洋新式火器以及这些火器的用法；后者介绍了黑火药制造炼硝、炼硫和制炭的西洋新法，其关键是硝取其清、硫求其净、炭择其轻，还介绍了粗火药、细火药的药方。

《兵机要诀》最突出有三点：一是主张建立建军养兵的良性循环体系；二是重视西洋先进火器的应用；三是从单兵出发的训练方式。

其一，徐光启针对明代兵冗将滥、军费负担奇重而士兵却不得温饱的现状，提出了“少、饱、好”三字良性循环的建军养兵建议。他认为兵不在多而在精，首先兵的人数要少，而后才可以使之饱，即厚饷，士兵待遇提高了，素质也就可以上升，达到好的效果。其二，由于与西洋接触，徐光启已经明确意识到西洋在火器方面居于领先地位，而火器在战争中的作用势必取代冷兵器而居首席，所以，他大声疾呼要引进和制造西洋先进火器。他不仅尽其所能地辑录了各种西洋先进火器和火药的资料，使之为中国军界所知，而且还反复强调在今后的战争中，克敌制胜的利器，以火器为首，如果没有火器，将无法抵御敌人的进攻。在明代，这不能不说是一种空谷足音式的远见卓识。其三，徐光启关于士兵训练的思想也很别致。他认为，练兵应从单兵练起，人有五体（即四肢加身体），格斗时相互配合，本身就包含着兵法中攻守、形势、奇正、虚实的内涵。由人之五体扩而广之，军队因设五人为伍，五伍为队，五队为哨，五哨为部，五部为营。兵法变化含于一身，一身扩为全军。因此，他认为项羽关于剑法是一人敌的认识不足为训，因为剑法就包含了兵法，只是不为人所悟而已。

同时，他还主张练兵要从实战要求出发，武技不必学全套，只取有用部分；平时的军营游戏应符合实战需要，严禁刺绣、结网帽、赌博等活动，而代之射箭、投石、超距、跖墙、打球、打铳等军事体育性质的活动。

与戚继光一样，他也主张练兵须练胆，练胆的要领是怒（杀敌者怒）、耻（明耻教战）、习（艺高人胆大）。其意无非是激起士兵的敌忾之心，然后教之以德，使有羞恶之心，以退即逃跑为耻，再辅之以技艺练习，技艺高了自然胆子就大了。无疑，这种练胆的程序比戚继光的办法要科学些和系统些。

第十章

论兵制——精兵简政

● 历史上第一部兵制通史是南宋陈傅良的《历代兵制》。

● 全书四万余字，对历代兵制做了较详细的评述，同时阐明了经世致用的哲学思想。

●《历代兵制》批评了宋代将弱兵骄、兵多制烦的弊端，提出了兵要少而至精的主张。

兵制即指古代的军事制度，它包括：军事领导体制、武装力量体制、军事指挥系统、军队编制、动员体制、兵役制度、军官培养制度、武器装备和后勤供应制度、军队内部的组织管理制度等项内容。

兵制的状况一般说来是要受到生产力水平、民族文化特色、历史传统、地理环境以及政治制度的影响和制约的。兵制应该合乎战争需要，但事实上又往往不是那么回事，有时统治者出于某种政治需要建立的兵制，虽然很不合乎战争需要，但却长时期不能改进，比如北宋的情况就是如此。兵制的优劣好坏、适合战争的程度往往会对战争进程产生巨大的影响。应该说，虽然历代政治家和军事家意识到了兵制的这种“独立意志”，但在南宋以前，专门研究兵制的兵家著述仍不多见，而对兵制改革的见解多散见于各色政论当中。历代正史，也无兵制一栏，有关兵制的资料列入“职官志”，把兵制看成政治制度的附庸。

宋代以来，兵制的研究有长足的进步，欧阳修等修撰《新唐书》，首创“兵志”，专门记载兵制设置及兴废沿革。南宋初年王铚编修《祖宗兵制》。而后，南宋的陈傅良潜心研究历代兵制，写出了第一部兵制通史《历代兵制》。从此，兵家著述中又多了一个门类——兵制研究。

《历代兵制》——制度的魅力

《历代兵制》的作者陈傅良，以止斋先生名于世，为南宋的通学硕儒，重“经世致用”，好在“实学”上下功夫，《历代兵制》就是反映他这种思想的力作。

《历代兵制》全书共八卷，按朝代记述自周、秦至北宋的兵制沿革。其中，关于西周的乡遂井田兵农合一制，汉代的京师兵、地方兵制，隋唐的府兵制，北宋的禁军、厢兵、藩兵制等记叙尤其详尽。内容涉及兵种设立、军队建制、兵员数额、将校设置、兵员征集、兵赋徭役、军功爵赏、军费开支等项，其中对北宋兵制论述尤其详尽。《历代兵制》系现存最早的一部专门研究兵制的兵家著述。

兵制变革的启示

《历代兵制》的作者陈傅良撰此书的目的，是通过对古往今来兵制沿革兴废的历史考察，揭示当世兵制之流弊，也提供兵制改革的借鉴，即借古人说自己要说的话。

作者最为推崇的是西汉兵制。西汉兵制像一根哑铃，两头重，中间轻，分成京师兵、郡国兵和边防兵三种。京师兵由京师禁卫军南军和北军组成，各有精兵数万，素质好，装备精良，待遇优于他军。南、北军对巩固汉朝统治、敉平叛乱、震慑四方起着不可估量的作用。周勃、陈平平定诸吕作乱，主要依靠北军之力；而平定“七国之乱”，北军也曾以主力参战。南、北军在组织上互不统属，其兵力来源不同，北军来自京师附近的三辅，而南军则来自郡国。用意就是相互牵制，以防微杜渐。

哑铃的另一头是边防兵。边防兵兵多将广，一般都在几十万之数，其兵力大大超过内地兵员。边防兵一般由边郡太守执掌统属，其特点是：其一，设有固定的常备兵，人数常有定额，不能空缺；其二，边郡以军事为主，太守的任务就是保卫边防；其三，太守就是主将，有事可随机应变，自行决定兵马的调动。但是，边境兵虽多，却不大可能兴兵叛乱。因为汉代边郡数较多，每郡都直属于中央，兵虽多，分到各郡名下就不多了，加上边郡无经济实力，不易形成割据势力。

夹在边境兵和京师兵之间的是郡国兵。西汉初，诸侯国曾据兵反叛，但后屡经削弱，郡国兵实际上已经成为京师兵与边境兵的补充和后备力量。郡国兵虽由太守统领，却无发兵权。发兵权在中央，发兵时皇帝遣使会合兵符才行，无符发兵就算谋反。

这样一种兵制，确如作者所赞叹的那样，认为兵制可以称道的只有汉世，重兵尽在京师与边境，有强干弱枝之妙，而且终汉之世，上无叛将，下无骄兵。边境兵将帅可以自由处置，方便了卫边军事不致受京师瞎指挥的干预，但无经济实力又不能彼此联合形成气候，结果有捍边之实效而无反叛之可能。内地郡国兵有经济实力，但兵微将寡且无发兵之权，只能作为补充兵。再加上京师精锐之师的震慑，整个兵制体系显得相当合理。

作者对唐代的府兵制也青睐有加。唐代实际上是袭承隋制加以完善而成的一种名为“寓兵于农”的兵制。将全国分地区划为六百多个折冲府，每府按管辖兵员多寡，分为上、中、下三等。军府与州县相应。农民在平日分由保、闾、族、县、州管理。每保五户，以一户两丁计，乃为十丁，经过点验，由十人中征二人为府兵，服役期为二十年左右。府兵服役后不脱离本乡本土户籍，田地掺杂于农户之中，农忙种田，农闲习武，只有在轮值（上番）戍边或宿卫京师以及检阅时，才脱离农活去过一段军队生活。所以，府兵的装备一般由农户自备，由军府按标准统一掌握，装备除军械外还有农具。

府兵无内外、京师边境兵之分，统统是中央军。甚至在唐朝前半期也无固定的禁卫军，而由府兵入京宿卫。府兵的管理由军府执行，而州县地方官也有监督之责。军府之组织系统为折冲府—团—旅—队—火。上府六团，中府五团，下府四团，每团二百人；每团两旅，每旅百人；每旅两队，每队五十人；每队五火，每火十人。队以上军官由朝廷选派，火长则从府兵中选拔。府之上还有卫，但只是管理机构，无调兵之权，加之所辖军府彼此交错，更无从形成割据之势。各军府轮流上番，承担了戍卫京师及边境之责。如边境有警，朝廷欲派大军出征，则抽调若干府之兵力，组成军队，由朝廷统一派人指挥。

毋庸置疑，府兵制无疑是农耕社会比较理想的兵制。如《历代兵制》作者所称赞的那样，府兵制，平日无事就在家种田，任务无非是轮流承担戍边与宿卫京师之责。若四方有事，则由朝廷选择将领带兵出征，事情完了则将归于朝，兵散于府，农夫不失其业，而将帅也无握兵专擅之弊，因此能够防微杜渐，消弭祸乱于萌芽状态。自井田制废除以来，兵制之善莫过于此。

但是，作者毕竟是封建士大夫，他不知道府兵制虽好，但必须建立在独立小农户占绝对优势的社会基础上，一旦兼并复起，小农瓦解，府兵制也就生存不下去了。另外，在冷兵器时代，当军事专门化程度不高时，府兵制是适宜的。一旦军事专门化技术要求高了，而府兵管理训练又跟不上的时候，府兵制也就不能适应战争需要了。这也正是唐朝后期府兵制瓦解的原因所在。也就是说，这种兵民合一的兵制，在冷兵器时代，对于游牧民族可能合适的时间较长，但对于农耕民族而言却受到土地状况的局限。作者不明此理，一味感慨后人不能遵行此制，实在是有些迂腐。

《历代兵制》花费笔墨最多的还是北宋兵制。据考证，其中一部分内容是摘自王铚的《祖宗兵制》序，但也有他自己研究的心得。

宋代兵制可以说是最不适宜战争的一种兵制。宋太祖赵匡胤鉴于唐末藩镇之乱、五代骄兵悍将之弊，将军队分为禁军与地方军，使禁军既精锐，人数又多；又将藩镇废除，节度使化为虚衔；把兵权一分为三，枢密院筹划军事，有调兵之权，三衙平时管理军队，而战时则临时指派将领领队出征，出征将帅必须按枢密院筹划好的方略与阵图作战，毫无战场随机指挥权。显然，这种兵制对于防止武人割据叛乱是十分有效的，但却极不适合战争的需要。因此，北宋在对辽及西夏的战争中，屡战屡败。作为补救，宋朝只好借助于军队的扩充来应对局面，从而导致军队极度膨胀，并由此引发了一系列政治、经济、军事上的恶性循环，以致冗官与冗兵成为北宋积弱积贫的两大祸源。

对于北宋兵制，《历代兵制》的作者大有微词，但却放过了始作俑者赵匡胤，认为宋初军事尚可，而赵匡胤改制的好处在于能有效地克服五代之弊。作者认为在宋太祖的时代，宋军虽少，但尽为精锐之师。但是，到了真宗时代，兵员猛增，以后就像上升的火箭，一个劲地往上蹿，军队名目不仅有禁兵、厢兵，还有招募羌人组成的番兵和杂牌地方部队的士兵。而且，军队并不专用于战阵，干什么的都有，负责漕运挽舟拉纤者是兵，服工役盖房子的是兵，挖沟修堤的是兵，伺候人的也是兵，养马放牧的也是兵，什么也不干白吃饭的还是兵。作者认为，历史上兵没有这么多过，也没有这么滥过，如果按这个比例养兵，那么每十户农家就要供养一兵，十亩田地就要供给一兵吃食，再加上各种浮费，那么兵费负担就将国家和人民拖垮了。国家养了这么多兵，而这些兵大多既无训练又无士气，上阵辄败，国家安能不危亡？

当然，作者把批评的大棒打在冗兵身上无疑是对的。宋太祖时，全国兵员 37 万余，禁军占一半以上。而宋太宗时就翻了一番，达到 66 万余，禁军仍占半数以上，但战斗力反不如从前。到了宋真宗时，兵员增至百万，此后就居高不下，最高纪录达 140 余万。其战斗力却每况愈下，仗愈打愈糟，国家一方面要拿出大量的军费，一方面又要献出大批的岁贡给战胜自己的敌手。但是，作者似乎忘记了，造成冗兵之害的不是冗兵本身，而是那个在战争面前跛了脚的兵制。宋太祖时为害不大是因为那时兵精且少，宋太祖本人又是熟悉战阵的战将，将权收到他一人身上也指挥得来。到了后来，皇帝越来越蠢，权力却依旧集中在他身上，毛病就日益明显了。

兵制思想

陈傅良作《历代兵制》并非单纯地就史论史，就制言制，他是有所寄托而为之的，这个寄托就是他理想中的兵制。

其一，我们从陈傅良的叙述中可以看出，他的理想兵制就是西周的乡遂井田兵农合一制。当然，作者也深知，井田制是不可求而复得了，因而西周兵制也就不可复见于中土，退而求其次则为唐代的府兵制。府兵制的特点是国家省力省费，不失农时，不误农工，而急用之时有“全民皆兵”之势，兵少至于无形，兵多遂及遍野。对这种兵农合一、寓兵于农兵制的向往，并不止陈傅良一人，很多人都把这种兵制与均平的社会制度联系在一起，构成一幅由均平到太平的乌托邦图画。但是，随着封建社会的暮气日沉，府兵制也只能是明日黄花了，不管陈傅良辈的士大夫有多么惋惜。

其二，陈傅良对军队在国家政治中的地位也有清醒的认识。东汉渐改前政，郡国兵坐大，遂成内轻外重之势，最终葬送了王朝，皇帝成了地方军阀手中的玩偶。有鉴于此，陈傅良意识到，政治内外轻重的关键在于军队，谁能切实掌握军队控制权，谁就握有政治的主动权。所以，国家要把兵权牢牢抓在自己手里，不可轻假于人。

其三，陈傅良认为兵制应该造成强干弱枝之势，举国之兵应该达到一种内外平衡的均势。内重外轻，无以御侮；外重内轻，像唐代开元天宝年间那样，又易招致叛逆。所以，两者孰重孰轻都不好。

其四，陈傅良反对诸王握有兵权的分封制，认为这样容易使他们生出觊觎皇位之心，导致叛逆。西汉初的诸王作乱，而郡县不叛，遂得以叛平；而西晋诸王齐乱，遂至亡国。

其五，陈傅良痛恨冗兵冗官，主张精兵简政。兵要少，但要精，这样才能使国家财政走向良性循环，不至于因军费负担而致破产。国家政治也真能济军人之利，有一兵就有一兵之用。

其六，在军队的训练与管理方面，陈傅良主张一切从严，严格训练方出精兵，严格管理则不出乱兵。要确立管理制度及管理者的威严，凡制度号令使人不敢轻慢。要赏罚严明，以激励士气，惩罚叛逆，使军人遵守法度，唯知听令向前。

《太平军目》与《太平条规》——农民的创造

《太平军目》与《太平条规》是太平天国颁行的有关兵制的兵书。虽然，其文献意义远大于著作意义，但是却能反映出一种与正统的军旅生涯不同的军队面貌。历代农民起义是中国历史上又一番军事天地，可惜的是，历代兵家著述很少有反映他们战争实迹的，偶然提到的也只是站在反面探讨如何剿灭之。这两部太平天国的兵书给了我们一个机会，得以一窥这种非常态军事天地。好在众所公认太平天国是历代农民起义中组织最完备、制度化程度最高的，这样我们的缺憾还能少一些，虽是以管窥豹，却仍能看见些真实的东西。

《太平军目》

《太平军目》可以分为两个部分：前一部分总记各级编制人数，旗帜尺寸；后一部分记载各级编制序列的称号。

太平天国的建军是采用《周礼》“五人为伍，五伍为两，四两为卒，五卒为旅，五旅为师，五师为军”的六级编制。《太平军目》详细规定了各级编制所辖人数和所用旗帜尺寸，从而便于分辨和指挥。

太平军制的最基本单位是伍，伍设伍长，辖四个士兵，无旗帜；伍之上是两，两设两司马，两辖五个伍，共管25人，旗帜为长宽二尺五寸规格；两上为卒，卒有卒长，一卒辖四个两，管104人，旗帜为三尺规格；卒上为旅，旅设旅帅，下辖五卒，有兵525人，旗帜为三尺五寸；旅上为师，师设师帅，辖五旅，有兵2 625人，旗帜为四尺；师上有军，军设军帅，辖五师，有兵13 125人，旗帜四尺五寸。除此而外，监军旗帜规格为五尺，总制为五尺五寸，日干侍卫为六尺，日令侍卫为六尺，指挥为六尺五寸，检点为七尺，丞相为七尺五寸，丞相以下旗帜为三角形。再往上，翼王旗帜为八尺，内写“太平左军主将翼王石”；副军师二，旗帜皆八尺五寸；正军师二，旗帜为九尺，军师以下旗帜为四方形。

第二部分讲编制指挥系统及各种称号。

太平军无论平时战时，均以军作为最高建制单位，也就是说调兵与编组一般以军为基础。军帅负责平时的训练以及行军、结营、扎寨诸项事务，作战时另以监军调度指挥。每军还有职同官（典官）35人，等于负责后勤、军械、医疗、军法的参谋人员。所以，在军帅、监军及参谋部之上设总制统领。实际上，总制才是军的最高领导人。军之下有师，有时习惯上也称营。每军各师分前、后、左、右、中营，即前营师帅、后营师帅等。每师也按前、后、左、右、中区分，称前营前旅、前营后旅等。旅所辖五卒，则依次称为前营一卒长、前营二卒长等。卒所辖两按东、西、南、北区分，如前营前东两司马、前营前西两司马等。两司马所辖伍长，则以代号为分别，如东两司马所辖五伍，即为东刚强伍长、东勇敢伍长、东雄猛伍长、东果毅伍长、东威武伍长。伍长所辖四个兵卒也有称号，如东刚强伍长所辖兵卒名为东刚强冲锋伍卒、东刚强破敌伍卒、东刚强制胜伍卒、东刚强奏捷伍卒。从《太平军目》可以看出，太平军的编制基本上是五进制，基本单位虽细小，但比较灵活，只要伍长、两司马、卒长等下级官佐身先士卒，带头冲锋，战斗力还是很强的。从战争实践来看，太平军军制有编组严密、号令分别、便于指挥的特点，无怪乎其前期能取得如此大的军事成就。

但是太平军军制也有它的弱点，就是编制层次多，而且逐级有自己的旗号，初期尚有组织严密、指挥便利之利，后来随着物质的丰盈，队伍的扩大，则开始滋长讲排场的陋习，各级滥配属员，广列旗牌手，战斗兵员反而减少。不能不说，太平军军制已经留出了日后变质的空隙。

《太平条规》

《太平条规》是太平天国有关纪律制度的兵书。如果说《太平军目》还有模仿《周礼》的痕迹的话，那么《太平条规》则基本上是一种起义农民的创造。

《太平条规》由《定营规条十要》和《行营规矩》两部分组成。前者规定了太平军平时的纪律，后者则为行军与作战时的纪律。

《定营规条十要》一共有十条纪律：1. 要恪遵天令。2. 要熟识天条，赞美朝晚礼拜，感谢规矩及所颁行诏谕。3. 要炼好心肠，不得吸烟、饮酒，公心和傩（注：和傩是广西平南方言，意为共同商量，双方同意），毋得包庇徇情，顺下逆上。4. 要同心合力，遵有司约束，不得隐藏兵数及匿金银首饰。5. 要别男营、女营，不得授受相亲。6. 要谙熟日夜点兵、鸣锣、吹角、擂鼓号令。7. 无干不得过营越军，荒误公事。8. 要学习为官称呼问答礼制。9. 要各整军装、枪炮，以备急用。10. 不许谎言国法、王章，讹传军机、将令。

《行营规矩》有“十令”：

1. 令各内外将、兵，凡自十五岁以外，各要佩带军装、粮食及碗、锅、油、盐，不得有枪无杆。

2. 令内外强健将、兵，不得僭分干名，坐轿、骑马及乱拿外小。

3. 令内外官兵，各回避道旁呼万岁、万福、千岁，不得杂入御舆、宫妃马轿中间。

4. 令号角宣传，急赶前禁地听令杀妖，不得躲避偷安。

5. 令军兵男、妇，不得入乡选饭取食、毁坏民房、掳掠财物及搜抄药材铺户并州府县司衙门。

6. 令不许乱捉卖茶水、卖粥饭外小为挑夫，及瞒昧吞骗军中兄弟行李。

7. 令不许在途中铺户堆火困睡，耽阻行程，务要前后联络，不得脱徒。

8. 令不得焚烧民房及出恭在路及民房。

9. 令不得枉杀老弱无力挑夫。

10. 令各遵主将有司号令分发，毋得任性自便，推前越后。

综合这 20 条军纪，可以得出这几条结论：

其一，太平军对民众的关切程度较高，民众纪律较为严格。行军作战纪律十条中就有六条涉及民众纪律，而且规定十分慎细，连不许在路及民房出恭都写上了，可谓对民众体贴入微，十分顾及民众的情绪及反应。这说明，太平天国起义军的确是农民自己的队伍，为了农民的利益而作战的。当然，太平天国后期由于队伍混乱，大批匪类混入，以致杀掳焚淫之事时有所闻，《太平条规》形同具文，这时天国的命运也就不问可知了。

其二，太平军对天国礼制，即他们制定的等级秩序及相应礼数十分在意。太平天国不仅制定了等级森严、礼法繁复的礼制，而且还在军规条例中强令官兵遵行诵习。这说明太平天国的农民对等级排场与礼数是十分欣赏的。农民心中的等级观念和皇权主义之强固，超出了人们的想象。农民起义绝非推翻封建制度，打倒皇权，而是要建立一个对他们来说好一些的等级制度，以便更畅快地三呼万岁。

其三，太平军早期生活中充满一种禁欲主义气息，而在太平军军规中也有所反映。比如，《定营规条十要》中就规定男女别营而居，不得授受相亲，不得吸烟、饮酒等。这种禁欲主义对于军旅生涯在一定程度上有好处，但将之推而广之，制度化、法规化无疑是有害的，而且也不可能真心实行，反而损坏了法规军纪的严肃性。最不可理解的是这种禁欲主义只禁下不禁上，广大官兵男女别居，而诸王则妻妾成群，从长远来看，有损于天国的事业。

其四，太平军军纪也反映了天国早期生活中军事共产主义的事实，具有一般农民起义的性质，如缴获公有、不得私藏金银等项规定。

其五，太平军军规还反映了太平天国起义的基督教色彩。应该说，比起太平天国其他文献来，军规中的这种色彩并不浓，说明太平天国既把基督教某些教义用作鼓舞人心的手段，同时在战争中又不过分强调自己的宗教色彩，以适应广大原本对教义并无所知的参加者。

其六，除了以上各项，太平军军规也有一般军队军规中的共性内容，比如服从命令听指挥，平时做好战备，战时英勇杀敌之类。这些内容只要是军队都要强调，这是由战争自身性质决定的。

可以说，太平军军规既反映出一般军队的共性以及一般农民起义军队的共性，也具有自己的特色。

第十一章 论兵器——冷热兵器并用

● 我国宋代以前的战争使用的是冷兵器，常规战争是陆战，主要的兵种是步兵和骑兵。自宋代发明和使用了火器以后，便进入了冷热兵器并用的时代。

● 明代的火器发展到一百多种，重要火器是装有火药的鸟铳（原始步枪），开始是前填，戚继光改为装填后大大提高了命中率。

● 冷热兵器并用后，车、步、骑、炮、辎以及水军等多式兵种出现了。戚继光在军队中建立了车营、步营、骑营、辎重营等新编制，并在军队中配备了各种火炮。

兵器是战争的轮机。战争使生产工具变成兵器，而作为战争工具的兵器一旦被呼唤出来，就像开启的潘多拉盒子，释放出自身的魔力，拉动着社会生产围着它转，也反过来推动着战争步步升级。兵器制造脱离原有的手工业体系，成为独立的生产部门，而生产领域的新发明、新成就往往最先被用于兵器制造业，冶金术、火药、机械、建筑、造船诸方面莫不如此。战争的需求刺激着兵器发展，而新式兵器的涌现又推动着战争的发展。

在冷兵器时代的初期，由于兵器发展演进相对比较缓慢，对战争进程的影响也相对小，战争对手一般都处于同一个武器等级上，所以，早期的兵家一般不注重兵器的研究。倒是非兵家的墨子对于城守器械有过一些论述。今天，我们已经很难看到五代以前有关兵器的兵家论著了。唐代王琚的《射经》是现存较早的介绍弓箭的兵书。宋代以后，随着火器的发展，兵器转型与变化速度加快，武器对战争的影响日渐增大，因而研究兵器的兵家著述也渐渐多了起来。下面，我们将介绍几种有代表性的兵器论著。

《武经总要》与《耕余剩技》——冷兵器

冷兵器主宰了我国古代战争史上的绝大部分时期。即使在热兵器快速发展的中国近代，冷兵器也未完全退出历史舞台。对于中国兵家而言，他们眼中的“器”，在多数情况下是指冷兵器。

《武经总要》器械部分

《武经总要》是北宋王朝动用国家力量编辑的一部大型综合性兵书。该书在前集的若干章节中，首次比较全面而具体地介绍了古代各种兵器以及守城攻坚器械的形式和使用方式，其中主要的是冷兵器。

长兵器：1. 戈：戈是一种可勾可啄，装有长柄的武器。其基本性能是钩割或啄刺敌人，因此也被称为勾兵或啄兵。戈在春秋以前是主要武器，因为它比较适合于车战。后来，随车兵的衰落，戈逐渐从战场上消失，退化为仪仗的装饰。2. 矛：矛又叫矟、铍、槊，是一种直而尖形的刺杀兵器。矛经历过从石矛、铜矛再到铁矛的变化，一直到晋代，为军队步兵的主要武器。后来，枪兴起，逐渐取代了矛。3. 戟：戟又叫孑、镘、鏔、匽，是一种可勾可刺的兵器，近乎戈与矛的综合。出现于商、周，盛行于战国、汉、晋各代，到南北朝时衰亡。4. 枪：枪是一种刺击兵器，开制与矛相似，但枪头短而尖，比矛轻便锋利，穿刺力更强，自晋以后，取代矛成为军队主要武器。5. 长刀：长刀就是安有长柄的大刀，是一种砍杀兵器。创自东汉，尔后各代均为常备兵器。6. 殳：殳又叫作杵、杖、棒。原初只是一根坚木棍，后来两端加上金属制的尖头，但仍以打击为主。7. 斧钺：斧钺是一种劈砍兵器。斧与钺形制相同，区别在于大小，大者为钺，小者为斧，唐代把斧列为常备兵器。

短兵器：1. 剑：剑是双刃的，以刺击为主，兼有砍杀功能的短兵器。春秋战国时期曾兴盛一时，到了晋代的实际战阵中逐渐让位于刀，成为辅助兵器。2. 刀：刀是单刃的砍劈短兵器。东汉以后成为军队的主要武器，特别适合于骑兵。3. 匕首：匕首形制与剑近似，只是比剑短小，为近战防身之用。4. 锤、锏、鞭：锤、锏、鞭均为打击兵器，有铜制和铁制的。这些兵器为个人使用，很少用来装备军队，形制没有一定，大体上锤类球形，锏与鞭长且细，锏为方形有棱而鞭为圆形类竹节。

抛射兵器：1. 弓弩：弓是用硬器物弯成弓形，以弦绷紧，以其弹力发射尖状箭矢的远射兵器。弓自发明以来，一直为冷兵器时代的主要兵器之一。弩是安有臂的弓，弓臂上设有弩机，类似现代枪炮的击发装置。弩比弓易于掌握，射击准确性高。后来又出现过连弩，原理类似机枪。2. 抛车：抛车是一种抛掷石弹的攻城武器，也称砲。后来火药出现，又用其抛掷火药弹。

防卫武器：1. 盾：盾原称干，后世叫作盾或盾牌、彭排、旁排。盾可以掩蔽身体，防卫敌人的兵刃矢石的伤害，常与刀、剑等短兵器配合使用。《武经总要》列出了各代的盾，还有插图。步兵用的一般较大，长方形或椭圆形；骑兵用的多为圆形。2. 盔甲：盔、甲是一种卫体装备。盔又称胄、兜鍪，其形似帽，用皮或金属制作，用以防护人的头部。甲又叫作介或函，其形类似衣服，亦以皮布或金属甚至藤为之，用以防护身体。有的甲的前胸与后背各有一块金属圆护心，称“掩心镜”。骑兵还有马甲，包裹在马身上，类似于西方的重装骑兵。

攻守城器械：1. 壕桥：壕桥又名飞桥，它是用以通过城外壕沟的器械，形制类木梯，有的下设轮，以便于运输。2. 云梯：云梯是一种爬城用的工具，在三国时就有了，当时叫“钩援”。云梯设在车架上，架上有一木棚，外用生牛皮加固，人推车靠近城墙，然后可以据梯爬城。云梯有单节和多节之分，视城墙高度而定。3. 轒辒车：轒辒车是用来掩护掘城的，有方形的水牛车和尖状的木驴车两种。上蒙生牛皮并涂以泥浆，以防止敌人从城上射下的矢石。除了攀登工具和挖地道的器械外，还有破坏城墙城门的器械，如塔车、饿鹘车，系将安有长柄的耙钩装在车架上，利用杠杆作用操纵耙钩，将城墙挖出缺口。还有钩撞车，用以挖城和撞城。火车是一种专门烧城门的工具，车上装有容器盛油膏，再装满木柴，点燃油后推车至城门，就会将城门烧毁。临冲吕公车，上可爬城下可撞城，是云梯与钩撞车的结合。4. 撞车，是守城器械，用来撞击云梯。5. 抵篙叉竿，也是用来推倒敌人云梯的。6. 飞钩，又名铁鸱脚，其形似锚，有四个锐爪，用绳系之，待敌蚁集于城脚时投入敌群。据说一次可钩取多人。7. 夜叉擂，实际上是一布满铁钉的滚木，也用来对付城下的敌人。

值得一提的是，《武经总要》还详细记载了指南鱼的制作方法，是人类历史上第一次记载用地球磁场进行人工磁化的方法。而且，还认识到地球有磁倾角存在，所以在安放指南鱼时，不让铁片与地面平行放置。由于北宋时火药已开始应用于军事，故《武经总要》在卷十一和十二中，记载了三个火药配方：毒药烟球法，用 13 种药，捣合为球；蒺藜火球法，含 10 种药料；火炮火药，含 14 种药料。这是世界上最早明确记载火药配方。

《耕余剩技》

《耕余剩技》系明代武术宗师程宗猷所撰的关于冷兵器制造、使用的兵书丛书。作者在火器大盛时代，认为火器固然重要，但冷兵器亦不可尽废，冷兵器用好了，可以弥补火器之不足，故曰“剩技”。

《耕余剩技》由《少林棍法阐宗》《蹶张心法》《长枪法选》《单刀法选》四部子书组成。

《少林棍法阐宗》记述了少林棍法的源流、棍法棍谱和套路，解说了少林棍法训练中的一些问题，并认为少林棍法与兵法有暗合之处，也有奇正、虚实、众寡、强弱的变化。由于冷兵器的器械武艺莫不以少林为宗，所以讲了少林棍法，其余刀枪剑戟迎刃而解。

《蹶张心法》详细记载了弩和弩箭的制造及使用方法。全书图文并茂，内容有：蹶张弩说、蹶张弩铭、戒射禽铭、古铜弩机说、法古制铜弩机分寸说、改古新制铜弩机说、改古新制铜弩机分寸说、造弩身用木色说、造弩身尺寸说、造弩担用竹说、造弩担尺寸说、鹞子担说、造弩托尺寸说、弩担扎用绳索说、造弩弦说、造膝绊脚索说、造上弩弦腰绊说、用腰绊上弩弦说、造削弩箭刀说、造削弩箭刀鞘说、削弩箭说、削弩箭歌诀、造弩箭筒说、造弩箭端说、造铁箭头说、造盛药壶说、脚踹上弩说、膝上上弩说、搭弩箭说、发弩说、轮流发弩进弩上弩说、射弩兼用枪刀说、弩兼枪刀行阵说、弩兼枪刀临敌说、腰开弩说、腰开弩铭、古铜大弩机说、古铜弩机分寸说、造弩担用木色并上弩弦说、造腰开弩身担尺寸说、腰开弩担铁绊说、造腰钩说、造腰绊说、造箭筒说、造铁箭说、上腰开弩说、发弩说、窝弩说、造窝弩说、窝弩铭、上窝弩说、下窝弩说。之所以不厌其烦地“说弩”，是因为他从一个土人手中得到一把古铜弩机，于是经钻研恢复了久已失传的制弩机法，并造出了一个力量可达三十六钧的腰开弩。

《长枪法选》记述古代长枪的源流，以及主要的枪法、枪势，并附有动作解说和图像，有长枪说、六合原论并注、散札拔萃二十六条、长枪式说、长枪式图、长枪图十四式并说等篇目。

《单刀法选》记载了古代单刀源流，刀法演变及动作图式，也是图文并茂，有单刀说、单刀式说、单刀式图、单刀图二十三式并说、续总刀图说、总叙单刀一路、总叙单刀图、续刀势图十二式并说。

《火攻挈要》——热兵器

《火攻挈要》又名《则克录》《武备火攻则克录》《火攻心法》，是明末焦勖向汤若望请教著述而成，所以题曰汤若望授，焦勖述。

汤若望是与利玛窦齐名的西方传教士，曾参与修订历法，为明政府监铸大炮。此人具有丰富的西方自然科学与军工制造知识。《火攻挈要》的实际作者曾潜心向他学习火器技术，并加以苦心钻研，反复试验，遂成是书，为不掩没其师，故题上汤若望之名。

《火攻挈要》共三卷，篇目如下：

卷上：《概论火攻总原》《详察利弊诸原以为改图》《审量敌情斟酌制器》《筑砌铸铳台窑图说》《铸造战攻守各铳尺量比例诸法》《造作铳模诸法》《下模安心起重运重引重机器图说》《论料配料炼料说略》《造炉化铜熔铸图说》《起心看塘齐口旋塘钻火门诸法》《制造铳车尺量比例诸法》《装放大铳应用诸器图说》《收盖大铳锁箍图说》《制造各种奇弹图说》《制造狼机鸟枪说略》《制造火箭喷筒火罐地雷说略》。

卷中：《提硝提磺用炭诸法》《配合火药分两比例制造晒晾等法》《收贮火药库藏图说》《火攻诸药性情利用须知》《火攻佐助诸色方药》《火攻佐助方药附余》《本营自卫方药》《试放新铳说略》《装放各铳竖平仰倒法式》《试放各铳高低远近注记准则法》《各铳发弹高低远近步数约略》《教习装放次第及凉铳诸法》《运铳上台下山上山诸法》《火攻要略附余》《火攻根本总说》。

卷下：《攻铳说略》《鳌翻说略》《模窑避湿》《木模易出》《泥模须干》《模心易出》《兑铜分两》《炉底避湿》《化铜防滞》《设棚避风》《炉池比例》《铳身比例》《修补铳底》《修整弯铳》《弹药比例》《弹铳相宜》《弹制说略》《制弹说略》《装弹机宜》《装药比例》《药信说略》《远近之节》《众寡之用》《宽窄之宜》《救卫之备》《斩将说略》《击零说略》《扫众说略》《惊远说略》《惊近说略》《攻城说略》《守城说略》《水战说略》《火攻纪余》《火攻问难》《火攻索要》《火攻慎传》《火攻需备》《火攻需资》《火攻推本》《归源总说》。

全书从火器的铸造工艺、调料选配、火器装配调试，以及各色小型火器如鸟枪、喷筒的制造方法，到火药的种类、配方、制造工艺、装药方法，以及大型火器的安装与搬运，再到弹药的制造、火铳鸟枪的修理，以及各种火攻战术，无不一一详尽道来，包含着丰富的金属冶炼、机械制造及数理化知识，是当时介绍西洋先进兵工技术最好的一部书。

更为难能可贵的是，作者研究了明军历次战役使用火器的战例，分析出火器应用与战争胜负的关系，得出了在当时火器水准下，实战中应用火器的基本原则，折射出他的某些思想火花。

火器制造与使用要则

在热兵器的初期，即管形火器发展之早期，火器的制造为手工操作，其器身与零件的制作不可能标准化，制作中人的技巧起很重要的作用。在使用时又相当繁复，也需相当的技巧才行。制造与使用两方面稍有不慎，火器非但不能杀敌，反而会伤了自己。

当时，明军的火器制作与使用存在许多问题。其一，火器制造不得其法，质量低劣，易于自炸。其二，火药制作也有问题，同样易于导致自伤。其三，火器使用严重不当，装放不合适，自伤屡有发生。所以，明军士兵在使用火器时，先存了畏惧之心，不想如何杀敌，但恐火器伤己，这样自然不可能发挥火器的效率。作者洞悉此弊，提出了火器制作与使用去弊存利的六项要则：

第一，铸铳。必须想方设法使之放射远而猛，疾而准；燃放时铳身不动，没有横颠倒坐及炸裂等弊端；分战攻守，三等铳身上下长短厚薄，无不合宜；使子铳和母铳，大小长短无不合法。（注：焦勖此谓之铳，实际泛指枪炮。）

第二，制火药。目标是使之燃爆迅速猛烈；使燃时手心不热，纸上不焦，及不致损伤枪炮。

第三，收藏火药。务使之可以过夏不潮，以便长久贮藏而无疏失之虞。

第四，装放弹药。必须掌握仰、平、倒三法，必须了解枪弹的射程，以免敌人未及射程就先燃放；还要知道何种铅铁石弹与何铳相宜；了解如何使击放面宽大而杀贼多；如何使循环迭击，而炮不绝；如何令击放终日，而无失火之虞；如何使热炮冷却，可以复装。

第五，运铳。务必懂得如何运重为轻，可以疾趋；转动机活，可以迎凑；如何可以升高渡隘，不致阻滞。

第六，临阵。务要知晓如何打击敌之散兵线，如何打击敌之集团，如何防备敌人之迭次冲锋，如何消灭敌之主将，如何使火器不放而敌骑亦不敢冲击我营。

器人相配方能取胜

作者认为，有了合适的火器，必须有合适的人来掌握才行。明军之所以使用火器仍然屡遭败绩，原因之一就是将疲兵骄，不善于了解和掌握火器的特质，从而使用不当，发挥不出火器效用。作者列举了明崇祯年间，西洋人在皮岛用西铳而获全胜，明军在辽东前线同样用西铳却损师丧地的战例来说明，虽有好的火器，若没有良将良兵来掌握它们，就如同将利器放在婴孩之手，不但不能杀敌，反而资敌自取灭亡。在此，作者认为良将的作用是至关重要的。因为有了良将无良兵还可以训练；而庸将手下纵有技艺纯熟兵卒，也会无用武之地。良将的作用不仅在于能带出一群善于使用火器的士兵，也在于他能正确运用与火器相应的战略战术。

其一，作者认为良将应该量敌制器与置器，即根据敌人的弱点与特点来制造针对性的火器及安放合适的火器于合适的战位。比如，敌若善用集团冲锋则须多置散花大炮，杀伤面宽；敌若结营筑垒则宜制攻坚穿透力强的大炮；对付敌之散兵宜用鸟铳、喷筒；等等。如果敌方也有火器，制出的火器总要胜敌一筹，克敌制胜，或以大胜小，或以长胜短，或以多胜寡，或以精胜粗，或以善用胜不善用；等等。总的来说是要提高效率，以求事半功倍，这样才能真正得到用火器之利。

其二，作者认为火器就该适当地长器短用。在他看来，火器虽然是远射武器，那只是相对于刀矛而言的，不可一味求远。千万要考虑射程，敌未至有效射程之内就开火，不但不能杀敌，反而在敌骑速近时不及装药，结果为自身之害。所以，作者认为火器不能轻易放，一放必须给予敌人致命杀伤，至少是击退敌人才行。他要求近敌开火，能射三四百步的重火器，要等到离敌五六十步才开火；能射百余步的轻火器，要等离敌二三十步才开火。敢于近战，才能充分发挥火器威力，提高杀伤率。无疑，作者的这种认识是正确的，在管形火器的早期，准确性不高，有效射程很近，只有近战才有较大的杀伤力。

其三，作者认为火器尚未到单独使用的阶段，尽管杀伤力大，也不可专恃，必须与冷兵器搭配使用，使之互为助益，方可立于不败之地。火器需用冷兵器来保卫，因为当时火炮笨重，转运不便，一旦敌人偷袭近前，就无计可施。虽有短放的鸟铳，但填装火药须费时日，一次放完，下次再填的空当时间很长，所以必须有冷兵器保卫才行。火器也需要冷兵器来清扫战场，最后结束战斗。所以，善用兵者，绝不会偏于一头，自然是两者兼用。

其四，作者坚持制造火器必须要经过试放，才能投放战场，以确保武器的可靠性，免去士兵的担忧，才可使他们放心大胆地掌握火器技术。事实上，在兵器制造以手工操作为主的时代，必须坚持试放制度才能保证枪炮的质量。这在西方是行之有效的方法。作者及时注意到了这一点，在当时可谓明智之识。可惜，腐朽的明王朝并没有采纳这个建议。

《火攻挈要》是中国冷热兵器过渡交替时代具有里程碑意义的兵家著述，不仅传播和介绍了西方先进的军事技术，而且切实地提出了一整套适合当时火器水准的制器、用器之法，制定了适宜的火器战术，在军事史和军事科技史上都具有重要价值。

战例篇

——中国兵家与战例

第十二章 巧战例——四两拨千斤

● 老子的《道德经》中蕴含着深湛的军事哲理。他通过对自然界和人类社会大量的对抗现象及其结局的细心观察，运用神妙的直觉思维分析推断，认为“坚强者死之徒，柔弱者生之徒”“故坚强处下，柔弱处上”“弱胜强，柔克刚”。滴水可以穿石，四两拨千斤，钝兵亦可锐进。

● 老子的“无为而治”亦可理解为军事上的“无为制胜”。活力对抗的法则告诉我们，行动导致反行动，作用力引来反作用力。而“无为”之举，正可以使对方的竞争意识消减，使对方的“反行动”放缓，为自己创造出“无不为”的对抗条件。

我们把以少胜多、以弱击强的战役称为巧战。因为只有“巧”才能在敌我力量悬殊的情况下，以四两拨千斤，最充分地利用天时、地利、人和，把用兵艺术发挥到极致。战争是力量的撞击，也是智慧的较量，能用智胜力者是为“巧”。

在中国战争史上，存在过许多这样的战例，诸多智士良将凭借有限的兵力和局促的舞台，演出一幕又一幕激动人心的话剧。巧战才是兵法的魅力所在，也是兵家最吸引人的画面。

退避三舍——晋楚城濮之战

春秋时期，称为五霸之首的齐桓公去世后，齐国在中原的地位渐渐让位于晋国。在外漂泊近二十年的晋公子重耳入主晋国之后，晋国越发强大，中原诸侯开始将依齐之心转向附晋。不过这样一来，晋国就要面对南面强大楚国的威胁，不制止住楚国的向北扩张，晋国的霸主地位就无从确保。

公元前633年冬，楚国联合郑、许、陈、蔡等国向与晋联盟的宋国发起进攻，公然向晋国挑战，意在斩断晋日渐长满的羽翼。宋军当然不是楚军的对手，接连损师丧地，都城被围得水泄不通。宋国赶紧向晋国求救。

一直在关注着楚国动向的晋国接到宋国的告急求援后，十分焦虑，有进退两难的感觉。因为如果不救宋，那么意味着霸主的事业付诸东流；而救宋，晋国的实力与兵力又远远不能与气势方盛的楚国相比。

正在踌躇间，足智多谋的大臣狐偃出了个主意，一语拉开了晋楚之争的序幕。

转攻曹卫以救宋

狐偃建议说："楚国刚刚得到曹国的归附，又新近与卫国结为儿女亲家。我们既然不便马上与楚国兵戈相向，不如先兴兵伐曹、卫，这样楚必派兵救援。如是，不是可解宋国之围了吗？"

晋文公从其言，乃扩充军队，将原来的二军扩为三军，以郤縠为元帅，郤溱副之。以郤縠自将中军，郤溱佐之；以狐毛将上军，狐偃副之；使栾枝将下军，先轸佐之；赵衰为司马；晋文公随军亲征。晋军以迅雷不及掩耳之势，直趋卫国，下卫国重镇五鹿，卫君出避，急遣使去楚营求救，晋军遂移师向曹，经过一番苦战，攻下曹都，活捉了曹共公。

楚成王正在围宋，闻知卫国报警，遂留下令尹成得臣继续围宋，自己率中军前去救卫。行在半途，闻晋军已移向曹，正欲救曹，探马来报说晋军已攻下曹都活捉了曹共公去了。楚成王大惊，说：晋之用兵，为何如此之神速？遂退回国内，并派人告诫令尹成得臣："晋文公重耳在外漂泊十九年了，年过六十，而终于得掌晋国权柄，备尝艰辛，通达民情，是上天假以岁月让他使晋国昌大兴旺，不是楚国所能阻止得了的，不如让之。"

但是楚国一部分人不同意让晋，而且令尹成得臣也执意不肯退兵。楚成王暂时依了他们，只是力诫成得臣千万小心，不要与晋军对阵。成得臣得到暂不退兵的允诺，发兵急攻打宋国。宋国眼看招架不住，再次向晋告急。这时，晋军元帅郤縠新亡，晋文公一时不知如何是好，难下决心与楚军直接交战。见状，新任元帅先轸献计道："我们最好让宋国去贿赂秦、齐两国，请他们出面调停，劝楚国退兵。同时，我们将新占领的曹、卫国土分一些给宋国，作为一种补偿。曹、卫是楚的盟友，楚国看到它们的土地被宋占去，势必不肯接受秦、齐的调停，这样，楚国必然会开罪于秦、齐，说不定这两国也会怒而出兵助我。”

晋文公依计而行。果然，事态如先轸所料，楚国结怨于秦、齐，秦、齐派兵助晋。楚成王见势不妙，再次要成得臣退兵，但成得臣骄狂成性，执意不肯，发誓要与晋军一战，并与楚王立下军令状，不胜甘当军令。自负的成得臣哪里想到，这个军令状日后真的要了他的命。

当然，楚令尹成得臣也不是等闲之辈。面对晋国一连串“伐交”的阴谋动作，他也使出一计，向晋军建议，要晋军退出曹、卫，让两国复国，而作为交换，楚军也退出宋国。

让晋国把已得的曹、卫两国与楚未得之宋来交换，显然对晋不公平。但不答应就等于抛弃了三国，楚国反成为他们的恩人，晋国倒结怨于三国，对欲成霸业的晋国声望大大有碍。面对楚军扔过来的难题，晋国君臣不愧是老谋深算，元帅先轸认为，应该将计就计，私下答应曹、卫复国，并迫令他们写信与楚断交，同时扣留楚国使臣，以此激怒成得臣来战。

开始晋文公还担心这么做会影响他的声誉，但臣下劝他成大业不计小节，晋文公遂纳先轸之计。成得臣在得知曹、卫绝楚及楚使被扣的消息后，果然勃然大怒，亲率大军并自家陪臣属将，向北急进，寻找晋军主力决战。

退避三舍

当时楚军之强，中原从未有人敢撄其锋，以齐桓公之强，也并没有与楚军一战。多少年来，楚师纵横中原，声威赫赫，加之成得臣又是员饱经战阵的勇将，身经百战未尝一败。而晋军方面，重耳得国不久，百废待兴，军队刚刚组建为三军，兵心未固，人心未附，与楚军的虎狼之师比较，实力、素质都差得很多。面对敌强我弱之势，晋军采取了退让骄敌之计。两军相遇，晋军不战先退三十里。楚军小心翼翼地跟了上来，晋军又退三十里，这下楚军骄心大长，驰车穷追，认为晋军胆怯，不堪一战。两军第三次相遇，晋军又撤三十里。古人称之十里为一舍，古兵法有言道，追击不过三舍，意为当敌方连退三舍时，就不要再追了，以示不为已甚。当年晋文公重耳流浪在外，曾受到楚成王的热情款待。在一次宴会上，楚成王曾问重耳："公子如果返国为君，如何报答我呢？"

重耳回答说："金玉、锦帛、美女您有的是，而象牙犀角又是贵国的特产，这些东西我们晋虽也有一些，可不过是楚国之余罢了，我还能有什么东西来报答您呢？"

楚成王说："话虽如此，但你总得有以报之吧？"

重耳想了一想答道："这样吧，如果托大王之威我能返国为君，将来如果晋楚不幸开战，我将退避三舍，如果我这样做了，还得不到您的原谅，我将与您决战。"

这次晋军一气退了九十里，一来是践当日重耳之约，二来也是为了骄敌。退了三舍，楚军还是不依不饶，晋军上下不由义愤填膺，个个摩拳擦掌，欲与楚军一战。他们认为楚军欺人太甚。而楚军上下骄横之气四溢，意志松懈，人人不再以晋军为意。俗话说，骄兵必败，看晋楚双方的精神状态，战斗结果已经不问可知了。

城濮大战

晋军退了九十里，不再退了；楚军追了九十里，自以为抓到了猎物，双方在城濮安营下寨，准备明日厮杀。黑云压城，杀气冲天，眼见得一场血战在即。

大战将爆发，面对强敌，晋文公疑心重重，晚上做了一梦，梦见与楚王摔跤，自己被他仰面摔倒，楚王伏在自己身上，击破自己的脑袋以口吸脑浆。醒来以其梦诉之狐偃，狐偃居然称贺道："大喜大喜，此乃大吉大利之兆，您仰面倒地，得天照顾，楚王之伏，乃伏身请罪之意。脑浆是柔物，楚取其柔，是柔服的意思。"这样一来，晋文公方才释然。接着，晋文公又在诸将陪同下检阅晋军，见战士们个个精神抖擞，斗志昂扬，从而自己也信心倍增。当即与先轸等人部署对阵计划，使狐毛、狐偃兄弟率上军进攻楚之左翼；使栾枝引下军进攻楚之右翼；以先轸将中军居中当楚之中军；另派一支伏兵，待楚之败，好去劫杀。

这边布置已定，那边楚军送来战书，书曰："我想同您的战士角斗一场，您可以凭车观看，得臣我也奉陪。"骄横之气溢于言表。

狐偃见书说道："战争是危险的事，他却将之当儿戏，不败才怪呢。"

晋文公郑重其事地使栾枝答其战书道："寡人不敢忘楚君昔日的恩惠，所以退避三舍，不敢与大夫您对敌，既然大夫您执意要观兵，那么只好明日相见了！"

第二天清晨，两军在城濮摆开阵势，楚军首先向晋军发起冲击。两军刚一接触，只见与楚右军对阵的晋军中冲出一支蒙着虎皮的战车队伍，楚军马匹一见，以为是真虎，惊惧倒地，楚军不战自溃，晋军乘势掩杀过去，楚右军遂告瓦解。同时，晋上军将领狐毛、狐偃故意佯作败退，引动楚左军离开中军，冲将过来。晋军元帅先轸见敌中计，遂指挥中军从侧面拦腰将楚左军冲断。晋上军见状返身大战，两下夹击。楚军不愧为精锐之师，被困仍苦斗不止，但怎奈得晋军骁勇，有备而来，终于被杀得全军覆灭。

楚军左右两军尽失，中军成得臣尚不知晓。因为城濮沙丘地，春天就沙尘蔽日，这下两军车马驰骋，更是搅得对面不辨人。待到晋军中、上、下三军一起冲将过来，成得臣方才大悟，急令中军撤退，半途又被晋军勇将魏犨截住大杀一阵，十停楚军去了六七停。城濮一战，晋军高奏凯歌。

城濮战后，楚国势力退出中原，晋国成了名符其实的中原霸主。晋文公率中原诸侯会盟，朝觐周襄王，车骑千乘，旌旗蔽日，浩浩荡荡，威风凛凛。晋文公被周天子授予方伯斧钺，得以王命讨伐诸侯。晋文公重耳，从此被史家列为春秋五霸之一。

简评

这是一个以退为进，骄敌、疲敌，使敌意松懈，从而以弱胜强的成功战例。晋军在交战时成功地利用了城濮的地形地貌，诱敌上当，各个击破，战术运用得当。两军对垒，先让一步，往往是兵家高手。

卧薪尝胆——吴越吴郊、笠泽之战

春秋晚期，东方的吴、越先后兴起。吴国着其先鞭，吴王阖闾起用楚人伍员（子胥）、齐人孙武，内修政治，外治武备，兴兵击破强楚，占领楚都郢，中原大振。可是，其邻越国也不甘示弱，不但没有为吴军破楚的威势所吓倒，反而乘吴王在郢，发兵袭击吴都姑苏。两国从此结怨，相互攻伐，征战不已。

公元前 497 年，越王允常病死，其子勾践继位。吴国乘丧伐越，吴越交兵，吴王阖闾受伤不治身死。其子夫差继位后，发誓报仇，每日让人立于宫门，俟其出入就喊：“夫差，您忘了越国杀你父亲了吗？”

夫差即答：“不敢忘！”以坚其复仇之心。从此，吴越两国恩怨情仇的大戏就开锣了。

第一回合，武戏：越王兵败会稽山

越王勾践一上台就打败了用兵老辣的吴王阖闾，不觉飘飘然起来，闻说吴王夫差日夜操练，准备兴兵复仇，就欲先发制人，断了夫差的想头。无奈国中贤臣文种、范蠡执意不肯，说战争准备不足。等到继位的第三年，他实在是按捺不住好战的冲动，遂不顾范蠡的苦劝，毅然兴兵伐吴。

吴王夫差闻讯，尽起国中精兵相迎。双方大战于夫椒，吴王亲自擂鼓督战，吴军战士个个争先，越军有些抵敌不住，正在苦撑，忽然伍子胥率水师杀到，劲弩齐发，箭如飞蝗，越军大溃，十停去了八停。越王勾践率残兵五千，退守会稽山，被数万吴军围得像铁桶一般，眼看就要矢尽粮绝，举国倾覆。勾践问计于范蠡，范蠡诚恳地告诉他说：“能使满而不溢，上天才会垂顾，即便如此，要想扶危定倾也得靠自己。只要有土地就有希望，关键是要把江山社稷保住。所以，现在应该卑辞厚币以求和，人家若不许，就由大王您亲自到吴国去做人质。”

越王勾践采纳了范蠡的建议，派文种去向吴王夫差求和，并以美女、财宝疏通吴国太宰伯嚭。在决心存越还是灭越的紧急关头，吴王夫差不幸听了伯嚭的话，答应了以越为吴之属国，年年进贡，并越王夫妇亲至吴宫为奴三年为条件的议和，罢兵回国。伍子胥见状大愤，说："越国十年生聚，十年教训，二十年后，吴国要为沼池了！"

第二回合，文戏：越王卧薪尝胆

吴越议和后，越王勾践按约率吏士三百来到吴国为奴。在吴国一待就是三年，养马放牧无事不做。勾践始终低声下气，自甘卑贱，处处要讨吴王的欢心，据说还为生病的吴王尝过粪便。同时，越国国内又不断向伯嚭行贿，让他从中说情。这样，勾践终于取得了夫差的信任，按期被释放回国。

勾践回国后，没有急于补偿三年所受的磨难，而是加倍努力，留心国政，积蓄力量，以图报仇。他自己睡在柴草上，并在饭桌上方吊一个苦胆，每饭必尝一下。自己公余时间就下田与农夫耕作，让妻妾尽着粗麻衣，亲自动手养蚕织帛。为了增加人口，勾践规定凡女 17 岁不嫁，男 20 岁不娶者，父母治罪。老百姓生男生女都有奖励，生二子，由政府代养一个，生三子，代养两个，孤儿寡妇均由政府出面照顾。定出各种政策奖励人民开垦荒地，增加生产，国家兴修水利，救灾赈济，地方官的主要职责就是督促农桑。

与此同时，勾践命范蠡为其整顿军队。为了便于征调兵员，越国编设了里闾组织，制造兵器，训练士卒，大治水师。经过范蠡调制，越国军队逐渐变成了一支训练有素、进退有据、骁勇敢战的精锐之师。

在外交上，越国自然奉行卑事吴国的政策，时常进贡吴国以玉帛珍玩，讨好夫差，选派良匠，采集良材为吴国修筑姑苏台，选美女西施、郑旦，助长吴王骄奢淫逸之心；假称饥荒，向吴国借贷口粮，使其仓廪空虚，又选颗粒饱满的粮食暗中煮熟还给吴国，诱其作为种子，俾使当年无收；还设计离间伯嚭与伍子胥，加深其矛盾，最终使吴王听信谗言杀掉伍子胥，为越国除掉了心腹之患。

经过“十年生聚，十年教训”和一系列伐谋伐交，越国暗中强大起来。而吴国表面看起来如日中天，但内讧却涌了上来。勾践报仇雪恨的日子渐渐逼近了。

第三回合，武戏：吴王霸业一时消

面对暗中准备、积蓄力量的越国君臣，吴王夫差被越人谦卑的外表迷惑，一面沉湎于越人奉上的亭榭楼台与娇娃美色之中，一面穷兵黩武，倾吴国之力北上与中原齐、晋等国争霸。越国暗中欣喜，遂遣少量兵马，以助吴师。吴王征发民夫开掘邗沟以运水军，越国也派人助工。

公元前 484 年，齐吴爆发了艾陵之战，吴军十万对齐军十万。齐军悉数被歼，但是吴军实力也有较大损失，能征惯战的老兵伤亡过半。虽然缴获的甲仗山积，但老兵的损失却是一种看不见的内伤。吴王夫差被胜利冲昏了头脑，称霸野心无限膨胀起来，不再以区区越国为意，一心要做中原的霸主。中原强国齐已被打败，只剩下一个晋国尚需对付。于是，公元前 482 年春，吴王夫差与晋定公约在黄池会盟，欲以兵威夺其盟主之位。为此，吴王夫差竟将吴国精兵悉数带上，只留下些老弱残兵，交给太子友留守。

吴太子友是个明白人，他知道越国这么多年的居心，劝父亲不要这样，劝说执迷的父王。可是，一心做着霸主美梦的夫差，哪里听得进逆耳的忠言。在他眼里，越国不过是个不堪一击又卑怯恭顺的小国，怎么敢轻动干戈？遂毅然尽发国中精锐北上，赴黄池大会诸侯。

待到吴国之师到达黄池，吴王耀武扬威地以兵威慑服了早已国内一团糟的晋国，坐上了盟主之席。这边，越王勾践大会三军，宣布伐吴，以报二十年含垢忍辱之仇，越军将士无不踊跃向前。公元前482年夏，越军五万分水陆两路大张旗鼓齐头并进，一路杀声震天，旌旗蔽日。勾践另派一路人马由范蠡率领，自海路入淮，以防夫差回国，而亲率主力以畴夫余、讴阳为先锋，直奔姑苏而来。

越大军至，吴国上下一片惊慌，太子友收罗残兵五千到泓上（吴都之郊）据守，一面深沟高垒龟缩不出，一面遣使到黄池告急。不日，越军先锋杀到，两下对峙数日，吴将王孙弥庸一向看不起越军，竟不耐坚守，擅自引兵出战。这边一将王子地见状，也杀了出来，越军措手不及，竟被杀败，先锋畴夫余和讴阳也当了俘虏。两日后，越军主力赶到。吴军将领由于有初战之胜，觉得越军不足为惧，一致要求出战，指望一战胜敌，如果不胜，再掘壕坚守不迟。太子友终于架不住大家的怂恿，亲率吴军杀出营垒，直奔越军的中军而来。

哪里想到，吴军刚一冲到越军阵前，只见越军哗一下散成一个扇面，然后如猛虎下山一般扑了上来，将吴军裹在中间。区区五千老弱吴军哪里是蓄锐已久的越军勇士的对手，转瞬之间，像羊掉进了狼群，吴军已被吞噬一空，太子友也当了越军的俘虏。接着，越军乘胜攻下吴都姑苏，一把火将吴国经营多年的国都烧了个干净。然后，派兵在吴国各地将粮食物资抢掠一空，所有设施全部烧毁，以图从根本上摧垮吴国的实力。

黄池会上，夫差刚刚坐上了盟主的席位，越军进袭的消息就传了过来，夫差强打精神，硬撑着当完盟主，旋即下令班师回国。其实，在会盟仪式上，晋国君臣已看出吴王色厉内荏的神情，猜想他一定国中有事，姑且让他做个空头盟主。

且说吴军班师途中，一路闻说败讯，将士们得知家园被毁，个个心胆俱裂，加之路途遥远，行军疲惫，上下皆无斗志。见此情形，吴王夫差回国报仇之心也大打折扣，未至国境，即先遣伯嚭快马兼程，去越营求和。

范蠡见吴军主力尚在，未易消灭，遂劝越王暂见之，越军班师回国。

越国钻空子的吴郊一战，虽说歼敌不多，但从此打破了吴军不可战胜的神话，更重要的是毁坏了吴国的经济，焚毁了吴人经营多年的城市设施，使本来就空虚的吴国一蹶不振，而越国也就此摆脱了吴之属国地位。

第四回合，武戏：吴王命绝姑苏山

吴郊战后，夫差面对残破的江山、宫室的断壁残垣，气恨交加，痛悔当日自己的妇人之仁，发誓重整旗鼓，报此偷袭之仇。于是，一向骄奢淫逸的吴王开始励精图治，整顿国政，暗中备战。可是，经过连年的穷兵黩武，加上越人的破坏，吴国国力已经极度地消耗了，一时半会儿哪能恢复得起来。尽管夫差尽了很大努力，也只是把残破的姑苏城草草修葺，国家整体实力一时难见起色。

可是这边，越国用掠来的吴国物资进一步壮大了自己，经济、军事一片欣欣向荣。越国君臣日夜谋划着灭吴大计。终于，时机到了，公元前 478 年，吴国大旱，饥民遍野，仓储无粮，举国上下怨声载道。越王勾践决定大举灭吴，动员全国精锐，以破釜沉舟之势与吴决战。命令一下，举国欢腾，凡有将士在军中的父老纷纷来到军营，勉励子弟奋勇杀敌，将士们也纷纷表示，此次出征，不破吴军，誓不生还。

这年的早春，吴越大地已经春意融融，可是冲天的杀气，却将春天赶得无影无踪。面色阴沉的五万越军，一路向北杀来，刀枪剑戟的寒光，让吴人坠入刀寒地狱。越军迫近吴境，越王勾践下令，凡父子兄弟俱在军中者，父兄可回家；凡独子在军者，也可回家；军士有病者，也可回家。此令一下，回家的人倒没有几个，可是全军上下士气陡高，皆有决一死战的决心。

越军进犯的消息传到吴宫，吴王夫差连忙亲率大军数万前去迎敌，两军在笠泽江隔岸对峙。

老谋深算的勾践，在夜深人静之际，令左右两军各一万人，人衔枚，马去铃，一军向上游移动五里，一军向下游移动五里，然后乘夜色渡江。一直注意越军动向的夫差见状，马上将全军分作两部，分头堵截。勾践见吴军已被拉成两半，遂命中军偃旗息鼓，潜行渡江，直奔吴军大营突然发起猛攻。吴军大营守兵本来不多，加之骤临大军，很快就失守。前往两翼迎敌的吴军忽听大营方向杀声震天，情知中计，急忙回救，而各自的当面之敌却乘势渡江掩杀过来。在越军三面夹击下，首尾难顾、惊魂未定的吴军招架不住，全线溃败。吴王夫差不甘失败，退至没溪，收拢残军再战。吴王使出浑身解数，亲冒矢石，拼死抵抗，不料范蠡突然率水军迂回太湖，向激战中的吴军拦腰插过来，吴军被截为两段。激战中，吴军上军统帅胥门巢阵亡，上军损失殆尽，中、下两军也眼见要落入重围，无奈，夫差只好将兵退往吴郊。不料越军毫不放松，随即掩杀至姑苏城下。吴军没有退路，只好返身拼命，直杀得尸横遍野，天昏地暗，结果吴下军又被歼灭，统领王子姑曹也丢了性命，吴王夫差好不容易才将残剩的中军退入姑苏城中。到此，吴军主力凋零殆尽，姑苏城被越军重重包围，喊杀之声震耳欲聋，城内兵民个个心惊胆战。

吴王夫差此时如虎落平阳、龙游浅滩，困守孤城，内乏粮草，外无救兵，只好眼巴巴地苦熬，盼着有一天会出现什么意外的转机。越王勾践倒也不急于攻城，只是长围久困。同时尽占吴国所有城邑，收取粮赋。这样，姑苏被困了五年，到公元前473年的一天，守军实在撑不下去了，被越军突入城内。夫差见大势已去，遂与王孙雒率少数亲卫部队乘夜色在混乱中突围而出，西上姑苏山。勾践闻讯急派兵追杀，将姑苏山围得水泄不通。夫差只得派王孙雒下山卑辞厚币以求和，愿以当年越王议和的条件接受之。越王勾践曾一度心动，但很快在范蠡的坚持下拒绝了吴王的求和，并说："当年天将越国给你，你不收，故遭天谴，现今天又将吴送给我，我怎么敢违背上天的旨意呢？"

最后，越王答应把夫差安置在甬东岛上，以奉吴之宗庙。但是，英雄一世的夫差无法忍受这种屈辱，长叹一声："我悔不听忠臣伍子胥之言，若死后有知，我无面目去见他，请用重罗之重，包裹我的脸！"遂拔剑自刎。

吴越争霸，至此以越之全胜告终。

简评

越人以"十年生聚，十年教训"，积二十年之力一举灭吴，可谓坚韧有加。灭吴之役时机得当，步骤合理，战斗中拉开两翼直捣中央，战术运用高明。吴王夫差志向弥远，意在称霸中原，兵威所向，迭挫强敌，自有可称道之处。但是，心腹之患未除，反以妇人之仁姑息之二十年，最后竟利令智昏，倾国远征，等于将家室拱手让越，卒至国破兵败。吴郊战后，若能及时认清形势，不与越军决战，保存实力以待时机，或可有东起之日，可惜仍以残破之国与敌硬拼，身死国灭，无足惜也。

火牛阵——齐燕即墨之战

公元前314年，齐宣王乘燕国内乱，举兵伐燕，攻下燕国都城，杀掉了燕王。齐军在燕地烧杀抢掠，激起燕人的反抗。在燕国军民的打击下，齐国被迫撤出燕国，可燕国已被摧残得疮痍满目，残破不堪了。

为了报君父破国之仇，公元前311年燕昭王即位后，改革政治，筑黄金台广招贤才，收揽了乐毅为其将兵。

这期间，齐宣王死，齐湣王即位，齐国势力如日中天，西却强秦，南吞宋国，一度自称“东帝”。齐湣王仰仗国势之强，骄横自恣，对内任意杀戮臣民，横征暴敛，对外穷兵黩武，到处扩张，弄得内外关系十分紧张。

燕昭王乘此机会，用乐毅之谋，派人联赵、秦、魏、韩、楚五国，联合伐齐。公元前284年，乐毅率燕国精锐并五国联军一齐伐齐，一口气攻下齐国临菑，并连下齐城七十余座。齐湣王流亡在外，被楚军杀掉，齐国眼看就要亡了，只有莒和即墨两城在齐人手中。

巧施反间计

正在这千钧一发、齐国生死危亡的紧急关头，齐国的一位将才脱颖而出，成为转折时局的中坚人物，这个人就是田单。田单是齐国临菑人，是王族的旁支，曾在临菑做过市掾等小官，一向默默无闻。当燕军攻占临菑时，田单退往安平。他预先叫族人把车轴伸出的部分锯掉，并在轴头上包以铁皮。当安平也被攻陷后，大家争相逃命，因路窄车多，很多车因长出来的轴而被碰撞折断，为燕人所获。唯有田单一族，因车轴短且又包有铁皮，才得以顺利逃到即墨。

在燕军攻占临菑时，莒城已为楚军占领，但齐臣王孙贾等又寻机杀掉了楚将，拥立湣王之子为王，是为齐襄王。襄王即位后，遍告国中，号召抵抗燕军，但真正坚持下来的，只有即墨一城。

即墨是齐国之大邑，城池坚固，财货富足，便于固守，即墨军民依托城池顽强抵抗。在即墨大夫不幸战死后，大家共推田单为将。人们从安平撤退以铁皮包轴的事件中看出他足智多谋，因而委以重任。

田单临危受命之后，首先调整防御部署，加修城池，广蓄粮食，以为长久之计。同时，采取各种手段激励士气，他把妻妾也编入守城队伍中，以示以身作则，而且还散尽家财，犒赏作战有功的将士。即墨人见此，越发服气，都诚心拥戴他。

乐毅见莒与即墨两城久攻不下，遂改用长围久困战术，令围城燕军撤到距城九里外筑垒，同时采取笼络人心的攻心战，以图瓦解守军军心。

田单知道，如果乐毅为将，那么即墨再顽强，迟早也会被攻破。所以，必须设法去掉这个对头才行。正在这时，燕国有人向燕昭王进谗言，说乐毅迟迟拿不下两城的原因是想赖在齐地好当齐王。燕昭王不信，说乐毅为燕国报了大仇，就是真当齐王也未尝不可。但燕太子却将信将疑。不久，燕昭王去世，太子即位，是为惠王。田单知道燕惠王不信任乐毅，于是遣间谍入燕散布流言，重申从前乐毅欲为齐王的说法，并说齐人其实不怕乐毅，就怕燕国改派别人来统兵攻即墨等。

燕惠王听到这些流言，就去与他的亲信骑劫商量。骑劫其人一向自恃其勇，早就嫉妒乐毅立得大功，遂怂恿燕王以己代乐毅。于是，燕惠王就下了决心，派骑劫去代乐毅主持伐齐军事。乐毅自知他受到了怀疑，回国之后，轻则受贬，重则掉头，遂只身投奔赵国去了。田单巧施反间计，除去了一个良将，换来一个志大才疏的草包，形势急转直下。

大摆火牛阵

骑劫至齐，果然刚愎自用，尽改乐毅的部署，燕军将士，俱不服气，上下咸有怨心。田单见状，遂开始施展计谋，以图反攻。

一日，田单早晨起来，告诉城中人说，他昨夜得了一梦，梦见上帝相告：齐当复兴，燕军必败，不日当有神人为我军师，从此后战无不克。随后，他找了个小卒，说他就是梦中见到的"神师"，为之换上华美的衣冠，奉为上座，每事佯作请示，禀命百行。接着，他又假传神师之命，让城中人每当吃饭时要先祭祖于庭院，这样就可得祖宗保佑，打退燕军。城中人依言而行。飞鸟见庭中祭食，纷纷飞下取食，城外燕军见状，不知就里，以为怪异。但闻说城中有神师，以为齐有天助，不可与敌，敌之则违天，军心遂至动摇。

田单见假借神怪得以成功，遂使人扬言于燕军，说："从前乐毅太心慈手软了，抓住了齐人也不杀，所以城中人不怕。倘若抓住俘虏就割掉鼻子，你看齐人还敢不敢抵抗！"

骑劫闻说，信以为真，以后再抓到齐人，就真的割掉鼻子放回去。这下即墨人都心存小心，再也不让燕人抓到，万不得已就拼死抵抗。

田单见此计又成，遂再派人扬言，说："城中人家，坟墓皆在城外，倘被燕人发掘，那可不得了。"

骑劫闻说，遂又使兵卒尽掘城外坟墓，烧死人，暴骸骨。即墨人从城上看见，把燕人恨得咬牙切齿，相率来到田单门上，请求出城一战，以报祖宗之仇。

田单见士心可用，乃精选壮士五千，执长刀大斧，埋伏于城门之内。另派人到燕营，告诉骑劫，说城中食尽，将于某日请降。骑劫大喜过望，遂大摆酒席庆贺，以为不日将奏全功。席间，骑劫喝得醉醺醺的，问诸将：“我比乐毅如何？”

诸将之中有阿谀的，马上奉承道：“将军比乐毅强多了。”燕军士兵闻说齐人欲降，从此可以罢战回家，也十分高兴，大家齐呼万岁，欢声满谷。田单又使城中若干富户，偷偷送金银千镒给燕将，嘱以下城之日，千万保护家小。这样一来，燕营上下，莫不相信即墨指日可下，一心在等齐人来降，竟全不为备。

田单见万事俱备，遂尽搜城中，得牛千余头，制五彩文绣之衣，披于牛身，将利刀束于犄角，又将麻苇灌上膏油，束于牛尾。在约降前一日，安排停当，众人皆不解其意。田单遂杀牛煮酒，至黄昏时分，召集五千壮士，饱餐一顿，以五色涂面，作狰狞状，手执长刀阔斧，跟在牛群后面，到了半夜时分，田单令百姓拆开几十处城墙，将牛队赶出城外，在牛尾巴上点着火，浸着油的牛尾巴一着，牛顿时痛入骨髓，牛性大发，千头大牛拖着火尾，冲向燕军营垒，五千敢死队衔枚随之。燕军正在熟睡，忽闻驰骤之声，从梦中惊起，但见火光冲天，一群群的怪兽五颜六色，头上有利角，疯了一般地冲将过来，挨着的死，碰到的伤，军中大乱。那五千壮士，面目狰狞，状若活鬼，不声不响，只管抡刀斧乱砍，虽只五千人，但在乱马军中，好像无数鬼卒降临。燕人被吓破了胆，只恨爹妈少给生了两条腿，纷纷逃窜，自相践踏，死者不计其数。那个喝得烂醉的草包将军骑劫，也稀里糊涂地丧生于火牛阵中。燕军大败。

田单当下整顿兵马，继续进攻。听到田单战胜的消息，整个齐国欢声雷动，田单军队打到哪里，哪里的齐国百姓就群起响应。那些已经降燕的齐国将士，闻讯也纷纷又反了回来。田单军势越打越壮，几个月工夫，被燕人占领的七十余座城池就一一收复。

众将见田单功大，欲奉之为王。田单说："我是王家疏族，怎能为王？现在太子在莒城，请迎他回来好了。"

于是，田单派人将齐襄王迎回国都临菑，收葬齐湣王尸骨，择日祭告祖庙。齐襄王封田单为安平君，食邑万户，拜齐相。

简评

田单以弱卒七千，击败燕军精锐之师数万，数月之内恢复齐国疆土，历史上以少胜多、以弱击强的战例莫过于斯。田单善用诈谋，其反间，以神道惑敌及巩固军心，诈降麻痹敌手，运用得心应手，炉火纯青，如果不先造出神道相助的声势，火牛阵之效也未必会有如此之大。乐毅剩此二城未下，未必是力所未及，主要是想以攻心术安抚整个齐国。而燕惠王不知此，走马换将，一改乐毅所为，处处为人所算计，求胜心切，反致速败。

欲战先夺心——王刘昆阳之战

西汉末年，政权落到了外戚王氏家族手里。从汉成帝时太后之弟王凤到其侄王莽，几十年间，掏空了汉家政权，偷梁换柱为王家人马。到公元 8 年，王莽终于按捺不住勃勃的野心，抛开矫情的面纱，踢开刚刚名之曰孺子婴的小皇帝，代汉坐了皇位，改朝代曰“新”。

可是，这个“新”朝却比旧朝更糟。王莽出台的一个又一个“新政”，朝令夕改，打着复古的旗号，行横征暴敛之实，使饱受豪强兼并之苦的广大农民雪上加霜，不堪忍受，大规模农民起义相继在全国爆发，天下大乱。

各地农民起义军最出名的两个是赤眉军和绿林军。绿林军纵横于中原战场，屡败王莽军，声名大振。在其发展过程中，一些地主豪强也参与进来。汉室支裔，南阳豪强刘縯、刘秀兄弟就是其中一支。

刘秀加入起义军之后，表现出杰出的军事才能，屡建奇功。昆阳之战，就是他主持的一场决定王莽新朝命运的大战。在这场战役中，刘秀敢打能拼，善用计谋，创造了以少胜多的光辉战例。

战前态势

公元 23 年正月，绿林军集中力量，在比阳的沘水击溃前来进剿的王莽荆州军十余万，歼其二万，杀其主将甄阜、梁丘赐，然后转而向西，击溃严尤、陈茂部，进围宛城。在宛城城下，起义军立汉宗室刘玄为帝，年号更始，人称更始帝。刘秀这个骑着牛参加义军的人也变成了更始朝的将军。起义军的意思是准备打下宛城作为都城，以此为根据地，逐渐向全国发展。

为了保障围攻宛城义军的侧翼，刘秀等人率兵进攻昆阳等地，一路势如破竹，横扫过去，所向皆克，缴获军资无数。刘秀乘势将兵数千一举攻克阳关，威胁洛阳。

绿林军的凌厉攻势使王莽一夕数惊，寝食不安，遂命大司空王邑、大司徒王寻征发各郡兵四十二万与严尤、陈茂部会合，前来进剿义军。同时，王莽还不知从哪儿找来了一个身高丈余的巨无霸长人，担任垒尉，并从上林皇家林苑放出一群经过训练的大象、老虎、狮子和犀牛，让巨无霸率人驱赶着走在队伍中间，作为撒手锏。王莽的这支“人兽联军”号称百万，走起路来沙尘蔽日，声势浩大，一路向昆阳小城涌来。

昆阳，位于今河南叶县北的昆水北岸，城小而固，对于正在围攻宛城的十几万绿林军来说，它是唯一的屏障。如果昆阳有失，那么围攻宛城的义军就会受到内外夹攻，整个形势就会急转直下。坚守住昆阳，待到宛城一下，就全盘皆活，否则就是一盘死棋。

当时王邑军加严尤军，将近五十万，连营数百里，而昆阳守军才八九千人，敌我力量如此悬殊，战还是不战，成为昆阳守军面前的一道难题。

鏖兵昆阳

面对如此庞大的敌人，昆阳守将中一些人动摇起来，主张放弃昆阳，分散开去，各守故地，待机再举。一时议论纷纷，人心动摇。刘秀力排众议，主张坚守昆阳，他说：“现在城内兵粮两缺，而敌人又如此众多，拼命抵抗，昆阳城虽小而坚，尚有保全的希望，若分散于各地，势必被敌人各个击破，难以保全。况且宛城尚未攻下，如果昆阳失守，那么围宛之义军也将被敌歼灭。”

刘秀的话打动了各位守将，他们以刘秀为核心，拟定了坚守昆阳、外求援兵、伺机出击、夹攻莽军的作战计划。决定由王凤和王常守城，刘秀只率十三骑去定陵、郾城等地调集援军。

王莽军统帅王邑看着自己连绵数百里，一眼不见首尾的大军，十分自得，恨不得一口吞了这小小的城池。围城已毕，遂下令准备攻城。这时，与绿林军多次交战，吃尽苦头的严尤却另一番心思。他建议王邑绕过昆阳，直扑宛城，因为绿林军的主力不在那里，击破了敌人主力，小小的昆阳也不攻自下了。

狂妄自大的王邑认为小小的昆阳城，攻下来不会费多少手脚，所以他一定要攻破它，血洗全城，让百万大军踏着敌人的血迹，一路高歌前进。

第二天天一亮，王邑下令攻城，只见无数的云梯撞车架起来，王莽军士兵蚁附而上。城中九千义军面对蜂拥而上的敌军，面无惧色，一次次地打退敌人的爬城，一天不到，昆阳城下尸积如山，而昆阳城坚如磐石，屹立不倒。

再说刘秀等人到了定陵、郾城，那儿的守将贪恋财物，不愿出兵。刘秀劝说道："如果今天打败敌人，自有珍宝无数，若被敌人打败，脑袋都没了，还要财物有什么用处？"

守将俱是些朴实的农民，一听此话果然有理，遂倾城来援。刘秀率精骑一千为前锋，率先赶到昆阳城下。

这时，王莽军因久攻城不下，锐气大减，忽见背后来了义军，遂掉头回顾。王邑根本没把刘秀这千把人放在眼里，轻率地派出几千人马前去应战。刘秀一马当先，挥戈冲入敌阵，战士无不以一当十，冒死跟进，一场厮杀后，王邑的几千人化为刀下之鬼。初战得胜，义军个个信心大增，锐气方盛。

为了鼓舞士气，动摇王莽军斗志，刘秀故意制造了一个假情报，谎称宛城已被攻下，并有意把"捷报"失落到王莽军中。义军闻此消息，顿时士气大振，人人踊跃，而王莽军士卒听到这个消息，本来就十分低落的士气，此时就更是一落千丈，人人惶惶不安，皆无战心。

接着，刘秀从援军中遴选精兵三千骑组成敢死队。行前，刘秀杀牛煮酒，为壮士壮行。随后，他亲自率领这三千精骑，人衔枚，马去铃，秘密渡过昆水，出其不意地绕到王莽军侧后翼，向其中军大帐猝然猛击。王邑、王寻此时正在帐中饮酒取乐，万万没有想到兵微将寡的义军竟敢发动进攻！一时惊慌失措。只听帐外杀声震天，也不知来兵有多少，遂下令各营坚守营垒，无令不许妄动，他们俩亲率中军一万迎战上去。

可是，王莽军这一万仓促上阵、心存惶恐的疲惫之卒，怎当得刘秀那斗志昂扬、抱定必死决心的三千勇士？两军交战，只见刘秀一马当先，一支枪左挥右刺，当者纷纷落马，敢死队个个争先，无不以一当百。王莽军大败，乱军中，王寻被杀，王邑逃走。其他莽军各部，因将令束缚，也不敢出来接战。只好眼看着前面的莽军被义军如快刀切瓜一般，砍了个稀里哗啦。

这时昆阳城内的守军见王莽军大败，遂倾城出动，向莽军杀了过来。王莽军群龙无首，一时手足无措，在义军的内外夹击下，开始全线动摇。正在这时天上雷电交加，下起了大暴雨，狂风挟着电闪雷鸣，惊散了莽军带来出征的猛兽，它们咆哮着在王莽军中狂突乱奔，将莽军冲得乱七八糟。这样一来，数十万莽军全线崩溃，士卒们自相践踏，死者不计其数。在暴雨中，河水猛涨，王莽军被淹死者数以万计，河水为之不流。王莽的“百万大军”顷刻瓦解，只有王邑、严尤、陈茂等数千人逃回洛阳。

简评

昆阳之战，王莽军失败的主要原因是士气太低。王莽的种种倒行逆施早已激起天怒人怨，莽军士兵显然不乐意为新王朝卖命。所以几次接战，明明有众寡、强弱之分，莽军却屡吃败仗，可谓不战则已，一战辄败。正因为如此，刘秀方敢于以数千之众犯敌大营，拼力一战，居然使莽军全线崩溃，此非战之胜，而莽军自败而已。然而，刘秀在大敌当前之际，能顾全大局，从容镇定，攻守结合，力保昆阳，非雄才大略不能为此。相形之下，其果敢勇战，身先士卒，善用诈术惑敌皆为雕虫小技，若无前之镇定，后则技无所施。

反客为主——耿张鲁中之战

耿，指耿弇，系刘秀麾下大将，位列“云台二十八将”之一。其父曾为王莽新朝的上谷太守，后投奔刘秀。耿弇屡建奇功，是独当一面的重将。

张，指张步，琅邪人，汉末群雄之一，割据鲁中等十三郡，依附于另一割据一方号称梁王的刘永，系刘秀的心腹大患。

建武三年（27 年），刘秀逐渐在汉末混战中脱颖而出，成为全国最大的割据军阀，遂有志扫平海内，一统天下。当时横在他面前的还有数十个割据政权，其中较大的有西南的公孙述占据全蜀，兵精粮足；西面的隗嚣，占据陇上，拥兵十余万；北面的彭宠，占据燕北，与匈奴联络，其势不小；东面的刘永，占据鲁南、淮上，拥兵数十万。还有占据鲁中的张步，占据东海的董宪，他们都与刘永联手，接受其封号，距离刘秀最近，也威胁最大。

卧榻之旁岂容他人鼾睡？刘秀决定采取远交近攻、先近后远的战略，首先打掉距离最近的刘永集团，拔除这一心腹之患。于是，他派岑彭、盖延等人进攻刘永及党羽，派耿弇率军进攻张步，拔掉这颗中原的毒牙。

先扫外围

张步当时占据富庶的胶东及鲁中十三郡，拥兵十余万，而耿弇军方三万余人，众寡之势已分。但寡军偏要取攻势，而众者却步步设防，形成了局部以多击少的态势。

建武五年（29 年）秋，耿弇率军东进，渡过黄河，抵达洛水西岸。张步得知耿军来攻，采取了御敌于国门之外的防御战略，派大将军费邑沿历下（今济南）至仄山一线布防，结营十余座，费邑率主力镇守历下以为策应。

耿弇侦知敌人的布防部署，决定先从敌人防线的最薄弱处下手，撕开一口，动摇全线。决心一定，他挥军渡过济水，以迅雷不及掩耳之势包围了祝阿（今济南西），旋即发起猛攻。耿军士兵乘新到之锐气，前赴后继，蜂拥爬城，早晨开始进攻，至午时就攻破城池。耿弇机智地令围兵网开一面，好让祝阿的溃兵逃向钟城（今仄山北）。张步手下的兵也真的不济事，钟城守军看到祝阿兵那惊恐万状的狼狈相，不由得心下惶惑，及耿弇兵到，先弃城逃跑。耿弇一日之内，连下两城。

张步大将费邑先一开仗就丢了两城，未免有些惊慌，唯恐历下有失，遂派其弟费敢率兵一部扼守巨里（今山东历城东北），以保障历下侧翼安全。

本来，历下城高池深，粮食充足，如果费邑不分兵，那耿弇还真不好攻。费邑愚蠢地分兵巨里，给了耿军可乘之机。耿弇决定以围点打援战术，将费邑诱出城来，于野战中歼灭。

部署已定，耿弇兵临巨里城下，派兵砍伐树木，大造攻城器具，把声势搞得大大的，扬言三日后将大举攻城。同时，又故意让一些俘虏逃走，让他们跑到历下向费邑报告耿军将要进攻巨里的消息。

费邑闻讯，正在踌躇，其弟费敢又派人前来求救。费邑手足情深，遂率精兵，昼夜兼程，来援巨里。

耿弇见敌人已中计，心中大喜，马上以三千人继续围攻巨里，将其余人马埋伏于自历下往巨里半途的两侧山岗之上，设下口袋，专等敌人上钩。

费邑不知就里，率大军急匆匆地赶路，不知不觉进了耿军的埋伏圈，只听一声炮响，山岗上杀下无数耿军，将费邑军截成数段。费邑军仓促遇伏，被惊得目瞪口呆，很多人未及抵抗就身首异处。不大工夫，费邑的三万精兵就烟消云散，连他本人也脑袋搬了家。

耿弇命人将费邑的首级挑在竹竿上令巨里守军观看，费敢吓得魂飞魄散，星夜弃城逃走。这样一来，张步的防线悉数瓦解，费邑军七八万大都被歼，张步的首府剧县暴露于耿军兵锋之前。

巧破掎角

第一道防线被攻破，仍没能使张步清醒过来，他仍然采用被动防御的战术，连忙又布下第二道防线，急令其弟张蓝率领精兵二万守西安（今山东临淄西北），另外凑集诸郡兵马一万守临菑，两城相距四十余里，形成掎角之势，作为剧县的最后一道屏障。

先攻西安还是先攻临菑，成为摆在耿弇面前的一道难题。西安城虽小，但兵多城坚；临菑城虽大，但兵力薄弱，守军系统紊乱，各不相能。当时的情势是这样的，如果先攻临菑，那么西安必然出兵援救，造成围攻部队被内外夹击的威胁；如果先攻西安，虽说临菑未必来援，但却一时半会难以攻下，屯兵坚城之下，死伤必多，即使能攻下来，张蓝引兵逃入临菑，合兵一处，再攻临菑势必困难百倍。当时，耿弇孤军远征，只宜速战，而不宜拖久，否则日久兵疲，后续不继，军需运输困难，后果不堪设想。

面对这重重困难，耿弇想出了一个声东击西、击弱避强的巧计。他召开将领会议声称日后进攻西安，然后故意把这个消息泄露出去，好让西安守军知道，却于当夜率军潜行至临菑城下，以迅雷不及掩耳之势发起突然进攻。临菑城大兵少，本来就觉兵力不足，因此防守疏忽，闻说耿军欲攻西安，更是不以为备，一下子就让耿军突入城内，守军顷刻瓦解。耿军占领临菑，断绝了西安与剧县的联系，使其孤悬于外，张步之弟张蓝心存恐惧，遂弃城逃往剧县。这样，连西安也送给耿军了。

耿弇巧施小计，不旋踵就打破了张步的犄角之势。

以逸待劳　大获全胜

第二道防线又被打破，张步实在没有办法了，行黔驴之计，倾巢出动，凑集二十万大军反攻临菑，意图趁耿军兵少力疲之际一战破之。说实话，如果张步早一点集中优势兵力与耿弇决战，那么双方胜负就未可知了。可惜，张步只知被动防御，眼看着一点点地被耿弇吃掉外围，待精兵损失过半，重镇临菑也落入敌手之后，再来反攻，一来精兵已损，临时凑起的大军半为乌合之众，战斗力极弱。二来耿弇可以据坚城临菑，深堑高垒，以逸待劳，反客为主，进可攻，退可守。地利之便本来是张步的，现在反为耿弇占去。

果然，精明的耿弇就是采用依托临菑、以逸待劳的作战方针。为此，他上书刘秀，评述这一战术的意图："臣依托临菑，深堑高垒，张步从剧县来攻，疲劳饥渴。想要进攻，我就诱他进来打击之；想要撤退，我就追着屁股打他。臣依托营驿与坚城，累了就休息，保持锐气，以逸待劳，以实击虚。十五天之内，张步的脑袋就要搬家了。"

在此后的战斗中，形势果然如耿弇设计的那样，张步的二十万大军，步步挨打，最后被耿弇吃掉。

一开始，耿弇为了诱敌上钩，主动派兵占据淄水上游，拉开一个狙击敌人的架势。不久，碰上了张步的前锋，稍一接触，耿弇马上下令撤兵，故意示弱以骄敌。张步军不知是计，引兵大至，耿弇将精兵隐蔽于城内，另派都尉刘歆、泰山太守陈俊分别列兵于城外。张步见城外耿军军势较弱，遂挥军进攻。正打得不可开交，耿弇乘机率城内主力，突然从翼侧突入敌阵，双方一场大战。在激战中，一支敌箭射中耿弇大腿，他毫不以为意，回身拔出箭来，继续指挥作战，终于重创敌军，张步留下一具具尸体退了回去。

第二天，张步不甘失败，整军再战，又被杀败。刘秀闻听张步率大军反攻，唯恐耿弇兵少有失，遂亲自率军来援。耿弇部将陈俊听到消息，劝耿弇暂且休息，待刘秀援兵到了再打。耿弇却说："皇上驾到，我们应当杀牛备酒迎驾，怎么把大批敌军留给皇上呢？"遂不顾陈俊的劝阻，再次出城大战。双方厮杀了一整天，尽管张步兵多，但多系乌合之众，当不得大战阵，最后终于败了下来，张步军的尸体填满了临菑郊外的沟堑。经此一战，张步再也无力反攻了。

耿弇料到张步数败之后必然撤兵，事先就在张步营垒两侧埋上伏兵。待张步拔营一撤，伏兵骤起，杀得张步措手不及，士卒自相践踏，死伤累藉。张步率少数残兵仓皇逃回剧县。

待到数日后刘秀援军到达，张步已成釜底游鱼，只待最后会餐了，援军竟无所用之。刘秀高兴地将耿弇与韩信相比，夸他的战功胜过了韩信。

不久，耿弇兵围剧县，迫得张步最后拱手而降。

简评

张步以绝对优势的兵力，只知处处设防，步步挨打，让耿弇从容地各个击破。待其反攻，主客之势已易，逸者劳，劳者逸，加之兵无训练，斗志全无，安有不败之理。耿弇围之阙一，围点打援，声东击西战术运用得当，最妙的是最后反客为主的作战方针。用兵之巧，无与伦比。当然，耿军素质高，精锐能战，而张军士气低落，不堪一战，也是双方胜负的关键所在。

大漠奇兵——班超破击莎车、龟兹之战

班超是东汉时期我国著名的军事家与外交家。他生于书香世家，其父班彪、兄班固、妹班昭，均为扬名后世的"史笔"，只有他却立志投笔从戎，万里征战，身处西域三十一年，不费汉家粮饷，不劳大军远征，打通丝绸之路，北逐匈奴，西却月氏，使西域诸国归附，立下不世之功。击破莎车、龟兹之战，就是他一系列文征武战中最为辉煌的一段。

西域序曲

西汉武帝时，张骞曾两次出使西域，开辟了丝绸之路。在北却匈奴的同时，西汉与西域各国建立了友好的统属关系，玉门关内外一时出现了牛羊遍野，中西商旅不绝的太平景象。后来，由于西汉末年的战乱，匈奴势力卷土重来，再次奴役西域各国，丝绸之路中断，各国人民深受其害，利益大损。

到了东汉明帝时，国内政权已经稳定，重开丝绸之路的任务又提上日程。班超就在这时应时而生，展露出过人的胆略和才华。

使班超脱颖而出、扬名于朝的是永平十六年（73 年）他出使鄯善的经历。那年，班超随窦固出击匈奴，从偏师奏功。战后，窦固命班超与从事郭恂出使西域诸国进行联络，从外交上孤立匈奴。

班超一行三十六人，轻车简从，第一站到达鄯善国。开始鄯善国王对班超一行十分热情，款待周至，不久却变得冷淡起来。班超觉得事情不妙，遂悄悄地对部吏说："你们看出什么名堂没有？鄯善王前恭后倨，一定是因为匈奴也派来了使臣，胁迫他背叛汉朝，鄯善王一时拿不定主意的缘故。明智的人可以明察秋毫，何况现在事情已经非常清楚了呢？"

正说着，鄯善仆役前来送饭，班超一把抓住他诈道："匈奴使节已来多日，现在何处？"

鄯善国上下本来对此讳莫如深，现在班超一言道破，那仆役以为班超早已知情，遂告诉了匈奴使节的住所。

班超扣下仆役，密招随行三十六吏士饮酒，酒到半酣，班超激动地说："我等身处绝域，为的是建功立业，邀取富贵荣华。如今匈奴也派人来此，鄯善王对我们大为不敬，如果他听从匈奴人的意志，我们就可能被抓到匈奴，从而暴尸边漠，你们说，现在我们该怎么办？"

大家异口同声地说："现今处于生死存亡之地，不管怎样，我们一切听您的安排。"

班超说："不入虎穴，焉得虎子！事到如今，最好是乘夜用火攻匈奴使团。他们不知虚实，猝不及防，必乱成一团，我们可以乘势一网打尽。打掉了匈奴使团，鄯善王自然破胆，成就功业在此一举！"

有人说："这么大的事儿，是不是与郭从事商量一下？"

班超瞪起双目大喝道："生死存亡的关头，用不着那么多讲究，郭从事是个文弱书吏，让他知道只能坏事！"

说罢，他即率众人执械潜行到匈奴使团住所，那夜正好有大风，天从人愿，班超命数人执鼓蔽于敌帐后，看见火光便击鼓大呼，其余的人执弓拿刀埋伏于大庭两侧，只要有人逃出，便刀砍箭射。班超率数人顺风纵火，指挥众人前后夹击，风高夜黑，火光熊熊，在一片擂鼓呐喊声中，匈奴使团被烧的烧、杀的杀，一百三十余人片甲不存。第二天，班超拎着匈奴使臣的首级去见鄯善王，鄯善王吓得面色如土，从此甘愿归附于汉朝。

此后，班超又相继安抚了于阗，稳住了疏勒，重新开通了丝绸之路。经过五年多的经营，西域诸国多已臣服，只有南道的莎车和北道的龟兹、焉耆等国不服。

奇袭莎车

元和二年（85 年），班超开始着手布置进攻莎车的事宜。当时，班超仅有兵马一千八百余人，凭这点兵力进攻一个带甲十万的国家当然是不可能的。于是，班超采取了借兵策略，发动于阗、疏勒两国之兵出征。

班超的对手莎车当然也了解到这种情况，遂派使臣以重利诱惑疏勒王忠叛汉。疏勒王忠见财眼开，遂据乌即城叛汉。班超当机立断，改立疏勒行政官成大为王，集合未叛之疏勒部落讨伐前疏勒王忠，迫其逃遁。第二年，前疏勒王忠自以为得计，兴高采烈地来到班超营地，带了七百从人，准备乘班超不备下手。班超假作高兴，携忠入帐，酒刚一巡，班超以掷杯为号，伏兵四起，忠身首异处，接着忠部下也被伏兵斩杀殆尽。

重定疏勒之后，章和元年（87 年），班超调集于阗等国部队二万五千人再次攻打莎车。莎车王向龟兹求救，龟兹王遂派左将军，联合温宿、姑墨、尉头等部五万人前往救援，与莎车兵合一处，共有十余万人，出战迎敌。

面对敌我力量悬殊的态势，班超知道决不能硬拼，因为属于他自己的部队只有一千八百人，其余都是战斗力不强的西域诸国部队，一遇强敌，非溃不可。因此，他制定了一个诱敌分散、直捣大营的战略，明白宣告要分兵撤退，于阗部队向东，而班超向西。然后，有意让俘虏脱逃，让他们逃回莎车大营，报告这一“军情”。莎车王闻讯，十分高兴，遂分兵两路，一路去截于阗部队，一路去拦击班超。

班超见敌人中计，又秘密地把部队集拢起来，昼夜兼程奔袭莎车大营。莎车大营只剩下万余守兵，看守着大批牲畜和辎重。莎车王见此，只好归服。龟兹等部没了牛羊辎重，只好一哄而散。

此后两年，汉朝又派窦宪等率大军攻伐北匈奴，迫其迁往阿尔泰山以西。龟兹及属国因援莎车失利，元气大伤，现在又失去了北匈奴的后台，遂向班超纳表，表示归顺汉朝。至此，西域基本上变成了友善的土地。

简评

别人用兵打的都是有本的仗，而班超用兵打的却是无本的仗。没有自己的部队，却要以少胜多，这是前所未有的难题。因为没有自己的部队，就无法依靠部队的素质，决不可在任何一处用强使硬，借人家的兵打仗，只能让人占便宜，班超使出了高超的兵法计谋，以相背方向的佯退诱敌分散，然后集中兵力突袭敌之大营，使劣势化为优势，使硬要吃亏，使巧计则有大便宜可占——敌大营有无数牛马辎重。游牧部落打仗随军带牛马为食，牛马一失自无战意。班超用兵，堪称胆大心细，足智多谋。

骄兵之戒——赤壁之战

东汉末年，天下大乱，群雄并起。曹操在军阀混战中脱颖而出，挟天子以令诸侯，先后扫灭吕布、袁术、袁绍，基本统一了北方，遂有鲸吞天下之志。

刘备也是汉末群雄中的非等闲之辈，曹操与他煮酒论英雄，说天下英雄就他们两个。刘备被曹操逐出中原，寄寓荆州，而他却一心等着刘表一死，好去摘取荆州之地，作为安身立命的基业。

可是，早已虎视眈眈的曹操却不容刘备得志，乘刘表新亡，二子不和的机会，采纳谋士之计，先声夺人，出兵迫降了刘表次子刘琮，战退意欲夺取江陵的刘备于当阳长坂坡，占领荆州与江陵，收降了十几万荆州水陆军，实力大涨，遂起鲸吞江南之心。

这样，困守江夏和夏口的刘备与占据江东的孙权，都暴露于曹操的兵锋之下，情势逼得他们联合起来，一场救亡图存的大战就要开始了。

建立孙刘联盟

这场好戏的主角曹操，由于一连串的巨大胜利，特别是占领荆州的胜利，几乎就像是白捡来的，变得不冷静起来。整个曹操军队上下，也弥散着骄傲自满的情绪，觉得很快就会扫平江南，一统天下了。曹操此时统率的军队不过二十万，还半数为新降的荆州军，人心未附，可他却认为时机已到，可以立即进攻江南。他写了一封骄态四溢的信给孙权，说："近来我奉诏讨叛逆，大军南下，刘琮束手而降。现在我率领水陆军八十万，想与将军会猎于江东。"他企图吓降孙权。

再说虎踞江东、承父兄基业的孙权，虽说无逐鹿中原之大志，但自保之才有余。他与谋臣鲁肃早就注意到雄心勃勃的曹操的动向。当刘表刚一病死，鲁肃就向孙权建议以吊丧为名，前往荆州，联络刘表之子及刘备，准备抗击曹操。

当鲁肃行至夏口，就听说曹操已兴兵南下，行至南郡，刘琮就已投降，刘备正在向南撤退。鲁肃于半途遇到了刘备，向他建议派心腹之人去与孙权联络抗曹之事。刘备欣然接受了鲁肃的建议，当他们退至夏口时，诸葛亮也认为必须赶紧与孙权联络，刘备遂派他前去江东会见孙权。

诸葛亮一见孙权，就以激将法说之，告诉他曹操当今的确是声势浩大，威震海内，如果您要是度量着可以与之抗衡，就速作决断，挥兵与之战；如果不能，就趁早投降。像现在这样，外有服从之名，而实际上犹豫不决，当断不断，迟早要大祸临头。

孙权被诸葛亮一激，还真的拿出了血性勇气，当下表示要抗击曹操，转而询问起刘备的情况来。

诸葛亮告诉孙权，刘备虽说新败于长坂，但手中尚有二万余人。而曹操长途跋涉，士卒疲惫，士兵又不服水土，荆州军民归附曹操人心未服。曹操此时的军势，正所谓强弩之末，连一叶薄绢也穿不透了。您只要派一员虎将将兵数万与刘备联手，必定能打败曹操。

孙权听了诸葛亮的一番分析，觉得胆气足了不少。正在这时，曹操的恐吓信也到了。江东人士在“抗曹”与“降曹”的问题上，各执一词，争论不休。以张昭、秦松为首的主降派认为曹拥有荆州水师，兵强马壮，双方众寡悬殊，且长江之险已与江东共有，我方有利条件已丧失，所以以降为宜。但是鲁肃坚决反对，认为谁都可以投降，唯有孙权不可，因为无法安置，找不到归宿。

孙权倾向鲁肃的意见，但心里还没有底，遂找来周瑜商议。

周瑜是坚决主战的人，他一见面就给孙权打气，说孙权割据江东，已历三世，地方数千里，兵精粮足，怕什么曹操，就是曹操不来，还要去找他呢，何况他自来送死。

接着，周瑜又为孙权分析了当前势态，指出曹操军队的弱点。他认为曹操有三忌：一是北方未平，关西有马腾、韩遂在；二是北方士卒精于骑射而不惯舟楫，现在舍长就短，为兵家大忌；三是北方人远涉江湖，又值隆冬，必生疾病。曹军有此三忌，却冒险而来，所以他认为只要孙权给他精兵三万，就可以击破曹军。

孙权听罢周瑜的意见，十分激动，遂下决心联刘抗曹，当众拔出佩剑砍下案头一角说：“今后诸将吏若有再说投降者，视同此案。”

当天晚上，周瑜与孙权商议作战部署，周瑜又详细为孙权剖白了可以战胜曹军之由，认为曹操号称八十万大军，其实是吓唬人的，实际曹操带领的北方军队不过十五六万，且疲惫不堪，多染疾病，而收编的刘表军队不过七八万，且心怀疑惧，这样的军队，虽多但并不可怕。

孙权当即调拨三万精兵给周瑜，让他与刘备会合，共破曹操，若胜，他将亲自出马，与曹操决一死战。

火烧赤壁

在孙权、周瑜调兵遣将准备应战时，刘备军队正面临着曹军的巨大压力。刘备命关羽率水军一万驻守夏口，令张飞、赵云各率陆军四千驻守鲁山形成犄角之势，抵挡曹军，自己与刘表之子刘琦率军万余驻樊口为后应。他日夜盼望东吴援军的到来。

周瑜一分钟也没有耽误，率师逆江而上，到樊口会合刘备，继续沿江西上，关羽水军也加入进来。这时，曹操大军分两路进逼，一编偏师由曹洪率领自汉水南下，而自将主力沿江顺流而下。曹军与孙刘联军相遇于赤壁，双方先锋打了一场遭遇战，曹操水军失利，遂退据乌林，与孙刘联军隔江对峙。

由于曹军大部分是北方人，不习惯于水上的风浪颠簸，荆州水师一时半会又难以放手任用，所以曹操使用铁链将战船首尾相互连接起来，各船之间搭上木板，使将士们来往行走如履平地。

周瑜部将黄盖看出了名堂，认为曹军水师这样联舟，虽说比较平稳，但一旦以火攻之，必大获其利。遂向周瑜献计说："敌众我寡，长期相持于我军不利，最好设法速战破敌。现在曹操用铁索将船连锁，一旦实施火攻，谁也无法脱逃。"

周瑜接受了黄盖的建议。为了实施火攻计划，周瑜与黄盖又行诈降之计，让黄盖给曹操送了一封"降书"说："黄盖在东吴受孙氏深恩，本不该投降。可是以天下大势而论，曹公纵横天下，无人可挡，以江东六郡之力，抗阻中原百万之众，谁都知道无异以卵击石。周瑜鲁肃自逞其能，偏要兴兵抗阻，为避免玉石俱焚，也为了拯救江东父老免于战火，黄盖乐于归顺曹公，待两军交锋，我准备利用担任前锋的便利，相机行事。"

曹操收到降书后，开始还有些怀疑，在对送信人进行一番盘查后，没有发现破绽，加上主观上以为自己兵多势大，东吴内部不稳也是情理之中的事，所以就相信了黄盖，并与送信人约定了时间和信号，让黄盖提前驾船来降。

周瑜见曹操中计，非常高兴，遂准备了十余艘名叫“艨艟”和“斗舰”的大船，在船上装满了干柴，灌以硫黄，浇上油脂，再用布幕蒙好，伪装成粮草，插上约定好的旗，并在每艘大船后面拴上“走舸”的小船，准备放火后撤下大船的官兵。

建安十三年（208年）十一月的一天，东南风大作，天上阴云密布，长江水面上杀气腾腾。黄盖率领那十艘“放火船”向北岸曹军水寨急驶而来。在快靠近曹军战舰时，黄盖命士兵齐声大喊：“黄盖投降来啦！黄盖投降来啦！”

曹军将士以为真的是黄盖来降，十分兴奋，纷纷走上甲板张望。有人见船轻且速度太快，不像运粮船，觉得其中有诈，待欲阻止，已经来不及了，黄盖把刀一挥，十艘船上同时发火，顺势扎入曹军水寨，而黄盖却跳上小船逃走了。

黄盖船上尽是易燃之物。一时火光冲天，顷刻之间，曹军水营就熊熊燃烧起来，火借风势，风助火威，直烧得天晕地旋。曹军战船被铁索连接，根本别想拆开、疏散，没有多少工夫，大部分战船就都淹没在一片火海之中。不但如此，由于风急火烈，大火又很快追烧到岸上曹寨。毫无准备的曹军士兵顿时乱成一团，狼奔豕突，自相践踏，烧死、淹死者不计其数。

这时，周瑜指挥孙刘联军战船杀了过来，直杀得曹军毫无招架之力，死伤大半。曹操自己烧掉剩下的战船，在弥漫的烟火中，仓皇从陆路经华容道退往江陵。

一路上，大雨如注，泥泞不堪，老弱残兵都填了沟壑，追兵又一刻不放松。待曹操狼狈万状逃到江陵，兵力已折损大半。曹操沮丧之极，留下曹仁、徐晃守江陵，自己率残部退回北方。次年十二月，曹操以江陵被周瑜屡次攻击，压力太大，彝陵又被吴将甘宁攻取，遂下令放弃江陵，退守襄樊。至此，荆州全境尽失。赤壁之战以曹操的彻底失利告终。

赤壁之战后，东吴占领南郡、江陵，而刘备取了荆州在江南的长沙、零陵、武陵、桂阳四郡，结束了他多年寄人篱下的生涯，后来以此为基业，攻取益州，天下三分。

简评

赤壁之役曹操的过失，盖因他不该急于进攻江南，准备严重不足，尽管在兵力上占了优势。荆州之役，曹操骤得十万余降兵及大批战船，遂萌生吞吴之志。其实，他所能依靠的仍是从北方带来的将士。北方人不惯水战，虽有勇武，无所用之；加之水土不服，疾疫流行，战斗力大减，兵虽众可实力远非当日官渡之战时可比。可曹操及将士并不悟此，骄气四溢，不似昔日之明智。以此骄兵、疲兵，以短击长，岂有不败之理！

反观孙刘联军方面，刘备长坂虽败，因为与刘表长子刘琦联手之故，不但实力未损反有所增。刘备集团诸葛亮、关羽、张飞、赵云等俱一时之雄，非刘表父子可比，实力大增已非曹操之福，而曹操不是集中力量灭掉刘备，反而大兵压境，威吓东吴。东吴孙家父子兄弟统治已历三世，根基牢固，人才多有，碧髯儿称霸不足，而自保有余。曹操之举，逼得两家联手，使曹军在数量上的优势已经不大。再加上周瑜在战术指导上，善于以长击短，充分发挥擅长水战的优势，采纳黄盖建议，针对曹军铁索联舟的弱点，发动火攻，遂一举成功。

赤壁之战，曹操之败，实因骄傲自满，操之过急。自古骄兵必败，乃千古不易之理。赤壁战后，天下三分之势已成，曹操从此失去了统一中国的机会。

火烧连营——吴蜀彝陵之战

赤壁之战后，孙刘两家经过了一个短暂联盟的蜜月期，很快就开始发生龃龉。刘备西取蜀地后，留守荆州的关羽不注意维护与东吴的关系，虽未兵戈相向，但总恃强凌弱。在东吴方面，也总想讨回借给刘备的南郡与江陵这一保障江东的战略要地。既然和平手段要不回，也就只好诉诸武力。果然，在建安二十四年（219 年），东吴乘关羽进攻樊城与曹操交兵之际，派吕蒙袭取了荆州，还杀死了回援的关羽。

失去了荆州，折损了关羽，不仅失掉了刘备桃园结义的兄弟之将，损失了一支基干部队，还意味着失掉了荆州这块战略基地，诸葛亮分兵两路北取中原的计划落空了。当然，这是刘备所不能忍受的，遂欲兴大兵，伐吴报仇。

怒而兴师

在三国之中，吴、蜀两家与魏无论从土地面积、人口数量还是经济发达程度上都不能比拟。三足鼎立，只有两弱联手，方能维持。吴、蜀两家实际上处于合则两利、分则两伤的境地。

但是，由于东吴为一时之利所驱使（其中当然也有荆州守将关羽的因素），袭取了荆州，致使两家交恶，倾力相搏，整个局面出现了空前的危机。幸而魏主曹丕不如乃父之雄才大略，既没有乘隙攻吴，也没有乘机攻蜀，而是坐待东吴战胜之后南下攻吴，否则三分之势将有所改观。

在这其中，刘备不听劝阻，怒而兴师，执意要与东吴决一死战，实属不智之举。

且说荆州一失，刘备失却一员兄弟般的爱将，痛彻肺腑，旋即亲统大军征吴，命张飞自阆中率万人与他会合。对于刘备此举，很多人不以为然，诸葛亮曾动员多人劝谏，赵云也上表劝阻刘备出兵，他说："国贼是曹操，不是孙权。如果我们先灭掉曹魏，孙权自然会降服。现在曹操已死，曹丕继位，我们应该利用百姓对曹魏的不满，早日出兵关中，逐鹿中原，讨伐奸逆。因此，不应放过曹魏，先与东吴作战，一旦战争打起来，短时间不能解决战斗，就难以善后了。"

但是，为兄弟之情及东吴背信之恨所笼罩着的刘备，根本听不进劝谏。加上出发前张飞又因悲伤过度苛责将士而遭部下暗杀，杀人者执其首级投奔了东吴，就使他更加怒火中烧，迁怒于东吴。甚至当孙权派来求和使者以及诸葛亮之兄诸葛瑾来信劝他以大局为重（这封信一定有东吴官方的背景）时，他不屑一顾地给打发了。

章武元年（221 年）六月，刘备留下诸葛亮在成都辅佐太子刘禅守国，留赵云在江州为后军都督，亲率黄权、张南、冯习、吴班、陈式、关兴诸将，统兵五六万人东征东吴。

以退为进

东吴也为他们袭取荆州破坏孙刘联盟的行为付出了代价。孙权为了抵敌蜀人的报复，将都城从建业迁到武昌，以便更好地扼守荆州。

同时，调兵遣将沿长江中上游一线布防。又遣使者到蜀求和，准备放弃一部分利益换取刘备的谅解。后来，又不得已向曹丕卑辞称臣，接受曹魏的封爵。这种事，当年曹操活着的时候都没能让孙权做到。

在刘备率军东下后，孙权又任命陆逊为大都督，率朱然、潘璋、韩当、徐盛、诸葛瑾、鲜于丹、步骘、孙桓等部五万人马西上拒蜀。

单从兵力上看，双方军队数量相差不多，但吴军的小部分要用于南部长沙、武陵方面的防御，还要分出一部分兵防守荆州，因而用于直接战斗的兵员数量就处于劣势。从另一方面说，刘备是世之枭雄，连曹操都要高看他一眼，一向有中原之志，一直准备着与曹魏逐鹿中原。刘备手下的兵将，也多是跟随他在中原混战中身经百战的老战士，收编益州军后，又经诸葛亮等人的训练整顿，军容之盛，素质之强，连曹操亦要让之三分。而吴军基本上是自保之兵，除水战比较擅长外，其兵将如果拿出来与蜀军硬拼，显然讨不得好去。从地势上看，蜀军顺流东下，冲击力强，也占有地形之利。

所以，吴蜀之战是一场强弱之战。身为吴军统帅的陆逊当然明白此理。长期以来，陆逊向以白面书生的面目出现，骤当大任，诸将并不服气，因此指挥也就不太灵。他知道，不吃点亏，吴军诸将是不能学乖的。章武元年（221 年）七月，蜀军顺流而下，先头部队连败吴军，占领巫县、巴山、秭归。陆逊收拢部队，实行战略撤退，一口气退到夷道、猇亭一线，方才停住，依山筑垒坚守。

陆逊一路退，刘备就一路追，部将黄权劝阻说："东吴人不可小觑，我们顺水而下，进易退难，还是让我当先锋，陛下在后接应比较稳妥。"

刘备见一路战胜，并无阻碍，遂不以黄权的话为意，火烧火燎地急于报仇，遂让黄权一部分兵驻江北，防守侧翼，自己带大军一直追于猇亭。前部兵锋达到夷道，将孙权的侄儿孙桓包围，引诱陆逊来救。

可是，陆逊不为所动，只管坚守不出。

东吴的一些将领，特别是孙策时代的一些老将，对陆逊本来就看不上眼，见他自掌兵以来，只退不进，都认为是书生怯战。这次见孙桓被困，陆逊居然坐视不救，遂借机闹了起来，要求救援夷道。陆逊捺住性子，向他们解释说：

“孙桓一向受将士爱戴，夷道城坚粮足，不足为忧。等我计谋施展了，夷道之围自然就解了。”

诸将听到这种解释，连本来不反对陆逊的人也不以为然起来，遂众起哗哄，不听号令。陆逊见状，按剑而起，瞋目大喝一声：

“住嘴！”

然后声色俱厉地对诸将说：

“刘备是世之枭雄，连曹操都让他三分。现在统大兵入我境内，是一个劲敌。诸将军也受国家恩泽，理应相互和睦，共同灭敌，以报效国家。现在竟不听号令，是何道理？我虽一介书生，却是受命于主公。国家之所以委屈诸位让我指挥，是因为我毕竟还有尺寸之长，尚可称职，能忍辱负重。希望各位谨守职责，不要说三道四，否则，军规在上，我定不轻饶！”

诸将见他动真格的了，只好默然不语，遵行他的军令，坚守不战。但私下里仍议论纷纷，对时局深感忧虑。甚至有人感慨地说，东吴要亡了，怎么会让这么一个懦弱的书生当统帅！

火烧连营

陆逊坚守不战，刘备开始还不以为意，后来也有点沉不住气了，派兵进攻，山险垒高，根本攻不上去。每天派人在阵前叫骂，把东吴的祖宗八代都骂遍了，陆逊置若罔闻，理也不理，笑骂由你笑骂，都

督我自为之。刘备见骂不出陆逊，心生一计，令吴班率几千老弱病卒在吴军阵前排好阵势叫战，从早晨骂到中午，蜀军士卒脱掉衣服，乱七八糟地散坐着，口中犹骂个不停。吴军将士气得发疯，因为蜀军简直轻蔑他们太甚，恨不得跳出营垒，前去杀个痛快，纷纷急切地要求出击。陆逊笑笑说："这是刘备的诱敌之计，眼前的这些兵都是诱饵，山谷里一定埋伏着重兵，不信你们就看着，过不了几天那伏兵就会自己走出来。"

果然，几天后，只见一队队伏兵沮丧地从山谷里撤了出来。这时吴军将士才恍然大悟，从此对陆逊另眼相看了，觉得这书呆子还有点门道。

就这样，双方相持了半年有余，从冬天熬到了夏天。天气一日热胜一日，蜀军战士披甲戴盔，一个个热得叫苦不迭，当初的锐气渐渐消磨殆尽，大部分人开始思乡想家，借抱怨天气发泄不满。

刘备见状，为不影响士气，遂下令移营山谷密林之中，傍涧依溪扎营，也好让将士们解暑。从彝陵到猇亭，绵延七百里，结营四十余座。准备暂时休整部队，等到秋凉之后再大举进攻。

可是，刘备这样做虽说暂时缓解了将士们溽热难当之苦，但却无意中把他们推到了另一种极端危险的境地——这样扎营，一旦敌人火攻，将无从防御。这个错误与当年赤壁之战时曹操犯的联舟错误近似，都是致命的。

果然，一直默默等待时机的陆逊发现了这个大失误，决定利用它做一篇大文章。说来奇怪，三国时期凡大战就离不开火，官渡之战有火，赤壁之战有火，而现下的彝陵之战，陆逊仍要放火。

陆逊召集将士，宣布将要反攻。有人不解，说要攻待蜀军一入境就攻，现在蜀军已深入，重要关隘被人占了，这时再攻，没什么好结果。

陆逊解释说："刘备老于用兵，经验丰富，在他刚入境时，兵气正锐，各方面都考虑比较周详，无隙可乘。现在他们师老兵疲，斗志消沉，主帅也想不出什么好主意了，正好是我们用兵的时候。"

在总攻之前，陆逊先派了一小支部队去做了一次试探性进攻，果不出所料，这支部队刚靠近蜀营，就被杀得大败。这下，蜀军觉得吴军已经黔驴技穷了，遂不以吴军为意，警惕性大大松懈。

当天夜里，蜀营进入了梦乡。而吴军将士却全线出动，陆逊令他们每个人带上茅柴一束，浸上油脂，并带上火种。人衔枚，马摘铃，乘着夜幕沉降，悄悄接近沉睡中的蜀营。几万战士，按图索骥，各自找到应该攻击的目标，绵延七百里，统一行动。

三更时分，只听一声号炮，霎时间蜀营都烧了起来。转眼间，燃成森林大火，火借风势，风助火威，直烧得蜀军将士晕头转向，自相践踏，在火中狂奔乱窜。吴军在混乱中乘势乱砍狂斫，直杀得蜀军尸横遍野。侥幸逃出火海奔至江边的，又被预先埋伏好的吴军一阵乱杀，大半喂了江中之鱼。

睡得稀里糊涂的刘备，衣袍不全地被几员战将扶上战马，溃逃而出。回首望去，眼见七百里火阵，蜀军四十余营寨，烟消云散，满山遍野尽是烧死的和被杀死的蜀军尸首。刘备不禁失声痛哭，举步几难。

在部将的劝慰下，刘备总算止住了哭声，打点精神收拢败兵，集中了不足万人，还尽是被烧得焦头烂额、身上带伤之辈。残兵逃至彝陵马鞍山上据险而守。可是，陆逊的动作很快，还未待刘备喘上一口气，吴军已经围了上来。焦头烂额、来不及筑垒的蜀军抵不住吴军的攻势，双方在山上山下打成混战之势，从早上杀至晚上。由于冯习等人拼命冲击引开敌人，刘备才得以率少数残兵逃出重围，西奔白帝城。一路上，吴军仍旧穷追不舍，刘备只好命令沿途驿站将辎重、盔甲堵在山口要道，放火烧着，这才稍稍挡住了追兵，使他得以逃到白帝城。

一场火与血的大战，入吴蜀军几乎全数被歼。驻守江北的黄权见归路已断，只得投降。蜀军全部的战船、马匹、辎重、甲仗都为吴军所获。刘备孤卧于白帝城中，听着东逝的江流声，心中感慨无限，长叹一声：“不意今日为这黄口孺子的陆逊，欺负到这般地步！”遂羞愧成疾，一病不起，一代枭雄，“遗恨失吞吴”，扎在阴沟里翻了船。

大获全胜之后，陆逊没有再纵兵追击刘备，而是见好就收，收兵回防长江。果然，曹丕以为陆逊会追入西蜀，乘机发兵进攻东吴。陆逊得胜之兵正好用来抵挡曹丕，让他碰了一鼻子灰。

彝陵之战后，魏、吴、蜀三家又恢复了原来的状态。东吴的危机安然渡过，可是西蜀却元气大伤，从此失掉了再图中原的本钱。

简评

三国鼎立，两弱不可相争。吴失计于前，已铸成大错，而蜀继失于后，以致倾国相扑。对刘备来说，明智之举是虚声恫吓，然后东吴求和即见好就收。可是，刘备怒而兴师，以倾国之力做意气之争，自毁大计宏图，纵使获胜，其后果亦不堪，何况战败。

况且，吴、蜀之间，虽接壤千里，可用兵之处却又是沿江一线，崇山峻岭，后力难以展开。以蜀而言，顺流而下，虽占地利，但易进难退，非有万全，不易用兵。刘备不计于此，贸然兴兵，结果兵钝于群山之间，师老兵疲，又不防于火攻，终于为敌所乘，几致全军覆灭。

陆逊此役，战略上十分对头，只要能坚持不动，顶上一年半载，纵便不斩一卒一兵也是胜利。抓住敌人空隙放火，纯属意外之喜。若刘备防备了此点，可能吴方战果不会如此之大，但获胜是肯定的。

人心向背定乾坤——秦晋淝水之战

公元317年，西晋王朝在八王之乱中覆灭。皇族司马睿在江南重建了偏安的小王朝，定都于建康，史称东晋。

先天不足的东晋王朝，在南下士族的扶助下，风雨飘摇地度过了几十年。这期间，北方大乱，内迁的少数民族匈奴、羯、氐、羌、鲜卑等相互混战，走马灯似的更换主人。到了东晋永和七年（351年），氐族登上了历史舞台，氐族首领苻健在关中崛起，定都长安，建立国家，国号为秦，史称前秦。

七年后，苻健从子苻坚做了皇帝，从汉族寒士中找出了一位贤才王猛。这位王猛少负不羁之才，文可安邦，武能定国。东晋大将桓温北伐，遇到王猛，竟被他折服。苻坚得了王猛如鱼得水，内政、外交、军事一切依他，经过二十多年的经营，把前秦治理得十分强大，先后灭掉了前燕和前凉，基本统一了北方。

苻坚是位雄才大略的少数民族政治家，在王猛去世前，就有“混一四海”之志，尽管王猛临终前一再告诫他不要打东晋的主意，统一中国的野心却驱使他不得不动手削平这个最大的障碍。

战前态势

东晋自偏安以来，一直处于柔弱的地位，虽也进行过几次北伐，但大多成果不大。其间，桓温的崛起，曾引起政局的严重失衡。但桓温在王、谢等士族大姓抵制下未及代晋就病死。此后，局面一直平静，虽有苏峻之乱的小波澜，但几十年内基本是天下太平，社会经济有了一定发展。在军事上，谢安之侄谢玄出任兖州刺史，坐镇广陵，监江北军事，经刘牢之的手，招募南下的徐、兖二州骁勇之士组成“北府兵”。这些士兵出自北方，人高马大，膂力壮，武技强，还乡心切，抗秦志坚，又经过长期训练，遂成为天下首屈一指的精锐之师。东晋军队虽然人数少（仅有二三十万），但有这样一支“北府兵”，也不可小觑。

前秦的军事力量无疑有绝对优势，一般常规军队就在五六十万之众，战时征兵，可达百万。在攻晋之前，苻坚几乎战必胜，攻必克，纵横天下无敌手。但是，在王猛死后，整个政治失去核心，苻坚显得有点志大才疏。加上连年征战，尚需要有一段时间的休养生息。而且，内部的鲜卑、羯、羌等少数民族心怀异志，所以并不适宜大动干戈。

但是，被一统天下图景诱惑的苻坚并未虑及此。王猛在世时，他考虑到王猛的面子，没有动攻晋的心思，王猛一死，他马上开始着手准备伐晋军事。他的战略是：先取梁、益二州，占据长江上游，以威胁东晋的西翼；再夺取襄阳、寿春、彭城等长江北岸的战略要点；然后饮马长江，一举吞晋。

事实上，苻坚的第一步作战计划实施得尚算顺利，桓温在北伐中占据的梁、益二州，很快就丢给了前秦。但是，前秦在实施第二步作战计划时，却遭到了有力的抵抗。

前哨拉锯战

由于第一步作战计划实施顺利，进一步刺激了苻坚的野心。他遂于公元378年2月，分别派遣两路大军，进攻江北的战略要点襄阳与彭城。

进攻襄阳是此次战役的重点。苻坚派其子苻丕为帅，将兵近二十万，分四路围攻襄阳。四月，秦军前锋石越部骑兵进抵汉北，东晋襄阳守将朱序以为秦军无舟楫渡河，未加戒备。石越率骑兵浮水渡过汉水，乘晋军不备，袭占襄阳外城，夺船百余艘，将主力渡过汉水。晋军初战失利，形势十分严峻。襄阳守军仅一万人，退守内城，而桓冲大军虽有七万，却不敢前来增援。秦兵十余万，将襄阳围得水泄不通。

襄阳守将朱序是一员虎将，他没有为秦兵的汹汹来势所吓倒，在老百姓的支持下顽强抵抗，连他母亲也亲自出马，率城中妇女出来协助守城，见城的西北角不够坚固，率众妇女增筑一道斜城。后来西北角被秦兵挖溃，晋兵遂守斜城，顶住了秦军的进一步攻击，襄阳人称此城为"夫人城"。

在襄阳军民众志成城的坚守下，十几万秦兵竟束手无策，屯兵达数日之久。朱序还多次乘夜色派精干部队出击敌人，多有斩获。秦军无奈，改强攻为长期围困。苻坚见儿子将近二十万大军竟近一年攻不下一个小小的襄阳，大怒，下诏告诉他，如果来年春天再攻不下襄阳，请他自裁。苻丕急了，发疯攻城，死伤士卒极重。这期间，东晋王超屡次命人将兵来援，可却无人敢靠近。到了来年二月，襄阳督护李伯护被收买，暗中降秦，由李做内应，秦兵终于攻下了襄阳，俘虏了朱序。攻襄阳秦军费时一年有余，折损士卒数万。

在进攻襄阳的稍后时间，秦将彭超将兵七万进攻彭城。经过半年的攻战，于次年二月攻下彭城，然后再攻盱眙。四月，襄阳战役结束，苻坚增兵彭城方面二万助攻。此后，一路顺利，秦军先后占领盱眙、堂邑，击溃晋军四万余人。晋都建康，暴露于秦之兵锋之下。

晋廷惊恐，急调谢石、谢玄救驾。谢石率水师沿江布防，而谢玄则水陆并进，实行反击。北府兵大显神威，首战击败秦军，再攻盱眙，秦兵又败。谢玄派人率舟师乘潮而上，烧掉淮河桥，截断秦兵退路，纵兵再击，秦兵大败，秦将彭超仅以身免。前后折兵六七万之多。北府兵胜后返回广陵。

淝水之战的前哨战，前秦方面算是完成了战略目的，但兵员折损过多，可以看出东晋仍有一定军事实力，灭晋时机尚未成熟。但东晋方面显然缺乏战略眼光，对襄阳、彭城这样的战略要地，并无力保之决心，襄阳苦守近一年，居然无人来援，而彭城眼看就可以恢复，却抽身回兵。对于东晋王朝来说，只有威胁到了建康，才会令他们着慌。

决战前夜

公元 382 年，苻坚在完成了第二阶段战略准备，夺取了一线战略支点后，又进行了一系列的战争准备，如储备物资、修造舟船，认为大事已毕，万事俱备，要对东晋发动总攻了。

但是，当苻坚把问题提交群臣商议时，大部分人却持不同意见。他们认为，现在东晋君臣和睦，而谢安、桓冲又是一时之俊才，加之据有长江之险，民心为用，所以暂时不宜进攻。

苻坚却自信得很，他认为自己握有雄兵百万，把马鞭投到江里都会让江水为之断流，击破偏安的小朝廷，还不是如秋风扫落叶一般。

苻坚的自信并未能让群臣信服，他们七嘴八舌说个不停，令苻坚十分不快。待群臣退后，苻坚留下他的弟弟苻融单独商议，满心指望自家兄弟能站在他的一边支持他。可是，苻融也不同意马上攻晋，并详细地为苻坚剖析了伐晋的不利因素，他说：

“现在伐晋有三难，其一是人心不顺，汉族百姓仍以为东晋是王朝正朔；其二是东晋内部无隙可乘；其三是我连年征战，军队疲惫，百姓有厌战情绪。而且，令我最担忧的还不止这些，陛下灭掉了鲜卑、羌人及羯人之国，却把这些人养育在京城附近，他们都是我们的仇人，大军远征，太子独留数万弱卒留守，一旦变生肘腋，悔之莫及。”

最后，苻融还劝苻坚别忘了王猛临终的遗言。王猛临终时曾告诉苻坚，晋虽偏安一隅，但天下百姓却以为正统，但愿不要伐晋，修秦晋之好才是治国之善策。

苻坚听了苻融的分析，出现了一丝犹豫。于是，群臣纷纷进谏，连苻坚最喜爱的儿子苻诜和他最宠爱的妾张夫人也出面劝谏。苻坚信佛，群臣甚至请出高僧道安来劝阻，统统被苻坚拒之不纳。满朝文武，只有鲜卑的慕容垂、羌人姚苌和一群富家子弟从军者支持伐晋。但是，前者明显是别有居心，而后者不知战阵，以战争为儿戏，想经战阵看热闹，捞点实惠，苻融一语点破他们的居心：

“鲜卑人与羌人皆为我之仇敌，他们时刻不忘乘秦之变以逞其志，所以他们的策划，是不可听从的！”

可是，苻坚此时就如猪油蒙了心一样，糊涂透顶，死活听不进忠言，踌躇了几个月，还是一意孤行，下定决心伐晋。

公元383年盛夏，苻坚率大军一百一十多万，大举伐晋。以苻融督率张蚝、梁成、慕容玮、慕容垂等步兵二十五万为先锋，直趋寿阳、郧城；以姚苌督益、梁二州兵，沿江顺流而下；苻坚亲率主力步兵六十万、骑兵二十七万直趋寿阳。

百万大军，浩浩荡荡，人欢马嘶，旌旗蔽日，飞扬的尘土几百里之外都能看得见。中国自有战争以来，真少见如此庞大的队伍。苻坚踌躇满志，不可一世，宣称东晋皇帝司马昌明即将到长安来帮我管理朝政，封他个尚书仆射；晋相谢安，可以管理官吏，封他个吏部尚书；晋将桓冲，可作侍中。这个日子不远了，先在长安给他们造起府第来！

淝水决战

闻知秦兵大举伐晋，东晋朝野一片惊慌。只有宰相谢安镇定自若，他派谢石、谢玄、谢琰这三位子侄，率八万北府兵前去应战，另派胡彬率五千水军前去增援寿阳。见谢安净用些年轻人统兵，朝臣们很不以为然，纷纷暗中叹息：这下东晋该亡了，大家从此要改着少数民族服装了。

在为三谢饯行的那天，谢安提出要与主将谢玄下盘棋。本来谢玄的棋艺要比谢安高明，可是这次因内心紧张，竟只下了个平手。谢玄见谢安如此镇定从容，忐忑不安之心也就放了下来。说也奇怪，此后谢玄多次向谢安请示御敌方针，可谢安终日游艺，并无一语相告，逼得谢玄等人只得自己拿主意。

秦兵开始的行动，一切尚属顺利。到了秋天，郧城、寿阳相继为秦前锋攻下，而苻坚的主力，也抵达项城。晋将胡彬的水军在增援途中，闻知寿阳失守，便退守硖石。秦前锋苻融转兵进攻硖石，并令梁成率军五万进攻洛涧，在洛涧入淮处立木栅，将硖石水师困住。硖石为淮上险要，易守难攻，但胡彬粮乏兵少，情势危急。胡彬一面令军士天天在河岸扬尘簸沙，使秦兵误为在扬米，以示粮食还很充足，一面派人送信给谢石求救。但不幸信使落到了秦军手里，促使苻坚下决心不待主力赶到前线，就贸然发动总攻。

苻坚听到前线一连串的战况，心中十分高兴，遂自率轻骑八千，赶到寿阳与苻融会合。两人商议已定，决定马上发动进攻，在总攻前，先派晋前襄阳守将朱序前去晋营劝降。

朱序到了晋军大营，不但没有劝降，反而透露了秦军的真实情况，告诉他们秦军真的有百万大军，倘若他们一齐到来，恐怕难以抵挡，不如趁目前各路兵马尚未集中，先挫败其前锋，那么或许可以击败秦军。

谢石认为苻坚已到寿阳，不能接受朱序的建议，应该坚守不战。而谢琰与谢玄却认为朱序的分析有理，力主迅速出击秦军。最后，三谢统一了认识，意识到在敌我力量如此悬殊的情况下，只有速战挫敌方能保全自身。

主意已定，谢玄马上派刘牢之率精兵五千进攻洛涧的秦军梁成部。梁成军有五万人，以五千击五万，力量悬殊与全局相若。此战一来为胡彬解围，二来想试一下以少击多的可能性。

刘牢之真不愧是一员虎将，领命之后，率他的五千北府兵，强渡洛涧，猛击梁成军，大战破之，梁成的脑袋也搬了家。秦军群龙无首，被如狼似虎的北府兵赶到淮水之滨，争相溃逃，被杀死、踏死、落水淹死者一万五千人，剩下的也四散逃命，梁成军顷刻瓦解。

洛涧首战告捷，大大地增强了三谢抗敌决心，旋率部大进，于八公山扎营。苻坚闻报，从寿阳城上望见晋军布阵严整，旗帜鲜明，不觉把骄横之气退了几分，感觉碰到了劲敌。这么一想，就觉得八公山上的草木也像是晋兵了。

第二天，两军在淝水相遇，秦军在淝水西岸，晋军在淝水东岸，双方隔河对峙。

谢玄见状，遂派人到秦军中与苻融说：

“您率军深入，却到此与我隔水列阵，好像是要长久相持的样子，不是想要速战速决。您能不能移阵向后退一点，让出块地方来，好让我们渡河一决胜负怎么样？”

经谢玄这样一激，拥有百万大军的苻坚当然不甘示弱，不答应晋军的要求岂不等于不敢决战？再说先让出一块地方来，待晋军半渡而击之，也是兵法上的妙计。在他看来，先引兵少却，俟晋兵半渡，以铁骑冲击，岂有不胜之理！于是，苻坚答应了谢玄的要求，下令秦兵后退少许。可是，秦兵一退就不可复止，黑压压的几十万人马你拥我挤，一个劲地向后。谢玄等人乘机引兵渡河，猛击秦兵。正在后退的秦兵哪有战心，一下子阵脚大乱，朱序又率亲信在阵后狂呼乱喊："秦兵败啦！""秦兵败啦，快逃呀！"一传十，十传百，军心动摇，大家一齐狂奔。苻融一见大事不妙，策马进入阵中驰骋掠阵，意图阻止后退，结果反被乱兵冲倒，丢了性命。秦兵由此大溃败，自相惊扰，自相践踏，死者遮岗布野。谢玄等人在后只管追，也追不及。秦兵未接战的主力部分，闻败即星散，大部分汉族士兵逃回家去了，剩下的只恨爹妈给少生两条腿，一个劲地跑，路上闻风声鹤唳，也以为是晋兵来了，昼夜不敢止息。当时正值隆冬，天寒彻骨，秦兵又饥又冻，死者大半。苻坚的百万大军，就这样冰消雪化，苻坚逃到洛阳时，只剩下十几万人了。

随后，心怀叵测的慕容垂与姚苌果然乘机复国。曾几何时还不可一世的前秦在兵荒马乱中覆亡，苻坚死在姚苌手中。

简评

苻坚攻晋之役，单从战争学角度，并无大失误。从第一步夺取梁、益二州，到第二步攻取战略要点，再到第三步总攻，虽进行得并不顺利，但颇有战略眼光。待江北最后一个战略要点寿阳失陷，东晋方面实际上已陷入十分被动的境地，地理上有利态势均为前秦所占。而最后决战时秦取待敌半渡而击也并非没有道理，如果换于别的场所，这种战法说不定为人所称道。

反观东晋君臣胸无大志，消极避战，对整个战局毫无战略眼光，襄阳、郧城、彭城、寿阳均在当局者的漫不经心中失掉。襄阳坚守一年，竟然无兵来援；兴兵反攻，居然临彭城而止，结果害得第三阶段战斗初期十分被动。从序战到总攻，身为全局决策人的谢安，居然拿不出只言片语的作战方案，镇定自是很镇定，但未免有些不负责任；在战争中摆饮酒对弈的魏晋名士派头，潇洒自然很潇洒，但骨子里是对应乏术。三谢之后，既无后续之兵，也无应败之策；既已战胜，也不乘势北伐，一定中原。这一切都显示出东晋领导层的懦弱无能。

但是无能者居然战胜，而有心人却大败亏输，其中道理何在呢？

实际上，淝水之战，苻坚是自败，而不是为东晋所败。在苻坚的那个时代，广大汉族民众对少数民族的统治还是相当厌恶和不习惯的。尽管从统治方式上来说，东晋的汉族政权并不比前秦要好，甚至更糟，但是北方的汉族民众仍旧把东晋视为正统，也视为民族希望之所在。对他们来说，无论如何也不希望这个最后的希望之光破灭。而苻坚百万大军的绝大多数，恰是由这些极不愿与东晋打仗的汉族农民组成。人心之厌战是秦军战斗力低下的主要原因。梁成五万人马面临强渡洛涧的五千晋兵，居然反被逼得落水，说明只要晋军稍微显示出一些战斗力，秦军士兵就只愿逃，而无心战，心里都想撤，连指挥官也挡不住。

至于组成苻坚军队的其他少数民族队伍，他们保留着原来的体系，与前秦同床异梦，只想着有一天能趁乱复国。他们在军中，只能起破坏作用。

指挥这样一支厌战空气弥漫且暗藏捣乱者的队伍，又庞大至百万，怎么能不败？

当然，东晋北府兵的勇敢善战，也是战局转换的一个重要因素。再不堪一击的敌人，不打也不会走，胜利不像树上的苹果，可以自己落到地上，北府兵的作用就是推动圆球就势滚动的那一只手。

一石二鸟——李世民灭夏降郑之战

唐太宗李世民是唐朝实际上的开国君主，以马上得天下，打了不少漂亮仗。其中，扫平王世充与窦建德之役堪称他一生的杰作，伐谋、伐交、伐兵三者并用，以少胜多，以弱击强，在不长的时间内，接连吞掉两大与己相若的割据势力，用兵之巧，享誉千古。

公元 618 年底，自晋阳起兵反隋的李渊据关中称帝，建立唐王朝。李渊虽说当了皇帝，可也只是隋末群雄中的一个，近有薛举、刘武周、梁师都，远有王世充、窦建德、杜伏威等，只有削平群雄，唐朝李家江山才能坐得稳。

李世民一马当先，首先灭掉紧邻的薛举父子，然后北上打掉刘武周，稳定了关中与河东基地。

下一个横在他视野中的，主要就是盘踞洛阳一带的王世充（郑国）与占据河北的窦建德（夏国）。

王世充原是隋将，隋末乘乱由平叛之人化为割据之主，后乘隙吞掉了李密的瓦岗军，实力大增。此时自称郑王，占据了中原大部分地区，定都洛阳，成为横亘在李世民眼前的第一个障碍。

窦建德原是隋末起义军中实力较为雄厚的一支，兵强马壮，此时盘踞于河北、山东一带，自称夏王。李唐若要一统天下，窦建德是非去不可的障碍。

对王郑与窦夏两个拿谁先开刀，李世民分析了形势，认为夏国离唐较远，要翻过太行山，况且夏国内部比较和睦，窦建德较得人心；郑国就堵在关中的门口，而且内部派系纷争严重，收降的瓦岗诸将心怀异志，其中秦琼、程知节等人已先后倒戈投唐，加之王世充在辖区内横征暴敛，已激起天怨人怒，离心离德。所以，李世民决定采取远交近攻的策略，利用过去郑、夏之积怨，派使臣联络窦建德，先稳住夏国，然后拿郑国开刀。

围困洛阳

公元620年夏，李世民率大军五万，杀出潼关，直奔洛阳而来。

王世充一向知道李世民的才能，见他统兵前来，不敢怠慢。一面选拔精兵强将加强洛阳守备；一面在洛阳周围布下重兵，以外围城镇与洛阳成犄角之势，打算固守。

及至李世民兵马杀到，王世充又觉得这样龟缩起来挨打有点失面子，遂点起三万将兵，由他亲自率领，杀出洛阳，与唐军交战。双方在洛阳城西一场大战，郑军虽拼死抵抗，到底架不住李世民一手训练的虎狼之师，不但折兵大半，连城西据点兹涧也丢了。从此以后，王世充再也不敢轻举妄动，老老实实地龟缩于洛阳城内，一任李世民在城外闹得天翻地覆。

李世民也就不再客气，一个一个地拿掉王世充洛阳外围的重镇，从南扫到北，从东扫到西，连下寿安、河内、洛城、洛口。唐兵连营几十座，把洛阳围得像铁桶一般。

郑唐交手才几日，王世充就损兵折将，丢城失地，一种前所未有的恐惧涌上了王世充的心头。这是他从未感觉到的，从前与李密瓦岗军作战，也曾失败过，可未像今日这般绝望。于是，他派使臣出城，要求在阵前与李世民相见，想试探一下有无罢兵言和的可能，如果有可能的话，哪怕割让些地盘，先渡过这一难关再说。

第二天，在洛阳西北的青城宫，唐、郑两军隔水对阵。王世充策马来到阵前，抬眼望去，只见对方门旗开处，李世民顶盔戴甲，威风凛凛地立于阵前。王世充忸怩了半晌，在马上欠身道：

“我王世充只求自保洛阳，未曾开罪于唐，更不想向西扩张。比如能、谷二州，离洛阳这样近，我要取的话很容易，可大家都是好邻居，我不想这样做……”

只听李世民一声断喝：

“不要说了，如果你还知趣，趁早投降，那么富贵还可以保住，若执迷不悟，顽抗下去，只有死路一条！”

求和的希望就这样破灭了。王世充龟缩在城里，一连几天都感到心底发冷。在这期间，唐军一边继续围困洛阳，一边出兵扫平洛阳外围，眼看着王世充的这点家底就全完了。李世民既无攻城之意，又无撤围之心，看样子是想长围久困下去，一点点蚕食掉郑国。王世充不甘坐以待毙，一面加固城防，一面连派密使向夏王窦建德求救。

洛阳是隋朝的东都，城高池深，民丰粮足，在全国也是首屈一指的大都市。李世民围了几个月，城守没有一点衰懈的迹象，不免有些着急，遂挥军攻打。但是，洛阳城非等闲可下，攻了几个月，居然纹丝不动。

这时，唐军已离乡八个月，士兵久屯于坚城之下，苦攻无功，未免士气受挫，一些兵将开始思乡想家。高级将领中也有人觉得既然攻不下洛阳城，不妨先收兵回去，以后待机再来不迟。总管刘弘基上奏请求班师，唐高祖李渊也答应了他。

但是，李世民却坚持认为决不能收兵班师。若此次半途而返，那么这几个月的辛苦白费了不说，所得郑国州郡也将重归敌手。如果洛阳守军乘我撤退而掩袭之，说不定还会有大损失。

因此，李世民坚持将在外君命有所不受，毅然下令：

“洛阳未破之前，暂不班师，有敢言班师者，斩！”

李世民果断的言行刹住了要求班师回朝之风，稳定了军心，继续围攻洛阳。就在这时，东边的夏王窦建德开始有了动作，整个战局出现了严峻的局面。

打援灭夏

当李世民发兵攻郑之际，夏王窦建德内心十分矛盾。一方面他乐于看到唐、郑相争，认为可以坐收渔人之利；另一方面他又担心郑国一旦被唐灭掉，那么夏国就会有唇亡齿寒之虞。唐遣使联络，暂时稳住了他，他想既然唐有心结好，那么先扩充势力、稳定内部再做打算。于是，他相继对四边用兵，先后收降徐圆朗、孟海公两支农民起义军，实力陡增。这时，他看到郑国属地几乎尽入唐兵之手，特别是公元621年初，王世充之子率兵数千从虎牢关向洛阳运粮，被唐兵截击歼灭之后，洛阳岌岌可危，王世充的信使屡次向他求救。夏王窦建德也明白，若王世充完了，下一个就轮到他了，所以于这年三月，亲率大军十余万，连陷滑州、酸枣、荥阳、阳翟，长驱西进，前来援郑。一面致书郑王王世充，先诉他援军已到；一面致书李世民，要他罢兵回关，三家修好。

夏军的来到，使形势陡然逆转。夏军均系精锐之师，久经战阵，能打苦仗，数量上是唐军的两倍有余。而唐军内有坚城未下，外有大兵压境，一时间军心浮动，人人皆有退志。

在这个生死存亡的关头，李世民当即召开军事会议，以便集思广益。在会上，一些将领如封德彝、萧瑀、屈突通等主张退兵据险而守，否则内有坚城未下，而夏军初到，锐气正盛，战之不利，后果堪虞。

郭孝恪、薛收等人却不以为然。他们认为，王世充已成釜底游鱼，不劳再行攻击，只待他粮尽投降就是了；而窦建德新破孟海公，将骄卒惰，不足为惧。当务之急是火速进占虎牢关，把他挡住，否则让他占了虎牢，夏郑联手，麻烦可就大了。

李世民迅速采纳了郭、薛等人的建议，制定了新的作战方针，对洛阳围而不攻，坐待其毙，集中主力打窦建德，打垮了夏军，洛阳城无援，不战自降。

就这样，李世民分兵两路，少部兵马交李元吉和屈突通带领，继续围困洛阳；主力由李世民亲自率领，经洛城、巩县，昼夜兼程，直奔虎牢关。

虎牢关是联结夏郑的枢纽，如果夏军占领了虎牢，那么就会形成对唐军的夹击之势，郑地新附之州郡会转而叛唐，唐军的处境将很危险。相反，如果唐军先占了虎牢，就会将夏军挡在外面，唐军居高临下，占据有利地形。

李世民的行动一向迅速，当他进到虎牢城下时，郑军守将尚在梦中，猝不及防，只好献关投降。唐军兵不血刃得了雄关，而夏军晚来一步，只好于关下的板渚、成皋一带下营。

李世民艺高人胆大，刚刚占领关城，即领亲兵五百下关往夏军营盘而来。一路上设下埋伏，自己则与勇将尉迟恭及随从二骑迫近夏军。正好撞见夏军巡营骑兵，李世民大喝一声："我就是秦王，看箭！"一箭射翻一骑。余者回报夏王。窦建德闻讯，急令五千骑兵追杀。李世民与尉迟恭亲自断后，搭弓张箭，边走边射，箭无虚发，追兵不顾折损，冒死追来。忽然，伏兵四起，四面杀来，夏军追兵大惊，慌忙夺路而逃，折损三百余骑。

初战告捷，大大鼓舞了唐军的士气，一扫原来畏战怯敌的情绪，为日后的战斗打下了良好的心理基础。接着，李世民又派勇将王君廓率轻骑千余人抄袭窦建德粮道，俘获夏军押粮的大将张青特。夏军初来时的锐气不知不觉已经消磨殆尽。

窦建德兴师援郑，屯兵于虎牢关下，一个多月不但寸步未进，反而损兵折将，粮草又失。一时间军心动摇，大家觉得何必为人家受这个辛苦，干脆回家算了。这时，窦建德的好友凌敬劝其退兵，劝他另辟蹊径，出兵进攻河东，威胁唐之大本营，攻其必救，自可令唐军撤兵，解洛阳之围，何必在这里死死与李世民纠缠。但是，夏王窦建德觉得自己十几万大军无功而返，羞见天下人，一旦让唐军占了洛阳更是失信于天下，所以非在虎牢与李世民拼个高下不可。当下，与诸将商议，鉴于唐军骑兵甚利，准备待到唐军无草料到黄河北岸放牧时，再袭取虎牢。

夏军是农民起义军出身，诸将多无法度，军内秩序也不好。当夏王计策刚定，就有唐军细作探知，将窦建德的意图告诉了李世民，李世民决定将计就计，做出一个牧马的假象，诱敌出战。

不久，黄河北岸高阜处，出现了成群的战马在悠闲地吃草。这个现象，马上被夏军探子得知，回报夏王。窦建德闻报，心中大喜，心想这下没了马匹，你李世民也就神气不起来了。第二天一早，遂下令全线出击，自板渚到牛口渚，夏军十几万大军列阵二十里，旌旗招展，鼓声震天，波浪式地向唐军阵地猛扑。

李世民一面着人取回马匹，一面令战士据垒坚守，不许出战。他登高眺望敌阵，看了半晌，转过身对诸将说：

“看来是从未遇到过强敌，今天倾军而来，鼓噪喧嚷，军容不整。列如此大阵以逼我营，是欺我兵少。我们先按兵不动，以逸待劳，待到他列阵时间一长，久攻无功，士卒必然饥疲交至，我们乘机出击，定可破敌。现在我与你们约好，到中午时分，我一定可以战胜。”

果然，到中午，夏军攻了半天，累得半死，毫无所获，饥疲交加，有的争抢水喝，有的席地而坐，有的狂呼要饭吃，七零八落，阵势散乱。李世民一看，时机已到，令将士们骑上刚才还放牧在河北的战马，刀出鞘，箭搭弦。只听一声号炮，唐军铁骑推开营栅，一涌而出，直向夏军冲来，直如猛虎下山，狼入羊群，把夏军冲得七颠八倒，丢甲曳兵而逃。唐军一口气追了五十里，歼敌三千，抓了俘虏五万。窦建德本人也于敌军之中挨了一枪，匹马落荒而逃，不想早被唐将白士让和杨武威二人盯上，穷追不舍。白将军策马追上窦之坐骑，扬手一枪，马屁股上来了一个血窟窿，马疼痛难忍，一下将窦建德掀翻在地。还没容他站起，二将的刀已经架在他脖子上了。他连忙说：

“我是夏王，不要杀我，倘若你们肯救我，定有大大的富贵可享。”

二将早见这人金盔金甲，料定是个人物，不想却抓到了窦建德，心花怒放，忙把他捆个结结实实，回营请赏去了。

灭掉了窦建德，李世民回过头来对付洛阳。王世充及部下这时魂都掉了，哪里有心思再战。王世充还想突围去襄阳，但众将却一致反对，怕路上就丢了脑袋。无奈，他只好率部下投降。至此，李世民一石二鸟，一口气灭掉了两股劲敌。

简评

一是李世民“挺经”念得好。先于屯兵洛阳、军心思归时，咬牙挺住；再于夏军来援，敌众我寡、形势险恶时，咬牙挺住，硬是不肯撤兵。二是胆子大，敢于分兵御敌，不怕洛阳敌人乘机冲出，两面受敌。三是行动迅速，先机占领要地虎牢。占领虎牢是全局的关键，谁占领虎牢，谁就握有主动权。四是李世民得骑兵之利颇多，能以少胜多，多半功归于他训练有素的骑兵。先是行动迅速，先一步占领虎牢，后来是冲击力强，野战大破夏军。

王世充之失首先在于被动防御，龟缩挨打。其次是在唐军分兵时不出城作战，策应夏军，坐守待援。最后是明知虎牢紧要，却无勇将把守，轻易地丢给唐军。

窦建德之失在于前者不信，后者轻信。前者不信好友之建议，屯兵虎牢；后者又轻信敌之诱敌之计，倾营出动，不留预备队，以致全线瓦解。

闪电之旅——李愬雪夜袭蔡州

中唐以来，藩镇割据成了朝廷的痼疾。手握重兵的节度使们，父子相代，不听朝廷号令，拥兵自重，时刻威胁着朝廷的安全，一有机会就闹出点乱子给你看看。其中，淮西镇就是其中最为桀骜不驯的一个。元和九年（814 年），老节度使吴少阳病死，其子吴元济接替。儿子比老子还不像话，竟率军在舞阳、襄城一带烧杀抢掠，还一连几次兵下洛阳，扰得朝廷大为不安。唐宪宗几次发兵，花费三年工夫，耗去大量人力物力，仍不能打败吴元济。最惨的是西路唐邓节度使高霞寓，发兵伐吴元济，结果被打得大败，几乎全军覆灭。最后变成越讨伐，吴元济的势力越大，气焰越嚣张。

无奈之际，宪宗的宰相裴度想起来一个人，觉得他可能会有所作为，这样，就引出了一场巧示无为以痹敌的偷袭战。

这个人就是李愬。李愬是名将李晟之子，年轻时就随父亲征战，既勇敢坚强，又多谋善战。父亲死后，他从其父荫为卫尉少卿，从此开始了文官生涯，当过晋州和坊州刺史，因政绩卓著被升为太子詹事。这次在朝廷讨淮西镇屡遭失利的情况下来主持西路军事，李愬深知身上的担子不轻。

元和十二年（817年）初，李愬率少量军马进驻唐州。上任伊始，就发现这里士卒散乱，前任留下的是一个烂摊子。唐州上下在连败之余，弥散着沮丧畏敌的情绪，军士之中，官衙之内，充斥着淮西镇的奸细密探，真是百废待兴，举步维艰。

看到这种情况，李愬马上表现出懦弱无能的样子，公开宣称：

“天子知道我李愬柔弱能忍，才派我来的。我是个文官，来这儿的目的是让大家休养生息，至于打仗的事儿，我可不懂。”

到任之初的日子，李愬整日饮酒取乐，既不训练士卒，也不整理政务，更闭口不谈讨伐淮西之事。朝廷中，原来对他抱有希望的人也开始心灰意冷了，只有裴度还相信他。吴元济探知李愬所为，遂不再把他放在眼里，将主力调往洄曲，专心对付北路和东路的唐军。

其实，李愬上任以后，一天也没闲着，表面荒怠政事正掩盖着他暗中的调查摸底。不久，他就掌握了此间的情况，连淮西派来的奸细，也摸得一清二楚。

在掌握了情况、熟悉了环境之后，李愬的第二步工作是安抚和收买军心。对麾下的将士，他既往不咎，无论过去有过什么样的劣迹，也一律待之以仁义。将士家中有困难，他就主动派人送去钱米；有人生病了，则为之延医送药。这样一来，将士们都对他十分感激，乐于为他效力。

与此同时，李愬也不失时机地开展了瓦解敌军的工作。淮西军中有不少唐州人，对于他们留在唐州的家属，李愬一概予以照顾。那些叛军将士要想回家探亲，他一律大开方便之门，来去自由。这样，不少人因此就不走了。对于吴元济派来的细作，捕获后，他一律不杀，发给路费遣回原籍。这些人死里逃生，十分感激，有的就把淮西军的情况告诉李愬。久而久之，李愬对淮西越来越清楚，而吴元济却对李愬如坠云里雾中，一直以为李愬懦弱，而疏于防范。

军心稳住了，李愬开始着手整顿军队，训练士卒。他重申军纪，严格训练，依军法斩了几个因故迟到、不遵法度之人。全军上下，以往那种萎靡、疲沓的风气一扫而空，士气为之大振。经过一段艰苦、严格的训练，唐州士兵的素质有了很大提高。这时，朝廷又派来了二千精骑以加强他的力量。于是，李愬开始着手进行军事进攻。

先平外围　招降纳叛

李愬知道自己的实力远不如吴元济，因此，他决定采用刚柔并施的蚕食办法，先打淮西镇驻节地外围的据点，招降纳叛，瓦解叛军，增强自己力量。

李愬第一个要下手的是文城栅。文城栅是唐州至蔡州的必经之地，也是蔡州的门户，易守难攻，驻有几千兵马，号称“铁城”。

李愬并不急于攻城，而是先派兵扫荡了文城栅外围，然后再派出些武艺高强的战士在城周围要路上设伏，伏击城中出来打探军情及掠粮的叛军。

一日，伏兵活捉了叛军将校丁士良。李愬见此人被押上来之后，立而不跪，是条血性汉子，遂离座亲释其绑，以礼相待，丁士良遂降。李愬将他收用在身边，信任有加。丁士良十分感动，遂主动献计说：

“文城栅的守将吴秀琳是吴元济的左膀右臂，但却是一勇之夫，有勇无谋，凡事全靠他的军师陈光洽。而陈光洽又有恃勇轻敌的毛病，喜欢一个人冲锋冒险。如果能抓住他，那么吴秀琳就一筹莫展，只好投降了。”

于是，李愬就派部将马少良与丁士良设法活捉陈光洽。两人带了几百人马，来到文城栅城下。丁士良让马少良指名道姓地单向陈光洽搦战，陈光洽果然按捺不住，披挂整齐，率少数从人杀了出来，两人在城下大战几十回合不分胜负。突然，马少良拨马佯败而去，陈光洽不知是计，策马来追，转过山脚，突然一声炮响，丁士良跃马横枪截在他的后面，马少良返身指挥军士将陈光洽围住。陈光洽自知不敌，只好下马投降。

果不出丁士良所料，陈光洽投降后，李愬再次兵临文城栅，吴秀琳不战而降。吴秀琳降后，受到李愬的礼遇，让他官复原职，仍旧镇守文城栅。见吴秀琳副将李宪颇有才勇，就将他留在身边，赐名“忠义”。于是，投降的淮西官兵个个心怀感激，都乐于为李愬出力。李愬向吴秀琳请教征讨蔡州之略，吴认为，若取蔡州，必先得李祐不可。

李祐曾是吴元济父亲的心腹将领，足智多谋，对吴家了如指掌，现在距文城栅 60 里的兴桥栅驻守。李愬决计把他也活捉过来。一日，李愬探知李祐正在离兴桥栅不远的村子里指挥士兵抢收麦子，便派部将史用诚率一支部队前去攻击，另在村旁树林里伏下三百骑。等李祐收完了麦子，正在捆扎装车，突见唐军杀来，李祐早有准备，拍马迎了上去，挥刀就砍，史用诚接住，两个人一顿好杀，史用诚佯作力怯逃跑，眼前出现一片树林。李祐见树木茂密，疑有伏兵，竟止住不追。史用诚回马大叫：

“叛贼李祐，前边有埋伏，你敢来吗？”

转身驰入树林。李祐一想，这一定是他在虚声恫吓，所以也策马追入林中。不料一声鼓响，坐骑竟被绊倒，转过几个身高力大的军士，将李祐捆绑而去。

扫掉了几个城栅之后，李愬决定对淮西大镇吴房用兵。出兵那天，正好是历书上的“往亡日”，就是说这天外出极不吉利。将领们都心存忌惮，劝李愬改期行动。李愬说：

“我是特意挑这个日子出兵的。我们兵力少，如果敌人有备，我们将无法取胜，挑这个日子，敌人以为我们不会出来，会疏于防范，我们正好出其不意。”

果然，吴房在“往亡日”毫无戒备，被李愬杀了个措手不及。外城被攻破，死伤千余，其余的龟缩于内城，不敢出来。李愬见状，下令撤兵，大军掩旗而走。叛将孙献忠刚刚折损了人马，唯恐见责于统帅，此时见唐军撤兵，以为正好可以乘势掩杀，遂率五百骑出城追了过来。李愬见叛军果然追来，陡然返身，令官军回马破敌，优势的官兵遂将追兵分成两段，一顿砍杀，孙献忠丢了性命。众将领正欲乘胜进攻内城，李愬却止兵不攻，全军退回文城栅。诸将不解其故，李愬回答说：

“现在回攻吴房，守城的残余叛军必弃城西走蔡州，到时候再攻蔡州岂不增加难度？”

再说李祐被擒之后，受到李愬的盛情款待。在李愬真诚坦率的劝说下，李祐归降李愬。从此，李愬依李祐为臂膀，二人形影不离，食共案，坐同席，日夜商议破敌大计。李愬对李祐的信任，引起了军中诸将的不满，大家要求将李祐正明刑典，为过去战死的将士报仇。李愬见群情激愤，一时难以说服。遂将众将召集于帐下，对他们说：

“即是你们执意要杀李祐，那就把他押往长安，由皇上发落吧！”

诸将没有理由不同意这样的处置。于是，李愬派心腹把李祐送往长安，同时向唐宪宗说明欲平蔡州非借李祐之力不可的道理。不久，李祐被释回唐州，发在李愬帐下效力。李愬当即任命李祐为六院兵马使，把李祐感动得热泪盈眶，从此死心塌地为李愬出力。

冬天到了，淮上正值多雪之季，李祐向李愬建议道：

“据我了解，吴元济的主力眼下尽在洄曲，守蔡州的都是些老弱病卒。若我军乘大风雪袭取蔡州，那么吴元济唾手可得。”

李愬刚好也在考虑这个问题，闻言笑道：“巧极了，我也正在这么想呢，我们是不谋而合呀！”

于是，两人合计了一个十分周详的雪夜袭蔡州的计划，全军上下，除他们俩之外，谁也不知底细，因为如果一旦泄密，就会前功尽弃。

雪夜袭蔡州

公元817年隆冬时分，大雪纷纷扬扬地下了好几天，大地一片银装素裹。李愬密点精兵一万，令李祐为先锋，乘夜顶风冒雪向东挺进。半夜时分，抵达光桥栅一线，旋即封锁道路，不许任何人出入，派兵堵住洄曲通向蔡州的通路，稍事休息。天一黑，又出发了。

风雪夜里，雪大路滑，将士们人衔枚，马去铃，一脚深一脚浅地在雪夜里行走，不少人一脚踏空，跌下山谷丢了性命。到现在，诸将也不知今天这是干什么去，纷纷来问李愬，李愬毫不在意地回答说：

“我们要进蔡州活捉吴元济。”

众将大惊失色，感到此行凶多吉少，有人甚至沮丧地说：

“这下可中了李祐的奸计了。”

也难怪，吴元济一向百战百胜，李愬上任来是多有斩获，但从未与吴元济本人交过手。这一下冷不丁地就要打吴元济，弄得大家心里七上八下的。但是，事已至此，有进无退，大家只好勉力向前。

大军一夜顶风冒雪，疾行七十余里，抵达蔡州城下。风雪中的蔡州城沉浸在一片寂静之中。李愬下令：

“不许出声，违令者斩！”

可是战马却不听号令，有的发出了嘶叫。李愬唯恐被城上守军听到，急忙命人将城外的鹅鸭棚中的鹅鸭轰起，让鹅叫遮掩马嘶。

其实，蔡州守军此时全都沉在梦乡里，他们做梦也不会想到唐军会乘这种天气来攻城。只有几个更夫，听到了城外的鹅鸭叫声，也不以为意。

李愬命军士凿墙为坎，逐级向上攀登，登城之后，杀死尚在睡觉的守军，打开城门，唐军一拥而入。

这时，在牙城里的吴元济正在做梦，嘈杂的人喊马嘶把他从睡梦中惊醒。他还以为是城中犯人闹事，或者城外吴军前来索要寒衣，及待明白过来，已经被团团包围。吴元济衣衫不整，急率亲兵抵抗，死不投降。

李愬见吴元济已成釜底游鱼，还要负隅顽抗，分明是在指望洄曲的主力来援。于是，他派人在蔡州城内，找出了洄曲守将董重质的家属。李愬好言抚慰，明白告诉他们既往不咎，只要立功，还可受赏。写信一封交董重质的儿子给其父，让他劝他父亲投降。

没有多少日子，董重质之子带回了他的父亲，入帐请降。李愬令其官复原职，前去招降吴元济。吴元济见最后的希望也破灭了，泪如雨下，长叹一声，一屁股坐在椅子上一声不响。李愬挥军猛攻，百姓也搬来柴草堆在牙城门下，放火烧门，吴元济亲兵死伤殆尽，不大会儿工夫，那个一度不可一世的淮西凶神就成了李愬的阶下囚。

坐在槛车里的吴元济死活也想不明白，他怎么稀里糊涂就当了俘虏，在这之前，他连李愬的面也没见过，正经仗也没打过一次，却败得如此之惨，如此之彻底，莫非这个李愬会什么法术？

简评

李愬的胜利，首先主要靠“伐谋”，其次是“突然袭击”。其一，所谓“伐谋”，就是招降纳叛政策，逐一地、以小带大收降叛军将士，不顾内部反对，待之以礼，委之以重任。这样做可谓一石二鸟，既壮大了自己，获得了叛军可靠的情报，又瓦解了敌人的军心士气。藩镇割据，本来在气势和道义上就低人一头，他们是实际上的叛军，可却不敢丢掉唐朝的旗号。李愬看准这一点，以“归顺”的攻心战瓦解对方，对方将士见降将个个均得重用，自然军心动摇。所以，李愬破淮西，真正用兵打仗的时间并不多。手握吴元济重兵的董重质，也就是一纸劝降书加上儿子的哭劝就收降了，若无前边降将的例子在，成功不会有如此之速。其二，李愬突然袭击战术运用得好，隐蔽、机密、迅速，待敌人醒悟过来，大局已定，是少有的偷袭战成功战例。

滚滚大江闻鼙鼓——宋金黄天荡之战

南宋朝廷偏安江南之后，金兵并不放松对其的军事压力，自建炎元年以来，连续三年兴兵南下。一到秋高马肥，金兵肆虐之日就到了。

心胸狭隘的宋高宗赵构抱着苟且偷安、得过且过的心理，对金卑辞厚帛、退避忍让，以求换得一时之安。在这种指导思想下，南宋的防御支离破碎，贪生怕死之徒盘踞朝野，当然抵挡不住金兵的进攻。

建炎三年（1129 年）秋，金兵又一次发动大规模南侵，主力由完颜宗弼（即金兀朮）率领，十万铁骑自建康、镇江一带渡江。宋军主力不守江防，龟缩建康，结果被杀得大败，只剩下少数中级将领如岳飞等还在坚持抗战。金兵得胜之后，直奔临安，宋高宗吓得弃城而逃，一路狂奔至明州。金兵紧追不舍，宋高宗又乘海船浮于海上。金兵无船，且不习水战，乃罢。转而大掠江南，自称“搜山检海”，然后满载抢掠的财物北返。

不承想，几支义愤满腔的队伍正在归途等他们呢！兀术之师先是在常州、镇江一带被岳飞军截杀一阵。好不容易摆脱了岳飞，来到江岸，发现江面上巨舰如云，一杆帅旗，上书一个斗大的“韩”字，在阳光下耀眼夺目。

金山战鼓

原来，在金兵南下之后，宋将韩世忠料定敌人抓不到高宗，来年春天，必然要北返。这已经成为一种规律。几年来，金兵总是这样秋来春归，以破坏和抢掠为主要目的。于是，韩世忠就在江阳与镇江积极兴造海船，艨艟巨舰高大坚实，每船配有铁绠大钩，他秣马厉兵，等候兀术的到来。

金兵元帅宗弼一见归路被截，遂下书与韩世忠，约好后日在金山附近江面会战。韩世忠毫不犹豫回批了战书，同时调兵遣将，张开罗网，准备捉鱼。

韩世忠对这一带的地形地势早已了如指掌，凭他对宗弼的了解，知道这个人也算是一员良将，战前必然要找个高处查看地形，而这一带只有龙王庙合适。于是，他密派部将苏德率二百人埋伏于庙内，另派一百人埋伏庙外的江岸边等候。并告诉他们，听到信号，埋伏在岸边的人先冲出来，截断敌人的退路，然后庙里的伏兵再动手，两下合击，务必将来敌活捉生擒。

果不出韩世忠所料，庙里的伏兵刚安顿好不久，就有五个骑马的金兵将帅朝这边走来。苏德是个急性的汉子，他们见来人铠甲鲜明，分明是个大将官，一时求功心切，把韩世忠的嘱咐丢到了一边，急不可耐地冲将出来。宗弼是员久经战阵的虎将，反应极快，拨马便走，待江边人冲来捉截时，五个人已经跑掉了三人。那两名俘虏供认，跑掉的三人中，其中之一就是元帅宗弼。

宗弼逃脱回营，心中好不着恼，他一向叱咤风云，所向披靡，今日却未及交战就差点做了俘虏。看来，不是什么好兆头。

第二天，在金山江面上，双方战舰一字排开，韩世忠和夫人梁红玉率水师八千对敌金兵十万之众。

宋军水师训练已久，锐气正盛，艨艟巨舰船身高大，乘风使轻。况且北方之人又不习水战，双方一接战，金人就人仰船翻。但是，金兵仗着人多船众，轮番攻进，一时间，江面流矢如雨，宋军开始有些支持不住了。梁红玉见此，登上船头，亲自擂鼓督战，一时江面上鼓声震天，宋军士气复振。韩世忠分兵两道，前后夹击金兵，让骁健的军士抛出大铁钩，钣住金兵小船，将之拖过来，枪刺刀砍，一时江中布满了金兵尸体。双方大战十余回合之后，金兵实在撑不下去了，遂沿长江南岸西行。宋军沿北岸堵截，两军且战且走，最后韩世忠将金兵逼入黄天荡之中。

黄天荡位于建康和镇江之间，距镇江有八十余里，里边横阔三十余里，港汊纵横，地形复杂，且只有一个出入口，是个死水巷。韩世忠一见金兵进了黄天荡，大喜。遂集艨艟巨舰堵在入口处，将金兵死死封在里面。

封敌黄天荡

不谙地理的金兵之帅宗弼，待发现自己进入了一条死水巷时，已经晚了，出口被韩世忠堵得死死的。他一面组织人马突击出口，一面派人寻找看有没有另一个出口。结果，两下都一无所获。出击的金兵除了人仰船翻，或被大钩抓过去之外，毫无结果，而黄天荡也确实只有一条入口。

宗弼在黄天荡一困就是二十天，水蒸日晒，蚊虫叮咬，实在受不了，只好低声下气派使者恳请借路北归，条件是归还所有被劫掠财物，并赠予名马五千匹。韩世忠对此嗤之以鼻，回答使者说：

“只要把乌珠（兀术）留下，就可以走了！”

宗弼无计可施，只好向北岸金兵求救。金将完颜昌听说宗弼被困，即遣一支水军从扬州增援，但也被韩世忠的海船截在江北，渡不了江，两下只好望洋兴叹。

眼看宗弼十万大军就要被困死在这烂泥荡里，一个汉奸贪图金人的钱财，向宗弼建议，说是在黄天荡之南有个名叫老鹳嘴的地方，是旧河道，叫芦门河，现在虽说淤死，但眼下正值涨水季节，如果能沿旧河道挖一条三十余里长的大渠，就可以通到秦淮河，再出长江就到了韩世忠的上游。

宗弼闻言大喜，重赏那个汉奸，让他领路星夜开掘沟渠，得以溜出死巷，到达建康。韩世忠闻讯，马上率舰追击堵截，金兵还是过不了江。

宗弼无奈，只好与江北接他的金军水师夹击宋军，双方再次大战。韩世忠的海船在江中心，而金兵的小船在江两侧。韩世忠又使出老战法，用大铁钩一只只把金船拖过来，斩杀殆尽。金兵损失惨重，各自罢兵回岸。

金兵元帅望着江中巨人般的宋军海船，急得像热锅蚂蚁。他知道如果再这样对峙下去，他粮尽矢绝不说，一旦南岸的各路宋军聚集起来，他和他的十万大军将死无葬身之地。而且，眼下岳飞军就已经追杀至建康，金兵一夕数惊，情势万分危急。实在没有办法了，他下令在驻地张榜悬赏寻破敌之计，赏格一再加高，终于有个姓王的福建人为他出了个好主意：让他将小舟内填沙土，上敷木板，可使船平稳。将船帆卸下，把船板拆下来做桨，将船改成桨划船。等到无风时再出动，大海船没有风时行动不便，而桨划船则行动自如。还有可以用火箭射宋军的船篷，没了船篷，大船就更难以行驶了。

宗弼闻计大喜过望，马上着手改装小船，制造火箭，等到一个无风的日子，金兵乘改装后的船出战。这一回，果然宋船行动不便，想用铁钩，金船没了船板，无处搭着，加上船篷又被火箭射着，所以吃了大亏，不得已顺流退走。被截困四十八天的金军终于得以北返。

黄天荡之役，韩世忠以八千之人抵抗阻挡金兵主力十万余众达四十八天之久，而且使之屡陷绝境，创造了以少胜多、以弱击强的又一成功战例。最后，宋军虽退，但对金兵的打击是沉重的。金元帅兀朮回朝后，但逢亲识者，必相持泣诉过江之时艰危。此后，金兵再也不敢过江，此役之威势，一直维持了几十年。

简评

韩世忠以少敌多，在于善用己长，善用地势，其勇气也足可称道。但金人不惯舟楫，未必恒久如此，所以己之长也不可专恃，总要有机变才行。

金兵抄掠成性，未改游牧民族之习，掠饱则浸浸思归，了无战意，这也是金兵受挫的原因之一。

第十三章 力战例——大军压境拔山举鼎

● 在风景如画的雁荡山流传着山蛙聚歼“五步蛇”的动物战的故事：

一只山蛙发现了“五步蛇”，大叫一声，随即跃身入水，从水底潜至对面又钻出头来“呱呱”大叫。此时，四周的大山蛙听到信号，立即直扑“五步蛇”，将它团团围住，纷纷向蛇的头部撒尿，刺激得“五步蛇”难以忍受。群蛙乘机蜂拥而上，乱咬乱抓。只要有一只咬住了蛇头，其他的蛙就拖尾，叮住不放。经过长时间的鏖战，“五步蛇”疲惫不堪，终于死于山蛙大军的围歼之下。

战争在更多的时候是实力的较量，力量的撞击。在一般情况下，力大胜力小，兵众压兵寡。正因为如此，诸多军事家在论兵时往往讲求训练之精，为的是提高士兵素质，增强军队战斗力；同时也尽可能地掌握更多的兵力。有力量才能游刃有余，力量是斗智的基础。

历史上也存在着大量这样的战例，胜负往往出于力量的碰撞，而较少权谋机诈的作用。其中，士兵的素质、武技，将校的勇略，战争的准备，武器装备的完善程度等，两者相较，优者战胜。

胜者不武败者丢脸——周郑繻葛之战

周王朝自平王东迁，王室衰落，天下共主之地位渐渐变成了空名。诸侯越来越不把天子放在眼里，大鱼吃小鱼，相互吞并，就在周王室的眼皮底下好勇斗狠、恃强凌弱。不但如此，连朝贡之礼也渐渐化为空文，周天子变成了年迈体衰的家长，眼见儿孙们越来越放肆无礼，却只好徒呼负负。

最可恨的是近在眼前的郑国。郑国先世与周王室的关系一度十分密切，郑国国主长期兼任王室的卿士。在周幽王被申侯、犬戎杀死后，在驱逐犬戎、收复镐京的战斗中，郑武公也曾立下汗马功劳。但是，自武公之子庄公继位后，由于他治国有方，国势日强，在诸侯中颇有声望，渐渐就瞧不起周王室了。需要利用时，他就打起王室的大旗，不需要时，就丢开不管。

周平王当日曾想把郑庄公的卿士免掉，起用虢公继之。不想事不机密，他尚未动作，郑庄公已打上门来兴师问罪，吓得平王只好取消前议。为平息郑庄公的怒气，周平王居然把周太子与郑公子交换为质。这样一来，天子与诸侯互换人质，等于把自己降了格，更让人看不起。

平王去世后，在郑为质的太子也随之死去，他的儿子也就是平王之孙继位，是为周桓王。桓王因父亲丢脸地客死异乡，对郑庄公恨之入骨，干脆下令免去了郑庄公卿士之职，把全部政务交给虢公忌父处理。这一下，周、郑开始闹翻。郑庄公一怒之下，派兵强行收割了王室辖地的庄稼，而周桓王对来朝觐的郑庄公则予以冷遇。后来，郑庄公就不去朝觐了，双方矛盾日见激化，到了剑拔弩张的程度。

终于，到了周桓王继位第 13 年的时候，他眼看着郑国越来越强，觉得再不动手将永无报仇雪恨之日，于是爆发了一场周王室衰落以来自争颜面的战争。

战前态势

周王室虽是天下共主，但东迁后实力大损，加之主国政者非贤，内政不修，府库空虚，诸侯朝贡又缺，实际上也就等于一个较大的诸侯国。按周礼，王室军队有六军，诸侯大者有三军，小者只有二军或一军，但此时周王室也就只有三军。而反观郑国，自庄公继位后，国势蒸蒸日上，手下能人颇多，在诸侯战争中，打败陈国，西却北戎，攻宋、攻许，不但国土日广，而且军事实力也浸浸乎居中原诸国之首，王室三军，郑也三军，两家人数相若，兵车数近似。

两家如果要交战，周桓王是没有把握取胜的，最大的可能是势均力敌，最终呈两败俱伤之局。

公元前 707 年，周桓王一怒之下兴兵伐郑，召集陈、蔡、卫三国从之。这三国之中，以陈为强，但陈国刚逢内乱，陈侯死，其弟杀死太子自立，国人不服。正赶上周桓王征发其国伐郑，这位弑君者为讨好天子，以便名正言顺，所以发兵，这种兵当然是靠不住的。

再说郑庄公闻道周桓王兴师来伐，召集诸大夫商议对策。正卿祭足说：

“天子亲自统兵来征讨，责备我们不朝贡，名正言顺。不如我们遣使谢罪，他们也就会罢兵了。”

郑庄公却不答应，认为郑有三世勤王之功，周今以小故大兴师，不先挫其锐气，郑国就完了。

大夫高渠弥分析说：

“王师锐气正盛，可以先坚壁待之。从征王国中，陈国出征，国内不稳，军士不想打仗；而蔡、卫两国与我世仇，可能会出力。”

公子元献计道：

“既然如此，我们也以三军对他们的三军，先打由陈国军队与王室军队混组的右军，陈军一乱，阵势不稳，我们就可获胜。”

繻葛对阵

这边布置已毕，王室讨伐军也杀到了。两军在繻葛相遇。

交战之前，郑大夫高渠弥对郑庄公说：“我看周王颇懂一点兵法，此番交战，非同寻常，我们还是改个阵势才好，最好用‘鱼丽之阵’，即以战车为中心，疏散配备步卒，每车加配备用甲士，以使作战队形更严整的新阵法。”

郑庄公采纳了他的建议，从而大大增强了郑军的战斗力。

两军摆开阵势，本来周桓王还想上阵讲几句责备郑庄公的话，挫一下对方的士气。可是，郑军不待周桓王出阵，即鸣鼓进攻，只见郑军两翼齐出，直扑周军左、右两军。果然，配属右军的陈国军队毫无斗志，被郑军一冲就败退下去，反而将周军也冲乱了。周右军统帅周公黑肩拼命抵抗，还是支撑不住，只得败退。但是，进攻周左军的郑军遭到有力的反击，虢公忌父沉着应战，稳住阵脚，郑军见攻不动，只好撤回。这时，郑庄公指挥的中军也向周桓王的中军压过来。两军正战得难解难分，忽然击败周右军的郑军却从侧翼扑了上来。混战中，周桓王中了一箭，形势十分危急。幸好虢公忌父率左军一部支援中军，才支撑下来。

一阵冲击后，郑军少却，周桓王下令撤兵。周桓王与虢公忌父亲自断后，大军徐徐后撤。见周军有秩序地撤走，郑庄公知道再战下去也占不到什么便宜，况且与王师作战，胜之不武，名义上不好听，遂见好就收，下令撤兵。一场大战就这样和和气气地结束了。

当天夜里，郑庄公假惺惺地派人具其礼去周军营垒谢罪赔礼，表示自己仍然“尊王”。周桓王见已无力再战，又有了一点面子，遂顺坡下驴，退兵回到洛邑。

这是东周王室唯一的一次自主地兴师讨伐“不臣”，结果铩羽而归。从此以后，周王就老老实实龟缩在王宫里，一任外面天地翻覆。

简评

周郑之战，实际上是双方实力的较量。郑国虽如日方升，毕竟是中等诸侯，而周室虽衰，尚有余力。周桓王尚属知兵之君，御驾亲征，气势上要压人一头。郑军屡战屡胜，属久战训练之师，战斗力要强于周军，加上新布“鱼丽之阵”更增加了实力。所以，双方在力量对比上，郑要稍强一些。两军对抗，双方只是三军互相往复冲杀，既无奇正之度，又无诡诈之谋。当然，战斗的结果也与实力对比一般，稍强者小胜，稍弱者小却。

争霸的角力——吴齐艾陵之战

春秋后期，僻处东南的吴国崛起，他们学习中原的文化，引进中原人才，再加上自己传统的那般蛮劲与韧力，终于击败强楚，立威于南方。后来又征服了近邻越国，兵锋所向，望者披靡。

这期间，原来执中原牛耳的老霸主晋国，虽然地广兵多，但内部强宗已经成尾大不掉之势，国家力量几乎都是卿大夫的私产，诸卿相互争斗，晋国已经处于瓦解的边缘，已经不可能再有所作为。晋国的衰落使齐国萌生了取而代之的念头。此时的齐国，虽然卿大夫陈氏的力量也超过了国君，但他是一枝独秀，没有晋国那种纷争局面，所以尽可以打着齐君的旗号称霸中原。

已经称霸南方的吴国当然不会甘心局促于东南，看着齐国取晋而代之。它也要在中原一显兵威，尝一尝让那些素称文明之邦的诸侯听命于己的霸主滋味，领略一下接过方伯斧钺、以王命自专征伐的威风。

齐国毕竟身居中土，近水楼台，所以率先向晋国发起挑战，拿与晋国交好的鲁国开刀，屡兴刀兵，使鲁国土日削、国势日危。面对这种情景，虽然是在野之身，但身为士人领袖的孔子焉能坐视不救？他派出了能言善辩、多谋多慧的大弟子子贡，前往游说吴国，挑唆齐吴相斗，从而保住鲁国。

子贡来到吴国，迎合吴王夫差争胜好强之心，鼓励吴国乘晋国内部纷争之际，北上争霸，告诉吴王只要打败了齐国，余者概不为虑。

吴王夫差当然乐意从命，但他又担心近邻越国，唯恐越国乘吴国北上会有所动作。子贡遂表示可以面见越王，说服他从吴伐齐。

这样，子贡又去见越王勾践，对勾践说："我知道越国一直有报复之心，而吴国也有所觉察，但目前吴国仍很强大，越国空有报复之心而无报复之力，这是很危险的。当务之急是设法削弱吴国。现在有一个好机会，吴欲与齐国争霸，越国最好鼓励相助。若吴国败，则实力削弱；若吴国胜，霸心遂不可复止，势必连年征战，空耗国力，也给了越国以可乘之机。"

勾践闻说十分高兴，当下赐给子贡黄金两镒，宝剑一口，良马二匹，子贡固辞不受。子贡回报吴王，说越王感谢当日不杀之恩，日日恓恓惶惶，闻大王有疑于他，十分恐惧，不日将派使臣来谢罪。

果然，越王派遣大夫文种，带精甲二十副，宝剑一柄，并甲士三千，前来助吴伐齐。这下，吴王夫差下定了北上攻齐争霸的决心，开始全力发动，以倾国之力投入战争准备。

艾陵争锋

吴王夫差是个说干就干、气魄宏大之人。首先，为了保障供应战争物资、运送军队的方便，他征调民夫，在邗地筑城，囤积物资，并开掘了从邗至淮河的运河，后来又一直开凿到沂水和济水，绵延近千里，工程浩大。为修这条运河，几乎耗干了吴国积蓄多年的家底，弄得府库空虚，征发的民夫死伤相望于路，农失其时，田园荒芜。

吴国元老重臣伍子胥见状，出头再三劝阻吴不要伐齐，说此举空耗国力，要先修内政，先除越国而后再谈中原争霸。但是，太宰伯嚭却极力迎合吴王之意，说只要打败了齐国，就可以称霸天下。结果，夫差反而迫令执反对意见的伍子胥去齐国下问罪之书。战争如箭在弦，一触即发。

公元前484年夏，吴国大军十万，通过鲁境进入齐国，拉开了齐吴大战的序幕。

齐国元帅国书屯兵汶上，闻吴军大至，遂移师南下。这时，齐相陈桓为增强齐军实力，乃派遣其弟陈逆率军前去增援，两下合兵，恰也是十万之众。

国书与陈逆召集将领，商议抵御吴军之事。陈逆鼓励将领们奋力破敌，以保障国家安全。并与诸将约定，开战之后，齐军将只鸣进攻之鼓，不敲退兵之金（当时战争习惯是鸣鼓为进攻之号令，鸣金为收兵之号令），以示有进无退，不获全胜誓不收兵。

这时，吴军已自鲁境连克城池深入齐境，两军相遇于艾陵，马上就展开了一场厮杀。

吴将胥门巢将吴之上军为先锋，刚刚抵到艾陵，正逢齐军先锋公孙挥，两下二话没说，战成一团。齐军养精蓄锐，以逸待劳，一旦施展，锐不可当。而吴军俱为蛮勇之士，饱经战阵，却也不以齐军为意。双方你来我往，一时胜负难分。齐帅国书见状，一股无名之火冲上脑门，遂下令中军出击。一时鼓声大作，齐军斜刺里杀出，将吴军截为两段，胥门巢抵挡不住，败下阵来。幸而吴军主力杀到，才稳住了阵脚。

初战获胜，齐军上下一片欢腾，以为吴军不足虑，早晚会凯旋。元帅国书居然下令让军士每人备长绳一条，说吴俗断发文身，我们带上绳子好拴他们的脑袋。

且说胥门巢败归，来见吴王，吴王大怒，就要杀他。幸有众将劝解，方才饶过，遂令展如代领其军，让他明日前去诱敌，以将功补过。

第二天，两军对阵。齐军列阵已毕，陈逆令将领各领一块玉，声称，战死就地入殓。一些部队还唱起了送葬的丧歌。一时悲悲切切，悲壮之意少，凄惨之味重，识者以为不祥。

两军对阵，吴将胥门巢先领三千越军出战，齐将公孙挥随即杀出，胥门巢不战自退，齐军追而不舍。吴上军迎出，抵住公孙挥大战，胥门巢转身回战，两下兵击齐军。齐军统帅国书见状，随即命公孙夏部出来，而战不多时，吴之下军又投入战场，看到齐军渐有怯意，统帅国书遂将全部兵力压上，双方十几万人马在不大的战场上左右回旋，刀来枪去，只杀得烟尘滚滚，血流成河。吴军眼看要支撑不住了，夫差忙把伯嚭的总预备队投入，总算稳住了局面。双方仍旧紧战。此时，齐军十万已全部投入战场，而吴军只投入了七万兵力，而且是逐步投入的，后续部队保持着精力和锐气。齐军兵多，但韧劲差，吴兵虽少，但蛮勇有力，双方鏖战良久，虽说齐军占优势，但也难分胜负，双方士卒都感到有些疲惫了。

正在这时，突闻吴国阵上钲铎齐鸣，金声大作。正在苦苦厮杀的齐军将士都以为吴国在鸣金收兵，总算战出了个结局。大家斗志一下子就懈下来。

不料，吴军非但没有收兵，只见吴王夫差亲率吴国最精锐的三万中军，从战场左侧分三路杀到。原来，吴军与中原战法不同，他们是鸣金进军，所以，听到金声，吴兵不但不退反而大进。

吴王这三万精兵蓄锐已久，一朝出动，如山洪迸发，势不可当。本来齐国军队已经全线压上，战得精疲力尽，又加上鸣金之故，使战心松懈，一时怎挡得住这三万虎狼之师。只见齐军的战旗一面面倒下，战将一员员战死。虽然，齐军大部分将士都拼力抵抗，十万大军没有多少人试图脱逃，但毕竟力怯技弱，一点点地被吴军吞噬。当最后一面战旗被吴军砍倒之后，艾陵尸横遍野，血流成河，齐国十万大军除少数逃走外，多数被歼，元帅国书也战死沙场。一时甲仗山积，齐军八百革车全部成为吴军的战利品。

战后，齐国献上大批金帛财物，向吴求和。吴王夫差答应了议和，罢兵回国。从此，在中原无人敢与之争锋，霸主的地位到手了。可是，这场劳师远征却耗干了吴国的国力，给一直心怀叵测的越国以可乘之机。螳螂捕蝉，黄雀在后，吴国没有灭掉齐国，自己却被越国灭掉了。

简评

这是一场势均力敌的较量。论兵力，十万对十万，两两相当；论兵谋将略，齐是孙武其母之郭，有兵法传统，而吴是孙武用武之地，自有兵学之余绪。从国家实力而言，齐优于吴；从军队战斗力而言，吴优于齐。

艾陵之战是一场正规的交手仗，双方都尽了全力。齐军之失在于不留预备队，过早将兵力全部投入，以致没有后劲。而吴军恰恰相反，把最精锐之师留在最后使用，因而能在最后一搏中大获全胜。

但这场大战吴国赢得并不轻松。一来兴师远征，开掘运河，消耗国力远甚于齐；二来艾陵之战，虽歼敌十万，自己损失也在半数左右。虽然大胜，但却无力向齐国发起进一步进攻，遂匆忙授受议和回国了事。后来，越国能灭掉吴国，主要原因在于此战吴国元气大伤。战前子贡与勾践的料想，被后来的实践证明是正确的。吴亡于越，但实亡于齐。

破釜沉舟——秦楚巨鹿之战

秦始皇统一全国之后，为政残暴，大兴土木，贼残民力。秦二世继位后变本加厉，倒行逆施，弄得海内民怨沸腾。公元前209年，陈胜、吴广大泽乡揭竿一呼，天下大乱，群雄并起，被秦灭掉的各国贵族乘机复国，中土大地又出现了楚、魏、赵、燕、韩等名号的“国家”。其中，拥立楚怀王的楚军是战斗力最强的一支队伍。这支队伍的核心是原楚国名将项燕之后项羽的八千江东子弟兵。

后来，由于一时失手，项梁被杀，在楚军中，项羽受到排挤。正在这时，秦将章邯率精锐的秦关中军三十万北攻赵国，很快攻下邯郸，将赵王赵歇围在巨鹿，挥兵日夜攻打，赵王急向诸侯求救。就这样，燕、齐、魏、楚诸国救兵齐集在巨鹿之野，一场秦王朝与起义军的决战就要打响了。

安阳夺帅

楚怀王接受了赵使的求救恳求，派号称“知兵”的宋义之“卿子冠军”，项羽副之，将兵十余万，前去救赵。可是，队伍到了安阳，宋义见各路救援队伍都按兵不动，遂下令停止前进，心存观望。原来，章邯见各诸侯派来援兵，遂命王离、苏角、涉间三将继续围攻巨鹿，自己将主力摆在南边，扬言谁要去救赵，就先打谁。章邯之军是秦朝最后一支看家的生力军，章邯又是善战之将，在此之前，许多义军吃了他的亏，项羽的叔父项梁就死于他之手。所以，一时间各路诸侯你望我，我看你，谁也不肯先动手。

宋义在安阳一待就是四十六天，既不前进也不后退，眼睁睁地看着对援兵望眼欲穿的赵国而无动于衷，终于惹恼了一位英雄，他就是项羽。前面说过，项羽是楚将项燕之后，生得身材魁伟，膂力惊人，人称有拔山举鼎之力。少年时，他叔父项梁教他学剑术，他才学了几天就不学了，认为剑术只是一人敌，要学万人敌。项梁改教他兵法，他也只学了几天仍旧卒而不学。当秦始皇南巡至会稽，他在路边看着威风凛凛的秦始皇，不禁言道："这个皇帝我们可以取而代之呀！"

随项梁起义后，他英勇善战，勇略过人，常常对方数百人也战不过他一个，因此所向披靡。项梁死后，他大权旁落，心中本来早已不满，而眼见这个宋义又畏缩惧战，更令他怒火中烧，不由得向宋义抗议道：

"现在巨鹿形势已经很危急了，我们既来救援，就应当迅速北上渡过漳河，与巨鹿城内的赵军夹击秦军。否则，赵国一定坚持不住，赵国一灭，牵动全局，后果不堪设想！"

而宋义却端着酒杯，一边饮酒一边慢悠悠地说：

"现在秦军很强大，马上动手，我们要吃亏，待秦赵打得你死我活，秦兵纵使胜了也会很疲劳，那时我们再动手，就可坐收渔人之利。"

说完，宋义又带着教训的口吻补充道：

"要论冲锋陷阵，我不如你；可要论出谋划策，你可能就不如我了。"

项羽听完，气得浑身打战，走出了帐篷。不想宋义随后下令：

"将士尽管猛如虎，狠似狼，但有不听命令、擅自行动者，不论是谁，一律斩首。"

下了这道针对项羽的命令后，宋义就整日饮酒作乐，高卧安睡，把救赵之事置诸脑后。当时阴雨连绵，天气寒冷，楚军粮草不足，宿在野外，饥寒交加，怨声四起。项羽见状，对将士们说：

"现在我们粮食快没了，待在这里不进不退何时是个了局。如果渡过河去，打败了秦兵，粮食自然会有的。何至于忍饥挨饿如此！"

将士们听了之后，深有同感。于是，项羽再次去见宋义，大声质问他：

“秦军如此之强，赵国初立，哪里是对手？秦灭赵后，只会更强大。我们消灭它就更难了。再说，我们的军队刚吃了败仗，怀王坐立不安，把国内的军队全交给了将军，为的是早日灭秦报仇，现在将军却待在这里按兵不动，到底是何居心？”

宋义一听大怒，拍案叫道：

“你要反吗？”

项羽拔剑而出：

“反就反了！”一剑砍掉宋义的脑袋，然后提着他的脑袋走出营帐对将士们说：

“宋义违背王命，按兵不动。我奉大王密旨，已经把他处死了！”

将士们一起说，本来楚国就是将军一家开创的，现在将军为国家诛杀叛逆，理所应当。项羽遂派人将此事经过禀报楚怀王。楚怀王无奈，只好任命项羽为上将军，统率楚军。

血战巨鹿

项羽接掌帅印之后，立即整顿兵马，抚慰士卒，尽散军中之财，犒赏三军，于是欢声满谷，士气大振。随即，他派英布、蒲将军两名勇将率二万精兵先期渡河做试探性进攻，一旦得手，即去断秦兵粮道。

章邯听说楚军渡河北上，马上派司马欣和董翳将兵数万前去堵截，不想两下一交手，秦军就被打了个落花流水，接连后退。英布和蒲将军兵锋一转，扑向秦兵粮道，几次三番截住秦军运粮队伍，弄得秦军人心惶惶。

这边先锋队一出发，项羽就开始准备全军出动，与敌决战。他令全军只带上三天的口粮，全部渡过漳河。渡河之后，将军队做饭的锅全砸了，把渡河的船也沉了，这就是著名的“破釜沉舟”成语的由来。

"破釜沉舟"从此成为有进无退、不胜则死的孤注一掷拼命的代名词。

楚军渡河之后，直扑巨鹿城下，首遇围困巨鹿的秦兵王离部，两下一照面，即刻交手。王离哪里是项羽的对手，顷刻间被打得大败，几乎是全军覆灭，王离仅以身免。

第二天，秦将章邯布下九路军马，一一投入战场，准备待楚军精疲力尽，最终歼灭之。计划已定，章邯布下重兵，自己率领一支人马前去迎战。

谁知楚军由项羽率领，两军一照面，二话没说，项羽就冲入秦阵，后面八千江东子弟紧随其后，项羽座下宝马乌骓风驰电掣，来去如风，一支画戟神出鬼没，碰到的死，沾着的伤，直搦章邯交手。章邯一见，哪里敢出头，缩在军中不敢吱声。楚将士见统帅如此英勇，也个个奋勇争先，无不以一当十，拼着命向秦兵冲杀。章邯军原来是想诱敌佯败，现在却变成了真败，因为阵势被冲得乱七八糟，每个人都只恨爹妈给少生两条腿，四散逃命。

秦军第一路人马见状，急忙出来接应，反而被自家奔逃之兵冲乱。随即项羽兵赶到，又是一阵猛砍猛杀，如快刀切瓜一般，秦兵这路人马就报销了大半。正杀着，第二路人马又到，楚将士连气都不喘，接着又是一顿猛打猛冲。项羽正好碰上了王离，那王离鼓足勇气上前对敌，项羽见他一枪刺来，手中画戟轻轻向上一磕，只听"当"的一声，王离的枪就脱手而去。王离虎口流血，双臂发麻，欲逃跑，却被项羽两马一错蹬，一把抽过扔在地上。

就这样，九战九胜，秦兵的九路兵马都被项羽杀败，将士们死的死，伤的伤，被擒的被擒，剩下的由章邯率领到漳河以北，筑垒挖堑据守不出。

当楚军与秦兵交战时，各路诸侯十几万兵马都挤在营垒，作壁上观，看到楚将士如猛虎下山一般在几十万秦兵中间如入无人之境，鼓声震天，杀声彻地，人人目瞪口呆。

项羽击破秦兵后，召见诸侯将领，这些人吓得一入辕门皆膝行而前，就是跪着向前蹭，谁也不敢抬头仰视一下这位叱咤风云、力破秦军的大将军。有人壮着胆子拍马屁道：

“上将军神威，旷古未有，我们愿意听从将军指挥，指到哪儿，打到哪儿。”

其余的人也忙不迭地说：

“愿唯命是从，唯命是从。”

从此后，项羽就成了各路联军的总指挥，主持灭秦大计。

巨鹿之战后，项羽一面派人截断章邯的后路，一面让赵将陈馀写信给章邯，劝他投降。而章邯这边，权臣赵高听说章邯战败，随即要秦二世查办章邯，被激怒的章邯见进退无路，只好向项羽投降。剩下的二十万秦兵也成了俘虏。此后，秦朝的最后抵抗力量也悉数瓦解，剩下的事就是引颈待戮了。

简评

秦楚巨鹿之战，是力量的撞击。秦军之失在于不该将之十万大军迭次投入，从而使全局的优势化为局部的劣势。不过，楚军将士确为精锐之师，其素质、勇武、士气都要大大优于秦兵。这样一支军队，抱必死之心搏战，冲击力大，可想而知。

项羽好力战，以蛮武胜人，此战最为典型。在以后的历次征战中，他基本上是依靠部队和他本人的勇猛冲杀来取胜。由此可见，力量也是战胜的一个重要因素。但光有这个因素是不行的，所以项羽最后兵败垓下，自刎乌江。项羽死时不悟，以为自己的失败非战之过，乃天亡也，真是愚人。

以静制动——汉平“七国之乱”之战

西汉王朝建立，修改了秦制，把全国改成郡县与分封两部分，在大封同姓王的同时，也封了些异姓王，后来由于不放心，异姓王次第被除掉，都变成了同姓王。全国各王封地有39郡，而国家直辖的郡不过15个。满以为刘家的子孙会保卫汉朝江山永远不倒，但是随着诸侯王国的日益坐大，逐渐形成了枝强干弱、尾大不掉之势。诸侯王国财富日增，势力渐强，对中央政府越来越专横跋扈，形成了割据、半割据之势。

面对这样的局面，自汉文帝时起就有有识之士不断出谋划策，力图强干弱枝。比如，贾谊就提出将诸侯国国中分国，以减少其单个力量的办法，以便于控制。汉文帝采纳这个建议，实行了一部分，但远没有从根本解决问题。

错斩晁错

汉景帝时，诸侯割据，尾大不掉的局面日益严重。其中，几个大的诸侯国如楚王戊三郡三十六城，吴王濞五郡五十三城，齐王肥六郡七十三城，单是这三王就分去天下之半。其中，吴王濞最为骄横。他占据铜山可以铸钱，财益富；临海可以煮盐；招纳亡命，扩充军队，实力几乎与中央南北军相当。

面对这种严峻的局面，御史大夫晁错对年少的景帝提出“削藩”之策，即逐步削去一些诸侯王国的国土。他认为当今之势，削藩会激起诸侯造反，不削，将来他们也会造反，迟早是个反，现在反比将来他们势力壮大了再反要好对付一些。

景帝采纳了晁错的建议，开始着手削藩，先后削去了赵王、楚王、胶西王的一些封地。当快削到吴王濞头上时，这个蓄谋已久的野心家开始动作了。

公元前154年初，吴王濞经过一番紧锣密鼓的游说、策划、勾结与密谋之后，联合楚王、胶西王、胶东王、菑川王、济南王、赵王等七国，打着“请诛晁错，以清君侧”的旗号，发动叛乱。仅吴王自己就有军队二十万，声势浩大，一时震动朝野。

本来，晁错策划削藩时，已经明白告诉景帝有激起叛乱的可能，景帝也同意他的计划。可是，事到临头，胆小的汉景帝又变了卦，把责任都推到晁错头上，幻想杀了晁错，归还削去的土地，就可以平息叛乱。所以，派人将晁错杀了，将他的头颅传送七国。但是，“诛晁错”不过是一个借口，杀了晁错，吴楚联军仍然不依不饶，不仅毫无止兵罢手之意，反而大举进攻不愿从逆的梁国，进逼睢阳城下。

亚夫破敌

在严酷的现实面前，汉景帝清醒了过来，知道不扫平叛军，国将永无宁日，而且自己的皇帝也做不成了。于是，他请出了周亚夫，拜为太尉，使其统率三十六将，拨调中央禁卫军北军归其指挥，前往迎击叛军主力吴楚联军。

周亚夫系汉初名将周勃之子。其父当年战功赫赫，但以“忠厚少文”著称，到了他这辈上，却出落得智勇双全。当年汉文帝时，匈奴南侵，文帝令亚夫等三将分别驻兵灞上、棘门、细柳，以御匈奴。汉文帝亲自劳军，至灞上、棘门军中都可以长驱直入，众将恭敬相迎。只有到了周亚夫的细柳营，戒备森严，即使皇上驾到，也不准擅入。周亚夫执坚披锐，对皇帝只是长揖而已，以示临战戒备之严。从此以后，周亚夫名将之誉鹊起。这回七国作乱，汉景帝遂将重任托付给他。

当时，整个军事形势非常严峻，吴楚联军加起来有三十余万，而周亚夫手中不过十余万兵马。吴楚蓄谋已久，有备而发，中央军却仓促应战，强弱之势已判。但是，从整个实力上看，中央政府还是要大于叛军。经过汉文帝二十多年的休养生息，中央政府有了一定物资储备，只要顶住叛军最初的攻势，就有希望获胜。

周亚夫领命之后，针对叛军利在速战的特点，提出了暂且避免与之争锋，待敌之困，抄其粮道，以静制动的战略方针。汉景帝同意了周亚夫的方案，授予他全权相机处理军务。

洛阳、荥阳一带是汉朝粮仓和武器库所在地，也是叛军下一步行动的主要目标。周亚夫深知，如果让叛军先机抢占了荥阳，那么整个战局将不堪设想。于是，他打算第一步就抢占荥阳，与那里守军一起，静待叛军的动作。本来，他打算从崤山、渑池的直路插过去。可是，有人向他建议，应该稍稍绕点路，从蓝田出武关，这样行动秘密，出敌不意，虽多费了一两天，但效果更好。周亚夫采纳了这个建议，绕道出洛阳，抢占了荥阳一带的敖仓和武库。叛军尚蒙在鼓里，见中央军突然冒出来，以为自天而降，不免大惊失色，斗志为之一衰。

那边周亚夫兵临荥阳，这边吴楚联军进攻睢阳也进入白热化阶段。梁王倾全力苦撑，几至于抵抗不住，几次派人向周亚夫求救。周亚夫进兵到下邑，就止兵据垒坚守，吴楚联军虽然分兵一路来攻下邑，但睢阳的压力仍未减轻多少。梁王无奈，上长安到景帝面前告周亚夫的御状。汉景帝下诏让周亚夫救梁，但周亚夫抱定避敌之锋，甚至牺牲梁国也不惜的初衷，就是不发兵。在掘壕据守的同时，派轻骑出淮泗口，迂回到吴楚联军背后，绝其粮道。

梁王见救兵不至，只好靠自己了，遂命部将韩安国竭力固守，同时派部将张羽不断率军出击，以攻为守，这样一来，居然守住了睢阳。

叛军久困于睢阳城下，一筹莫展，起兵时的锐气，已消磨殆尽。这时又面临断粮的危机，狗急跳墙，遂移兵下邑，全力进攻，企图先攻打中央军主力，然后再对付梁王。

但是，周亚夫坚持“以静制动”，深沟高垒，坚守不动。叛军数攻不下，心生一计，佯攻中央军东南垒，而以主力出其不意偷袭西北垒。但周亚夫识破了敌人的诡计，在西北角布下重兵，迎头回击，结果叛军碰了一鼻子灰，大败而归。

这时，整个叛军因久战无功，粮草又尽，处于瓦解的边缘，吴王濞欲率兵回撤。周亚夫看准时机，纵兵猛击，大破叛军。楚王戊走投无路，被迫自杀。而吴王濞抛下大军，悄悄率数千死党连夜南逃。周亚夫一面派轻骑追杀吴王濞，一面继续围攻叛军残部。不久，走投无路的吴王濞为东越人所诱杀，吴楚联军残部悉数被肃清。

此后不久，汉将栾布也击败了在齐国的四国叛军，胶西王自杀，胶东、济南、菑川王三王伏诛。栾布又增援攻打赵国的郦寄，攻下赵都邯郸，赵王也自杀。七国之乱，只用了三个月就被平息了。

简评

汉平七国之乱，是一场拼实力的较量。中央政府虽然兵力不如叛军，但却从经济实力上压倒对方。一面坚守不动，一面扰敌粮道，待敌锐气尽，粮食乏，纵兵击之，一战而胜。其中，先机抢占荥阳敖仓及武库是关键一步棋。若吴楚联军先行占到，则物资粮食大裕，实力的天平就会倾向叛军一方。可惜吴王濞志大才疏，不先奔荥阳，却兴重兵围攻睢阳，屯兵于坚城之下，劳师无功，失掉战机。叛军兵锐，利速战，而中央军兵钝，利久战。叛军应该先打中央军周亚夫，后打地方军（梁王）才是。吴王濞及至久攻睢阳不下，才想起集中兵力攻周亚夫，其时师疲兵老粮尽，自取速败。

六路并进——晋灭吴之战

公元280年，西晋大将王濬的军队兵临建业城下，吴主孙皓随即打开城门，奉上图籍，向王濬自缚请降，延续近百年的三国时代就此结束，天下重归一统。实际上，自公元263年，蜀国灭亡之后，全国形势就已经从三足鼎立变成了南北对峙，灭吴之战可以算作历史上第一次以北方政权为进攻方的南北统一战争。这场战争的军事史意义在于它为北方政权提供了一种全新的作战模式，用以消灭南方政权，统一全国。而在这一战略战术的形成过程中，羊祜的贡献是最大的。

战前准备

晋朝对灭吴之战的准备从很早的时候就开始了。景元四年（263年），司马昭在讨伐蜀国之前，就定下了灭吴之计。其具体方略是：先灭掉蜀国，再用三年时间打造战船，疏通水道，然后从益州出兵，沿长江顺流而下，水陆并进，一举攻克东吴都城建业。然而，咸熙二年

（265 年），司马昭的去世使得这一计划未能如期实行。司马炎即位后又将主要精力放在代魏之事上，灭吴战争再度被搁置。直到泰始五年（269 年），司马炎在完成内部整顿，巩固自身地位之后，才将灭吴的事情重新提上日程。二月，司马炎任命尚书左仆射羊祜都督荆州诸军事，镇守襄阳；任命征东大将军卫瓘为都督青州诸军事，镇守临菑；任命东莞王司马伷为镇东大将军都督徐州诸军事，镇守下邳，开始着手筹备灭吴事宜。

羊祜到任荆州后，积极备战，在政治、经济、军事上实施了一系列的措施。

政治上，羊祜对吴国军民展开怀柔攻势，力图利用道德信义来瓦解吴国军民的士气和斗志。羊祜在荆州开设学校，兴办教育，对当地百姓安抚关切，获得了当地百姓的普遍赞赏。同时，他又开诚布公地向吴国人宣扬自己的信义。每次与吴国交战，羊祜都要约定好交战日期，并严格按照日期开战，绝不搞突然袭击。对于俘虏的吴国士兵，羊祜也充分尊重他们的选择，任其去留，绝不阻拦。羊祜的军队在吴国境内行军时，如果割了当地的稻谷充作口粮，都要全数记下，事后以绢偿还。每次在长江一带打猎，如果猎物先被吴国人所杀伤而后被晋兵所得，羊祜都要送还给吴人。于是，吴国的军民对羊祜心悦诚服，前来归降投靠的人络绎不绝。羊祜还与吴国的荆州牧陆抗交好，双方使者经常互相往来。一次，陆抗生病，羊祜遣使者为他送去药品。陆抗的部下怀疑药中有毒，都劝他不要服用。陆抗却认为羊祜不是那种下毒害人的小人，马上就将药服下。陆抗派人给羊祜送去的美酒，羊祜也很放心地饮用。吴主孙皓听说荆州的两国边境上一派和谐，便对陆抗进行了责难。陆抗说："一城一乡尚且不可以没有信义，况且是一个大国呢？我如果不这样做，那就正好彰显了羊祜的仁德，对他造不成任何伤害。"

经济上，羊祜大力发展屯田，充实晋军的粮草。羊祜初到荆州之时，军中所储存的粮食还不够全军吃一百天。为了解决军粮问题，羊祜将巡逻和戍守的士兵抽调一半用来屯田，开垦了八百多顷的良田，当年即获得了丰厚的收益。三年之后，荆州粮仓中储藏的粮食可供全军使用十年。

军事上，羊祜在出镇荆州期间，修缮甲兵，训练士卒，全力为灭吴之战做准备。同时，他又向晋武帝司马炎进言让王濬留任益州刺史。王濬曾担任过羊祜的参军，羊祜对他了解较深，认为他很有才能，可堪大用。泰始八年（272 年），益州刺史皇甫晏被其下属张弘发动叛乱杀害。时任广汉太守的王濬出兵讨伐张弘，被司马炎任命为益州刺史。后来，王濬因治蜀有功，升为右卫将军、大司农。羊祜得知此事后，认为益州地处长江上游，在平吴战争中起着举足轻重的作用，而王濬有奇谋伟略，是率军东出益州，攻灭吴国的最好人选，就秘密向司马炎进言，请求让王濬留任益州刺史，派他去训练水军。司马炎采纳了羊祜的建议，任命王濬为监益州诸军事，加封龙骧将军，命令他秘密地在蜀地打造战船，为以后的平吴战争做准备。根据《晋书 · 王濬传》记载，王濬派万余名士兵建造战舰。战舰集群之前，以数十艘大筏为先导。这些大筏周长百步（一步等于五尺），近似大船，船上缚草为人。大筏不怕暗锥，前冲可撞击触尽江中的敌方暗锥，扫清障碍，保证了组成“连舫”的后行战舰不受暗锥斫伤。由此，晋军得以乘风破浪，势不可当。

羊祜死于灭吴之战前一年。去世前，他向司马炎举荐杜预接替他的职位。咸宁四年（278 年）十一月，司马炎任命杜预为镇南大将军、都督荆州诸军事。杜预到任后，挑选出精锐部队，对东吴的西陵都督张政发动突袭，取得胜利。张政是东吴名将，陆抗去世后，他出任西陵都督，驻守东吴的西陲重镇西陵。张政对杜预用偷袭战术战胜自己感到耻辱，没有将战败的事情如实报告给孙皓。杜预遂上表司马炎，将俘获的东吴士兵及军资还给了孙皓。吴主孙皓大怒，随即召回了张政，让武昌监军留宪替代他的职位。这样，杜预通过巧施离间计铲除了东吴的西陵大将张政，让一个对西陵各项防务并不熟悉的留宪接替了他的位置，从而为王濬的水军东出巴蜀扫清了一大障碍。

平吴之策

早在景元四年（263 年），司马昭就初步提出了占据上游、顺流而下、水陆并进的灭吴军事方略。羊祜出任荆州都督后，根据长期在荆襄前线与吴国的作战经验，以及对吴国长江防线实际情况的调查与了解，制定了一个切实可行的平吴之策。

咸宁二年（276 年）十月，司马炎任命羊祜为征南大将军、开府仪同三司。此时的荆州在羊祜的治理下已是兵精粮足，而在益州训练水军的王濬也已修造了大批战船，灭吴的准备工作基本就绪。于是，羊祜乘机向司马炎上疏，陈述进攻东吴的具体军事计划。羊祜首先向司马炎分析了出兵攻吴的必要性和可行性。他认为，第一，吴国背信弃义，屡次在边境地区制造事端，如果不一举将其消灭，那么晋国国内的兵役将永无休止；第二，自蜀国灭亡之后，吴蜀联合对抗曹魏的南北战略均势已经被打破，晋国的国家实力大幅超过吴国，吴国即使依靠长江天险，也抵挡不住晋军的进攻；第三，孙皓残忍暴虐，放纵任性，致使君臣离心，民怨沸腾，吴国军民不能团结一致对外；第四，晋军训练有素，人人都有献身报国的决心；第五，吴军只能速战，不能持久作战，并且除了水战，其他作战方式均不如晋军熟练，故其战斗力不如晋军；第六，吴军在本土作战，必定会牵挂后方亲人，各怀离散之心，不能集中精力作战。接着，羊祜又提出了具体的作战计划。

他建议司马炎兵分四路，从西、中、东三个方向对东吴发起全面进攻。具体的作战部署是：梁州和益州的军队东出巴蜀，从长江上游顺流而下，水陆并进；荆州的军队进攻江陵；平南、豫州的军队进攻夏口；徐州、扬州、青州和兖州的各路兵马进攻吴国都城建业。羊祜认为，东吴依靠长江立国，实行全据长江的军事防守战略，然而，从西陵到广陵的长江防线绵延几千里，对吴军而言，战线过于漫长，因此只要有一路晋军突破长江，东吴的长江防线即告崩溃，到时吴国朝野必然惊慌失措，即使再有谋略的人也不能挽救其灭亡的命运。

司马炎赞同羊祜的伐吴之计。但当时秦州、凉州的胡人经常袭扰西晋的西北边境，晋军虽多次出兵讨伐，都不能取胜。朝廷中以贾充、荀勖、冯纨等为代表的众多大臣均表示反对伐吴，只有杜预、张华等少数大臣支持羊祜。故司马炎对出兵伐吴之事犹豫不决。羊祜于是入朝拜见司马炎，面陈伐吴之计。司马炎以羊祜病重，不宜经常出入宫廷，便派张华去到羊祜的住所询问灭吴的计策。羊祜说："孙皓的暴政已经达到极点，现在出兵伐吴，即使不战也能获胜。假如孙皓不幸去世，吴国人另立新主，即便我军有百万之众也不可能越过长江了，到时吴国将成为我国的后患。"张华对羊祜的计策表示赞同。羊祜对张华说："能够完成我志向的人就是你了。"

出兵伐吴

咸宁五年（279 年），王濬向司马炎上疏说："孙皓荒淫凶逆，荆州和扬州的人民对他非常怨恨，应该迅速地征讨他。如果孙皓突然死去，吴人更立贤主，那么吴国将会成为我们的强敌。我在蜀地造船已经七年，每天都有战船腐坏。再者，我已年届七十，离死亡没有几天了。这三点只要有一点出现失误，伐吴的大事就难以实现了。希望陛下不要失去这个机会。”司马炎赞同王濬的意见，决定出兵伐吴。但就在此时，安东将军、都督扬州诸军事王浑从寿春传来消息说，吴军已经出兵，吴国边境戒备森严。于是，朝廷又商议后年再出兵。

这时，杜预上表说：“吴军只是防备得严，并未见下游的吴军向上游调动。依据常理和形势来推测，吴军一定是因为兵力不足，不能同时保全上下游，只能将主力集中在夏口以东地区，以便苟延残喘，因此吴国不会派大军向西进军，而使其国都空虚的。然而，陛下却因听信错误的情报，放弃讨伐吴国的计划，纵容敌人，从而留下了后患。灭吴的事情是国家的长期计划，如果过去出兵可能失败，那么可以不出兵；现在既然事情已经做了决定，就务必要做得完美牢靠。灭吴之战假如能成功，那么就为太平盛世的开创打下了基础；如果不能成功，损失耗费也不过在数月之间，为何不去试一试呢！假如等到后年再出兵，天时和人事变化无常，我担心到时会更难。”

一个月后，杜预没有得到司马炎的回复，便再次上表，向司马炎晓以利害，劝他早做决断，讨伐吴国。当杜预的表奏送到司马炎面前时，他正在与中书令张华下围棋。这时，张华一把推开棋盘，拱手对司马炎说：“陛下圣明神武，使朝野清平安宁，国家富足，兵强马壮，号令统一。吴主孙皓荒淫骄虐，诛杀贤能，现在去讨伐他，可不战而平定吴国。”司马炎此时终于下定了出兵伐吴的决心。

十一月，晋武帝司马炎下令兵分六路，从东、中、西三个方向，对东吴发起全面进攻。在东线，镇军将军、琅邪王司马伷率军从下邳出发，向涂中进军；安东将军王浑率军从寿春出发，向江西进军。在中线，建威将军王戎自项城出兵，进攻武昌；平南将军胡奋率荆州之兵，进攻夏口；镇南大将军杜预从襄阳出兵，进攻江陵。在西线，龙骧将军王濬、广武将军唐彬率益州之兵顺江东下，进攻西陵。六路兵马共计二十多万人。同时，司马炎任命太尉贾充为大都督，冠军将军杨济为副都督，总领全军；任命中书令张华为度支尚书，负责全军的粮草供应。

太康元年（280 年）正月，王濬率军从成都出发，与唐彬的军队在巴东汇合。两军顺江而下，于二月初一攻下建平郡境内的丹阳城，俘获丹阳监军盛纪。王濬大军首战告捷，军威大振，吴国沿江各处城池纷纷望风归降。随后，王濬、唐彬又对建平郡治所巫县发起进攻。建平太守吾彦组织军队据城坚守，晋军一时之间不能攻克。于是，王濬等人决定绕开巫县继续东进，攻打西陵。吾彦也知道王濬的水军从益州东出，居高临下，势不可当，便在战前命人于巫峡的险要之处用铁锁横断江路，还打造了许多一丈多长的大铁锥放在江中，用以阻挡晋军战船前进。但羊祜生前在荆州时就已经从俘获的东吴间谍口中得知吾彦的这一军事部署，并将此事告知了王濬，故王濬对此早有准备。王濬首先命人造了几十个大木筏，每个木筏上放置若干披着铠甲，拿着兵器的草人，让水性好的人与木筏走在前面，铁锥遇到木筏就扎到木筏上，被拔起带走了。王濬又让人将十几丈长、几十围粗的木材放在船头，在木材上浇上麻油做成火把，遇到铁锁就点燃火把，铁锁不久就被火把烧得熔化而断开。于是，王濬的战船无所阻挡，顺流东进，于二月初三攻取西陵，俘获守将留宪、成据、虞忠等人。接着，王濬率军继续东进，两天内连下荆门、夷道，逼近乐乡、江陵。

杜预于太康元年（280 年）正月率军从襄阳出发围攻江陵。但由于江陵都督伍延据城坚守，杜预没能攻下城池。于是，杜预派出樊显、尹林、邓圭、周奇等将领率部分兵力溯长江而上，清除江陵外围的吴军据点。同时，又派遣管定、周旨、伍巢等将领率八百奇兵，乘夜色渡过长江，袭击江南的乐乡。周旨先将一部分军队埋伏在乐乡城外，又让另一部分军队在乐乡城外的巴山上竖起晋军的旗帜，烧起火堆，用以迷惑吴军。此时，王濬的大军已经攻下夷道，正在向乐乡进军。乐乡都督孙歆得知此消息，随即率军出城与王濬交战，但被王濬的军队打得大败，仓皇逃回乐乡。周旨等人乘机率领伏兵尾随孙歆的败军进入城内，一直潜行到孙歆的大帐外，都没有被发现。晋军突入帐内俘获孙歆，乐乡被攻下。随着江陵外围吴军据点被清除殆尽，此时的江陵已是孤城一座。于是，杜预集中兵力向江陵发起进攻，于二月十七日攻下了江陵。江陵被攻克后，荆州南部湘水、沅水流域的各郡县，以及南海地区的交州、广州等地都纷纷向晋军投降。

这时，晋武帝司马炎下诏，命令王濬、唐彬率军继续顺江东进，会同胡奋、王戎进攻夏口、武昌；杜预则率军南下，平定零陵、桂阳、衡阳等荆州南部各州郡。就在杜预攻下江陵的同时，胡奋也已经攻下了夏口附近的江安。随着王濬大军的到来，夏口很快也被攻克。自项城出兵的王戎则派参军罗尚、刘乔为前锋，进攻武昌。东吴的武昌守将杨雍、孙述，以及江夏太守刘朗皆无战意，见晋军兵临城下，就领着城内官员向晋军投降了。

至此，西线和中线的战事基本结束。在王濬占领西陵后，杜预曾对他说："你既然摧毁了吴国的西部屏障，就应该顺流而下，直取秣陵，以讨伐数代的贼寇，解救吴越百姓于水火之中。"攻下江陵之后，杜预分别向王濬和唐彬支援了一万人和七千人的兵力。攻下夏口之后，胡奋又为王濬补充了七千人。及至武昌被攻克，王戎又分给唐彬六千兵力。这时王濬、唐彬的军队已达八万之众。于是，王濬、唐彬率领大军乘胜东进，一直进军到建业附近的三山。

在东线，司马伷的数万军队于正月从下邳向涂中方向进攻，主要的作战任务是占据涂中，在建业东部牵制吴军，使其不能互相救援。司马伷命琅邪相刘弘领兵进逼长江；又派长史王恒率军渡过长江，大破吴军江防将领蔡机的军队，斩杀、俘虏吴军共计五六万人。

王浑率领十万大军自正月从寿春出发后，一路向横江进军。同时，王浑又派出东西两路偏师清扫吴军江北的据点。东路军由殄吴护军李纯率领，进军高望城，大败吴军将领俞恭，斩获颇多。西路军由参军陈慎、都尉张乔率领，向江西方向进军，占领了寻阳濑乡，击败吴国牙门将军孔忠的军队。吴国的厉武将军陈代、平虏将军朱明慑于晋军的威势，主动向王浑投降。

吴主孙皓听说江西危急，就派丞相张悌、丹阳太守沈莹、护军孙震、副军师诸葛靓率军三万渡江迎击晋军。当吴军行至牛渚，即将渡江时，沈莹对张悌说："晋国在蜀地操练水军已经很久了，如今倾全国之兵大举进犯，益州的水军必定会全部出动。而我国上游地区的名将都已去世，现任的守将都是一些没有战争经验的年轻将领，恐怕沿江的城池不能抵御晋军的攻击，王濬的水军必定会打到这里。我军应该坚守江东，积蓄力量，等王濬的水军到来，就与他奋力一战。如果我军能取得胜利，或许还有机会收复上游地区。现在贸然渡江作战，胜利得不到保障，一旦失败，那么就大势一去不返了。"张悌对此表示不同意，说："吴国即将灭亡，早就是人所共知的事情了。我担心王濬的军队打到这里，军中就会人心不稳，还不如现在就渡江，主动找晋军决战。如果战败则以身殉国，没有遗憾；如果获胜则军心大振，到时再乘胜追击，就可以大败晋军了。"

三月，张悌等人率军渡过长江，在杨荷包围了张乔的部队。当时，张乔只有七千人，遂向张悌投降。诸葛靓想把他们都杀了，张悌劝阻说："前面还有强敌，不宜先做无关紧要的小事，况且杀投降的人不吉利。"诸葛靓说："他们是因为援兵还没有到，兵力弱小，才暂时假装投降来拖延时间，并非诚心来投降。如果不杀了他们，必然会成为我军的后患。"张悌不听，让张乔的军队与吴军一起行军，攻打城阳。王浑派遣司马孙畴、扬州刺史周濬率军出战。两军城外列阵相对，沈莹领着丹阳精兵五千人率先向晋军发起进攻。然而，接连三次冲锋都没有打乱晋军的阵形，于是吴军开始急躁骚乱起来。晋军将领薛胜、蒋班看准时机向吴军发起进攻，吴军顿时大乱。这时，张乔的军队又从后方杀过来，前后夹击，吴军大败，士兵四散逃命。张悌、沈莹等七千多吴军将士被晋军斩杀，诸葛靓带着五六百人逃走。此战之后，吴军的精锐尽失，再也没有力量抵抗晋军的进攻了。

三月十四日，孙皓派游击将军张象率一万水军抵御王濬的军队。然而，当张象的舟师看到王濬的水军旌旗蔽空，战船前后绵延几百里时，大为震惊，当即就向王濬投降了。随后，孙皓又派镇南大将军陶濬率军二万进攻王濬，但陶濬的这支军队还未出发，士兵在当天夜里就全部跑光了。

此时，司马伷、王浑、王濬的三路大军已从东、北、西三个方向对建业形成包围之势，攻灭吴国只是时间问题了。击败张悌后，扬州别驾何恽劝王浑渡江攻打建业，争取灭吴首功。王浑却说："陛下只让我驻扎在江北抗击吴军，并未让我出兵渡江。我违反诏令出兵，如果获胜了固然值得称赞；如果没有获胜，那就犯下了严重的过错。而且陛下让王濬受我节制，你们还是去准备渡江的船只吧，马上就要渡江了。"何恽又说："王濬万里克敌，以他的功绩会听从您的调遣吗？况且您作为方面大员，有合适的机会就要马上行动，怎么可以每件事都等待命令呢？如果现在渡江，完全有把握取胜，您还有什么可犹豫、顾虑的呢？"王浑不听。

三月十五日，王濬的八万水师从三山出发，进攻建业。王浑派人让王濬暂停进攻，有事商议。王濬指着船帆说："风大，船停不下来。"王濬的军队乘着战船，在建业城外擂鼓呐喊，听得城内的孙皓心惊胆战。于是，孙皓反绑双手，载着棺材，到王濬的军营前投降。王濬为孙皓松了绑，烧掉棺材，请他入营相见。随后，王濬代表晋国接收了东吴的地图、户籍。至此，吴国灭亡，灭吴之战大获全胜。

简评

晋灭吴之战从根本上来说，是一场力量的对决。西晋举全国之力攻打偏安东南一隅的吴国，两者的实力不在一个级别上，晋军取胜是意料之中的事情。

羊祜、杜预、王濬等人在荆州、益州十年间训练士卒，修缮甲兵，打造战船，储备粮食，为灭吴战争做了充足的军事和后勤准备。

此外，还有一个重要原因，就是晋军拥有一个正确的战略战术。特别是羊祜制定的占据上游、顺流而下、水陆并进、四路大军全线出击的作战计划，为西晋消灭东吴提供了切实可行的战术指南。晋武帝司马炎后来制定的六路并进，讨伐吴国的军事部署就是在此基础上形成的。当平吴的捷报传到洛阳时，大臣们纷纷向晋武帝表示祝贺，司马炎流着泪，激动地说："这都是羊祜的功劳啊！"而由羊祜发明的这种战术也为后世开创了一种全新的水战模式。在此后的中国历史上，凡是南北分裂时期，北方政权想要消灭南方政权，统一全国，大都是以此为蓝本来进行军事部署。

东吴方面，孙皓的残忍暴虐，放纵任性，以致君臣离心，民怨沸腾，全国上下不能团结一心，共同御敌，这是吴国灭亡的主要原因。

张悌在战术上的多次失误则加速了吴国灭亡的进程。吴军擅长水战，早在吴魏第一次交手的赤壁之战中，孙权就是通过主动放弃已经到手的江夏郡，将曹操引诱到长江之上，利用水战才获取了胜利。此后，在与曹魏的多次作战中，吴军也大多是依靠水战才能取胜；一旦转到陆上作战，吴军就胜少败多。但张悌却拒绝了沈莹提出的合理建议，放弃坚守江东，诱敌深入，以水战歼敌的战术，反而选择北渡长江，主动出击，企图以步战击败王浑的军队。这就是以己之短，攻敌之长，失败是不可避免的。再者，将帅领兵须杀伐果断，切忌妇人之仁，而张悌却以杀降不祥为由阻止诸葛靓斩杀张乔的七千降军，致使张乔在吴军作战的关键时刻从背后杀出，正是张悌在战术选择上的屡次失误，葬送了吴军最后的精锐，从而加速了吴国的灭亡。

两朝四伐克太原——宋与北汉太原之战

当年，后汉被郭威取而代之际，留下了一个割据太原的刘旻。这个刘旻以后汉的继承人自居，占据现今山西北部及河北的部分地区，自成一统，依附于契丹，一直是后周至北宋初年安在北方的一个钉子，史称“北汉”。

宋太祖赵匡胤陈桥兵变夺取后周政权后，承袭了后周的皇位，也承袭了世宗柴荣“混一四海”之志，继续统一战争。虽然，从总体上来说，北宋的统一战略是先南后北，但是也不放弃任何一个能打击北汉的机会。因为北汉虽小，但由于地理位置的优势，常常可以依托契丹威胁中原政权。

一伐太原

公元 968 年，北汉主刘钧病死，其养子刘继恩继位。赵匡胤乘北汉政权交替之际，发动第一次伐汉战争。

北汉主刘钧在位期间，由于执行保境安民政策，不再兴兵袭扰中原，因此北宋与北汉相对太平地相处了一段时间。北汉主刘钧曾明确向宋表示，他无意于中原，只求保存汉家宗礼不绝足矣。

现在刘钧死了，继位的养子刘继恩不孚众望。赵匡胤看出这是个空子，遂令李继勋、何继筠、赵赞等将兵数万进攻北汉。

北汉主刘继恩被杀，弟刘继元继立。刘继元一面派兵抵抗，一面向契丹求救。

北汉军刘继业（本姓杨，即后来投宋的抗辽名将杨继业）与马峰率军扼守要隘团柏谷。刘继业主张据险坚守，待敌师老兵疲再行击之。可马峰执意要战，遂分兵一半，由马峰率领进击宋军。两军相遇于铜锅河，北汉军不敌宋军的精锐之师，大败。宋军攻夺占领汾河桥，直抵太原城下。宋太祖遣使诏谕刘继元投降，许诺降后委以平卢节度使，刘继元不从。刘继业率军或战或守，屡扰宋师。到十一月，契丹援兵至。北宋军队无功而返。

二伐太原

第一次用兵北汉就铩羽而归，赵匡胤十分不甘心。几个月后，遂亲率大军二次杀奔太原而来。开宝二年（969 年）二月，赵匡胤留下其弟赵光义留守东京，命曹彬、李继勋为先锋，将兵十万，亲征北汉。

闻知宋军大至，北汉主命刘继业、冯进珂驻兵团柏谷抵御。刘继业命部将陈廷山率百骑前去侦察敌情，结果中伏，陈廷山降宋，为宋军带路。刘继业等见状，自知寡不敌众，退守太原。北汉主刘继元大怒，责其作战不力，罢了其兵权。

三月，赵匡胤率主力达抵太原城下，一声号令，把太原城围得如铁桶一般。在城的东、南、西、北各立一营，李继勋军于南，曹彬军于北，赵赞军于西，党进军于北。

有人向北汉主献计，说最好乘宋军初来乍到，立营未稳，遣精兵出城，乘夜偷营，一战挫其锐气。北汉主从之，遂派精兵于当夜偷袭宋宁两寨。宋军远道而来，人困马乏，正待休息。忽然，鼓声大作，汉兵杀到，赵赞披挂上马应战，乱军中挨了一箭，仍旧指挥抵抗。正在混战中，宋朝援兵突然杀到，北汉军被前后夹击，支持不住，退回城里。

赵匡胤得到探马来报，说是西寨被袭，连忙赶到西寨，发现刚才杀来的援兵衣甲不完，缺少枪械。他感到奇怪，一问才知道这原是由李谦溥率领的伐木兵，正在西山伐木，闻西寨喊杀声甚急，遂赶来增援，居然大破敌兵。此后，刘继业又对宋军东寨发动夜袭，结果被有备的宋军围困，刘继业溃围而走，党进率军穷追，刘走匿城下壕沟方得免。

北汉军见偷袭不成，只好死守，且日盼契丹救援到来。赵匡胤吸取了前次伐汉的教训，提前部署了救援兵力。他知道契丹援军必从镇州、定州方向来，遂派一支军队赴镇、定两地设伏。后来又听说还有一支契丹援军将从石岭关进入，遂将勇将何继筠找来，授以数千精兵，让他到石岭关拒敌。

不多时，从石岭关和定州方向传来了捷报，两路辽兵均中了埋伏，被斩首数千人。赵匡胤命令将辽兵首级用竹竿挑着，给太原城上守军看。不料守军见救援无望，反而更死心守城。

赵匡胤亲自督战，宋将士架起云梯爬城，一次次地被守军推倒、撞断，城上城下矢石如雨，攻城宋军死伤累藉，战将也折了数员。赵匡胤一见硬攻不行，遂设法引汾水灌城。可是，河水骤去骤来，对城中形成不了多大威胁。赵匡胤又令搭楼车对城上用强弩猛射，将城头射得如刺猬一般，可是待宋军爬城时，北汉军又不知从哪儿钻了出来。

最后，连赵匡胤的卫士们也要加入战阵，禁军将领赵廷翰率诸班卫士向赵匡胤叩头请战，愿组成敢死队爬城。赵匡胤舍不得动用这支精心训练、武功高强的队伍，正在僵持间，宋军中开始流行时疫，减员甚多。赵匡胤遂听从赵普的劝说，下令班师。班师时，为了示以仁义，将大批军资留了下来，包括几十万石的粮食和茶数万斤、绢数万匹，北汉得此，稍得苏缓。

三伐太原

第二次伐汉之后，赵匡胤开始施行他与赵普制定的先南后北的统一方略，相继灭掉了南汉与南唐，南方大体扫平。在这种情况下，北汉的存在就更加刺目。于是，赵匡胤在举行了灭南唐的受降典礼之后，于开宝九年（976 年）八月，派遣党进、潘美、杨光美、牛思进、米文义各率大军，分五路进攻北汉。

再说顶住宋朝两次兵伐之后，北汉小朝廷有点忘乎所以。北汉主刘继元任用奸佞，擅杀忠良，昏庸腐败，国势日衰。他居然将五台山僧人请来做太师兼中书令，横征暴敛，大兴土木，开矿炼银，以满足其骄奢淫逸之心。一些忠臣良将不是被他杀掉就是离开了他，小朝廷岌岌可危。

宋军一到，老百姓归之若水之就下。结果，宋军五路并进，势如破竹，在太原城下大破北汉军。可就在这时，宋太祖赵匡胤在烛影斧声之谜中死去。宋师临大丧，不得不放弃将要到手的胜利果实，班师回朝。

四伐太原

宋太祖的弟弟赵光义做了皇帝，比其兄似乎更重视武备，大力扩充禁军，使之扩大到三十多万。虽然拥兵不多，但特别注意军士的训练，每次朝会以后，总要亲自检阅禁军。但是，由于宋朝兵制事权不一的弊病开始暴露，所以战斗力大不如前。

对于要不要征伐北汉，当时朝廷内部有两派意见。宰相薛居正等人认为，从前周世宗和宋太祖都曾亲征太原，但均未成功。太原弹丸之地，得到它国土不会显得宽阔，而没有它也不会因此为患，所以没有必要为它耗费太多的人力物力。

而枢密使曹彬等武将却认为太原当伐，而且可以攻下，说当年周世宗和宋太祖之所以没能攻下太原不过是由于偶然的因素，不足为虑，而现在国家实力正强，攻破太原实在是指日可待的事。

宋太宗赵光义听从了曹彬的意见，决意攻下太原，拔掉最后一颗割据的钉子。

太平兴国四年（979 年）二月，宋太宗兵分三路：一路由潘美率领，负责围攻太原；一路由郭进率领，负责打击契丹援兵；自己亲率一路，负责扫平北汉所属各州县，彻底孤立太原。

闻知宋军大至，北汉主急忙向契丹请援。契丹兵分两路南援。一路进抵白马岭，与宋军郭进部撞个正着。契丹兵抢渡河涧，郭进俟其半渡击之，大破其军。另一路闻前路兵败，遂退回本国。这下，北汉只有靠自己了。

另两路宋军也进展顺利，不到一个月，汉属州县全部易帜，而潘美也在太原城下筑起长围，屡败汉兵。赵光义率第三路军大部与潘美会师，对太原城发起猛攻。可是，北汉守将刘继业很有办法，兵来将挡，水来土掩，昼夜不怠一次次打退了宋军的爬城。

宋太宗见久攻不下，乃全身披挂，亲临前线，冒矢石督战。众将士见太宗亲至，勇气大增，前赴后继，冒死先登，太原城下堆起了成堆的尸体。为了减少伤亡，宋太宗命令停止爬城，安排弓弩手列于阵前，不分昼夜地向城上猛射。最后，矢尽粮绝的北汉主抵不住了，宣布投降。宋军以死伤惨重的代价，终于换取了这座得之不易的古城。

简评

古代征战，以攻城为难，只要城坚粮足，纵有多几倍、几十倍的兵力也无济于事。所以，待到不得已攻城时，多采用长围久困之法，或诱敌出城，歼敌有生力量，然后再攻。

宋伐太原，两次围攻太原，均采用笨法攻城，挖城、爬城、以水灌城、架楼车弩射等等，非有绝大的优势和压倒敌人的实力而不能为。守军可以凭坚城以少敌多，给攻城者以较大杀伤；而攻城一方不但兵力要绝对优势，而且还要有丰盈的物质条件，士卒素质也同样要优于对方（攻的一方无论勇气还是体力需有优势才可）。这种攻城战是力战例的典型。

宋朝历经两朝，先后四次进攻，均未能破城，最后还是打掉援兵，扫清汉属州县，彻底孤立太原之后，敌人绝望才开城投降的。

宋朝使这种笨力气，虽然攻下了太原，也使自己元气大伤。宋太宗将伐汉得胜之兵继而收复云燕，结果大败而归就说明了这一点。

强攻苦守整六载——元宋襄阳之战

蒙古的崛起，是中世纪军事史的一大奇观。蒙古的铁骑十数年内，横扫欧亚，在中国的土地上，很快就灭掉曾经不可一世的金朝。偏安南方的南宋王朝，成了它所要打击的最后一个目标。

忽必烈称帝后，开始全力进行伐宋军事。把进攻重点放在三个方面：四川的川东、江汉的襄樊、两淮的扬州。矛头瞄着长江的上游、中游与下游。一旦这三个战略要地被攻下，南宋朝廷的命运也就决定了。其中，襄樊的位置尤其紧要，它担荷两头，一旦它失守，那么长江之险将为两朝共有。在南北政权对立之际，襄樊，即襄阳和樊城，其中主要是襄阳，都毫无例外地成为兵家必争之地，演出了多少惨烈的攻防战。

南宋景定二年（1261 年），南宋泸州守将刘整投降元军，忽必烈予以重用。按刘整的建议，元军调整了整个战略部署，把进攻重点放在中部的襄樊。一时间蒙古大军云集汉水之滨，一场惨烈的大厮杀迫在眉睫。

元兵设计围城

南宋方面当然也意识到了襄樊的重要性，早就开始加修城池，广蓄军资，到元军准备攻城时，襄樊已经城高池深，储粮可用十年。

元军也知道襄樊不易攻取，所以采取了十分狡猾的以和平方式进入襄樊地区，然后不知不觉之中进行军事包围，切断襄樊与其他地区联系的长围战略。

景定四年（1263 年），已经处于和南宋交战状态的元军，忽然诡称为了方便南北贸易，可否在襄阳城外设立榷场，即民间互市贸易市场。的确，在南宋与金，以及后来南宋与蒙古之间，是存在互市榷场的。但是，自蒙宋交兵以来，这种互市贸易已被蒙方单方面中止。而这次在战云密布的情况下要求重开贸易，完全是别有用心。可是，面对卑谦的元使，南宋襄阳防区的主帅吕文德却没能识破其奸计，轻率地就答应了对方的要求。很快，元军就可以公开地出现在襄樊防区，借贩马为由，进行各种见不得人的勾当。不久，他们又借口有盗贼抢掠榷场，提出要筑土墙加以保护。这一次吕文德审慎了一些，没有立即答复元方的需求，而是请示朝廷。当时把持朝政的是奸相贾似道，他更是不以防务为意，很快同意元方的要求。这时，有人提醒吕文德注意元方的包藏祸心，但吕文德却自负襄樊城防坚固，不以元人为意。不久，元军就公开地在襄阳城下筑堡修垒，事实上开始了对襄樊的长围。

当襄樊守军不断地遭受蒙古骑兵袭扰时，吕文德才意识到自己已经铸成大错，不免悔恨交加，因疽发于背，忧郁以死，死前大呼："是我误了国家！"

吕文德死后，由其弟吕文焕接任主帅，一副千钧重的担子就落在这个本来没有准备的人肩上。

合围数重

南宋咸淳三年（1267年），元军开始撕下原来友善的伪装，公开对襄樊实行合围，在原来和平筑垒的基础上，构筑了陆路包围体系，由汉人史天泽率领的善于攻城的汉族军队抵达襄樊前线，沿襄樊修筑了数重堡垒包围线，绵延数千里。堡垒之间相互沟通，布以各种障碍，骑兵来回巡逻，彻底切断了襄樊与其他地区的陆上联系。

与此同时，元军还开始就地组练水军，大造战舰。一些投降的汉将向元军建议，说元军骑兵战斗力大大超过宋军，但缺乏水军，难以在江淮水网地带施展。所以，此次进攻襄阳，元世祖忽必烈下令就在战地训练水军，修造战舰。就这样，元军一边围困襄樊，一边利用汉水训练水军七万人，建造战舰五千艘。这支水军的建立，不仅对攻下襄樊，而且对以后的灭宋军事都起了难以估量的作用。

最后，元军用水军将襄樊与南宋联系的水道也切断了，襄樊成了孤悬于敌后的危城。

宋兵努力破围

面对元军愈来愈抽紧的包围，襄樊守军并没有坐视，他们曾多次出兵，试图冲破包围，重建与南宋其他地区的联系。

咸淳六年（1270 年）初，吕文焕派部将唐永坚从水路突围，不幸被元兵水陆夹击，唐永坚兵败被俘。吕文焕不甘失败，随即率步骑兵万人，战舰百艘，进攻万山堡，试图夺回这一战略要地，结果被元兵打回。

不仅襄樊守军谋求打破包围，南宋朝廷也曾多次选兵派将援助襄樊，试图冲破包围圈。但是，由于主持朝政的贾似道瞎指挥，造成各军将领事权不一，相互猜忌，结果都是无功而返。本来，朝廷选派两淮抗元名将李庭芝出任京湖安抚制置使，全面主持援襄和江汉防务，但贾似道却将援襄军队交由范文虎指挥，一切听命于他本人，不受李庭芝节制。

咸淳六年（1270 年）二月，襄樊保卫战已经到了非常危急的关头，朝廷之中文恬武嬉，一片升平景象。贾似道整日声色犬马，花天酒地，纵情享乐，根本没把前方吃紧放在心上。一日宋度宗问贾似道："襄阳已经被围三年，情况究竟如何？"贾似道却谎称蒙古骑兵已退，并探出告知皇帝真情的宫女，将之处死。从此，没有人再敢议论襄阳被围之事。

有人提出，可以乘敌重兵齐集襄阳之际，乘海船进攻华北，袭敌后方，这样元兵必撤围回救。结果却被视为迂腐的定论。

咸淳八年（1272 年）五月，李庭芝招募了一支民兵，用来为襄阳运送物资。这支三千人的民兵果然骁勇善战，在张顺、张贵统领下，率百余只装满救援物资的大船，转战几十里水路，突破元兵的围追堵截。民兵巧用没底船，与敌周旋。因为他们个个谙熟水性，在水中如履平地，把诱上船来的元兵一个个地弄到水里淹死，毙敌达上万人。当船队终于抵达襄阳时，统领张顺已经牺牲，但却极大地鼓舞了身处绝境的襄阳军民。

另一个民兵统领张贵在进入襄阳后，随即与郢州守军范文虎等取得联系，约好于九月内外夹击，冲击元兵包围，使襄阳至少有一线生路。

但是，当张贵率民兵按约杀出城时，范文虎等却违约不至，使三千民兵陷入数万元军夹击之中。民兵全部战死，张贵身中数十枪，重伤被俘，不屈而死。

至此，南宋方面再也派不出援襄之军，襄阳内外冲破包围的尝试均告失败，襄樊保卫战进入了空前严酷的时刻。

孤城泣血

咸淳九年（1273年），元军开始发动对襄樊的总攻。他们先集中力量进攻樊城，打破襄樊两城的犄角之势。当时，襄樊两城各踞汉水一边，中有浮桥相接，可以相互支援。元兵派水军先烧毁浮桥，但又被守军重建。后来，元兵用张禧之计，砍断了浮桥铁链，才算切断两城的联系。

元军四面将樊城合围，不惜人力运来成吨的柴火与泥土填平城外壕沟，竖起云梯，蜂拥爬城。樊城守将范天顺、牛富拼死守城，用撞车撞倒云梯，泼下沸油浇洒敌军，用石头、火箭、弓弩猛烈还击元军，元军在城下留下了一片又一片的尸体。

元军又调来新式的回回炮，由著名的回回炮手操炮。回回炮是种以火苗抛射石弹的炮，威力很大，一炮下去能砸进地面三四尺深。在回回炮的轰击下，樊城角楼被毁，城上设施也大受损伤。终于，在血战十四昼夜之后，元兵攻入樊城。樊城守将范天顺自尽，另一将领牛富率军巷战，直战到最后一兵一卒，牛富重伤被俘，以头碰柱殉节。

樊城失陷后，襄阳处境更危。元军在城下排列回回炮，一齐发炮，将城上所有木结构的建筑统统打毁。更重要的是，摧垮了守将的斗志。在猛攻月余之后，元军加紧了对守军的诱降。元军统帅甚至只身到城下说项，与吕文焕对话，折箭对誓，许以高官厚禄，承诺不杀襄阳军民。咸淳九年（1273 年）二月，在情势绝望的气氛下，坚守了五年有余的襄阳终于在元军优厚的条件下开城投降。襄樊保卫战以南宋的彻底失败告终。

简评

襄阳之战是一场硬碰硬的苦战。元军方面为了攻占襄阳，不惜耗费巨大的人力物力，修筑数千里堡垒，修造战舰，大练水军，一时间几乎所有元军精锐毕集于襄阳。而南宋方面也将襄阳视为命脉之所在，将之建成名符其实的要塞，城坚、池深、兵精、粮足。这场战役，对于攻守双方都是拼耗实力的争夺。

在进攻战中，元方的战略部署比较得当。先是以和平诱骗手段进驻襄阳周边；然后乘势筑堡合围，一点点紧缩包围；此后又大练水军，切断襄樊与外界的一切联系；最后发起总攻。尽管如此，元军仍然损失惨重，元兵大伤。幸好当时元军具有占绝对优势的人力、物力与兵力，才能耗近六年之力，力拔坚城。

南宋方面虽然也进行了尝试，却没能尽全力援救。一座孤城没有外援，无论如何是不能持久的。襄阳一下，两淮尽失，长江以北，不复为宋有，偏安一隅的南宋朝廷的日子也就没有几天了。

力挽狂澜——明北京保卫战

明朝中叶，蒙古瓦剌部崛起，成为北部边疆一大威胁。正统十四年（1449年）夏，瓦剌部在其首领也先的率领下，大举进犯。当时，深受明英宗宠幸的太监王振好大喜功，怂恿英宗御驾亲征，却又不懂装懂，干预军事，结果导致明军50万大军在土木堡全军覆灭，明英宗也当了俘虏。

土木堡之变的消息传到北京，引起朝野的一片惊慌。因为自古以来，很少有皇帝被掳之事。当年靖康之役，宋徽宗与宋钦宗被俘，北宋遂亡。念及往事，人人心头像压了块石头：难道明朝江山这么快就要亡了吗?

就在这时，一位豪杰挺身而出，挽狂澜于既倒，稳住了局面，拯救了危局。这个人就是于谦。于谦的名字，是与北京保卫战联系在一起的。

受命于危难　力稳大局

土木堡之变后，与群臣同样六神无主的皇太后随即让英宗之弟郕王监国，代行皇帝职权，把担子交给了这个本就显得懦弱的藩王。

第二天，郕王强打精神，召集群臣议事。不想朝堂之上，大家却失声痛哭起来，把郕王哭得六神无主，胆战心惊。好容易大家哭够了，有人站出来求南迁避祸，还说这是天象所示。一时间一些胆小怕事的人也随声附和起来，大家相继奏言道：现在京师老弱残兵不满十万，怎么能挡住也先的铁骑，不如干脆以应天象，暂时迁都到南京避一避风头。

正在这群懦夫放言无忌间，兵部侍郎于谦挺身而出，厉声喝道：“建议南迁的人应该杀头！北京是天下的根本，一动则大势即去。你们不知道当年宋朝南渡的事吗？请召集勤王兵马，誓死守卫京师。”

于谦一番义正词严的话，极大鼓舞了那些有心抗战的大臣，而那些刚才附和南迁的大臣闻言也不由得羞愧地低下了头。

郕王被于谦的话感染，决心抵抗。于是，派于谦负责筹划抗敌保卫京师之事。

于谦是浙江钱塘（今杭州）人，少有大志，勇于任事，常以文天祥为榜样，矢志报国。他言志的《咏石灰》诗“粉身碎骨浑不怕，要留清白在人间”之句，生动地表达了他一生的志向。中进士后，为官清正廉洁，政绩卓著。时任兵部左侍郎，由于尚书暂缺，故主持兵部。在此国家生死存亡之际，他毅然挺身而出，担起挽救危局的重任。

于谦知道，要想保卫京师安然无恙，有两件大事必须首先办：一是筹粮，二是招集兵马。当时，明朝在通州储有粮食一百多万石。如果不赶紧取回，很可能就会资敌，但官府一时又没有那么多车辆人手。于谦想了个好办法，他一面下令让应天府集中所有车辆运粮，一面通知所有在京的文武官员自今年九月到明年五月的禄米，统统预先到通州支取，让这些官员自行运粮。同时，通告凡京城有车的人家，能从通州运米二十石者，赏给脚钱一两。这样一来，通州的储米很快就都运进了北京。手中有粮，守城就有了底。

在筹划运粮的同时，于谦马上派人整顿北京的兵马，安抚土木堡逃回的败兵；传檄各地勤王人马，火速赶赴京师。命令一下，河南、山东、江北等地的军队纷纷赶赴京师。得了这几支生力军，京师守备力量大大增加，慌乱的人心逐渐稳定了下来。

清除王振余党　整顿全国防务

太监专权已经成为明朝中叶以来的一大弊病，有识的朝臣莫不对此深恶痛绝。此时，王振虽死，但其党羽尚在，这些人仍旧把持厂卫，挟制群臣，作威作福。这些人不除，要想团结抗敌，是不可能的事情。

土木堡之变，说明王振误国已是不争的事实，群臣借此机会，要求彻底铲除其余党，消除宦官擅权的恶政。一日，待郕王上朝时，群臣一致要求将王振全族诛灭以安天下，当时朝堂之上，群情激愤，气氛十分紧张。郕王是个没主意的人，见状张口结舌，说不出话来，起身退入午门。群臣不顾太监的阻拦，一涌而跟进。郕王无奈，只好传令锦衣卫指挥使马顺去抄王振的家。可大臣们说马顺也是王振同党，应该派御史去。太监金英传旨让百官退下，群臣怒不可遏，涌上去要殴打金英。这时，马顺又要起旧日的威风，大声呵斥百官。大家一涌而上将马顺揪下来一顿暴打，结果一命呜呼。郕王哪里见过这个阵势，直吓得浑身打战，转身要跑。于谦一把拉住郕王，让他稳住，说王振罪大恶极，不这样不足以平民愤，大臣这样做，都是为了大明江山，没什么别的意思。

郕王这才定下神来。群臣意犹未尽，还要打王振另外两个余党。太监金英这时吓得魂都没了，只求不牵连他，什么都好说，忙把那两人也推出来。群臣又是一通乱打，这两人也死于阶下。这时，朝堂上一片狼藉，于谦赶紧劝说群臣再勿动手，后让郕王传旨，将王振之侄锦衣卫指挥王山抓来，并告诉群臣说他们的所为无罪，马顺等人罪有应得，打死勿论，让百官各归其位，这样才平息了事端，众官拜谢而出。尔后，郕王又传旨抄了王振的家，将王山凌迟处死，其族属不分老幼，全部处死。这样一来，长期受到宦党压抑的士气为之一振，全国军民精神亢奋，在于谦调遣下，投身于抗敌斗争中去。

清除了朝廷的奸党，于谦又开始整顿由于也先入侵和土木堡惨败而造成的混乱的边防，重新选兵派将，充实边关，并将南京武库的武器大部取到京师，分发边关和京城守卫军。经过一番苦心孤诣的安排调整，总算粗略地将防务整顿起来，一堆烂摊子有了个眉目。

另立新帝　击退瓦剌

明英宗落到瓦剌部手里，于谦知道瓦剌首领肯定会利用他来做文章。英宗被掳到现在，已经有一笔赎金交了出去，可是，财去人空，狡猾的也先不肯轻易放他的猎物脱手。

从另一个角度说，国不可一日无君，让郕王仅以监国身份当家，名不正言不顺，事事多有不便。为了打破也先挟英宗要挟明廷的阳谋，也为使朝廷政务得以顺利畅行，于谦率群臣上表皇太后，要求立郕王为帝。

皇太后同意了群臣的请求。可是郕王却是个从不想当皇帝的主儿，他推了再推，无奈只得坐上了皇帝的宝座，改元景泰，遥尊英宗为太上皇，是为景帝。

为了弥补土木堡惨败的损失，于谦奏请景帝，派遣得力官员到各地养兵，并招募民夫替换下沿海漕运的明军，来充实北京的防务。同时，令工部负责征集器材，打造兵器，尤其是赶制守城用的红夷大炮，再次加强紫荆关、居庸关及大同的守备。不到三个月时间里，由于于谦的调遣得当，北京防务已有焕然一新的景象。但是，毕竟损失过于惨重，北方的精兵几乎片甲不存，而且瓦剌的第二次进军也来得太快了。

京城鏖兵

正统十四年（1449 年）十月，秋高马肥，蒙古瓦剌部也先有了英宗这一“奇货”，再次向明朝开战，兵分两路，一路为偏师，由脱脱不花率领骑兵五万进攻居庸关，而自率主力过大同，经紫荆关直趋北京。

也先这次南下，本是打着奉还英宗的名义，可是到了大同，守军却回答他们已另立新君，不买也先的账。也先见大同守备森严，不易攻破，遂绕过它，在投降瓦剌的朝廷宦官喜宁的引导下，袭取紫荆关。紫荆关守军兵不甚锐，遂被蒙古军攻破，守将战死。不久，瓦剌大军抵北京城下，将北京合围。

还在瓦剌军僵持于大同之际，于谦已得到前方的战报。他知道由于时间太短，边防的空虚尚未弥补，瓦剌很可能会打到北京，于是下令北京戒严，做好一切迎战准备。

景帝命于谦总督各营兵马，全权负责北京防务，授予他尚方宝剑，准其先斩后奏。

于谦召集众将，商议战守之策。有人建议收兵入城，尽闭九门，坚壁清野。于谦不同意这种观点，认为敌人的气焰本来就很盛，这样做会使他们气势更张，而且闭城防守太消极，不利出击。所以，下令将全部守军 22 万人分列于九座城门之外，背城与敌决战。自己独率一军列阵于德胜门外，挡住瓦剌主力。下令将城门全部关闭，无论如何不许入城，与各军下达死命令：临阵时，若为将者退，斩其将，士兵不顾将先退，后队斩其前队！各营将士知道这是死战，有进无退，所以人人都抱着必死的决心。于谦全身披挂，亲临战阵，来往巡视，鼓励将士为国杀敌，保卫京城。

也先大军进抵北京，原以为土木堡之战已经将明朝吓破了胆，而且剩下的老弱残兵不堪一击，所以一到北京郊外，就派一支骑兵杀奔

彰义门，结果被门外列阵的明军一举击退。这才令也先觉得事情有些麻烦。第二天，叛徒喜宁建议让明廷派人来接英宗，也好探听虚实。

也先从其计，通知明廷派人来接英宗。景帝遂派使臣前去。可是，到了瓦剌营帐，也先又嫌使臣官小，要求让于谦来，并索取大量金帛财物。这明显是一种计谋。于谦拒绝了也先的要挟，告诉也先，要打就打，没什么话说。

也先施计不成只好动武。于谦求之不得，派出一支骑兵前去诱敌，命派大军埋伏在德胜门外的空房里，布列大炮与火箭，专候敌人上钩。

明军一小队骑兵刚一出击，骄狂的瓦剌骑兵就迎了上来，烟尘滚滚，足有一万多骑。明军转身就撤，直把敌骑引到伏击圈，只听一声炮响，明军万箭齐射，铳炮骤鸣，将瓦剌兵打得人仰马翻。继而伏兵四起，冲了上去，一顿大砍大杀，瓦剌军大败，也先之弟也中炮身亡，剩下的残兵慌忙夺路而逃。从此再也不敢碰德胜门。

瓦剌转而进攻西直门，数万铁骑直扑上去，前赴后继。守将孙镗迎战不利，想要退入城中，但是督战的监军却执意不开城门，并从城上发炮助阵。孙镗见入城无望，遂返身死战，双方缠在一起，难解难分。于谦闻报，急调兵马来援，一时三路援军齐到，夹击瓦剌，遂大败之，稳住了西直门前线。

瓦剌军两番失利，不免恼羞成怒，集中力量进攻彰义门。战斗进行得十分激烈，阵地几次失守，又几次夺回，双方你进我退，喊杀声震天。最后，守将副总兵武兴中箭阵亡，瓦剌军攻至土城。由于土城一带房屋较多，街巷纵横，瓦剌骑兵行动不便，当地居民爬上房顶搜石助战，明军援兵又至，几下一攻，瓦剌军遂退。

也先挥兵攻了五天，天天损兵折将，结果连城门也没摸到，不免锐气大减。眼见得明朝兵将越战越勇，老百姓也自动组织起来，运送粮食弹药，袭击敌军。居庸关方向进攻的瓦剌军被挡在长城外，怎样也无法前进一步。天寒地冻，守军将水泼在城墙上化成冰障，瓦剌军攀上去滑下来，损失惨重。守将罗通还不时乘夜开关偷袭敌营，弄得瓦剌军战也不是，退也不是。

也先闻知各地援军正在向北京靠拢，而北京又坚如磐石，以英宗为要挟也达不到目的，遂挟英宗先退。于谦闻知也先欲退兵，英宗已不在军营，命明军用大炮猛轰瓦剌军寨，瓦剌军死伤万余。明军乘势出击，大败敌军，追回了许多被瓦剌掳走的百姓和财物。北京保卫战，以明朝的胜利告终。

由于于谦等人的处置得法，瓦剌见押着英宗也毫无益处，遂于第二年被迫送还英宗，恢复与明的互市贸易。于谦继续加强边防，整训军队，增修边墙，遂使明朝北边日益巩固。与此同时，瓦剌内部由于这次进攻失败而纷争不已，最后爆发内乱，四分五裂，从此衰落。

英宗回京后，日谋夺回皇位，乃于景泰八年（1457年）勾结当年主张南迁的官僚和部分宦官，乘景帝有病，发动夺门之变，再复帝位。英宗复位后，首先恩将仇报地把于谦处死，一代功臣良将，竟死于昏君之手。于谦死后，英宗尽废于谦备边措施，从此西北边患又再度生起。

简评

土木堡之变之前，若论实力，明朝明显优于瓦剌。土木堡一役明朝精兵尽折，强弱之势发生转换。但是，瓦剌并没有力量攻下北京，更休谈灭掉明朝。不过，如果明朝没有人出头，勇于任事，组织防备，或者像一些官僚那样，惊慌失措，未战先逃，那么北京倒也有可能沦于瓦剌之手。

也先本打算乘明朝大伤之际，迅速攻占北京，因此居然不带辎重，绕过大同，不待另路大军会合就贸然开战，实在是低估了明军的实力。

明军在于谦调配下，实力的确恢复很快。虽不足以与瓦剌野战，但据垒而守却绰绰有余。当时的明朝实力尚在，老大帝国确非瓦剌等游牧部落可比，只要有能人出来领导，潜力之发挥，非瓦剌部所能想象。也先之失算，就在于此。

北京保卫战，双方都没有用什么诡谋奇变，只是硬碰硬地攻防厮杀。于谦将明军摆在城外的战法，实际上有利有弊。利在可以督军死战，还可以有所缓冲；弊在缺乏有利的城垣依托——这对于制伏骑兵来说很重要，而且兵力分散四门，不利居中安排预备队支援。幸好也先骑兵攻坚力量较差，所以北京无虞。

收复失地——郑成功收复台湾之战

自1644年清军大举入关以来，明朝的残山剩水在八旗兵的铁蹄下日见萎缩，虽有忠臣义士挺身而出，但更多的是误国的奸臣以及无耻的汉奸。南明几个小王朝先后瓦解，眼看明朝江山就要改换姓氏，化为爱新觉罗氏的私产。但是，在东南沿海，还有一位豪杰之士，手握重兵，硬是不肯向清兵低头，在几次北伐失利后，决定攻下当时为荷兰人占据的台湾岛，准备以此为基地，长期与清朝对峙，待机反攻。

台湾本来一直是中国的领土，早在三国时期，东吴政权就控制过该岛。宋元以来，一直设官管辖，派兵据守。明中叶以后，政治昏暗，边备不修，遂让西班牙及荷兰殖民者占据了宝岛。逐渐地，荷兰人的势力超过了西班牙人，占领了整个台湾，修建了台湾城、赤嵌城以及从西班人手中夺来的鸡笼城要塞，设立总督府统治全台。

荷兰人的统治是一种赤裸裸的殖民统治。他们把台湾人当作不开化的“土人”加以奴役，拼命掠夺台湾的财富，因此激起了台湾人民的强烈不满，日夜盼望着祖国大陆能早日收复台湾，驱逐殖民者。

战前态势

准备收复台湾的郑成功当时手下有 72 镇陆军、20 镇水军，以镇千人计，共有兵力近 10 万人。郑成功的水师有战舰 300 多艘，但船的吨位较小，火炮只每船两门，口径也较小。不过，郑成功以海为家，他的水军个个水性极佳，骁勇彪悍，富有水战经验，具有很强的战斗力。

郑成功的敌手荷兰殖民者当时有兵 4 000 余人，战舰几十艘。后来，在印尼的荷兰军又增派 600 余人来台湾，使总兵力达到近 5 000 人。荷兰人的装备精良，大炮口径大，准确性高，步兵武器也普遍优于郑军。其战舰吨位大，每舰几十门上百门大炮，布在两舷，火力极强。荷兰当时是殖民强国，在全球到处称霸，有“海上马车夫”之称，可见其海军之强。

荷兰人闻说郑成功将要进攻台湾，虽然感到有些不安，但是并没有真的把郑军放在眼里。不过，本着欧洲人的做事习惯，他们还是做了一些准备。他们加固了在台南的城堡和要塞，在台湾城贮存了大量的军火、粮食和其他军用物资。为了防止把布防的情报泄露出去，他们不准商船出海，不准渔民出海打鱼，更不准台湾人与大陆有任何联系，甚至还把居民中有威望的人抓起来，关在城堡里做人质，以控制当地老百姓。当然，荷兰人的禁令并不十分有效，对于偌大的台湾岛来说，他们的兵力实在是太少了。

在荷兰人准备防御的同时，郑成功也在紧锣密鼓地对军事进攻进行策划与安排。他不断派人对台湾进行侦察，还不断从台湾人那里获得情报。吉人自有天助，这期间他得到一个人的帮助，这个人曾是他父亲的部下，后来在台湾给荷兰人当过翻译。通过他，郑成功了解到了荷军在台的堡垒要塞设施、兵力分布以及战舰的性能等重要情报，为他制定进攻台湾的战术提供了可靠的依据。

为了进攻台湾，郑成功先将兵力移到厦门一带，以一些陆军对清军设防，免除后顾之忧。然后，集中水师及一部分陆师进军金门，以金门为据点，进攻台湾。他的方针是，先占领澎湖，然后以此为跳板，通过鹿耳门港，迅速登陆，分兵切断台湾城与赤嵌城两大要塞的联系，各个击破，最终拿下全局。

初战告捷

顺治十八年（1661 年）三月，郑成功在金门誓师。在隆重的“祭海”仪式上，郑成功高举酒杯，把满杯酒洒入大海，宣誓此行一定要将台湾从红毛夷（指荷兰殖民者）手中夺回来。宣誓完毕，数百条大船乘风破浪，向台湾进发。大军共有水师二万人，陆师五千人。

四月初，郑军顺利占领澎湖，然后乘涨潮之际，在当地人民的引导下，迅速登陆，占领鹿耳门内的禾寮港和北线尾的桥头堡。

荷兰守军闻知郑军登陆的消息，马上派出水陆两支部队前去抵御。坐镇台湾城的荷兰总督揆一十分狂妄，叫嚷：“凭我们高大的战舰，精良的武器，怎么会怕那些只有弓箭和大刀的中国人？我们一个荷兰士兵就可以抵上 30 个中国人，我一定让他们尝尝我们的厉害！”

四艘荷兰战舰杀气腾腾地驶向鹿耳门海域，其中最大、最重、拥有上百门火炮的“赫克托”号担任主攻舰。它们一露面，就向郑军水师发起猛攻。早有准备的郑军水师立即从四面八方围了上来。虽然它们船小，炮少，但它们船数众多且灵活，一齐向“赫克托”号开火。虽然有些船被打沉了，但其他船仍然向大舰逼近，直到它的火炮死角。英勇善战的郑军水兵把几只装满火药的小艇钉死在敌舰的舰舷上，点上火种。只听一声巨响，火药的爆炸引爆了“赫克托”号的弹药舱，这艘巨舰断成两截沉入海底，如同以此命名的那个特洛伊英雄那样，在更英雄的英雄面前送了命。

主力舰一命呜呼，其他舰只马上转头就跑。但是，郑军水师怎么能放过它们，一阵紧追，又击沉两艘。海战，郑军大获全胜。

在陆路，郑军胜利也同样干脆。荷兰军在贝德尔上尉率领下，180名荷军乘船在北线尾登陆，拖着炮车，向郑军反击。不想被郑军打个埋伏，连官带兵统统成为刀下之鬼。

水陆两军全部失利，荷兰总督一下子没有了当初的狂劲，再也不敢把几百人派出去与郑军交战。台湾城与赤嵌城完全被分割包围。郑军决定先集中力量对付赤嵌城。在水源被切断和猛烈的炮火轰击下，五月，走投无路的赤嵌城守军向郑军投降。郑军第一阶段战斗任务顺利完成。

最后决战艰辛

如果说进攻台湾的初战尚属十分顺利的话，那么接下来围攻荷兰人最多的要塞台湾城的战斗就要艰巨多了。

台湾城是荷兰人经营多年的要塞，他们称之为热兰遮堡。面积达2 500多平方米，高10多米，共分三层，还设有地堡。城墙系用糖水调灰垒砖砌成，坚固异常，按当时的火炮水准是不易轰垮的。城的四角向外突出，共安放火炮20门，南北各有千斤巨炮十门。荷兰军的火炮射程远，威力大，而且落点准确，可以用炮封锁各条通向城堡的道路。城中贮有充足的弹药、粮食及其他军用物资。攻下它，有很大的难度。当时，荷兰人修筑此堡就是打算万不得已时据堡死守待援，据此最后打败来进攻之敌。

郑成功占领赤嵌城之后，一度比较乐观，把司令部移到一鲲身岛，着手布置进攻台湾城，同时两次写信给揆一劝降，揆一置之不理。此次郑军进攻一再受挫。荷兰军队的火力太猛，郑军几次进攻均被打退。有时连集中兵力的地点也遭敌炮火轰击，损失惨重。得意的荷军还数度从城中冲出，妄图夺取郑军的大炮。

郑军连续作战，弹药消耗殆尽，部队伤亡很大，战局呈胶着状态。

面对这种局面，郑成功马上调整作战部署，改急速进攻为长围久困。一面火速从大陆调拨弹药及有力部队增援，一面抽出部分兵力屯田开荒自给。一边监视敌人，一边开荒种地，以示持久围困之意。这样，既解决了军粮不继的问题，又可以从精神上摧垮荷军的意志——比比看谁能熬。

这一下荷兰总督有些心慌，开始放下架子，表示要与郑军谈判，但他又没有诚意，双方打打谈谈，谈谈打打，拖延时间。早在赤嵌城陷落时，揆一就派出了“马利亚”号通讯快船前去印尼本部求援。印尼总部马上派出十艘战舰和士兵700人，由雅科布·考乌率领，前来救援。

当援军抵达台湾城时，总督揆一的气焰又炽，马上调兵遣将，分兵三路，向郑军反攻。先以舰队进攻郑军水师，以图断了郑军的后路。继派两艘战舰绕到郑军炮兵阵地之后的海面，以火炮摧毁郑军大炮。同时出动步兵3 000人，向正面围攻台湾城的郑军大肆出击，妄图一举打垮郑军。

战斗首先在海上打响。郑成功亲自登舰指挥，众多的郑军小船将敌战舰团团包围，万炮齐轰。郑军水兵又泅水至敌舰，登船放火。这一仗共击毁、烧毁敌舰两艘，俘获小艇三只，荷海军损失过半，余下的仓皇退回。

海战的失利，压得其余两路进攻之兵不再敢露头。揆一的反攻计划就这样雷声大雨点小地结束了。

揆一实在没有办法了，遂生出最后一计，让援军司令雅科布·考乌率五艘战舰去攻袭厦门，并伺机与清军取得联系，准备与清军联合夹攻郑成功的基地。可是，荷兰舰队刚行至澎湖就遇到大风，考乌实在没有勇气继续前进，遂弃揆一于不顾，擅自领兵逃回了印尼。

这下，荷兰总督陷于外援断绝的境地，守军上下笼罩着悲观、沮丧的气氛。

这时，郑军对台湾城的围困越来越收紧。他们不顾荷军炮火的袭扰，在台湾城修起工事，并高高筑起了三座炮台，安放了 28 门巨炮，在台湾城周围挖了一道又一道壕沟，荷军要想突围是不可能了。

康熙元年（1662 年）一月，在被围困了半年之久的台湾城周围的郑军阵地上，万炮齐轰，杀声震天，郑军的总攻开始了。郑军的巨炮将台湾城突出部的乌特利支堡轰开了一个缺口，郑军蜂拥向上，占领了该堡，然后在堡上架设大炮，向城中轰击。

这时，揆一才感到不能再守下去了，否则手下这几千名士兵就会全部葬身火海。于是，令士兵打出了白旗。

二月一日，受降仪式在台湾城火烧场举行。那一天，郑军将士铠甲鲜明，刀枪雪亮，旌旗招展，海风猎猎，灰头土脸的几千荷军在揆一率领下，放下武器，走出城堡，向郑军投降。揆一毕恭毕敬地将一把大钥匙交给郑成功，表示献城，然后又解下佩剑，交给郑成功，以示解除武装。

至此，被荷兰殖民者盘踞了 38 年的台湾又回到了中国人手中。

简评

郑成功收复台湾之战，郑军军力虽占优势，但荷军武器精良，枪炮战舰已与郑军不在一个档次上。荷军的战略意图，就是凭借其炮、舰优势，先阻敌于海上，继而据城坚守，待进攻之敌有较大伤亡后，与援军合而击之。

郑成功此行，动用他水师与陆师的全部精锐，以及全部的巨炮，志在必得。两次海战，由于是在近海岛礁附近进行，荷舰船大炮的优势不能尽情发挥，反被众多小舰以烧船术击溃。海战之胜，可见郑军水师之锐，善于以劣势装备打败武装精良的敌军。

海战失利，寡不敌众的荷军只有退守城堡之一途，基本上援兵不可能指望。而印尼总部兵力有限，杯水车薪无济于事。加上天公不作美，围魏救赵之计也未施展出来。在久困之余，只有投降之一途。

郑军成功首先赖其精良善战的水师。这种纠缠战法，以火船烧敌，在铁甲船问世之前还是有效的。其次，赖其厦门基地源源不断的军火粮食的接济，尤其是运来攻城巨炮，能够震破敌胆有赖于此。

荷军守台湾城要塞，始则弹药充足，可以凭精良火器逞威，久之弹药不继，只好看着郑军修堡筑台，安放巨炮。实力对比，优胜在有消耗有补充的一方。此役荷兰倒是屡出诡计，奇正并用，虚虚实实。可是，郑军只以平常战法回击。荷军之巧反误了自家，出击一次损失一次。兵谋不可滥用，滥用巧计，反不如平平实实，实用可靠。

第十四章 愚战例——失败的教训

● 愚蠢的人往往自诩高明。

● 蠢人论战，结果就是愚战。

● 愚战害己，更害人，千百万人头落地，只换来战史上的教训，后人传为笑柄。

在战争中，经常有这样的情况：一方的胜利并非由于其实力强大或动用了高超的谋略，而仅仅是出于对方的重大失误。在体育比赛上，这叫作对方失误送分。有时，对方的失误也可能是由于对手运筹帷幄，巧施迷雾所致；但在有些情况下，一方的失误或愚蠢仅仅是出自他们自己固执一己之见和不顾实情的主观判断。我们把后一种情况称为“愚战”。

愚战于兵学也很有意义。因为它能告诉人们一些教训，指出战争中哪些是不该犯的常识性错误。俗话说，一将成名万骨枯。事实上，兵学也是在士兵的白骨堆上建立和发展的。人们企盼巧战的辉煌，但却更应该牢记愚战的沮丧。也许，后者才是每个有志于兵学的人的首要课程。幻想成功之前最好先看看人家怎么失败的，勿使后人复笑后人。

宋襄公式的仁义——宋楚泓水之战

春秋时，诸侯争战，齐桓公脱颖而出，称霸中原，一时间代周天子做了中原诸侯的当家人，外驱戎夷，内平诸逆，南征蛮楚，一时威名赫赫，四方景仰。

后来，齐国贤相管仲一死，不免国事日非。再后来，佞臣用事，把垂死的齐桓公困死于宫中，世子昭出奔宋国。宋襄公集卫、曹、邾三国国师奉世子昭伐齐。

伐齐军事，因齐国诸贤臣内助，进行得十分顺利，很快就攻克临菑，使齐世子昭复国。

宋襄公是个志大才疏之君，一直羡慕齐桓公霸主地位，幻想有一日也能如此风光。加上宋国原是殷人之余，爵位是公，位列诸侯之上，虽长期以来，国弱势微，但在仪式、文化制度上却号称文献之邦，为各国所效法。宋襄公不知不觉也有了优越感，认为自己位为上公，理应代齐为方伯，做一代霸主，名显于诸侯。

这次侥幸地奉齐世子回国，打了胜仗，心想齐是霸主，今天却由我来定君复国，那么由我来接续霸业不是理所当然的吗？于是，便想号召诸侯，代桓公为盟主。令人传檄各国，要在曹国之南会盟。

宋襄公这个念头刚出，引来国中重臣公子目夷，也就是人称子鱼的劝谏。这个子鱼是宋襄公同父异母的兄长，本来他们父亲想要传位于子鱼，但子鱼认为襄公是嫡子，把国让给了他，因此襄公让他为上卿，很是倚重。

子鱼说，我国与齐相比，国土狭小，人才缺少，兵力也差得远，没有那个实力当霸主，还是收下心来，好好治国，徐图进取才是。

可是，宋襄公野心一起，哪里肯收，执意要过盟主之瘾，遂与诸侯盟于曹之野。

会盟致辱

宋襄公下了会盟帖子，没人响应，只有曹、邾、滕、鄫几个小国还算给面子，到了会场。可是偏偏滕、鄫之君却又迟到了。宋襄公霸主还没做，脾气倒是很大，下令把迟到的滕君扣了起来，把来得最晚的鄫君一刀杀掉，当了祭祀睢水之神的牺牲。结果，曹共公一见寒心，遂不辞而别。宋襄公马上发兵攻曹，双方战了个平手。曹国为了避免更大的麻烦，遣使求和，宋国总算是压服了曹国。这时，宋襄公却听说楚国约了齐、鲁、陈、蔡等国在齐会盟，心下着急，急向臣下征求对策。

公子药给他出主意说，眼下楚国势力最强，诸侯都有点怕它。我们不妨卑辞厚币，请求楚王出面，大会诸侯，然后开会时再借诸侯之力来压楚，这样就可以成就霸业了。

这种主意很明显是一种非常愚蠢的想法，借楚召集诸侯自然可以办得到，但下一步怎么可能借诸侯去压迫楚国？当时子鱼就认为此计不行，可比公子药还蠢的宋襄公，居然听从了公子药的建议。

公子药奉命厚礼来见楚成王，成王答应了以他的名义召集诸侯。于是，公子药东奔西走，总算让齐侯也答应了，约定于来春宋、齐、楚三国先在鹿上会盟。

到时候，宋襄公早早就来到了鹿上，筑起盟坛以待诸侯。齐侯先到，两下寒暄已毕。因宋襄公自以为扶齐有功，不免面有得色，让各诸侯看了不舒服。又过了二十天，楚成王才姗姗而来，各国国君齐登盟坛。宋襄公居然以盟主自属，歃盟时先执牛耳，并不谦让。歃盟已毕，宋襄公说：

“我打算会合诸侯共扶王室，想借二君之力相助，到敝国盂地开个大会，日子就定在七月，如何？”

然后，拿出早就拟好的通告径直递给楚成王，让他签字。齐侯见了，心中更不是滋味。楚成王接过通告一瞧，只见上面写着尊王攘夷的大道理，而且还注明学齐桓公的样子，开所谓“衣裳之会”，就是不准带武器与会。楚成王阅毕，微微一笑，签了字。齐侯见宋襄公势利眼，反借口国势不振、微不足道而拒绝签字，而襄公却当人家是真心话，竟未以为意。

楚成王回国之后，将这次小会盟之事告诉了令尹子文，子文怪他为何要答应会盟。楚成王认为，这正好是称霸中原发号施令的机会，有宋国为我们张罗，到时候反而我们当家，何乐而不为！于是与成得臣等安排甲士，准备届时劫盟。

会盟的时间快要到了，宋襄公预先在盂地筑好盟坛，修好馆舍，仓中储好粮秣，一切安排极尽华丽丰厚，一心要做这个盟主，尽地主之谊。

时间一到，各国诸侯陆陆续续都到了，大家登坛，宋襄公以地主身份讲了几句话，然后意思让大家共推盟主。说完，拿眼睛直瞧楚王。楚成王装着没看到，站起来说：

“今天这个会倒是不错，那谁当盟主好呢？”

宋襄公说：“当然先看功劳大小，若无功劳就按爵位排吧！”

楚成王说：

“我已经当了很多年的王了，宋君是公，但公总大不过王去，寡人占先了。”

说完一屁股走过去坐在盟主的位置上。

宋襄公本以为这回盟主是自家包定了，见状大惊，急忙嚷道：

“你那个王是自封的，可我这个公却是周王封的。”

楚成王把脸一沉，说道：

“既然你知道寡人这个王是自封的，那你找寡人来做什么？”

宋襄公一见楚王动了怒，不免有些气馁，嗫嚅着说：

“不是上次会上约好的吗？”

这时，楚臣成得臣站了起来，厉声大叫：

“今日之事，但问诸侯，你们来此是为了宋而来呢，还是为了楚而来？”

“我们委实是奉楚之命，不敢不至。”

楚王听了，哈哈大笑：

“听见了吗？你还有什么可说！”

宋襄公还想争辩，只见成得臣把手一招，随行楚王的五百人一下子卸去外衣，露出铠甲，手执暗器，蜂拥而上，把宋襄公团团围住。

子鱼见不对头，寻路走脱，疾回国都准备应战去了。

宋襄公被楚成王拿住，楚王当着众诸侯一一数落他狂妄自大，杀鄫侯祭神之罪，然后迫令诸侯随着楚军向宋都睢阳开进。可怜宋襄公煞费苦心，耗费钱财，到头来却落得一场大羞辱。

“仁义”丧师

楚军挟宋襄公伐宋。谁知子鱼已归，国人奉为新君，整顿兵马，已做好准备了。楚将到睢阳城下，高叫开门，可城上守军却射下一阵箭雨。楚人大怒，说你们再不投降，就把你们的国君杀了。守军答道，我们已经另立新君，随你们怎么处置。楚军不得已兴兵攻城，可折损了一些后也攻不上去。

楚王见攻不下宋都，遂授意鲁国为宋襄公求情，自己再卖个人情放了他。宋襄公得了自由，听说国内已立新君，就想避走他国。可是，子鱼派人来迎，又把国君还给了他。

其后，郑国国君张罗着大家与楚王会盟，尊他为盟主，于是大家各自回国。

宋襄公费尽心机受了一顿窝囊气，怨恨之情，痛入骨髓，但是又无力报仇，只好把一肚子怒气都撒在郑国头上，怪他们不该张罗让楚王当盟主。正赶上郑国国君去朝见楚王，这下子给了他口实。他认为郑国世受周王之恩，不去朝周王却去拜蛮楚，真是该打。于是，亲自领兵，兴师伐郑。

郑君闻知宋军杀到，一面组织人抵抗，一面遣使向楚告急。楚王即派成得臣率大军直接伐宋，以救郑国。

宋襄公闻知楚军来攻，立即撤兵回国。扎营于泓水之南以拒楚。大臣公孙固说：

“楚师之来，就是为了救郑，现在我们已经撤兵了，正好可以与楚讲和，何必要打他呢？”

宋襄公说：

“当年齐桓公就兴兵伐楚。现在我们不去讨伐它，它自己送上门了，不战何以继承齐桓公的事业！”

公孙固说：

“我国是亡国之余，甲不如楚国坚，兵器不如楚国利，士兵不如楚国强，士气也不如楚国壮，哪儿有什么本钱与人家作战呢？”

宋襄公说：

“楚人兵甲虽然很锋利，士卒固然很强，但他们仁义不足；而我们兵甲不足，仁义有余，可以仁义胜之。”

说完下令制大旗一面，上书斗大的“仁义”二字，立在阵前。

第二天，宋军到泓水之南，专候楚军。楚军恃强，大白天就大摇大摆地渡河。子鱼见状，马上对宋襄公说：

“楚人轻敌大意，居然敢在我军眼皮底下渡河，我们趁其忙乱，半渡而击之，定能获胜。不然，敌众我寡，恐怕敌不住他们。”

宋襄公一指大旗说：

“你没看见上面‘仁义’二字吗？仁义之师哪有乘人家半渡而击之的道理！”

一会儿，楚军已全部渡了河，正在乱糟糟地忙着列阵。子鱼又说：

“楚人正在列阵，我们趁乱进攻，还有获胜的可能。”

宋襄公说：

“不行，你怎么能贪一时之利，而不顾万世仁义呢？寡人堂堂之阵，怎么能进攻不成列之师？”

待到楚人列阵已毕，一切准备好了。宋襄公这才下令出击。宋军哪里是楚军的对手，一通鼓下来，已经被杀得七零八落。几员大将拼命保着宋襄公突围，他的腿上还中了一箭，那面“仁义”大旗，连同宋军的车辆甲仗，都成了楚军的战利品。

子鱼驾着车载着宋襄公拼命往回跑，好容易脱离了险境，回望宋襄公那副狼狈相，就问他：

“你所说的以仁义打仗就是这么回事吗？”

宋襄公到了这时仍然不悟，一本正经地对子鱼说：

“讲仁义打仗就是不去伤害已经受伤的人，不去擒拿那头发花白的老人，我以仁义行事，至死也不干那些乘人之危的事。”

子鱼长叹一口气，恨恨道：

“如果你怕打伤别人，那还不如干脆不打；如果碰到头发花白的人就不抓，那还不如让他抓了你去。”

简评

宋襄公面对的楚军是一支骄兵，虽实力较强，但屡犯致命之错误，先是在人家列好的阵前渡河，继而乱糟糟地排阵。这两个机会，宋军抓住一个，宋楚泓水之战的结局就会是另一种样子。可惜，宋襄公却偏要打着“仁义”的旗号干比敌人还蠢的事。

况且，宋襄公的“仁义”也是虚伪的招牌而已。如果真要行“仁义”，为何仅仅因为迟到就把一国之君杀了当牺牲？“仁义”不过是他借以求霸的工具。可惜没有人买他的账，这块招牌也只落得倒在地上任人践踏。

宋襄公所为，今天看来虽然是个笑柄，但以当日而论，他的迂腐也不是完全没有根据的。在春秋之前，古兵法中，的确有“不鼓不成列”即不攻击未列好阵的敌人的说法。在那时，战争更像是文明的决斗，需要堂堂正正，排好架势正正经经地你一刀我一枪地打，胜的一方适可而止，输的一方也不会被斩尽杀绝。但是，春秋以来，天下大乱，过去的章法已经没人再照办了，更何况是面对处于蛮夷地带的楚人。所以，宋襄公不听子鱼之言，恪守古训，真是自讨苦吃。

灭此朝食的狂妄——晋齐鞍之战

威名赫赫的中原五霸相继谢世，诸侯混战，大浪淘沙，也终于呈现出较为清晰的格局。晋、齐、秦、楚四国变成了雄立于中原的四位巨人，尽管你弱我强，此消彼长，但是一时谁也吃不了谁，春秋进入晚期。以后的历史将围绕着这几个大国展开。

晋国自与楚交战，大败于邲之后，国势日削，不复有控制中原的能力。晋景公继位之后，广揽贤才，内修政治，外敦睦好，有心恢复当年晋文公全盛之时的状态。但是，晋国久乱，一时积重难返，恢复起来还有一定难度。

而当时的齐国却处于境况良好之态。齐国自齐桓公以后，一直没有大的波动。它处于东海之滨，不像晋国那样直接面临楚秦的压力，凡事能缩手就缩手，因此获得了几十年和平发展的机会，国力十分强盛，国都临蓝之富庶，人口之众多，为诸国之冠。

这时齐国的君主齐顷公是个强悍好武之君，乘晋、楚、秦三家逐鹿中原之际，悄悄地吞并了不少周边小国。待到尘埃落定，大家再定睛一看，齐国已是地方数千里的大国了。

图谋恢复霸业的晋景公觉得，要想与楚国抗衡，最好的办法是与齐结成联盟。于是，他频频向齐顷公伸出橄榄枝，公元前 592 年与齐顷公在断道相会。

戏使者结怨

晋使欲至齐，正赶上鲁使、卫使、曹使也为齐国朝聘。四位使者碰到一块儿，十分高兴，先至客馆安歇，约好次日一早面见齐君。

第二天一早，齐顷公召见四国使臣。礼毕，齐顷公定神一看，不由暗暗称怪，原来这四位使臣生得各具千秋。晋使郤克，眇一目，是个独眼龙；鲁使季孙行父，是个秃子，头上一根头发也没有；卫使孙良夫却是个跛子，走起路来一脚高一脚低；曹使公子首，是个驼背，两只眼只看地。齐顷公强忍住笑，对四位使臣言道："各位暂回客馆，明日设宴招待。"

齐顷公和他的母亲关系极好，每次外面见了什么新鲜事，必定要回宫跟他母亲叙说，母子俩开心一笑。近日来，新奇事儿少一些，母亲一直郁郁不乐。这日拣了一个大乐子，他如何能忍得住，一踏进宫便大笑不止，上气不接下气。他母亲被他感染，忙问其故，他一五一十把四使的状况讲给她听，还说，你说怎么这么巧，四个人同时来到我们国家，又一同来见我。

他母亲本是个好奇之人，听他说得热闹，就要求让她见一见这"奇观"。齐顷公安有不允之理，马上说：

"一般使臣来访，公宴之后还有私宴。明天儿子设宴于后花园，诸使赴宴，必定经过崇台，母亲坐在台上，用帷帐挡着，尽管看个够好了。"

第二天，为了更好地讨好母亲，齐顷公乃于国中密选眇一目者、秃者、跛者和驼者，让他们分别为四位使臣驾车，瞎配瞎，秃配秃，跛配跛，驼配驼。大臣有劝阻的，说朝聘是国家之间的大事，应该恭敬，不可儿戏视之。但是，齐顷公不听，结果使臣过崇台，双眇、双秃、双跛、双驼，顷公之母见状乐不可支，左右侍女也一齐大笑。笑声惊动了使者，他们这才发现给他们驾车的人竟与他们的缺陷一样，知道自己给人戏弄了，不觉大怒。别人犹可，这晋使郤克却是国中第一谋臣良将，此番受辱，遂恨齐顷公入骨髓，当即发誓，此仇不报，非君子！竟不辞而别。

齐国有识之士闻之，莫不叹曰：国祸自此要来啦。

兵连鲁国

郤克回国之后，想方设法怂恿晋景公伐齐。说要想成就霸业，就得拿齐国开刀。但晋景公觉得，使臣受辱事小，楚庄王雄才大略，日夜威胁着中原，此时不可因小失大，与齐开战。如果齐楚联手，晋国难以招架。

这里郤克报仇之心虽暂时按下，但鲁、卫两国的使臣回国不久赶上变故，都开始执掌权柄。鲁国公室之衰尽人皆知，孟孙、叔孙、季孙三家权倾国中，而使臣季孙行父就是权势最大的季孙氏之首。行父掌权后，也日思报一笑之仇，遂派人与晋卫联络。时郤克正在晋执掌中军，一拍即合，遂劝晋景公联合鲁、卫两国伐齐。

这时，齐国与楚国关系很好，楚国为了孤立晋国，所以竭力拉拢齐国——这也是齐顷公不把晋使放在眼里的原因之一。晋景公觉得自己总是一厢情愿地结好于齐，却没有结果，也有些恼火，遂答应与鲁、卫联合。

鲁国在未得到晋国明确保证的情况下，执政季孙行父贸然出兵，进攻齐国。齐顷公马上反击，鲁军很快就被打得退了回来，齐军反攻杀入鲁境。这时，卫国大将孙良夫为报当日一笑之仇也兴兵伐齐。齐顷公越战越勇，分兵抵御，杀得鲁、卫两国叫苦连天，急忙向晋求救。这时，楚庄王已死，楚国新君忙于整顿内部，无暇北顾。晋景公窥此机会，决定打击一下齐国，好让它从此背楚向晋。

于是，晋景公顺水推舟，即派郤克为元帅统率兵马 6 万、兵车 800 乘前去伐齐，以救鲁、卫之急。

灭此朝食

闻知晋军出发的消息，正杀得一路顺风的齐顷公收兵回境，准备迎敌。

晋军很快抵达卫国。卫将孙良夫与鲁将季孙行父俱率兵马前来，三军会师于卫国的新筑，由晋军之帅统一指挥。大军绵延三十余里，向齐国杀来。

齐顷公一向好战，回国后选精兵 5 万、战车 500 乘，说要御敌于国门之外，不让国中百姓受到惊扰。遂昼夜兼程，长驱五百里，到达齐鲁边境的鞍地扎营。

齐军刚一下营，就有探马来报，说晋军在前面山下。齐顷公不顾鞍马劳顿，马上派人前去下战书，晋帅郤克许以来日决战。

战前，齐将高固对顷公说：

“晋齐从未交兵，不知晋人勇怯，我先去探听一下。”

于是，他独自驾车入晋垒挑战，正碰上一晋将也驾车出来，高固腾身一跃，跳到晋车上，杀死晋将，掳其车而还。他回来得意扬扬地对将士们说：

“我可以出卖我剩下的勇力！”然后又去见顷公，告诉他说：“晋军兵马虽多，能战者少，不用畏他们。”齐顷公本来就瞧不起晋军，加上刚刚打了几个胜仗，就更不知天高地厚，听了高固的话，十分高兴，厚赏之，并说：

“你们大家想立功吗，学高将军的样子好啦！”

第二天一早，居然宣布：

“我们先把他们消灭了再吃早饭！”

说罢，竟然真的不吃早饭，而且也不给马披甲，就仓促击鼓向晋军发起进攻。齐顷公自视其勇，身着锦袍绣甲，驾车挥戈，杀入敌阵。一时间，齐军蜂拥而上，如排山倒海一般。齐人善射，弓弩齐发，箭如飞蝗，晋兵死伤极多。晋军之帅郤克也被箭伤左胁，流血不止，左右驭者中箭。郤克带伤擂鼓不止，渐渐有支持不住的迹象。御者解张马上说：

“擂鼓是军中的号令，鼓停则将士们不知进退，请勉力击鼓！”

郤克遂拼命顶住，连连击鼓不止，解张与卫士以身护卫，身中数箭犹不倒。郤克又让左右一齐击鼓，一时鼓声大作。晋军只道是中军已经获胜，士气大振，奋勇争先，加上人多势众，拼命反扑过来。本来，齐军之锐过于晋军，故一冲之下晋军几为不支。但因一来跋涉疲劳，二来没吃早饭，所以后劲不足，一旦晋军顶住了冲击，反扑过来，齐军就顶不住了。齐之中军先败，齐顷公也无法再逞威风，驾车退了下来。

齐军一路退下，到了华不注山，遂据山而守。晋军追至，将山里三层外三层地围了起来。顷公见不对头，忙率残兵突围。结果，自驾的金马车被晋兵盯上，齐将逄丑父连忙与顷公换了衣甲车马，这才得以逃脱，回归本营。此时，齐三军之中，只剩下上、下两军，不得已，收兵回到临菑据城坚守。

晋军进逼临菑城下，齐顷公无奈，遣使具金币请和。郤克此时还念当日一笑之仇，非要齐将顷公之母为质方可。齐使闻之大怒，告诉郤克，齐尚有余力，一战不行再战，再战不行三战，不要欺人太甚，说罢拂袖而去。晋国将领也觉得郤克太过分，忙劝郤克收回成命，追回齐使。最后，以齐归还侵占的鲁、卫两家土地为条件，罢兵言和，从此两国竟言归于好。这也是始料未及的事，不过却正合晋景公当初的设想——联齐抗楚。

简评

晋军此役，并无谋略可言，两家正面交战，兵强者胜。齐军之锐远胜于晋，只因齐顷公骄狂过甚，先欲御敌于境外，空自劳军赶赴五百里；继而又不吃早饭，以致全无后劲，一冲不成功，遂为晋军所乘。晋军之胜，乃齐顷公送礼，齐军之败，乃自败而已。

齐顷公之过，不止为“骄”，骄兵一般不过懈怠而已，而齐顷公简直是意气用事，如二人决斗，一人自恃武技，自缚一臂。战争是危事，如履薄冰，如临深渊，方可不败；轻视对手，哪怕对手并无才略，也是危险的事。

纸上谈兵的后果——秦赵长平之战

秦昭王时代，秦国出了一文一武两位能臣，文的是范雎，武的是白起。两人将六国玩弄于股掌之上，远交近攻，攻城略地，六国日削，秦国日强，天下将有一统之势。

公元前263年，白起进攻韩国，斩敌五万，下城九座。次年，又攻下韩国的野王城，使其战略要地上党郡中断了与本土的联系，成为孤悬于外的孤城。

韩国面对越来越大的军事压力，感到力量难支，急派使臣入秦，愿意将上党献出，以换取和平。但上党郡守冯亭却抗命不遵，自己率部下把上党交给了赵国，认为这样才能转移秦国的压力。

赵国得上党后大喜，旋即派平原君带五万人马前去接收。平原君是著名战国四公子之一，门下人才甚众，但觉得还是应让冯亭为上党郡守，将带来的五万兵也交给了他。冯亭告诉平原君，上党是兵家必争之地，请回去再做准备，选兵派将增强守备，秦国可能就要来进攻了。

用间换将

平原君回到赵国之后，随即提醒赵王注意秦兵动向，不要使上党得而复失。可是，这时的赵孝成王是个昏君，只顾享乐，没把上党之事放在心上。

韩将冯亭献土以移祸赵国，这其实正中秦国的下怀。经过多年征战，韩、魏两国主力被歼，奄奄一息；而楚国也遭受多次打击，损师丧地，一时半会儿也难恢复。只剩赵、齐两国还有力量。而齐国较远，赵国因上党之事变成秦之邻国，军事力量最强。要想统一，必须先将赵国的军事屏障打破。

公元前260年，秦将王龁率军进攻上党，上党郡守连连向赵国告急。可是，援军动作慢了一点，冯亭顶了两个月，率残兵败将带着上党的难民退往长平，正好碰上赵将廉颇带领的二十万援军。廉颇见上党已失，秦军锐气正盛，决定采取坚壁防御的战略，以消耗困疲敌人，最后再发动进攻。

于是，他沿金门山列营数十里，依山傍险设垒，在敌人必攻的主阵地设垒数重。传令让各营将士凭垒据守，不许出击。

秦将王龁得了上党，旋即向长平猛扑过来，不顾损失，一次次猛攻赵军阵地。赵军并不出战，只是凭险抛下滚木礌石，用弓弩拒敌。王龁恼羞成怒，自己一马当先，令秦军全线出击。虽然，攻破了几处赵军营垒，却发现后面还有数重，在精疲力竭之后又被赵军夺了回去。王龁苦苦攻了四个月，无论怎样挑战、激将，廉颇就是抱定主意不出战，你要攻我就守。

眼看粮草将尽，王龁无计可施，只得将实情禀报秦昭王。秦相范雎见秦军受挫，遂施起战争之外的功夫，双管齐下。首先，暗中把垣雍割给魏国，阻止魏国发兵援赵，又选派使者游说齐、楚，打消了他们合纵抗秦的念头。其次，使出一手最辣的，派出间谍去赵国，设法使赵王走马换将。范雎认为，廉颇老于阵战，经验丰富，不去掉他，就别想攻入长平。

秦国的间谍甚是厉害，到了赵都邯郸以后，很快接近了赵王的左右，并买通了他们。秦国间谍通过他们散布说：

“廉颇太老了，根本就不敢与秦兵对阵，所以才坚守不出。若是换上了年轻有为的赵括，秦国这点兵还够他打吗？”

这些流言蜚语传到赵王耳朵里，好大喜功的他本来就对廉颇坚守不攻感到不满，听到这些话就更是有气。于是，派人上前线催促廉颇进攻。廉颇不知京城已经有了间谍作怪，仍旧抱定既定方针，坚守阵地不出击。

赵王见状，大为不快，左右趁机又添油加醋，赵王遂把赵括招来，问计于他。

赵括是赵国名将赵奢之子，平时饱读兵书，夸夸其谈起来连他老子也难不住他。可是，赵奢临死时却告诉他妻子：

“打仗是危险的事，可赵括这小子却把它看得很轻松，夸夸其谈，目中无人，如果将来赵国要用他为将，很可能要坏事，到时候你可要阻止，至少不要让他祸及全家。”

赵括见赵王来召，心中大喜，就将生平所学的兵书战策头头是道地侃了一通，也把赵王侃了个心花怒放，觉得这小子真是胸怀韬略，可以治国平天下，所向无敌。于是，就问他能不能将秦兵打败。赵括回答说：

“要是秦国派白起来，我还得考虑一下，而如今来的只是王龁，他不过是廉颇的对手，要是碰上我，不是自吹，也就是落叶碰上秋风，被一扫而尽。”

赵王大喜过望，不顾一些重臣的反对，马上任命赵括为大将，替下了廉颇。

赵括的母亲见赵国真的用她的儿子为将，想起赵奢临终的嘱托，就去见赵王，要他收回成命。并告诉赵王，赵括与他父亲根本不同，他父亲为将，得到了钱财就分给将士，而他得到了钱财就去置良田美宅。他父亲认为他不宜当大将，如果大王执意要用他，出了事可别牵连我们全家。

赵王答应了赵母的请求，随即尽起倾国之兵40万交于赵括，让他去反攻。

空谈误国

这边施用反间计成功，秦国闻知赵括就怕白起，于是真的起用白起替下了王龁，让后者为副手。为了保守秘密，麻痹赵军，秦王还特地下命令：有敢泄密武安君（白起）为将者，斩！白起到军中为帅，却仍然打着王龁的旗号。

公元前260年，赵括到达前线，替下了廉颇，不仅一改廉颇苦心经营的防御部署，而且大量更换军中将领，用一批平日与他奢谈兵法的少年纨绔子弟担任各级将校。大张旗鼓，布置进攻，准备一显才华，好让国人瞧瞧。

白起亲自深入前线，化装侦察了赵军的行动，判定眼前这个对手是个没有作战经验、志大才疏、轻率浮躁之人。面对这种情况，他决定只要赵军来攻，就放他们进来，然后加以包围歼灭之。

该年8月，经过一番准备，赵括命令集中力量向秦军发起进攻。这时，原上党郡守冯亭劝阻赵括不要冒险，认为廉颇的做法是有道理的。赵括听罢，轻蔑地说：

“你们这些老头儿能有什么胆量？”

言罢，即下令出击。说也奇怪，赵军冲出营垒后，由那些纨绔子弟率领的士兵居然连连得手，对面的秦军节节败退。赵括一见，得意忘形，马上大军压上，阵地上几乎不留什么预备部队，全部部队用在进攻上。赵军进一步，秦军就退一步，一直退到秦军预先设好的坚固阵地前，秦军不退了。这是一线易守难攻的山梁，赵括几次组织进攻，都被秦军打退，正在胶着状态，忽见秦军两翼齐出，迅速插到赵军之后，把进攻的赵军后路截断。与此同时，白起又看准赵军之间的空隙，派一支精锐骑兵迅速地嵌了进去，把赵军分成两块。这下，目中无人的赵括才开始着慌，马上掉转头来，向回撤退。可是，几次突围又被蓄锐已久的秦军击退。这时，只见秦军阵地上，一夜之间全部换上了武安君白起的旗号，赵括一见，吓得一屁股坐在地上，半天爬不起来。

秦昭王见赵军已被围，唯恐秦军人少，遂下令征发国内15岁以上的男子，组成军队来增援长平。这一下，赵括就被围得更严实了。

白起料定赵括进攻之军所带粮秣不多，只够坚持几天的，而且赵国又一时无力再派援军，所以并不急于结束战斗，只是围而不攻，坐待其粮尽自降。

直到这时，赵王才知道用错了人。但是，为了挽救赵国那四十万生力军，又不得不四处求救。他遣使去齐国，由于范雎的远交近攻策略，齐秦关系正好，所以不肯发兵；而魏刚刚得到秦的好处，也不出兵；楚国新败，正惧于秦，也不敢动。这样，赵括就只好坐着等死了。

白起一直围到 9 月下旬，这时赵军已断粮 40 多天了，周围山上的草根、树皮都啃完了，战马也杀光了，甚至发生了人相食的事情。赵括为了杀出一条生路，组织了几支突击队，轮番出击，可是均为秦军挡回。赵括急了，决定孤注一掷，亲选精锐，亲自率领突围，结果半途被秦军乱箭射死。白起令人挑着赵括的脑袋来到赵军阵前，他那班儿纨绔将校见了，魂飞魄散，纷纷放下武器向秦军投降，老将冯亭自杀。一时四十万人齐解甲，兵器甲仗堆积如山，只有苏射率极少数人乘敌人忙于受降，逃出了包围。

白起将投降的赵军士兵分散于秦营看管，先以好言抚慰，说可以放他们回家，继而飨以酒食，然后密令秦兵将酒醉熟睡的四十万赵兵捆绑起来，推入事先掘好的大坑，全部活埋了。只留下年纪最轻，吓得半死的 240 人放回赵国，让他们宣扬秦国之淫威。

纸上谈兵，不可一世的赵括，就这样葬送了四十万赵军的性命。从此之后，唯一可以在兵力上与秦抗衡的国家一蹶不振，秦亡六国只是时间问题了。

简评

赵国是秦之劲敌，秦兵纵横于楚、魏、韩、燕，独于赵有所忌惮。赵国自赵武灵王胡服骑射以来，骑兵之盛一时天下无双，后世君主，虽乏英才，但余威尚在。长平之战，秦军跨国远征，利在速战，一反用兵的常识，所以老将廉颇用坚壁不出，以长期据守的战略对付之。这种战法虽然既不巧，也不好看，而且显得懦弱，却非常实用。

赵括毫无作战经验，好大喜功，改防守为进攻已是失着，进攻时中敌诱兵之计而不知，又不注意保护侧翼，结果倾军而进，陷于死地，军无辎重，粮道又绝，困也困死了，何劳秦军费力？！

秦军白起名冠诸侯，从来作战是以少胜多，以弱胜强，纵横天下，用兵之巧，无与伦比，可是长平之战，却是白捡的胜利。这仗让王龁来打，结局也差不多。坑杀四十万降卒，残暴过甚，落下千古骂名，大约是仗没打过瘾，借此泄力罢。

不知兵者强言兵——唐安史潼关之战

唐玄宗晚年，暮气日重，为政昏乱，任用奸相李林甫，内政不修，又好大喜功，以至于边帅手握重兵，而内地承平日久，空虚无备。早就心怀异志的安禄山、史思明乘机谋反，以精锐的边地兵马十五万自范阳南下，河北诸郡或开城投降，或一攻即下，几天之内就兵逼东都洛阳。

年老昏聩的唐玄宗原本十分宠信安禄山，在接到安禄山造反的消息时还不肯相信。后来，消息确实了，才匆忙布置防务，以老将封常清和高仙芝临时招募了十几万士兵，前去抵御。由于承平日久，内地人人不知兵，能招到的无非是城市里的无赖和小贩，战斗力较差。安史叛军打到荥阳，守城士卒听到震耳欲聋的鼓角声，竟然吓得失魂落魄，纷纷掉下城去。封常清和高仙芝抵挡不住叛军的锐利攻势，丢了洛阳，退守潼关天险，总算把叛军的进攻之势遏制了一下。

斩将换将

诗人白居易《长恨歌》里谈安史之乱有“渔阳鼙鼓动地来，惊破霓裳羽衣曲”之句。但实际上，渔阳鼙鼓并没有一下子惊散唐玄宗享乐的好梦。安史叛军南下之初，他并没觉得有什么了不起；朝廷上下还在幻想着封常清和高仙芝一下子就能敉平叛乱，斩安禄山之头献给陛下。因此，他对封、高二人期望很高，不想一出马就败退潼关，心中老大不乐意。

封、高二将率领着毫无训练之师，与久经战阵的少数民族悍军对阵，自然是宜守不宜攻，而且守也只宜凭山川之险方可。二将均系沙场老将，自然明白这个道理，遂在潼关组织士兵加修城墙，增设坚垒。同时，积极训练士兵，教他们如何守城，大置守城战具。叛军多次进攻，均被他们打退，潼关之防，日见坚固。

可是这时，监军的太监边令诚却因私欲没有得到满足，回到长安汇报时遂大进谗言，说封常清夸张敌情，动摇军心；说高仙芝不战而退，又克扣军饷。唐玄宗闻言大怒，也不调查一下，就令边令诚在军中诛杀二将。

封常清临死上遗表说，我死不足惜，希望朝廷不要轻视安史叛贼，谨慎用兵。高仙芝临死大呼冤枉，说他并无克扣之事。边令诚得意扬扬，公报私仇。二将被杀后，军士不服，军心更乱。

杀掉了封、高二将，唐玄宗强令年过七旬，又患中风的老将哥舒翰为将代掌潼关之军。哥舒翰勉强奉诏，被家人扶在车上走马上任。

朝廷又拨给他八万新募的兵，再加上他当年的一些亲军和少数吐蕃兵，来到了潼关。

这些军队加到一块儿，一共有近二十万人马，都是杂凑起来的新兵。而底下的将校出自不同系统，明争暗斗，互不相容。上面的统帅却是个不能行走的病人。所以，军心更加涣散，坚守都成问题。可是，唐玄宗却幻想着迅速击败叛军，指望哥舒翰出击，完成封、高二将未竟之功。

潼关兵败

哥舒翰镇守潼关，他知道手下兵马虽多，但战斗力不及叛军的十分之一。当年，他与安禄山同为边地的节度使，深知安禄山军事力量之深浅虚实。安禄山曾蓄养胡人壮士近万，号称“曳落河”，骁勇异常，手下兵马俱为弓马娴熟的军士，不可轻敌。因此，他到任以后，仍旧执行前任的方针，固守不出，只是每日让士兵加固城墙，凭险而守。由于他的当面之敌叛军崔乾佑部兵力不多，所以一时间倒也相安无事，两家相持不下。为了让唐玄宗放心，每天傍晚哥舒翰都令手下士卒在烽火台上点一把“平安火”。一座座烽火台燃成一线，长安人一见就知潼关尚在唐军手中，因此也就可以放心睡觉了。

但是，唐玄宗曾经是个励精图治的皇帝，老年虽然糊涂，骄傲之心尚在，他可不满足于平安二字就完了，他要尽快扫平叛军，好让他安享晚年之福。加上宰相杨国忠凭借妹子杨贵妃的裙带作威作福，早引起朝野上下的不满，当哥舒翰一到潼关之时，大将王思礼就建议他回京杀掉杨国忠。哥舒翰怕担上叛乱之名而未敢动，但两人已势同水火。

杨国忠先是让唐玄宗备兵万人于灞上，防备哥舒翰；继而迎合玄宗之意，怂恿玄宗催促哥舒翰出击。哥舒翰反复派人向玄宗说明情况，阐述宜守不宜战的道理。唐玄宗听了将信将疑，可杨国忠又添油加醋说，潼关当面的叛军不足万人，且多为老弱之卒，此时应该乘势杀出关去，进军洛阳，不然等叛军集中兵力来犯，再想进攻就难了。

本来玄宗就急于求胜，见杨国忠如此说，就问他是哪里来的情报。杨国忠说这是兵部派出的情报人员传来的消息，绝对可靠。玄宗一听，信以为真，遂派宦官催哥舒翰火速进兵。哥舒翰再三恳求，要他暂缓些日子。可是，杨国忠认为哥舒翰推三阻四，贪生怕死，耗费军资，夸张敌势，灭我士气，很可能别有居心，若再不出兵，就该如封、高二将一样，夺其军权就地处置。

唐玄宗此时也起了疑心，一个接一个地派太监去催哥舒翰出战，口气越来越严厉。哥舒翰实在顶不住了，不得已率军出击，行前捶胸大哭，知道可能会一去不返。

当时，河东节度使李光弼率军出井陉，克复常山城，击败史思明部。接着，朔方节度使郭子仪率大军与李光弼会师，大败史思明，切断了洛阳与叛军老巢范阳的联系。而河北地区颜杲卿虽然战死，颜真卿仍坚持战斗，势力日见其强。在河北的叛军已经没有多少地盘了。而河南地区睢阳太守许远坚守睢阳，张巡坚守雍丘，挡住叛军南下的兵锋。各地义军风起云涌，安禄山龟缩于洛阳一带，进退两难，人心惶惶。安禄山将他的谋士高尚、严庄找来骂道：

“你们教我造反，说是万全。现在过去好几个月了，西进不了潼关，南下不去睢阳，北路又断，唐兵各路会合，我只有汴、郑几州，万全在哪里？”

安禄山这时已经开始打算放弃洛阳，逃回范阳，眼看一场大叛乱就要被扑灭了。可是，愚蠢而自负的唐玄宗与杨国忠，不知兵而强言兵，非让潼关守军出战，使那些市井无赖之徒去攻打那些武艺高强、彪悍勇壮的叛军，无异于拿鸡蛋去碰石头。

天宝十五年（756 年）七月，哥舒翰被人扶在车上，拖着病身子率二十万大军出潼关，击叛军。

叛军将领崔乾佑闻知唐军欲攻，乃屯兵灵宝，从洛阳调来数千精兵，再加上自己的部下，共有兵马近二万，均为战斗力极强的精兵。

从潼关到灵宝要通过一条狭隘的道路，叛军事先在隘道两旁埋伏了少量人马，备下大量滚木礌石。当潼关大军乱七八糟，仨一伙俩一堆地涌入隘道，向灵宝进发时，前面的畏缩不前，后面的又涌进隘道，前后挤成一团。叛军蓄锐已久，铁骑冲出。唐军尽为市井之徒，一冲即溃。大队人马堆在隘道里，后面的要进，前面的又要退。叛军乘势将滚木礌石砸下，唐军死伤累藉，自相践踏。哥舒翰忙命人阻拦，却导致自相残杀。好不容易逃出隘道的唐军士兵竟把潼关城外三条 70 多米宽、3 米多深的壕沟填平，还有些人跳入黄河，游向黄河上的运粮船，以致船超载而沉没，淹死极多，浮尸满河。总而言之，二十万大军一触即溃，并没费叛军多少力气。哥舒翰逃回潼关，检点兵将只剩下八千人。手下的番将将哥舒翰捆在马上，下关投降。就这样，潼关落入叛军之手，“平安火”终于熄灭。

唐玄宗闻知潼关失守，带着杨贵妃、杨国忠及太子李亨，由几千禁军护卫，仓皇西逃。跑经马嵬坡，禁军杀死杨国忠，逼杨贵妃自尽，唐玄宗孤身逃入四川。唐朝的两京尽入叛军之手，眼看到手的胜利告吹了。安史之乱又绵延了十几年，唐朝由盛转衰，从此走上了日薄西山的下坡路。

简评

本来，唐朝开元天宝盛世，数代人不闻兵戈之事，各郡武库连朽弓锈刀也没有几件，精兵强将俱在边关。安禄山一反，兵势之强，连其他边将也不敌十分之一，何况由内地市井之徒组织的军队。这些军士毫无纪律，贪生怕死，又没有作战技术和经验，据险而守，尚可应付，偏要让他们出战，岂不是自取其败？

当时，稍具军事常识的将领都认为不应出战。封常清、高仙芝如此，哥舒翰也如此，其他的将领，也没有人会建议潼关出击。本来，潼关守军坚守不出，各地义军进行袭扰，再加上郭子仪、李光弼两路正规军的压力，困守洛阳一带的叛军待师老兵疲，自然就会瓦解。可唐玄宗年老昏聩，杨国忠本是无赖纨绔，二人既不知兵，却偏要瞎指挥，结果把胜利送给了本来已经一筹莫展的安禄山。

当然，潼关守将哥舒翰也是糊涂，明知一出战必败，为何将二十万大军全数压上？哪怕留下一半人马守关，另一半出击应付一下朝廷，大局也不会糜烂如此。

亲征原为炫耀乡里——明蒙古土木堡之战

明朝中叶，蒙古瓦剌部崛起，其疆域西起中亚，东抵朝鲜，北接西伯利亚南端，南邻明朝边塞，每当秋高马肥，就兴兵南下袭扰。

明朝自明成祖朱棣以来，对蒙古的防御一直处于消极被动的局面。到朱棣的曾孙子朱祁镇这辈，更是不成样子，只知以优厚的物质利益安抚其躁动之心，几乎类似于北宋对辽之“岁贡”。瓦剌每年派来“贡使”以极不等价的贸易来攫取明朝的金帛物资。原来规定每年“贡使”

不得超过五十人，后来竟增至二千人，而且一年数至。明朝穷于应付，供给不暇，稍有疏忽，就会引起战争。

而明朝内部，也出现了统治危机。自朱棣之后，明太祖朱元璋最痛恨的太监擅权又故态复萌。特别是九岁的明英宗朱祁镇登基以来，太监的势力陡然上升，其核心人物就是王振。

祸起萧墙

王振本是蔚州人氏，早年也是儒生，当过几任教官，由于没有成绩，按明朝的规矩应该谪戍边境受苦。王振受不了那个罪，于是就自宫净身做了太监。由于他是读书人出身，当太监后就负责教宫人读书。宣德年间，皇上派他去陪五岁的小太子读书。王振机敏狡猾，很懂儿童心理，对小太子又哄又吓，直把他掌握在手心里。明英宗从小就觉得天底下王振是最聪明、最博学又最能让他开心的人，不知不觉地，明英宗既依赖他又怕他。英宗继位，王振成为司礼太监，掌握了颁发诏书的大权。

英宗未亲政时，太皇太后尚在，朝中三大臣杨士奇、杨荣、杨溥辅政，王振尚属收敛，不敢为非作歹。到了1442年，太皇太后一死，三杨也渐渐老病告归，王振就开始把持政权，公然招权纳贿，网罗党羽，残害忠良。顺者昌逆者亡，给他送礼，走他的门路，就可以飞黄腾达；不买他账的忠良之士，他就会动用锦衣卫，轻则逮捕下狱，重则处死。他又在京城及老家蔚州为自己大造府第，富埒王侯。

王振胡作非为，但明英宗却对他言听计从，百依百顺，无论谁上奏弹劾王振，都会落得免官丢命的下场。当年，太皇太后曾动了大怒要杀王振，明英宗也下跪将他保下来。很明显，英宗离不开这个从小把他带大的人。

王振捞钱也捞到了明朝与蒙古的边境贸易头上，他勾结在大同为监军的太监郭敬，每年私造铜箭头与瓦剌交易马匹，所得均归王振个人。一次，瓦剌前来“贡马”，王振为了捞钱，私下授意礼部将马价削减五分之四。剩下的马价，统统归入了他的私囊。瓦剌本来就成心找茬儿要兴兵与明朝打仗，这么一来，就有了借口。瓦剌首领也先遂大举南下，发兵四路进攻明朝。两路为偏师，进攻甘州；东路由脱脱不花率领，进攻辽东；中路又分两支，一路由阿剌率领进攻宣府、赤城，主力由也先亲率，进攻大同。

亲征之祸

正统十四年（1449年）初，也先大军进逼大同，大同参将吴浩率军出战，结果全军覆没，边塞城堡土崩瓦解。明将井源继率四万人迎击，结果又是全军覆没。边报紧急，形势危殆，朝廷震动。

这时，王振却不知哪股热情，非怂恿英宗御驾亲征不可，说是当年明成祖御驾一出边塞，蒙古人望风而逃，今日如果也亲征，瓦剌就只有逃命的份了。明英宗一向只信任王振，觉得足智多谋的王振说的话全是对的，所以连想也没想就答应了。连招呼都不打，亲征的诏书就下达了，而且两天之内就要出发。

诏书一下，满朝文武吓了一跳，心想这样大一事儿怎么连招呼都不打，说干就干了呢？万一有个差错，可如何是好？于是，由吏部尚书王直、兵部尚书邝埜、兵部侍郎于谦出头，拼命地劝谏。可明英宗一句也听不进去，满脑子尽是王振说的怎样建功立威的话。

就这样，匆匆忙忙地，明英宗留下弟弟郕王监国，随着王振尽起国内精兵50万，出征打仗去了。50万大军出征得如此匆忙，装备、粮草及一切军务都未办齐，乱糟糟地像赶集一样。

这时，也先的骑兵又攻下了阳和。西宁侯宋瑛、武进伯朱冕及参将石亨与蒙军激战，一军尽没，只有石亨单骑逃回。王振不顾前方的败状，一个劲地催促英宗前行。

也先正在顺利进军，忽听说明英宗要御驾亲征，立即觉得这是个好机会，但觉得在内地作战又没把握，遂打算将明军诱出塞外，以发挥蒙古骑兵的优势，一举全歼，活捉明英宗。所以就开始徐徐后撤。

随同英宗同行的有英国公张辅、成国公朱勇、户部尚书王佐、兵部尚书邝埜、大学士曹鼐、张益等。但一切权力都掌握在王振手里，皇帝只是个摆设，随行百官、诸将也是随从的听差。

刚走出京城不远，大学士曹鼐就与随行许御史商量，能不能找来一个力士，寻机在御驾前砸碎王振的脑袋，然后挽回局面。可是，御史们都很害怕，没人敢出头。曹鼐想与张辅商量，但又一直没找到机会。

明朝 50 万大军就这样向边境开去。一路上，由于没有准备，军士们缺吃少喝，饥渴难耐，走走停停。待到出了居庸关，至塞外人烟稀少处，给养就更加困难，部队减员日益严重，诸大臣一齐上前劝英宗打道回朝。英宗自己也感到走路辛苦，有些动心。可是，王振却勃然大怒，让领头劝谏的邝埜和王佐跪在帐前草中，直到傍晚才让起来。这么一来，没人敢再劝谏了。

大军继续前行，正好赶上阴雨连绵，军队在泥里水里赶路，十分狼狈。这时，连一向与王振交好的钦天监也出来劝王振，假称天象示警，再往前可能御舆会有危险。王振还是一意孤行，说就算是这么回事，也是天命该着。

大军到了阳和堡，明军见满山遍野都是明军的尸体，人人畏惧，俱无战心。在到达大同之后，王振还要往前走，王振的密友，大同监军郭敬由于亲身经历两次兵败，心有余悸，告诉王振前几次兵败惨状，并预言再往前必然中计，这才让王振觉得再走就不是玩的了，心生退意。又赶上雨下起来没完，英宗更加不耐烦，王振遂下令班师，留下一些兵将镇守大同，于1449年8月3日班师回京。

瓦剌也先本欲将明军诱出塞外聚歼，见明军班师，遂悄悄杀了回来。大同守将郭登考虑到也先可能会返回，遂建议明军从紫荆关迅速回师，可保安全。但是，王振不听，他满脑子想的就是如何衣锦还乡，摆摆威风，遂请英宗绕道蔚州，驾临他家以示荣耀。

就这样，50万大军又踏上了去蔚州之路，王振坐在车里，一路想着皇帝到了他的家乡，乡里人看着他这个从前的穷教官怎么样把皇帝摆弄得服服帖帖，那该是何等的威风和得意呵！想到这里，他打了个哈欠，随目向车外一望，只见50万大军成几路纵兵开过，车马纵横，心中忽然一动：不好，光想着炫耀乡里，却忘了眼下正是秋收季节，军队从那过，也得踏他家的田。荣耀乡里毕竟是虚事，以后还有机会，踏掉了一季庄稼可划不来。

于是，他急令已经走了40多里的大军掉头，不去他家了，改道由宣府回京。可是，这么来回一折腾，瓦剌的追兵悄悄临近了。

当明军再由宣府出来，向怀来进发时，也先的先头骑兵已经追及明军的后队。殿后的恭顺侯吴克忠与其弟吴克勤后部和敌接战，仓促之间，部众溃散，二吴战死。消息传来，王振有些慌了手脚，忙派朱勇、薛绶二将率四万人马前去抵挡，这边大军一阵急进。

不想这四万兵马一去不还，原来是中了也先的埋伏。但是，王振到土木堡时，已经不闻也先骑兵的动静了。诸臣建议再加一把劲，赶到怀来城休息。可是，王振忽然想起自己一路搜刮的财物尚有千余辆辎重车还没到，于是就下令在土木堡扎营等候。

兵部尚书邝埜再次恳请，至少英宗车驾应该先走，跪到地上不肯起来。王振大怒，喝道：

“你这种迂腐的儒生知道什么兵事！再敢胡说就杀了你！”

说完喝令左右将邝埜架了出去。

王振不知地理，将大营扎在一个没有水的高岗上。入夜，瓦剌军队从四面八方围了上来，明军郭懋与敌接战，希望大队能乘夜突围，可是王振龟缩不动。第二天一早，瓦剌军完成合围，并切断了靠近堡南的唯一的水源。明军饥渴难忍，均无斗志。瓦剌军见明军渴得差不多了，就故意让开河道后撤。王振下令让明军前去取水。就在大家一窝蜂下马争饮水的时候，瓦剌骑兵冲杀过来，乱杀乱砍，将大队明军冲得七零八落，死伤极重，没死的也四散逃命，50 万大军一时间死的死，逃的逃，顷刻瓦解。英宗率亲军突围，冲了一下没冲动，就下马盘坐于地等死，眼看着周围护卫军一个个战死。这时，护卫将军樊忠早把王振恨得牙根痒痒，乘乱从英宗身旁一跃而起，挥起铁锤砸碎了他的头，叫道：

“我为天下人杀了这个贼子！”

然后，冲入敌阵，力战而死。

黄昏时节，一场厮杀终于结束了，满田满野都布满了明军尸体，随行大臣大部阵亡，呆若木鸡的明英宗做了瓦剌的俘虏。

简评

天底下少见这种儿戏式的进军，既无作战准备，也无作战部署，更无作战目标。在仓促之极的两天之内，由一个毫无军旅知识的太监摆布，50 万大军就出发前去打仗。要知道，50 万大军光一天的口粮就需近百万斤，再加上马匹所需，一应军资，毫无准备，纵令指挥者是能人，也无法善其后，何况一个脑袋空空、刚愎自用的宦官呢！

行军时，为炫耀于乡里，居然擅改行动路线——当然也不能说是擅改，因为此次进军本来就是漫无目的地瞎走。最后，瓦剌兵已追上，近城还不进，却扎营于无水的高岗上。这种毫无军事常识的人不是在指挥作战，而是在驱羊入虎口，也先的胜利真是白捡。

说也奇怪，在朝野一致反对，甚至连王振的亲信也表示异议的情况下，明英宗仍然听王振的。大概从小生长于深宫的小皇帝，即使长大了，心理上也难以断乳——精神上的乳就来自宦官。

图书在版编目（CIP）数据

中国兵家/姜继为，程农，尹灿著. --北京：中国人民大学出版社，2024.7. --(国学大观丛书/陈志良，徐兆仁主编). --ISBN 978-7-300-32976-5

Ⅰ.E892

中国国家版本馆CIP数据核字第2024T6X652号

国学大观丛书

陈志良　徐兆仁　主编

中国兵家

姜继为　程农　尹灿　著

Zhongguo Bingjia

出版发行	中国人民大学出版社		
社　　址	北京中关村大街31号	**邮政编码**	100080
电　　话	010−62511242（总编室）		010−62511770（质管部）
	010−82501766（邮购部）		010−62514148（门市部）
	010−62515195（发行公司）		010−62515275（盗版举报）
网　　址	http://www.crup.com.cn		
经　　销	新华书店		
印　　刷	涿州市星河印刷有限公司		
开　　本	720 mm × 1000 mm　1/16	**版　　次**	2024年7月第1版
印　　张	31.5	**印　　次**	2024年7月第1次印刷
字　　数	385 000	**定　　价**	78.00元